21세기 중국의
문화지도

21세기 중국의 문화지도

포스트사회주의 중국의 문화연구

임춘성 · 왕샤오밍 엮음
중국 '문화연구' 공부모임 옮김

현실문화

'포전인옥'

◦ 왕샤오밍

《21세기 중국의 문화지도》는 한국에서 최초로 출판되는 중국 대륙의 '문화연구'에 관한 책이다. 중국의 '문화연구' 학자 11명이 쓴 12편의 글은 문학, 영화, 희곡, 건축, 인터넷, 부동산, 매체, 도시 조성, 일상 소비 등 여러 방면에 걸쳐 있다. 엮은이로서 이 책의 출판을 매우 기쁘게 생각한다.

　중국이라는 거대한 사회는 마치 급선회하는 대형 선박과 같다. 개혁·개방 이후 이 선박은 잔잔하다가도 갑자기 파도가 치는 대해를 운항한 지 이미 30년이 되었다. 중국이 헤쳐 나온 시공간은 20세기 인류가 지금껏 겪어보지 못했던 험난한 사회의 변천이었음을 우리는 이제야 알게 되었다. 그 변화는 신속하면서도 깊이 있게 모든 중국인의 생활을 바꿔놓았을 뿐만 아니라 이미 전 세계를 바꿔놓았고 앞으로 더 분명하게 바꿔놓을 것이다. 서양 이론을 끌어와 이 변화를 명확하게 분석할 수 있을 것이라던 1980년대의 보편적인 믿음은 이제 사라졌다. 물론 그 이론들은 훌륭했고 우리를 계발시켜 주었다. 그러나 새로운 중국과 새로운 전 지구적 세계체계에 대한 서양 이론들의 해석 능력은 점점 그 한계를 드러냈다. 더욱 중요한 것은 이 드넓은 땅에서 일어나는 새로운 현실은 급속한 변화와 예측 불허의 전망으로 중국의 사상계와 학술계에 명석하고 설득력 있는 설명과 해석을 요구하고 있다. 시시각각 생활의 변화와 압박을 느끼는 한 중국인으로서, 이런 생활에 대해 믿을 만한 해석을 내놓지 못한다면 사는 보람이 없는 것이 아닐까? 나날이 커지는 아시아와 세계에 대한 중국의 영향력, 전 지구의 미래를 바꿔나가는 중국의 거대한 변화를 목도하면서, 자신의 시각으로 중국과 세계를 연구한 성과를 통해 다른 곳의 동업자들에게 도움을 주지 못한다면 참으로 부끄러운 일이라고 생각한다.

지식인이자 학자로서 타인에게나 나 자신에게 사상적 · 학술적 책임을 다하고자 노력해 보지만, 그것이 결코 쉬운 일은 아니다. 여러 외적 조건의 제약은 물론이고, 각종 내외의 조건으로 생긴 중국 지식계와 학술계 자체의 취약함 역시 우리의 마음을 아프게 한다. 우리에게 친숙한 중국 대학의 인문계 학과 상황에 대해 말해 보자. 진부한 학과 체계, 전반적으로 의기소침한 분위기, 사상과 학술에 대한 교수와 학생들의 냉담한 반응, 박약한 인식 능력 등등. 모두가 목도하는 현상임에도 우리는 보고도 못 본 척하고 있으며 또 그렇게 해도 이상하게 여기지 않게 되었다. 솔직히 말해 이런 사실들에 비하면, 중국과 전 지구의 새로운 상황에 대한 거리감이나 서양 이론의 한계에 대한 중국 지식계와 학술계의 굼뜬 인식 운운은 작은 일이라 할 수 있다. 이런 상황이 빨리 바뀌지 않는다면, 이른바 중국인과 인류에 대한 중국 지식계와 학술계의 책임은 헛소리에 불과할 뿐이다.

1990년대 중국 대륙에서 형성된 '문화연구' 붐의 기본적인 의미는, 그것이 새로운 사회 현실에 대한 중국 지식계와 학술계의 새로운 면에서 민감성을 표현한 동시에 현실의 거대한 요구에 열심히 반응하려 한 열정을 표현한 데 있다고 생각한다. 어떤 의미에서 중국 대륙의

'문화연구'는 이제 갓 시작한 단계다. 그럼에도 그 매진하기 시작한 때의 상황과 대륙 각지에서 일어난 젊은 학자들 간의 열정을 놓고 보면, 중국 대륙의 '문화연구'의 밝은 미래를 예견할 수 있다.

현 세계에서 인류의 운명은 하나로 연결되어 있으며, 동북아 각국 사회 역시 정치 · 경제 · 문화 등의 여러 면에서 긴밀하게 교직되어 있다. 주변 지역의 사회 상황에 대해 기본적인 이해를 결한다면 어떤 지역의 연구자도 자신이 처한 현실을 철저하게 파악할 수 있다고 보기 어려울 것이다. 특히 비판적 학술연구는 다자간 긴밀히 '연계'하고 정보를 서로 교환해야 할 필요성이 높다. 한 중국 소설가가 1990년 말에 한 명언을 빌리자면, 현 세계의 부르주아계급과 압박자가 연합하고 있는 오늘에, 비판적 지식인과 연구자들은 더 긴밀하게 연합해야 한다.

최근 10년간 중국 대륙의 '문화연구' 중에서 대표적인 글을 엮어 한국 독자들에게 선보이는 것은 양국 지식인 교류 및 비판적 연구 성과의 교류를 촉진하는 일이라고 생각한다. 중국에 '포전인옥(抛磚引玉)'이라는 속담이 있다. 문자적 의미는 '벽돌을 던져서 옥(玉)을 취한다'인데, 심층적으로는 '다른 사람의 고귀한 의견을 받기 위해 자신의 미숙한 의견을 내놓는다'는 의미다. 우리는 이 책이 하나의 '벽돌'로 한국 독자들에게 다가가서 중한 양국의 보다 많은 사상과 학술을 교류시키는 '옥'으로 발전해 가길 바라며, '아시아 문화연구'라는 새로운 길을 개척하게 되길 희망한다.

차례

2001년 11월 창설된 상하이대학 '당 다이(當代)문화연구센터(Centre for Contemporary Cultural Sutdies)'를 인 지하고 처음 방문한 것은 2003년 2월 이었다. 목포대학에 부임한 이래 꾸준 히 진행해 온 서양이론서 독해를 통해 '문화연구(cultural studies)'의 필요성을 인식하고 2000년부터 진융(金庸)의 무협소설, 홍콩인의 정체성 등의 연구를 진행하던 상황에서, 당 다이문화연구센터 소장 왕샤오밍 선생과 공동 연구를 모색하기 위해 서였다. 화둥(華東)사범대학 중문학부 교수였던 왕 선생은 이 센터와 문화연구학과 개설을 위해 상하이대학으로 옮긴 상태였다. 나와 왕 선생은 그 이후 매년 한두 차례 만나고 수시로 이메일을 주고받았다. 그러던 중 2004년도 한국학술진흥재단의 지원으로 '상하이 영화와 상하이인의 정체성' 과제를 수행하면서 둘은 긴밀한 관계로 발전했 고, 2005년 여름 상하이에서 중국의 '문화연구'를 한국에 소개하자는 나의 제안으로 이 책을 기획하게 되었다. 상하이 연구자들의 글 9편을 왕샤오밍 선생이 뽑았고, 여기에 베이징을 대표하는 문화연구자인 다 이진화 선생의 글 1편과 왕샤오밍 선생의 글 2편을 내가 보완했으며,

여기에 12편의 글에서 직접 다루지 못한 포스트사회주의 중국의 문화 경관을 개괄한 글 1편을 더했다. 2006년 10월 목포대학 아시아문화연구소와 상하이대학 당다이문화연구센터가 공동 주관한 학술심포지엄에서 원고를 넘겨받은 지 2년이 넘어서야 결실을 보게 되었다.

중국의 '문화연구'는 1990년대에 들어서야 본격적으로 시작되었다. 사회주의 30년 동안 금제되었던 서양의 이론들이 '셴다이화(現代化)'의 이름으로 개방되면서 물밀듯 들어왔고, 중국의 지식인들은 포스트주의(postism 또는 postology, 중국어로는 '後學')와 함께 '문화연구' 방법론에 관심을 두게 되었다. 서양의 이론들은 개혁·개방 초기 중국 지식인들의 갈증을 풀어주는 데 일정한 역할을 했지만 중국의 현실이라는 벽에 부딪혀서는 '회색 이론'이 될 수밖에 없었다. 그 와중에 연구방법론으로서의 이론만이 유효할 수 있었고 '문화연구'는 바로 비판적이고 유효한 학제간 연구방법으로 인정받게 되었다.

'문화연구'는 중화권 학자들에게 낯선 분야가 아니다. 1997년 회귀를 전후한 홍콩을 대상으로 전 지구적 관심이 집중된 적이 있었고 타이완의 복잡한 정체성 문제도 문화연구의 중요한 주제였다. 다만 홍콩과 타이완의 문화연구 학자들은 유럽보다는 미국의 문화연구에 경도되어 있다. 이들은 대부분 홍콩이나 타이완에서 대학을 졸업하고 미국 대학에서 비교문학이나 문화연구를 전공한 후 귀국해서 홍콩이나 타이완의 대학에 자리를 잡고 중문학, 중미 비교문학, 문화연구 등에 매진하곤 한다. 물론 레이 초우(Rey Chow)처럼 미국 대학에 머물면서 미국의 주류 담론에 편입되기도 한다. 이들은 중국어와 영어, 그리고 광둥어 등을 자유자재로 구사하면서 학제간 초국적 연구를 수행하는 데 장점을 가지고 있다.

홍콩과 타이완의 문화연구와는 달리, 대륙의 문화연구 학자들은 대부분 토종이다. 한국의 문화연구 학자들이 대부분 영문학 또는 매체 전공에서 넘어간 것과는 달리, 대륙에서는 중문학 전공자들이 문화연구 쪽으로 영역을 확장한 경우가 많다. 이 책의 공동 편저자인 왕샤오밍 선생과 필자인 다이진화 선생이 대표적이다. 이들은 중국의 일반 중문학자와 달리 서양 이론에 개방적이면서도 비판적 수용의 자세를 견지하고 있다. 그리고 중요한 것은 중국뿐만 아니라 다른 지역의 소수자(minority)에게도 관심의 끈을 놓지 않고 있다는 점이다. 이들의 연구 경향을 '비판적 문화연구'라 해도 손색이 없을 것이다. 왕샤오밍 선생은 나와 만날 때마다 한국사회에 관한 질문을 빠뜨리지 않는다. 작년 6월 푸단(復旦)대학 국제학술대회에서 만났을 때도 왕샤오밍 선생은 한국의 '촛불시위'에 진지한 관심을 보이기도 했다. 우리는 이들의 연구 성과를 통해 비판적 문화연구가 포스트사회주의 중국을 보는 유효한 렌즈이자 21세기 중국의 문화지도를 읽는 나침반임을 알게 될 것이다.

이 책에 실린 글들은 강단의 이론적 논설과는 거리가 있다. 필자들이 각자의 현장에서 나름대로 관찰을 통해 얻은 심득을 글로 옮긴 것이다. 그러므로 미국의 문화연구가 빠진 이론적 유희의 늪에서 성큼 벗어나 있다. 또한 최근 중국의 어떤 징후, 즉 개혁·개방 직후 서양 이론에 경도되었다가 그로부터 빠져나오는 동시에 전통의 창조적 계승에 몰두하는 징후에 대해서도 거리를 두고 있다. 그리고 중국 자체에 매몰되어 있는 수많은 대륙 학자들과는 달리, 동아시아 나아가 전 지구를 염두에 두는 왕샤오밍 교수와 다이진화 교수 그리고 이들과 학문적 지향을 함께 하는 소장 학자들의 글을 모은 것이다.

이 책은 3부 13장으로 구성되어 있다.

먼저 1부는 포스트사회주의 중국의 문화연구를 개괄한 글이다. 아편전쟁으로 자본주의 시장에 타율적으로 편입된 이후 신해혁명, 신민주주의혁명, 사회주의 등의 상전벽해 과정을 거친 중국은, 개혁·개방으로 경천동지의 과정을 겪고 있다. 19세기 중엽의 '종이 호랑이'에서 21세기의 '글로벌 차이나'까지의 험난한 과정에서 포스트사회주의 30년은 관건적인 시간이다.

제2부는 매체와 기호 그리고 문화정치 등의 주제를 다루었다. 노래방과 MTV 등의 매체는 중국인들의 서정형식을 바꾸고 있고, 샤오바오(小報), 인터넷, 다큐멘터리 등의 새로운 매체는 중국인의 의사표현 공간을 날로 다양화시키고 민중들의 다양한 삶을 표현하고 있다. 필자들은 다양화한 매체의 형식과 공간을 분석하면서 그 이면에서 작동하는 이데올로기와 문화정치에 초점을 맞추고 있다.

제3부는 상하이 도시문화 연구에 관한 글들을 모았다. 최근 중국의 대도시가 급속하게 변화하고 있는데 상하이는 그 가운데서도 발군의 속도로 왕년의 영광을 회복하고 있다. 중국 개혁·개방의 성과를 한몸에 아우르는 상하이를 건축과 광고, 호텔과 모더니티, 바(bar)와 노스텔지어, 장아이링 붐과 상하이드림 등에 초점을 맞추어 분석하고 있다.

용어에 대해 설명이 필요하다. 한국의 근대·현대와 중국의 진다이(近代)·셴다이(現代)는 한자로는 같지만 그 기의가 다름을 여러 차례 언급한 바 있다. 근대와 현대가 서유럽의 모던(modern)과 연계된 용어임에 반해 진다이와 셴다이는 중국 혁명사 시기 구분에서 비롯했기 때문에 기의가 다르다. 이 책에서는 서유럽의 모던에 해당하는 개념으로 '동아시아의 근현대'를 설정했고, 중국의 특수한 상황에 국한

해서 진다이와 셴다이, 당다이(當代)를 사용했다. '최근'이라는 의미가 강할 때는 '당대'로 표기하기도 했다. 또 다른 번역어인 국족(nation)과 민족(ethnic)도 구분했다. 일국 내 소통의 정치학도 무시할 수 없지만 최소한 동아시아 역내 소통을 염두에 두고 용어를 다듬어야 할 것이다. 고유명사 표기는 국립국어원 외래어표기법을 따랐다.

'중국 문화연구 공부모임'은 번역에 참여한 옮긴이들을 지칭하기 위해 만든 이름으로, 이 책 번역 이전에 구성원들이 한자리에 모인 적은 없지만 모두 중국의 문화연구에 관심을 가지고 실제 연구를 진행하고 있는 분들이다. 엮은이(필자)와의 개인적 친분 때문에 참여했지만, 문학에서 문화연구로의 확장이 문학을 더욱 제대로 연구하는 것임을 잘 아는 분들이다. 번역을 흔쾌히 맡아준 분들께 감사를 드린다. 아울러 번역에 직접 참여하지는 않았지만 이 책의 아이디어를 제공해준 이정훈 교수에게 감사의 말을 전한다.

한국 중국현대문학학회의 '중국영화포럼'과 '연구위원회 콜로키엄(일명 잡담회)'은 최근 내 공부의 중요한 둥지다. 전자가 중국영화를 중심으로 문화연구를 논할 수 있는 자리라면 후자는 중문학을 중심으로 동아시아를 자유롭게 담론할 수 있는 공간이다. 그간 함께해 온 그리고 함께할 동지들에게 두루 고마움을 표한다.

베이징올림픽을 전후해 한국 독서시장에 중국 바람이 불고 있다. 한국의 출판계가 중국 소설 번역에 드라이브를 걸면서 중국의 웬만한 작가들의 작품이 다수 번역되는 것은 전공자로서 고무적인 현상이다. 그러나 한국의 중국 학습은 여전히 사서오경과 《삼국지(실제로는 삼국연의)》를 중심으로 한 고전에 초점이 맞춰져 있다. 온고(溫故)의 편식도 문제지만 지신(知新)의 정보도 정치적·경제적 동향에 국한되어 있다. '글로벌 차이나' 시대를 대비해 폭넓은 온고와 더불어 사회주의 및 포스트사회주의 중국에 대한 문화적 · 사회적 섭렵과 천착이 필요하다. 이런 상황에 포스트사회주의 30년에 대한 문화연구 성과의 출간은 한국의 중국 학습 수준을 한 단계 끌어올릴 것으로 확신한다. 혜안을 가지고 출판의 용단을 내려준 현실문화의 김수기 대표께 감사드린다. 중국과 한국의 필자 12명과 한국의 역자 12명으로 구성된 특이한 책을 꼼꼼하게 교정하고 멋있는 책으로 꾸며준 좌세훈 팀장과 현실문화 식구들에게도 감사의 말을 전한다. 중국에 진지한 관심을 가진 강호제현의 기탄없는 비판을 기대한다.

제 1 부

포스트사회주의
중국의
문화연구

〈포스트사회주의 중국의 문화 경관〉에서는 중국 필자들의 글에서 다뤄지지 않은 최근 중국의 문화현상들을 파노라마식으로 보여준다. 우선 세계체계와 동아시아 근현대를 염두에 두며 '장기적인 중국 근현대'를 네 단계로 나누고 1978년 이후의 네 번째 단계를 포스트사회주의 시기로 명명했다. 몽롱시와 상흔문학 이후 포스트사회주의 시기를 선도해 온 문학을 베이징, 산둥, 상하이, 시안, 홍콩과 타이완으로 나누어 그 지도를 그려보았다. 이어 1980년대 중국을 강타한 진융 현상을 통해 중국인다움, 국민문학, 중국 상상, 전통의 부활, 문화중국 등의 키워드와 연계했으며, 5세대 영화의 대표감독인 장이머우와 천카이커 그리고 중국식 블록버스터와 화인영화의 혼종화 현상을 다루었다. 개혁·개방으로 급속한 시장화로 나아가면서 상하이 노스탤지어는 상하이에 국한되지 않는 전국적 현상이 되었다. 이는 '부르주아 공간을 안전하게 소비하려는 욕망'인 동시에 존재하지 않았던 것에 대한 '상상된 노스탤지어'이자 자본주의 착취에 대한 기억이 배제된 노스탤지어이기도 하다. 탈역사적이고 탈영토적인 상하이 노스탤지어 현상의 이면에는 소수자와 타자화에 대한 역사들이 존재하고 포스트사회주의 시기 중국인들의 미국화 욕망이 복류하고 있다. '화인의 빛' 리안은 상하이 노스탤지어를 바탕으로 장아이링의 〈색, 계〉를 각색해 영화 《색, 계》를 만들었다. 색계 현상은 상하이 노스탤지어와 섹슈얼리티, 그리고 국제적 공인 등이 중층적으로 교직된 결과다. 2008년 베이징올림픽을 전후해 강화된 그리고 강화될 중국 문화민족주의의 흐름은 우리로서는 경계의 대상이다. 최근 영상물에 재현된 문화민족주의는 중화민족 대가정 또는 문화적 중화주의를 구현하고 있다. 이 부분에서는 CCTV의 다큐멘터리 《대국굴기》와 《부흥의 길》, 그리고 장이머우의 《영웅》과 드라마 《한무대제》 등의 텍스트 분석을 통해 재현의 정치학을 고찰했다. (임춘성 요약)

왕샤오밍의 〈새로운 '이데올로기 지형'과 문화연구〉(원제: 1990年代與 "新意識形態")는 중국이 직면한 새로운 시대를 진단한 글이다. 개혁·개방으로 사회주의가 희석되었음에도 공산당이 지도하는 사회주의 사회가 지속되는 모순적 상황에서 왕샤오밍은 정치경제학의 근본인 계급·계층 분석에서 시작한다. 사회주의 시기의 노동자, 국가 간부, 군인, 지식인 등의 계층은 포스트사회주의 시기의 신흥부자, 화이트칼라, 실업 노동자(대기발령자와 퇴직 대기자 포함), 농민공의 새로운 계층과 함께 새로운 시대의 복잡함을 구성하고 있다. 이들 새로운 계층은 중국사회의 새로운 분배제도를 대변하고 새로운 문화적 욕구를 만들어내고 있다. 특히 1%도 되지 않는 신흥부자 계층은 1990년대 중국의 흑막이 집중되어 있다. 포스트사회주의 시기에 개방은 어느 정도 이루어졌지만 그와 짝을 이루는 개혁은 그다지 성과를 내지 못하고 있다는 것이 왕샤오밍의 진단이다. 이런 상황에서 문화연구는 중국 문제를 고찰함에 새로운 이데올로기 지형을 제대로 파악하고 사회 현실을 시의적절하고 설득력 있게 분석할 수 있는 방법론이다.

사실 이 글은 국내에 이미 소개된 바 있다. 《고뇌하는 중국(One China, Many Paths)》(왕차오화 외, 장영석·안치영 옮김, 도서출판 길, 2006)에 〈'대시대'가 임박한 중국: 문화 연구 선언〉(377~405쪽)으로, '아시아 신세기 총서 2'《역사: 아시아 만들기와 그 방식》(사카모토 히로코 외 엮음, 박진우 옮김, 한울, 2007)에 〈위대한 시대에 직면하는 중국: 시장경제화 속에서의 새로운 이데올로기〉(266~303쪽)라는 제목으로 번역되었다. 전자는 영문을, 후자는 일본어를 저본으로 삼아 성실하게 번역한 것으로 보인다. 이미 소개된 글을 다시 번역하는 이유는 두 가지다. 첫째 왕샤오밍의 이 글은 리퉈(李陀)의 〈당다이 대중문화비평총서(當代大衆文化批評叢書)〉 서문과 함께 중국 대륙 문화연구의 선언문이기 때문이다. 특히 왕샤오밍의 글은 이전과 확연히 달라진 1990년대 이후의 새로운 계층과 새로운 이데올로기를 설득력 있게 분석하면서, 비판적 문화연구가 전 지구화의 추세 속에서 중국 문제를 확실하게 파악하고 광범한 사회 배경에서 특정한 문화현상을 규명할 것을 요구하고 있다. 둘째, 기존 소개는 각각 영문과 일문으로 번역된 글을 다시 번역했으므로 왕샤오밍의 원문에 충실하게 소개할 필요가 있다고 판단했기 때문이다. 혹 번역의 문화횡단(transculturation) 작업에 관심이 있는 제현에게, 중국어라는 출발어(source language)가 한국어라는 도착어(target language)로 번역되는 과정과, 영어 및 일어 등의 중간어를 거쳐 번역된 과정을 대조함으로써 핵심어와 고유명사 표기 등이 어떻게 달라지는가에 대한 흥미로운 텍스트를 제공할 수 있기를 망외로 기대해 본다. (박자영 요약)

다이진화는 〈문화영웅 서사와 문화연구〉에서 '문화영웅'이라는 키워드를 통해 1990년대 중국의 문화현상을 고찰한다. 저우싱츠의 영화에 대한 대중들의 열광에서 출발한 '우리터우' 현상은 1990년대 새로운 중국문화의 구성에서 하나의 징후적인 사건이었다. 대중문화의 발전과 인터넷 문화의 유행으로 형성된 '우리터우' 문화는 기존의 권위와 가치를 부정하면서 일반 대중들을 새로운 문화 주체로 등장하게 했다. 이 과정에서 문화 담론의 권력을 소유하고 있던 지식계는 심각한 분열과 갈등을 띠게 되었다. 1990년대 초기 '인문정신 토론'으로 대표되는 일련의 논쟁들은 지식인의 역할과 정체성을 새롭게 고민하는 과정이었는데, 이때 민간, 체제, 매체는 매우 중요한 요소로서 기능했다. '민간'은 관방이나 체제에 대립적인 개념으로서 기존의 체제 지식인과는 다른 새로운 사회집단을 형성했다. 이러한 체제 바깥의 공간인 민간의 형성과 문화산업의 급속한 발전은 소위 중국의 새로운 '문화영웅'들을 생산했다. 사실상 대중매체와 문화산업의 합작 혹은 공모를 통해 형성된 '문화영웅' 서사는 과거의 혁명영웅 서사를 대체하면서 문화시장에서 대중적 우상의 형태로 소비되었다. 다이진화는 이 글에서 1990년대 중국의 '문화영웅' 서사를 단순히 중국의 특정성으로 인해 형성된 단편적 현상으로 이해하기보다는 전 지구화 시대를 맞이하는 중국의 새로운 문화 구성에서 발생한 하나의 징후적 현상으로 사고할 것을 제안하고 있다. (김정구 요약)

포스트사회주의 중국의 문화 경관

임춘성

포스트사회주의 중국의 문화 경관

1. 포스트사회주의 30년과 '당다이' 60년

　　　　　　　　1976년 문화대혁명(이하 문혁)이 종결되고 2년여의 과도기를 거쳐 1978년 12월 '사회주의 센다이화(現代化)'를 구호로 내세운 덩샤오핑(鄧小平)의 개혁·개방이 시작되었다. 이후 중국에서 30년의 시간을 개괄하는 데 '포스트사회주의(post-socialism)'는 유용한 개념이다. 개혁·개방은 사회주의를 전면 부정하는 듯하지만 심층적으로는 그 자장권에서 자유롭지 못하다. 그 주체들도 그로부터 벗어나려 애를 썼지만 커다란 그물에서 벗어나지 못하고 있다. 그러므로 '사회주의 30년과 개혁·개방 30년'은 최소한 60년이라는 중기적 관점에서 고찰해야 한다. 나아가 중기 60년은 1840년의 아편전쟁까지 거슬러 올라가는 '근현대'[1] '장기 지속'의 관점에서 고찰할 필요가 있다.[2]

세계체계(world system)를 염두에 두고 동아시아 근현대를 볼 때, 그 시간대는 다층적이다. 백승욱은 30년, 50년, 100년의 시간대로 나누어 설명한다.(백승욱 2006, 407~409) 우선 최근 30년의 시간대는 신자유주의 시대로, 이전 동아시아 발전국가의 구도가 무너지고 일본 중심의 다층적 하청체계 구도가 동아시아 전역으로 확장되며 사회주의 지역이 동아시아 경제구도 내에 들어오면서 빠르게 축적의 중심으로 성장하고 있는 시기다. 조금 확장된 50년의 시간대는 기본적으로 냉전의 시대로, 전후 일본의 부흥에서 시작하고 그다음에 동아시아 신흥공업국이 등장한 시기다. 100년의 시간대는 서유럽 자본주의가 동아시아로 침투해 들어오면서 동아시아 전체를 자본주의 세계경제에 편입시킨 시기로, 빠르게 서유럽적 자본주의 길을 걸은 일본과, 기존의 거대한 제국이 붕괴해 새로운 민족국가로 전환된 중국이 있는데, 후자는 자본주의 이후에도 살아남아 경계를 더 확장했다.

중국의 근현대를 고찰할 때에는 마땅히 세계체계와 동아시아 근현대를 고려해야 한다. 최근 60년을 지칭할 때, 중국에서는 '당다이(當代)'[3]라는 독특한 개념을 사용한다. 이는 쑨원(孫文)의 구민주주의 혁명 시기를 '진다이(近代)'라 하고 마오쩌둥(毛澤東)의 신민주주의혁명 시기를 '셴다이(現代)'라고 하는 중국 혁명사 시기 구분의 일환으로, '당다이'는 '사회주의 개조 및 건설' 시기, 즉 1949년 중화인민공화국 수립 이후를 가리킨다. '당다이'는 문혁이 종결된 1976년 또는 개혁·개방이 시작된 1978년을 분기점으로 사회주의 30년과 개혁·개방 30년으로 나눌 수 있는데, 뒤의 단계가 포스트사회주의 시기에 해당한다. 포스트사회주의는 아직 사회과학적으로 정립된 용어는 아니지만, '개혁·개방' 이후 문혁으로 대변되는 '사회주의 30년'을 부정하고 그것과 단절하는 측면과, 새로운 단계에 들어섰음에도 문혁의 기제가 여전히 관철되는 측면을 동시에 지적한다는 장점이 있다. 즉 사회주의의 지속(after, 後)과 발전(de-, 脫)[4]을 절합(articulation)시키는 중국 '개혁·개방' 시기의 특색을 요약할 수 있다는 점에서 유효하다. 이를 표로 정리하면 아래와 같다.

중국 근현대사 4단계(170년)

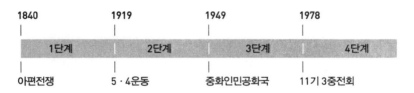

1840	1919	1949	1978
1단계	2단계	3단계	4단계
아편전쟁	5·4운동	중화인민공화국	11기 3중전회

4단계는 단기 30년으로, 일반적으로 개혁·개방 시기라 하고 문화계에서는 신시기라 하며 우리는 그것을 포스트사회주의 30년이라 일컫고 있다. 중기 60년은 4단계에 3단계를 더한 것이다. 3단계는 사회주의 30년이다. 중기 60년은 사회주의 개조 및 건설 시기로, 당다이(當代)라고 불리고 있다. 2단계는 흔히 진정한 근현대의 시작이라 불리는 5·4부터 중화인민공화국이 수립된 1949년까지로, 신민주주의 혁명 시기에 해당하고, 셴다이(現代)라 불린다. 1단계는 구민주주의혁명 시기이고 진다이(近代)라고 한다. 장기적인 중국 근현대는 2단계부

터 4단계까지의 90년을 지칭하기도 하고, 1단계부터 4단계까지의 170년을 일컫기도 한다, 이 글에서는 후자를 지지한다.

중국의 문화연구(cultural studies) 학자들은 1990년대 들어 중국의 대중문화가 본격적으로 구축되었고 문화연구도 그제야 시작되었다고 한다.(李陀 1999; 戴錦華 1999; 王曉明 2000; 汪暉 2000; 孟繁華 2003 등) 중국의 문화연구의 한 축을 담당하고 있는 왕샤오밍(王曉明)은 1990년대 중반부터 형성된 '문화연구 붐'을 '새로운 학문 유행으로서의 문화연구'와 '당다이 사회에 대한 분석과 문화 실천으로서의 문화연구'로 나누고, 후자를 다시 유행 문화기호 분석과 문화기호의 심층 연구로 분류한다. 다이진화가 전자를 대표한다면, 왕샤오밍은 후자를 대표한다.(왕샤오밍 2005, 231~232) 한국의 관련 학자들은 중국 학자들의 견해를 수용하면서 1980년대를 중국의 문화연구의 전사(前史)로 파악하고(박자영 2004a), 문화연구의 주요 대상인 대중문화의 역사적 형세가 1949년부터 형성되었다고 보기도 한다(신현준 2005). 중국 학자 멍판화(孟繁華 2003)의 고찰은 1980년대부터 시작하고 있다.

그러면 포스트사회주의 중국의 문화 경관(cultural spectacle) 몇 가지를 살펴보도록 하자.

2. 포스트사회주의 중국의 문학지도

문학은 대체로 시대와 역사를 사후(事後)에 반영하지만 아주 가끔은 시대를 선도하기도 한다. 2,000년이 넘는 중국문학사에서 당송(唐宋) 고문운동이 대표적 사례였다면, '상흔문학'으로 대표되는 신시기 문학도 반성적 사유를 선도했다는 점에서 그러하다.

'포스트사회주의' 중국 30년 문학의 시작은 '몽롱시(朦朧詩)'와 '상흔(傷痕)문학'을 그 표지로 삼는다. '몽롱시'가 사회주의 시기의 금기였던 모더니즘을 지향했다면, '상흔문학'은 문혁으로 생긴 상처를 되돌아보았다. 이념의 지옥에서 살아남은 인민들이 상처투성이의 몸을 이끌고 간신히 지탱해 오다가 아팠다는 소리를 가장 먼저 내고 그 상처의 흔적을 적나라하게 보여준 것이 '상흔문학'이었다면, 그 상처의 원인을 반추하면서 아픔을 딛고 이성을 회복해 지나간 역사의 오류와 실패를 분석하고 정리한 것이 '반사(反思)문학'이었다. 이어 잘못된 것을 고치려는 시도가 출현했는데, 이를 '개혁문학'이라 한다. 그 개혁의 방식을 전통문화의 뿌리에서 찾아 그것을 근현대화하고자 노력한 것이 '심근(尋根)문학'이라면, 서양의 것을 모범으로 삼아 중국문학을 개혁하고자 한 것이 이른바 '선봉(先鋒)문학'으로 표현되었다.[5] 이런 흐름은 1980년대 후기에 들어 점차 복잡한 다성악(polyphony)으로 발전해 신상태(新狀態)문학, 신(新)사실주의문학, 신역사주의문학 등이 출현한다.

포스트사회주의 시기의 중국문학은 시대사조인 '전통과 근현대화'와 긴밀하게 결합했다. 심근문학이 전통에서 개혁의 길을 모색한 것이라면, 선봉문학은 근현대화에서 그것을 모색한 것이다. 그러나 심근문학에서의 전통은 근현대화와 결합한 전통이고, 선봉문학에서의 근현대화는 민족화와 결합한 것이다. 이런 결합은 중층적이다. 이를테면 마위안(馬原), 모옌(莫言), 위화(余華) 등 선봉문학 작가의 특색은 '반역'이지만, 그들 반역의 심층에는 중국적 서사 전통의 계승이 존재한다.

'당다이'문학은 사회주의 30년간 평등정책의 시행으로 지방성 (locality)이 약화되고 중앙정부의 강한 개입으로 사회주의 리얼리즘 독존(獨尊)의 형세가 형성되었다. 개혁·개방 이후 연해지역이 먼저 개발되면서 '당다이'문학은 예전의 지방적 특색을 회복·강화해 가고 있다. 전 지구화 시대에 들어와 이주의 확산과 매체의 발달로 지리공간의 경계가 모호해짐에도, 몇몇 지방에서는 재지방화(re-localization)의 형세가 두드러진다. 그러므로 포스트사회주의 시기를 문학지리의 관점에서 살펴보는 것도 의미가 있다.

중국문학은 전통적으로 황허 강(黃河)을 중심으로 한 북방과, 창장 강(長江)을 중심으로 한 남방의 구분이 있었다. 근현대 들어서도 1920년대 '인생을 위한 예술'을 추구한 문학연구회(文學硏究會)는 베이징을 중심으로 삼았고, '예술을 위한 예술'을 추구한 창조사(創造社)는 도쿄에서 창립되어 상하이를 근거지로 삼았다. 또한 경파(京派)와 해파(海派)는 좌익문학과 함께 1930년대 중국 문단을 삼분했다. 경파가 과도한 정치 참여를 경계하면서 인민의 생활에 접근하고 인성미와 자연미를 추구한 반면, 해파는 유럽의 모더니즘과 일본의 신감각파에서 영향을 받아 자본주의 대도시의 새로운 문화와 도시민의 삶을 그렸다.

베이징은 중국 정치의 중심이자 고급문화가 주류를 이루는 지역이다. 많은 작가가 베이징을 근거지로 삼아 활동하고 있는데, 이들은 대체로 엄숙문학을 지향한다. 정치의 중심이라는 사실은 문단의 주도권이 베이징에 있음을 의미한다. 베이징의 문학권력은 '중국작가협회(中國作家協會)'를 통해 표현되었다. 종신제 비슷하게 운영되던 협회 주석은 2006년에야 선출제로 바뀌었는데, 원로들을 제치고 중견 여성

작가 톄닝(鐵凝)이 선출됨으로써 커다란 변화를 예고하고 있다. 그와 동시에 주류에 대한 저항도 만만치 않다. 1980년대 중국을 이해하는 주요 키워드의 하나인 왕쉬(王朔)는 개혁·개방 초기의 새로운 사회사조와 포스트사회주의의 탈(脫)이데올로기적인 신세대를 대담하게 묘사해 '사회주의 센다이화'를 예리하게 풍자했다. 전 베이징대학 중문학부 교수이자 체제 비판적 학자인 첸리췬(錢理群)은 문혁 시기를 포함해 18년간의 하방(下放)과 유랑의 경험을 통해 중국사회에 대해 비판적이고 실천적인 관점을 형성했다. 첸리췬은 20세기 중국 지식인의 정신사라는 맥락에서 루쉰(魯迅), 저우쭤런(周作人) 등의 작가를 고찰했다. 퇴직 이후에는 중고등학교 문학교육에 열성을 쏟는 한편 국가권력에 억압되었던 1950년대 우파와 1960년대 문혁의 복원에 주력하고 있다. 허난(河南) 출신으로 베이징대학 중문학부를 졸업한 류전윈(劉震雲)은 베이징 시민의 일상생활을 리얼하게 묘사해 도시문학의 가능성을 보여주었다. 2007년 한국에 번역 출간된 《핸드폰(手機)》은 핸드폰과 자가용, 대중매체의 발달로 달라진 베이징 시민의 소통 양태를 유머러스하게 성찰하고 있다. 펑샤오강(馮小剛) 감독의 동명 영화도 중국에서 커다란 반응을 일으켰다.

산둥(山東)은 베이징의 지류라 할 수 있다. 우리에게 장이머우(張藝謀) 감독의 영화 《붉은 수수밭(紅高粱)》의 원작자로 잘 알려진 모옌은 마위안과 더불어 선봉문학의 선봉장이다. 선봉문학은 근현대화에서 자신들의 출로를 모색했는데, 이들의 근현대화는 민족화와 결합해 가장 민족적인 소재와 주제로 문학의 승부수를 걸고 있다. 찬쉐(殘雪), 위화, 쑤퉁(蘇童)을 포함한 선봉문학 작가들의 특색은 '실험'과 '반역'이지만, 그 심층에는 중국적 서사 전통이 면면히 흐른다. 포크너와 마르케스의 영향을 자인하는 모옌은 산둥 가오미(高密) 지방을 배경으로 삼아 개인화한 신화세계와 이미지세계를 창조했다. 모옌의 대표작 〈붉은 수수밭〉은 민간의 입장에서 항일전쟁을 묘사했다. 〈고선(古船)〉의 작가 장웨이(張煒)는 〈9월의 우언(九月寓言)〉에서 1950∼70년대 산둥의 작은 마을이 겪은 역사를 우언화했다.

중국경제의 심장이자 대중문화가 주류를 이루는 상하이는 베이징에 비해 개방적이고 전위적이다. 문혁의 이념 지옥에서 살아남은 사람들의 상처의 흔적을 적나라하게 보여준 '상흔문학'과 그 상처의 원인을 반추한 '반사문학'은 포스트사회주의 시대의 새로운 기풍을 상하이에서 열었고, 20세기 말 출생한 '신생대(新生代) 작가 웨이후이(衛慧)는 상하이 화이트칼라 계층의 욕망과 소비문화를 그려냈다. 상하이의 대표적 비평가이자 학자인 왕샤오밍과 천쓰허(陳思和)는 '문학사 새로 쓰기'(1988), '인문학 위기'(1993) 등의 논쟁을 주도했는데, 왕샤오밍이 문화연구학과를 개설하고 '당다이문화연구센터'를 세워 본격적인 문화연구에 주력하는 반면, 천쓰허는 문학의 진정성을 수호하는 입장에서 중문학의 세계화에 진력하고 있다. 상하이에서 성장해 상하이와 상하이인을 형상화하고 있는 왕안이(王安憶)는 1940년대 장아이링(張愛玲)과 더불어 근현대 상하이를 이해하는 데 가장 중요한 작가로 대두했다. 그 대표작 〈장한가(長恨歌)〉(1995)는 서양 문화시장의 식민 상상에 영합하려는 '상하이 노스탤지어'를 극복하고, 순수하고 소박한 올드 상하이를 충실하게 재현해 '도시의 민간서사'라는 평가를 받았다.

시안(西安)은 역사 고도로서 중국 전통문화의 중심이자 내륙의 농촌문화를 대변하는 또 하나의 문학 중심지다. 특히 시안을 중심으로한 상(商) 지역은 중국문화의 근원지로서 '심근(尋根: 뿌리 찾기)문학'의 흐름과 연계되어 있다. 심근문학은 후난(湖南) 출신 작가 한사오궁

(韓少功)의 '심근 선언'(1984)에서 비롯했다. 이들은 포스트사회주의 시기 가치관의 혼란 속에서 전통으로부터 국족 정체성(national identity)과 뿌리 찾기를 시도했는데, 이때 전통은 근현대화와 결합한 전통이다. 〈상주 초록(商州初錄)〉의 자핑와(賈平凹), 〈백록원(白鹿原)〉의 천중스(陳忠實), 〈아이들의 왕(孩子王)〉과 〈기왕(棋王)〉의 아청(阿城)이 이 계열에 속한다. 〈아이들의 왕〉은 천카이커(陳凱歌)가 영화화함으로써 《황토지(黃土地)》와 함께 5세대 초기 영화의 대표작이 되었고, 〈기왕〉은 지청(知靑)문학에 속한다. 지청은 문혁 시기 농촌으로 하방한 지식청년을 가리키는데, 그들은 문혁이 끝난 후 도시로 돌아와 문혁시대의 폐해를 폭로했다. 지청은 각 변방에 하방되었기에 전국적으로 분포했지만, 그들의 문학은 농촌의 경험을 바탕으로 하고 있어서 자연스레 전통문화와 연계되었고 심근문학과 친연성이 있다. 이 방면에서는 장청즈(張承志)와 리루이(李銳) 등이 주목할 만하다. 소수민족 작가들도 자신의 언어와 고유한 문화로 심근문학의 흐름에 참여하고 있다. 티베트 작가 자시다와(扎西達娃), 조선족 작가 진런순(金仁順) 등이 대표적이다.

홍콩과 타이완의 문학은 국민문학의 경계에 놓여 있다. 1997년 회귀 이전의 홍콩문학과 1949년 이래의 타이완문학은 그것을 중국문학의 일부로 보느냐 독립적인 국민문학으로 보느냐에 따라 확연히 달라진다. 중국 회귀 이전 홍콩문학의 대표작가인 예쓰(也斯)는 〈기억의 도시·허구의 도시(記憶的城市·虛構的城市)〉에서 1997년의 커다란 변화에 직면해 전후 세대가 겪는 좌절과 고민 그리고 새로운 정체성에 대해 모색했다. 그는 2000년 링난(嶺南)대학에 아시아 최초로 문화연구학과를 개설하고 홍콩연구와 문화연구를 결합시켰다. 회귀 이후 중국 특별행정구가 된 홍콩은 재국민화(re-nationalization)의 과정을 거쳐 중국의 일부분으로 자리 잡아 가는 것으로 보인다. 그러나 홍콩이 중국의 특별행정구로 편입되었다고 홍콩문학이 즉시 중국문학의 일부가 되는 것은 아닐 것이다. 홍콩 회귀는 정치적으로 타결되었지만 홍콩문학과 중국문학의 관계는 문화적으로 해결해야 할 과제다. 한편 1949년 이후 타이완은 통일파와 독립파의 대립과 갈등으로 점철되어 왔다. 통일도 우파와 좌파의 구분이 있고 독립도 해외파와 토종파의 변별이 존재한다. 민진당 집권 이래 독립파의 목소리가 높아지고 그 문학적 반영으로 각 대학에 타이완문학과 또는 타이완문학연구소가 개설되었다. 수많은 한국 유학생이 중문학을 공부하려고 찾아갔던 타이완에서 중문학이 자칫 외국문학으로 분류될 수도 있는 상황에 처한 것이다. 통일파 작가로는 2007년 작고한 천잉전(陳映眞)을, 타이완문학 연구자로는 천완이(陳萬益)와 추구이펀(邱桂芬)를 꼽을 수 있고, 문화연구에 몰두하는 천광싱(陳光興)도 주목을 요한다. 국민당의 (재)집권으로 새로운 국공합작(國共合作)을 예고하고 있는 시점에 타이완에서 중국문학과 타이완문학의 관계는 그 정치적 상황만큼이나 가변적이라 할 수 있다.

3. 진융 소설과 문화중국

우리가 '중국 근현대문학'을 제대로 파악조차 못하고 있던 1950년대 중엽, 그리고 중국 대륙에서는 사회주의 개조 및 건설의 메아리가 '반우파(反右派) 투쟁'으로 변질되던 무렵, 홍콩에서는 5 · 4문학혁명에 견줄 만한 '조용한 문학혁명'이 시작되었다. 처음에는 독자들도 의식하지 못했고 연구자들도 주목하지 않았다. 그러나 수많은 독자를 확보한 이 문학혁명은 통속문학에 대해 편견이 있던 학자와 교수들을 강박(强迫)해 그것에 관심을 가지게 했다. 그것은 바로 진융(金庸)[6]의 무협소설이다. 식민지 홍콩에서 싹을 틔워 분단의 땅 타이완을 휩쓴 진융의 무협소설은 1980년대에는 역으로 대륙에 상륙했다. 중국 대륙에 불어닥친 '진융 열풍'은 그의 이름을 모르는 중국인이 거의 없게 할 정도로 강렬했고, 이제 진융의 무협소설은 '중국인다움(Chinese-ness)'을 구성하는 중요한 요소가 되었다. 국외 화교까지 포함해 중국인치고 진융을 모르는 사람이 거의 없는 셈이다.

진융 무협소설의 특징은 여러 가지가 있다. 대부분 구체적인 역사 배경이 있다는 점, 역사 사건과 강호(江湖)라는 가상 세계의 결합, '근현대적 정보를 지닌 주인공, 한자문학이 창조해 낸 극치의 예술적 상상력, 통속문학과 엄숙문학 사이의 경계와 영역을 허물었고 5 · 4 신문학에 의해 억압되었던 '본토문학'의 전통을 부활시킨 점 등이 그 주요 특징이다. 진융의 작품에는 수많은 문화적 요소가 충만하다. 중국 불교에 입문하려면 진융의 작품을 읽으라는 천핑위안(陳平原 1992)의 권고라든지, 송말부터 명 건국까지의 역사를 재미있게 읽으려면 '사조삼부곡(射雕三部曲: 〈사조영웅전(射雕英雄傳)〉, 〈신조협려(神鵰俠侶)〉, 〈의천도룡기(倚天屠龍記)〉)'에서 시작하고 명말 청초의 역사 공부는 〈녹정기(鹿鼎記)〉와 함께하면 좋을 것이라는 필자의 권유는 과장이 아니다. 이러한 '문화적 두터움(cultural thickness)'(임춘성 2008b, 15)은 한국에서는 장르문학으로서 무협소설 애독자들의 독서를 방해하는 요소로 작용한다. 한국의 '영웅문 키드'와 그 후예들은 무협지 '영옹문'으로 충분할 뿐, 그 문화적 수준을 향상시켜야 이해할 수 있는 중국의 문사철(文史哲)과 제반 문화, 중국 상상, 전통 만들기, 성별·국족 정체성(gender and national identity) 등의 주제에는 그다지 관심이 없어 보인다.

진융의 작품은 1955년부터 1970년까지 지어졌지만 대륙에 본격적으로 상륙한 것은 1980년대다. 광저우(廣州)의 잡지 《무림(武林)》에 〈사조영웅전〉이 연재된 것이 그 효시라 할 수 있다. '진융 현상'은 '왕쉬 현상'이나 '자핑와의 〈폐도(廢都)〉 현상'과는 맥락을 달리하는 문화사적 사건으로 보아야 한다. 진융의 작품은 1955년 신문 연재 때부터 지금까지 거의 반세기 동안 지속적으로 독자층을 확대 재생산해 왔고, 단순한 흥미 유발에 그치지 않고 학문적 연구 대상으로 그 영역을 넓히고 있다. 우리는 진융의 작품을 재미있는 무협소설로만 볼 것이 아니라 중국의 전통문화와 근현대인의 인성과 심리가 내재된 '문화텍스트'로 인정해야 할 것이다. 그의 작품은 중국문학의 전통 형식을 유지하면서도 근현대적 내용을 풍부하게 보유한 '중국 본토문학'의 집대성이면서 타이완과 홍콩 그리고 대륙에 이르기까지 광범한 독자를 확보함으로써 대중성을 확보하고 있다. 이렇게 볼 때 진융의 작품은 대륙과 홍콩, 타이완 그리고 여러 지역의 화인(華人)을 통합(integration)하는 기제의 가능성이 있다. 1955년 신문에 연재되면서부터 수많은 중국인이 그의 작품을 애독하고, 여러 작품이 끊임없이 연속극과 영화로 재생산되는 것을 보면 대륙과 홍콩, 타이완의 중국인들이 진융을 매개로 다시 통합될 수도 있다. 우리는 진융 소설에서 '국민문학(national literature)'의 가능성을 엿볼 수 있다.

1990년대부터 진융의 소설이 중화권에서 교학(教學)과 연구의 대상이 되면서 이른바 '경전화(經典化)' 작업[7]이 진행되고 전문 연구서만 해도 100권을 넘게 헤아리면서 '진쉐(金學)'[8]란 신조어까지 출현하고 있다. 1994년 베이징대학에서 진용에게 명예교수직을 수여하고 같은 해 싼롄서점(三聯書店)에서 《진용작품집(金庸作品集)》36권을 출간한 것은 그 징표라 할 수 있다. 베이징대

한국 기자들과 회견하는 진용(2007년 12월, 홍콩)

학과 싼롄서점은 역사와 전통을 자랑하는 유수의 대학이고 출판사이므로 진용 작품의 문화적 수준을 보증해 준 셈이다.[9] 중화권에서 진용의 작품은 무협소설에서부터 애정소설, 역사소설, 문화적 텍스트 등의 다양한 스펙트럼을 갖는다. 한국의 '영웅문 현상'은 그 스펙트럼에서 무협적 요소를 가져와 조악하게 재구성한 텍스트에 의존한 것임을 확실하게 인지해야 한다.

1990년대 동아시아에서 환영을 받았던 한류가 이제 포스트한류를 고민하고 있고, 무라카미 하루키(村上春樹)가 동아시아에서 광범하게 수용되는 문화횡단(transculturation)의 시대에, 진용의 작품도 동아시아 문화교류의 관점에서 고찰할 필요가 있다. 이때 진용 텍스트가 지닌 중국 전통문화의 두께는 동아시아 문화를 풍부하게 만들 콘텐츠이기도 하지만, 자칫 중화주의를 강조하는 '국족 서사(national narrative)'로 변질하거나 '중국 상상'(유경철 2005) 또는 '전통의 부활'(林春城 2005)을 강화하는 기제가 될 수 있음도 경계해야 할 것이다.

4. 5세대 영화와
중국식 블록버스터

　　　　　　　　　베이징대학 중문학부에 재직하면
서 문화연구를 수행하는 다이진화(戴錦華) 교수가 자주 쓰는 표현 하
나는 '탈주하다 그물에 걸림(逃脫中的落網)'이다. 시시포스(Sisyphos)
를 연상시키는 이 말은 '곤경에서 탈출했지만 더 큰 그물에 걸린 격'인
포스트사회주의 중국의 사회적·문화적 콘텍스트를 비유한다. 1980
년대의 '큰 그물'이, 문혁에서 탈출했지만 그 '문화심리구조'를 벗어
나지 못한 국가권력이었다면, 1990년대의 '큰 그물'은 전 지구적 자본
에 포섭된 시장이다. 포스트사회주의 중국은 '포스트식민 문화
(postcolonial culture)'의 현장이기도 한데, 다이진화의 '안개 속 풍경
(霧中風景)'과 '거울의 성(鏡城)'은 그에 대한 상징적 레토릭이다.

　　5세대는 '1982년 중국 영화사에 나타난 최초의 청년촬영제작팀
과 1983년 말과 1984년에 조용히 작품을 발표해 흥미와 경이를 불러
일으킨 청년창작집단'을 가리킨다. 이들은 영화사적 의미에서도 중요
하지만, 문혁이라는 '문화적 재앙의 유복자'로서 끊임없이 1980년대

다이진화 교수의 《안개 속 풍경》 초
판 표지(왼쪽)와 개정판 표지(오른
쪽)

의 역사적 · 문화적 '반성적 사유(反思)' 운동에 참여했고 포스트사회주의 중국 문화에 대한 영화의 전면적 개입을 통해 역사와 담론의 주체가 되었다. 그 핵심에 장이머우와 천카이거가 자리 잡고 있다.

장이머우는 중국영화계의 '복장(福將)'(다이진화 2007, 289)임에 틀림없다. 그는 포스트사회주의 중국의 영화계와 문화계의 흐름을 잘 타왔다. 초기의 자유로운 실험, 국내외적으로 적절한 시점에서 국제영화제 수상,[10] 국가권력의 주선율(主旋律)과 시장화의 이중압박에서 국외자본의 투자 유치 그리고 최근의 중국식 블록버스터 제작, 2008년 베이징올림픽 개폐막식 총감독 등의 도정은 그를 단순한 영화감독으로 자리 매김하기 어렵게 한다. 다이진화의 장이머우론 핵심은 이렇다. 장이머우는 '포스트식민 문화의 잔혹한 현실'을 누구보다 잘 인지했고 세계 무대로 나가기 위해서는 '동방적 경관(Oriental spectacle)'이 필요함을 인식해 '이중적 정체성(dual identity)' 전략을 활용해 성공했다. 장이머우는 이중의 정체성과 이중의 독해 사이에서 동방과 서방, 본토와 세계를 교묘하게 봉합했던 것이다. 그러나 다이진화가 보기에 장이머우의 성공이 가져온 결과는 세계로 향하는 창이라기보다는 그 시야를 가리는 거울이다. 거울에 비친 모습은 대국으로 굴기(崛起)하는 중국이 아니라 서양이라는 타자에 의해 구성된 동방의 이미지였고, 서양 남성 관객이 요구하는 욕망의 시선에 영합한 동방의 여인이었던 것이다. 그것은 결코 중국의 본토문화일 수 없는, 상상되고 발명된 중국의 이미지다.(다이진화 2007, 291) 여기서 주목할 것은 '서유럽 오리엔탈리즘'과 유럽 이외 지역의 '셀프 오리엔탈리즘(self-orientalism)'의 공모 관계다.(이와부치 2004, 22) 장이머우는 누구보다도 '전략으로서의 셀프 오리엔탈리즘' 운용에 뛰어났다. 그것은 정치적 검열이 존재하고 자율적 시장이 형성되지 않은 제3세계에서 재능과 야망을 가진 감독이 선택하게 마련인 생존 전략이라 할 수 있다. 다이진화가 비판한 '내재적 유배(internal exile)'는 '셀프 오리엔탈리즘'의 다른 표현이지만, 중국 정부와 관객은 장이머우의 선택에 환호하는 것으로 보인다.

천카이거는 중국영화의 또 다른 거울이다. 그가 초기 작품에서 보여주었던 대범함과 명석함(다이진화 2007, 317)은 《아이들의 왕(孩子王)》이 1987년 칸영화제에서 고배를 든 후 사라졌고, 천신만고 끝에 1993년 《패왕별희(覇王別姬)》로 칸영화제를 석권했지만(황금종려상), 그것은 추락으로 얻은 구원이자 굴복과 맞바꾼 면류관(같은 책, 330)이었다. 천카이거가 고심해서 재현한 중국 본토문화는 포스트식민 문화라는 콘텍스트 안에 내면화(internalization)한 서양문화의 시점(視點)과 절묘하게 결합함으로써 소실되어 버렸다. 《황토지》에서 함께 출발한 장이머우와 천카이거가, 이후 각자의 경로를 거쳐 전 지구화의 지표인 '블록버스터'로 귀결된 것은 결코 이상한 일이 아니다. 이들은 역사와 문화의 '큰 그물'에서 벗어나지 못한 것이다. 그들은 "성실하거나 그다지 성실하지 않은 역사의 아들"(다이진화 2007, 325)이었고 "정복된 정복자의 이야기"(같은 책, 413)를 남겨주었다.

5세대를 비판하며 등장한 젊은 신생대 감독들은 '6세대'라 불리는데, 이들이 국제영화제를 겨냥해 영화를 제작하는 것은 선배인 장이머우 등에게서 배운 것이라는 사실은 아이러니하다. 우리에게 이들의 작품은 일부 평론가와 소규모의 '마니아' 그룹을 통해 수용되고 있다. 장위안(張元)의 《북경 녀석들(北京雜種)》과 자장커(賈樟柯)의 《소무(小武)》는 지하영화 또는 독립영화로 소수의 마니아에게 전해졌다.

21세기 들어 중국에서 제작되는 중국식 블록버스터(大片) 현상은 주목을 요한다. 다이진화는, 1995년 중국 방송영화텔레비전부가 할리

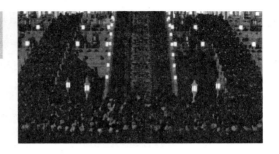

2008년 베이징올림픽 개막식이
라는 평을 들은 《황후화》(장이머우)의 한 장면.

우드 블록버스터 10편을 수입하면서 중국 영화 시장이 피폐해졌고 그로 인해 시장과 초국적 자본이 승리자가 되었으며 그 틈을 타서 영화 수입업자인 중국영화공사(中國電影公司)는 대기업으로 성장했다고 비판한다.[11] 그런데 '중국영화 네트워크(中國電影網)'의 통계에 따르면, 할리우드 블록버스터 수입 후 10년이 되지 않아 중국은 '블록버스터'를 자체 제작했고 2004년의 《연인(十面埋伏)》, 2005년의 《무극(無極)》, 2006년의 《황후화(滿城盡帶黃金甲)》 등은 중국시장에서 《반지의 제왕 3》, 《해리포터와 불의 잔》, 《다빈치코드》 등의 할리우드 블록버스터에 비해 두 배 가까운 입장수입으로 흥행 1위를 차지했다고 한다.(이후남 2007) 그보다 앞서 제작된 《영웅(英雄)》(2002)은 중국 국내외적으로 명망을 구축한 '문화 영웅' 장이머우가 마음먹고 만든 영화다. 장이머우는 기존의 '셀프 오리엔탈리즘' 전략을 대폭 수정해서 이제는 자국의 관중을 겨냥하고 있다. 가장 중국적인 무협 요소와 가장 전 지구적인 할리우드 블록버스터를 결합해 '중국 블록버스터 시대'를 연 것이다. 장이머우는 미국 컬럼비아사의 투자[12]를 유치해 중국과 미국에서 흥행에 성공했다. 그의 작품은 한국에서도 복잡한 역사적 맥락이 탈각된 채 멋있는 중국영화로 소비되었으며, 후속작 《연인》과 《황후화》도 환영 받았다. 중국식 블록버스터에 내장된 '문화민족주의'와 '무협적 요소'[13]의 광범위한 운용은 심도 있는 연구가 필요하다.

이와 아울러 1990년대의 중국 대중문화를 볼 때, 홍콩·타이완·대륙의 혼종화(hybridization) 현상에 주목해야 한다. 이는 우선적으로 개혁·개방 이후 대륙에 밀려든 홍콩과 타이완 대중문화의 영향력을 가리킨다. 특히 대중가요 분야에서 홍콩·타이완의 음악인 '강타이인웨(港臺音樂)'가 수입되고, 그 영향을 받아 발라드와 디스코를 주로 하는 '퉁쑤인웨(通俗音樂)'가 대량생산 되었으며, 서북지방의 민속음악과 홍콩·타이완의 현대적 사운드를 결합한 '시베이펑(西北風)'을 탄생시켰다. 홍콩·타이완과 시베이펑의 관계가 홍콩·타이완의 무협영화와 5세대 영화의 관계와 유사할 것(신현준 2004)이라는 진단은 바로 홍콩·타이완과 대륙 대중문화의 긴밀한 영향관계, 나아가 '혼종화' 현상을 잘 설명하고 있다. '혼종화' 현상은 영화에서 두드러지는데, 그 대표적인 현상이 새로운 합작방식이다. 이를테면 《패왕별희》는 천카이거 감독과 궁리(鞏俐) 등 대륙 감독과 배우, 허우샤오셴(侯孝賢)의 타이완 자본, 레슬리 청(Leslie Cheung, 張國榮) 등 홍콩 배우의 합작 형태로 제작되었다. 이 영화는 때로는 감독의 국적으로 때로는 제작사 국적으로 국제영화제에 출품되기도 했다.

5. 상하이 노스탤지어와 미국화 욕망

1920~30년대 상당한 수준에 올랐던 중국의 자본주의[14]는 사회주의 30년 동안 '숨은 구조(hidden structure)'로 억압되었다가 개혁·개방 시기에 부활한다. 1990년대 중반 이후 중국 전역에서 일어난 '상하이 노스탤지어 붐'은 그 부활의 한 형태라 할 수 있다. 그것은 사회주의 이전의 상하이, 특히 1920~30년대 상하이, 즉 '올드 상하이(老上海)'를 주요 대상으로 삼는다. '상하이 노스탤지어'는 1990년대 이래 중국 전역을 풍미하는 중요한 문화현상 중 하나다. 천쓰허는 이런 문화현상을 비판적으로 고찰하면서 상하이 노스탤지어의 전개 과정을 세 단계로 나눈 바 있다. 첫 단계는 재미 화가이자 영화감독인 천이페이(陳逸飛)의 회화[15]에서 비롯했고, 둘째 단계는 올드 상하이를 배경으로 삼은 영화[16]가 주류를 이루었다. 이들 영화에 재현된 상하이 형상은 순수하고 소박한 올드 상하이가 아니라 동방 상하이에 대한 서양 문화시장의 식민 상상에 영합한 것이라 할 수 있다. 셋째 단계는 1980년대 장아이링 붐과 1995년 그의 죽음으로 다시 일어난 장아이링 읽기 붐에서 비롯했다.(陳思和 2003, 380) '서양 문화시장의 식민 상상'에 영합하지 않는 '순수하고 소박한 올드 상하이'라는 문제의식은 천쓰허의 글쓰기 목적, 즉 왕안이의 《장한가》(1995)의 '도시 민간서사'의 의미에 부합한다. 물론 대중문화가 범람하는 상업시장에서 문학예술의 가치를 수호하려는 천쓰허의 기본 입장에서 비롯한, 문학예술과 대중문화를 변별하려는 그의 이분법적 태도와도 긴밀하게 연계되어 있다. 그러나 '서양 문화시장의 식민 상상'과 '순수하고 소박한 올드 상하이'는 '상상된 노스탤지어'에 혼재되어 있다. 그리고 그것은 무의식의 차원에서 미국화(americanization)의 욕망과 결합되어 있다. 또한 천쓰허의 글에서 '순수하고 소박한 올드 상하이'의 문제의식에 1920~30년대의 혁명 기억과 1949년 이후 사회주의 개조 및 건설의 맥락은 배제되어 있다.

올드 상하이는 부르주아 공간을 안전하게 소비하려는 욕망(박자영 2004b, 99)과 결합해 1990년대 상하이 거주민들이 겪어보지 못했던, 존재하지 않았던 것에 대한 '상상된 노스탤지어'를 제공한다. '상상된 노스탤지어'는 "결코 일어난 적이 없는 상실의 경험들을 만들어냄으로써 광고들은 '상상된 향수(imagined nostalgia)'라고 불릴 만한 것, 다시 말해 결코 존재하지 않았던 것에 대한 향수를 만들어내고 있다. 이런 이유에서 이 상상된 향수는 판타지의 시간적 논리(주체에게 일어날 수 있거나 일어날 법한 것을 상상하라고 가르치는)를 뒤집고, 단순한 선망이나 모방, 욕심이 만들어낼 수 있는 것보다 한층 더 깊은 소망들을 창조하는 것이다."(아파두라이 2004, 140) 노스탤지어의 상기는 상하이에만 국한된 현상이 아니다. 그것은 전 지구적 자본주의가 도시민의 소비 욕망을 겨냥한 상업 전략의 핵심이기도 하다. 그것은 역사와 기억을 소비상품으로 유통시킨다. 그래서 수많은 중국인들은 부자의 꿈을 안은 채 유학을 가고 주식 투자와 부동산 투기를 하며 살아간다. 이는 또한 사회주의 이전의 자본주의 착취에 대한 '기억이 배제된 노스탤지어'(아파두라이 2004, 55)이기도 하다. 그러기에 상하이 노스탤지어 현상은 탈역사적이고 탈영토적이다.

노스탤지어 현상 이면에는 소수자(minority) 또는 타자화(othernization)에 대한 '역사들'과 '또 다른 기억'이 존재한다. 그것은 노스탤지어의 주체들[17]에게는 지워버리고 싶은 역사들이고 '망각하고 싶은 기억'이다. 개혁·개방과 '사회주의 센다이화'의 구호에 가려진 '중국적 마르크스주의'의 실험이 지워버리고 싶은 역사라면, '동방의 파리'라는 기표에 가려진 소외된 계층의 존재는 망각하고 싶은 현상의 주요한 측면이다. 조계와 이민의 도시 상하이에서 외국인은 중국인을 타자화시켰고,[18] 똑같은 이민이면서 먼저 온 사람은 후에 온 사람을 주변화시켰으며,[19] 중상층은 하층을 소외시켰고 자유연애와 모던 신여성의 등장에도 남성은 여전히 여성을 억압했다. 그리고 개혁·개방 이후 시장은 혁명을 포섭했고 자본주의는 사회주의를 통합했다. 어쩌면 19~20세기 중국의 근현대 경험 가운데에서 "경험이라면 진저리가 날 정도인 생존자들의 현실 과거에서 경험이 배제된 순수 과거가 생기게"(아스만 2003, 15) 되는 것일 수도 있다. 다시 말해, 문혁으로 대표되는 사회주의 역사와 기억을 배제('咔嚓')하다 보니 그 이전의 '순수했다고 상상하는 과거'로 돌아가게 되는 것이다. 그러나 이런 의문은 여전히 남는다. 설사 사회주의 실험이 실패했다 하더라도, 사회주의 이외의 역사, 다시 말해 자본주의의 역사는 아름답고 순수한 기억일까? 이러한 문제설정(problematic)은 '순수 과거'의 밖에 존재하는 '현실 과거'를 되살리는 작업을 요구하게 한다. 그 작업은 기억을 위한 투쟁인데 기억을 복원하는 데에는 고통이 수반되게 마련이다. 거대서사에 대한 미시서사의 탐구, 정치사에 대한 생활사의 복원, 전통과 근현대의 중층성에 대한 고찰, 근현대성의 양면성에 대한 성찰, 포스트식민주의적 접근 등은 바로 이러한 문제의식과 연결되어 있다.

6. 리안의 《색, 계》와 섹슈얼리티

리안(李安)의 《색, 계(色, 戒)》(2007)는 '두터운 텍스트(thick text)'다. 다이진화는 《색, 계》를 감상하는 다양한 경로로, 국족 정체성, 희몽인생(戲夢人生), 진아(眞我, real self)

찾기, 분열 이야기, 여인과 반지의 이야기, 판본으로 인한 홍콩과 대륙의 자존심 문제, 관음자, 포스트모던 느와르 등을 들고 있다.(戴錦華 2008) 《색, 계》의 두터움은 우선 서사구조에서 비롯한다. 《색, 계》는 최소한 세 개의 이야기 층위로 구성되어 있다. 바깥에서부터 보면, 리안의 《색, 계》, 장아이링의 《색, 계》, 딩모춘(丁默村)－정핑루(鄭苹如) 사건(일명 '시베리아 모피점 사건')이 그것이다. 리안의 이야기는 미인계 간첩 이야기로, 이는 장제스(蔣介石) 정부(난징 → 충칭)와 왕징웨이(汪精衛) 정부(우한 → 상하이)에 관계된 국민당 내부 모순에 관련되어 있고, 나아가 일본과 연계되어 있다. 장아이링은 이 사건을 토대로 영화의 원작이 된 〈색, 계〉에서 이(易) 선생과 왕자즈(王佳芝)의 이야기를 모던한 '재자＋가인'의 수준으로 발전 또는 승화시켰다. 논자들에 따르면, 이 '재자＋가인' 모델에는 남편인 후란청(胡蘭成)에 대한 장아이링의 정서가 녹아 있다고 한다. 리안의 《색, 계》는 장아이링의 〈색, 계〉를 토대로 삼아 많은 공백을 메우고 있다.[20] 이 선생을 이모청(易默成[21]: 丁默村 ＋ 胡蘭成)으로 명명하고 왕자즈에게도 홍콩대학 생활을 부여해 장아이링의 그림자를 투영시켰다. "개편 후의 《색, 계》는 장아이링의 원작보다 훨씬 정채롭다! 리안은 장아이링의 음영(陰影)으로부터 자신의 길로 걸어나갔다."(李鷗梵 2008, 32) 그리고 문학과 영화, 역사와 재현, 현실과 사이버, 기억과 망각 등의 문제가 놓여 있고 아울러 베드신(床戲)과 클립형(자궁 속 태아) 체위 등도 텍스트의 두터움에 일조한다. 또한 금구(禁區)를 정면으로 다룸으로써 '금지된 것을 돌파하는 즐거움'도 준다.

이야기의 배경에 1940년대 초 상하이가 놓여 있어 영화의 '문화적 두터움'을 더해 주면서 이야기를 사로잡고(haunting) 있다. 《색, 계》에 재현된 1942년의 상하이 또한 '상상된 노스탤지어'의 자장권에서 크게 벗어나지 못한다. 물론 기타 재현물과는 다른 풍경[22]을 드문드문 보여주고는 있다. 리어우판(李鷗梵 2008)이 상하이 도시문화 전문가의 입장에서 그리고 동향인의 입장에서 영화에 재현된 상하이에 대해 공과를 평하고 있지만, 대로의 모습은 난징루(南京路)를 벗어나지 못하고 주인공의 패션은 대형 화보 잡지 《양우(良友)》(1926~45)의 수준을 넘어서지 못한다. 치파오(旗袍) 여성과 서양식 정장 남성의 조합은 모던한 '재자+가인'의 패턴을 창출했다. 수십 곳의 치수를 재야 하는 모던 치파오는 '순수하고 소박한 올드 상하이'가 끼어들 여지가 없는 억압으로 변모해 그 속의 사람들을 숨쉬기 어렵게 만든다. 리안이 구성한 상하이는 또 다른 공간인 침실과 마찬가지로 '상상된 공간'인 것이다.

다이진화(戴錦華 2008)에 따르면, 2007년 가을과 겨울 사이 홍콩과 타이완 그리고 대륙에서 리안의 《색, 계》는 대대적으로 환영을 받았고, 더욱이 상하이에서는 영화가 끝난 후 관객들이 기립 박수와 함께 "리안 만세, 만만세!"를 외쳤다고 한다. 2007년 베네치아영화제 금사자상 수상으로 또다시 국제적 공인을 받은 리안은 '화인의 빛(華人之光)'이 된 것이다. 리안 신화, 리안의 기적, 세계적으로 공인된 감독, 할리우드에서 성공한 중국계 감독 등의 수식어가 어색하지 않게, 그는 상업과 예술을 초월(trans)하고 대륙·홍콩·타이완을 넘나들고, 중국어세계와 영어세계를 초월하고 나아가 아속(雅俗)을 초월해 아속공상(雅俗共賞)의 경지를 구축했다.

똑같은 베네치아영화제 금사자상 수상작임에도, 《스틸 라이프(三峽好人)》(자장커, 2006)는 일부 지식인에게 호평[23]을 받았지만 중화권 관객의 반응은 냉랭했다. 또한 《색, 계》와 비슷한 수준의 노출(noodle hair)과 금구(禁區)를 다뤘음에도, 《여름 궁전(頤和園)》(러우예(婁燁),

2006)은 당국으로부터 감독에게 5년간 영화제작 금지 처분을 받게 만들었다. 왜 중국 대중은 《색, 계》에 환호하고, 왜 중국 당국은 《색, 계》에 관대한가? 똑같이 매국노를 소재로 한 《곤곤홍진(滾滾紅塵)》(옌하오(嚴浩), 1990)은 상영 금지되었음에도 왜 《색, 계》는 버젓이 상영되었을까? 과연 《색, 계》의 감동의 원인은 무엇일까? 우선 '사랑의 진정성(authenticity)'에서 그 답을 찾을 수 있다. 이 선생이 자신을 진정으로 사랑하고 있음을 느낀 왕자즈는 이 선생에게 "빨리 도망치세요(快走!)"라고 말한다. 이 말을 할 때 후과(後果)를 인지했는지는 모르지만, 그 대가로 그녀는 채석장에서 동창 6명과 함께 총살당한다. "여성의 마음에 이르는 길은 음도(陰道)를 통한다"는 장아이링의 언급을 남성이 체득하기는 불가능하지만, 왕자즈가 다이아반지와 육체적 쾌락으로 구현된 이 선생의 사랑을 '진정'으로 받아들인 것은 분명하다. 이에 비해 《스틸 라이프》에서 돈을 주고 데려왔던 부인이 딸을 데리고 돌아간 지 10여 년 만에 모녀를 찾아나선 한싼밍(韓三明)의 이야기는 진정성 면에서 왕자즈의 그것을 압도한다. 한싼밍의 이야기는 감동적이지만 관객에게 매력을 주지 못한다. 여러 요인이 있지만 섹슈얼리티(seuality)의 부재를 한 요인으로 꼽을 수 있다.

리안의 《색, 계》는 섹슈얼리티로 넘쳐난다. 전통적인 '재자+가인' 서사모델을 모던한 수준으로 승화시켰을 뿐만 아니라 베드신 연출은 포르노 뺨친다. 《여름 궁전》에서도 베드신이 과다하고 누들 헤어뿐만 아니라 성기까지 노출하고 있지만, 극중 인물들은 본능적 욕망에 충실한 것으로 보인다. 격변기를 살아가는 위홍(余紅)은 자신의 젊음을 어떻게 발산할지 모르고 사랑과 섹스에 몰두한다. 자신의 부드러움을 몸으로밖에 표현할 줄 모르는 위홍의 어수룩함은 어렵게 들어간 대학도 그만두고 정처없는 방황을 하게 만든다. 그녀에게 사랑은 그

자신의 부드러움을 몸으로 표현하는 《여름궁전》의 위홍　　중국의 노출 경계를 가늠해 본 《색, 계》의 베드신

리고 섹스는 삶의 일부다. 그래서인지 외설(猥褻)스러운 느낌이 들지 않는다. 격변하는 중국과 세계를 살아가는 중국의 젊은 남녀에게 섹스는 자연스러운 삶의 일부로 녹아 있어, 그들의 베드신은 호기심과 낭만과 열정과 실연과 고독과 좌절과 배신 등의 체취가 자연스레 묻어난다. 《색, 계》에서처럼 인위적이고 깔끔하며 특이한 체위와 미장센을 보일 필요가 없는 것이다. 그래서 위홍의 베드신은 섹슈얼리티가 부족하다. 자연스럽고 리얼한 몸은 관객들에게 환영 받지 못하는 모양이다. 거꾸로 말하자면, 인위적으로 구성된 몸에 관객들은 열광하는 듯하다.

　　두 개의 판본에 얽힌 이야기도 선정적이다. 국외판(타이완 홍콩 포함, 157분)에 비해 9분이 짧은 대륙판(148분)으로 인해 홍콩인들이 우월감을 느꼈다는 기사도 가십 수준이고, 중국 검열당국이 '자른' 것이 아니라 감독이 직접 편집했다는 사실은 두 개의 판본 가능성을 운위할 수 있게 하지만, 운 좋게 구해 본 대륙판을 검토해 보면 감독이 노출(홍콩에서 왕자즈의 두 번째 베드신 등)과 폭력(차오더시(曹德禧)를 난도질하는 장면 등)이 과도한 부분을 '자기검열'함으로써 중국 검열당국에 약간의 성의를 보인 것으로 해석할 수 있다. '총명'하거나 '교활'

한 소위다.

'색계 현상'은 상하이 노스텔지어와 섹슈얼리티, 그리고 국제적 공인 등이 중층적으로 교직된 결과라 할 수 있다. 물론 국제적 공인의 배후에는 미국의 권위가 존재하고, 미국의 권위에 의해 인정받은 감독에 환호하는 것은 현 중국의 미국 숭배와 미국 상상을 드러내는 것이기도 하다. 그리고 그 이면에는 문화민족주의의 메커니즘이 자리하고 있다.

7. 문화민족주의와 재현의 정치학

김월회는 문화민족주의가 공시적으로는 20세기 초 중국의 근대기획의 지도이론이었고, 통시적으로는 전통적인 외래문명 수용양식의 20세기 초의 변용이라 파악한다. 그는 문화민족주의가 중국역사를 배후에서 구축해 온 전통적 문화심리구조의 근대적 변용(變容)일 가능성을 제시하는 동시에 그것이 근대기획의 일환이었을 가능성을 이론적으로 검토했다. 그 결과 문화민족주의가 중국근대사상 처음으로 중체(中體)로서의 중국 전통과 서체(西體)로서의 서유럽 모던을 중국적 근현대의 양대 연원으로 통일성 있게 활용했을 가능성과, 문화적 근대가 중국적 근대의 핵심 내용일 가능성을 제시했다.(김월회 2001, 161) 냉전 시기 이후 중국의 민족주의를 사회주의와 발전주의라는 두 모순적 요소의 혼재로 파악하는 백승욱이 보기에 "저항의 이데올로기로서 민족주의가 담고자 했던 반근대성의 요소"는 국가주의적·발전주의적 민족주의는 말할 것도 없고 사회주의적 민족주의에서도 탈각되고 있고, 이는 애국주의라는 담론을 강화시키며 중화민족이라는 만들어진 신화를 강화하는 국가중심주의의 형태로 나타나고 있다.(백승욱 2007, 165, 167) 김월회가 파악하는 문화민족주의가 중국 전통과 서유럽 모던에 대한 근(현)대 기획의 일환이었던 반면, 반세기 이후 중국의 민족주의는 애국주의와 국가중심주의의 결합 형태로 변질된 것이다. 최근의 영상물에서 쉽게 찾아볼 수 있는 것이 바로 '중화민족 대가정(大家庭)' 또는 '문화적 중화주의'다.

1988년 중국중앙방송국(CCTV)에서 제작한 6부작 《하상(河殤)》[24]이 방영된 지 18년이 지난 2006년, 같은 방송국에서 제작한 《대국굴기(大國崛起)》[25]는 15세기부터 해양으로 진출해 세계 강대국이 된 9개국의 부침[26]을 다루고 있다. 재미있는 것은 세계 각국의 국가 경쟁력과 권력 분점, 법치와 교육 등 제도적 강점을 집중 부각하는 다큐멘터리의 심층에 존재하는 '재현의 정치학'이다. '재현의 정치학'은 편집에서 두드러진다. 앞부분은 주로 서양 전문가의 견해를 인용하다가 중반을 넘어 후반으로 갈수록 중국 전문가의 인터뷰 장면을 많이 내

《대국굴기》에서 인터뷰하는 이매뉴얼 월러스타인(Immanuel Wallerstein) 교수

보내고 있다. 이는 담론의 주역을 '바깥'에서 '가운데'로 이동시키는 전술로 읽을 수 있다. 우리가 흔히 동서(東西)라고 표현하는 세계사 공간을 '가운데(中華)'와 '바깥(外夷)'으로 표기하는 중국의 '중외(中外)' 개념을 적용하는 것이다. '가운데'와 '바깥'은 전통적인 천하관의 공간 구분법이다. 《대국굴기》는 바로 '바깥'에 관한 재해석인 셈이다. 그리고 '바깥' 이야기는 '가운데' 이야기를 위해 존재하게 마련이다. 이 시리즈에서 중국은 '부재하는 존재'인 셈이다.

2007년에 제작된 6부작 《부흥의 길(復興之路)》[27]은 '가운데' 이야기로, 아편전쟁 이후 지금까지 중국의 좌절과 부흥의 역사를 그렸는데, 특이한 점은 지도자를 중심으로 시기를 구분한 것이다. 대국을 지향하는 중화민족의 꿈과 투쟁의 역사를 파노라마식으로 조명하되 정치적 '영웅'을 중심으로 서사한, 영웅사관의 부활이라 할 수 있고, 진시황·한무제·당태종 등의 치적을 선양하는 것과 일맥상통한다. 《부흥의 길》은 《대국굴기》와 마찬가지로 유난히 전문가 인터뷰가 많다. '세계 석학'부터 중국의 원로급 전문가들이 다투어 전문적 견해를 표명하고 있다. 전문가 인터뷰는 원래 그들의 견해를 청취해서 프로그램 제작에 반영하는 것이 상례인데, 이들 다큐멘터리에서는 본말이 전도된 느낌이 강하다. 즉 이미 대본이 나와 있고 그에 맞는 출연진을 다양하게 망라해서 의견을 제시하는 것으로 구성되어 있다. 좌절과 굴욕으로 얼룩졌던 중국 근현대사를 새롭게 해석해 중국인들에게 희망을 심어주는 일은 국가 차원에서 필요한 일이다. 그러나 극복 과정만 보여주고 발생 원인에 대한 분석이 결락되어 있으며, 심층적 분석은 외면하고 좋아진 현상만을 나열 또는 과시하고 있음도 지적되어야 할 것이다. 이를테면 사스(SARS) 문제가 그러하다. 또한 중국식 양극화의 상징인 농민공 문제를 거론하면서 이를 중국만의 문제가 아니라 전 지구적 현상으로 간주함으로써 책임을 회피하고 만다. 조금 엄격하게 평하자면, 정성 들여 만든 '대한뉴스'를 보는 듯하다. 그러나 중국 공산당의 발전 전략[28]이랄 수 있는 이 홍보영상은 중국인들에게 큰 환영을 받고 있다.

사실적 재현인 다큐멘터리보다 허구적 재현인 영화나 드라마가 훨씬 더 시청자를 몰입하게 하고 그럼으로써 더 큰 효과를 거둘 수 있다. 상상력이 사회과학의 연구대상이 된 것은 어제오늘의 일이 아니다. 이전에 개인적 수준과 예술영역의 활동으로 치부되었던 상상력과 판타지는 오늘날 영화, 텔레비전 등의 기술에 힘입어 "다양한 사회의 수많은 사람들이 그것을 통해 사회적 삶을 가공해 내는 수단으로 기능"하고 있다.(아파두라이 2004, 98~99) 그리고 상상력은 사회적으로 훈육될 수 있다. 그것은 판타지와 향수를 일련의 새로운 상품에 대한 욕망과 연결시키는 법을 배우는 것이다.(같은 책, 149) 지금 중국은 수많은 영상 재현물을 통해 중국의 영광에 대한 욕망을 생성시킴으로써 현실적인 영향력을 발휘하고 있다. 170만 년의 역사를 자랑하는 중국에서 역사적 영웅을 발굴하기란 어렵지 않다. 그 기준이 명확하게 제시된 것은 아니지만 국가(state), 에스닉(ethnic), 네이션(nation)[29]이 중요하게 작용하는 것은 틀림없다.

《영웅(英雄)》(2002)은 중국 국내외적으로 명망을 구축한 '문화 영웅' 장이머우가 마음먹고 만든 영화다. 그는 역사적 맥락을 거두절미하고, 전쟁으로 어지러운 천하(天下)를 바로잡고 백성(百姓)을 안정시킬 수 있는 '영웅'은 오직 진시황뿐이라는 사실을 잔검(殘劍)이 깨닫고 그 깨달음을 무명(無名)에게 감염시킨다. 잔검의 깨달음은 천하가 어지러운 원인에 대한 성찰이 부재하다. 그러나 중국 관객은 진시황에 대한 새로운 해석을 즐기고 있는 듯하다. 위대한 정치 '영웅'에 의해 중국은 혼란의 역사 시기를 종식시키고 강고한 하나의 중국으로 역사 속에 힘 있게 등장한다는 논리다.

《영웅》이 문화민족주의 영상 재현의 전 지구화(globalization)를 표지한다면, TV 연속극 《한무대제(漢武大帝)》[30]는 지방화(localization)에 충실한 텍스트라 할 수 있다. 64부작 《한무대제》의 첫 장면은 사마천(司馬遷)과 한무제 유철(劉徹)의 대담이라는 점에서 의미심장하다. 특히 '《사기(史記)》와 《한서(漢書)》에 근거해 개편·창작했다'는 사전 설명은 저자와 텍스트 속 인물의 만남을 연상시킨다. 그 인물이 텍스트에서 튀어나와 텍스트 속 자신에 대해 저자와 논쟁을 벌이는 꼴인데, 제작자는 철저하게 무제 편이다. 마지막 회에서도 반복되는 사마천의 등장은 불후의 명저 《사기》의 저자라 하기에 지극히 초라하다. 중서령(中書令)인 사마천이 황제를 알현하며 절하는 모습은 이해할 수 있다 치더라도, 무제는 사마천의 저작을 독파하고 그 의도[31]를 간파했지만, 사마천은 무제의 흉중을 헤아리지 못한 채 〈효무본기(孝武本紀)〉[32]를 제대로 기록하지 못했음을 자인하는 것이다. 두 사람의 대면은 무제가 《사기》를 읽은 후 이뤄지는데, 무제는 《사기》가 '일가지언(一家之言)'일 뿐 정사(正史)가 아니라고 규정하고 역사의 진리는 '하

영웅 진시황을 찬양한 (영웅)

늘만이 안다'고 결론짓는다. 이 드라마
는 한무제가 어렵게 황제가 되고 즉위한
후에도 수많은 난관을 거쳐 국내외의 혼
란을 수습하고 한나라를 반석 위에 올려
놓는 영웅이었음을 설득력 있게 그려내
고 있다.

한무대제
그의 국호는 중화민족의 영원한 이름이 되었다.

　흉노와 한족이 대우(大禹)의 후손이라는 설정 또한 지극히 '문화
적'이다. 이는 거란족의 요(遼) 왕조, 몽골족의 원(元) 왕조와 만주족의
청(淸) 왕조 등을 '이민족 왕조'로 취급하다가 '소수민족 정권'으로 재
해석하는 것과 맥락을 같이한다. 사실 중화인민공화국 이전의 역사는
한족 중심으로 기술되었고 원과 청은 이민족 정권으로 타도 대상이었
다. 쑨원(孫文)의 '오족공화(五族共和)' 이후 만주족 정권의 황제들[33]에
게서 타자의 고깔을 벗겨준 것은 '중화민족 대가정'이라는 '문화중국'
의 논리다. 이 논리에서 원과 청은 더는 이민족 왕조가 아니라 소수민
족 정권으로 변모한다. 이런 재해석은 베네딕트 앤더슨(Benedict
Anderson)의 '상상된 공동체(imagined communities)'를 연상시킨다.
《한무대제》는 우(禹) 임금의 동일한 자손이었던 한족과 흉노족이 하
(夏) 멸망 이후 갈라졌다가 장기간의 모순과 투쟁을 거쳐 통일되었다
는 민족 대융합의 이야기로, 몽골족과 만주족뿐 아니라 그보다 훨씬
앞선 흉노족도 한족과 하나의 국족(國族, nation)임을 선언하고 있다.

　1990년대 후반 이후 중국 정부와 공산당은 영상물 재현을 통해
'중화민족 대가정', '문화적 중화주의'를 선양하면서 국민의 통합을
유도하고 있다. 영상은 급속히 보급된 텔레비전, DVD, 컴퓨터의 도
움을 받아 안방 깊숙이 영향력을 행사하고 있으며, 중국 정부와 문화
계 인사들은 이 점을 충분하게 인지해 잘 활용하고 있다. 이들 영상물

의 재현에서 '중화민족 대가정'과 '한족 중심주의'는 두루뭉술하게 표리를 이루고 있다. 이 둘은 사실상 불일치하는 모순임에도 재현을 통해 하나인 것처럼 통합되고 있다. 진시황과 한무제는 통일 중국에 공헌이 지대한 인물임에 분명하다. 진시황의 문자 통일이 있었기에 중국은 2,000년이 넘게 수없이 분열되었다가 다시 합쳐질 수 있었고, 한무제의 강역(疆域) 통일이 있었기에 중국은 한족을 중심으로 중화민족을 통합(integration)할 수 있었다. 여기에 중화민족이 황제(黃帝)의 자손이라는 점과 공자(孔子)[34]의 사상을 더하면 문화중국 통합 시스템의 기본 골격이 완성되는 것이다.

8. 맺는 글

한류 문화자본을 고찰하며 문화민족자본주의의 국가주의적 성격을 경계한 이동연은, 문화를 매개로 한 국가주의적인 개입이 문화민족주의적 성향을 드러내며 동아시아에 일정한 정치적 · 외교적 헤게모니를 행사한다고 분석한다.(이동연 2006, 188) 이는 중국의 문화중화주의, 일본의 연성국가주의, 한국의 한류 문화자본으로 현현하고 있는데, 자국 문화에 대한 국가적, 대중적 자부심을 표출하는 새로운 형태의 국가주의다. 2차 세계대전 직전 프랑스 · 독일 · 이탈리아의 오페라 경쟁에 묻어난 문화민족주의를 분석하면서, 현재 한 · 중 · 일의 문화 경쟁과의 유사성을 지적한 우석훈(2008)의 성찰은 동아시아 3국이 경계로 삼아야 할 메시지라 할 수 있

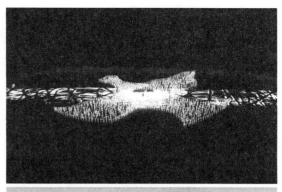

2008년 베이징올림픽 개막식 축하공연

다. 그에 따르면, 한ㆍ중ㆍ일 3국의 문화민족주의 경쟁의 심층에는 자원민족주의의 경쟁이 있고 이대로 갈 경우 향후 30년 이내에 전쟁으로 치달을 가능성이 크다는 것이다.

　베이징올림픽을 전후해 강화된 그리고 강화될 중국의 문화민족주의의 흐름은 오랜 교류관계를 가져온 인근 우방인 우리로서는 경계할 대상이다. 그러나 그것을 무조건 비판하며 배척할 수만은 없다. 서경석(2008)은 대중의 '스포츠 신화에 대한 무지몽매한 신앙'과 "다양한 타자들로 구성되는 공공적인 사회를 '피를 나눈 가족'으로 구성되는 혈연공동체인 것처럼 착각하게 만드는 사술(詐術)"을 통해, 국가주의의 보이지 않는 기제가 작동하고 있음을 설파한다. 우리는 2008년 베이징올림픽뿐만 아니라, 1964년 도쿄올림픽에서, 1988년 서울올림픽에서, 그리고 2002년 한일월드컵에서 그와 비슷한 현상을 목도한 바 있다. 그뿐만 아니라 올림픽에 참가하는 각국 선수도 주최국 못지않게 국가의 명예와 입상에 따른 포상금에 집착한다. 이런 맥락에서 보면 2008년 베이징올림픽은 20년 간격으로 업그레이드된 도쿄올림픽이자 서울올림픽이다. 우리는 '동아시아 공동체'를 지향하면서 문화민족주의에 대한 국가주의적 개입을 비판하고 저항적이고 성찰적인 계기를 발견해서 문화 다양성을 확보할 수 있도록 상호 노력해야만, 문화 세계화의 흐름에 함께 대처하고 국가주의의 무한 경쟁의 종국인 전쟁을 미연에 방지할 수 있을 것이다.

● 임춘성(林春城 Yim, Choon-sung)
1956년 광주 출생. 중국근현대문학/문화연구. 목포대학교 중어중문학과 교수. 한국외국어대학교 중국어과를 졸업하고 같은 대학 대학원에서 문학석사학위와 문학박사학위를 받았다. 한국 중국현대문학학회 회장(2006~2007)을 역임했고 현재 같은 학회 고문직을 맡고 있다. 지은 책으로 《소설로 보는 현대중국》, 《동아시아의 문화와 문화적 정체성》(공저), 《홍콩과 홍콩인의 정체성》(공저), 《중국 현대문학과의 아름다운 만남》(공저), 《영화로 읽는 중국》(공저) 등이 있고, 옮긴 책으로 《중국 근대사상사론》(李澤厚 著), 《중국 근현대문학운동사》(편역), 《중국통사강요》(白壽彝 主編 공역) 등이 있으며, 중국 근현대문학이론과 소설, 중국 무협소설과 중국영화, 상하이와 홍콩 등 중국 도시문화 등에 관한 다수의 논문이 있다.
csyim2938@hanmail.net

새로운 '이데올로기 지형'과 문화연구

왕샤오밍 글 | 박자영 옮김

1927년 겨울, 루쉰(魯迅)은 중국의 상황을 다음과 같이 개괄했다. "중국은 지금 대시대(大時代)로 나아가고 있다. 그러나 대시대라고 해서 살 수 있다는 것도 아니요 그렇다고 죽을 수밖에 없다는 것을 의미하는 것도 아니다."(魯迅 1958, 107) 그가 나중에 한 말을 빌리자면, 이 '대시대'는 "의학에서 말하는 '극기(極期)'다. 삶과 죽음의 갈림길로, 죽을 수도 있고 살아날 수도 있다." (魯迅 1958, 107) 70여 년이나 지난 다음에도 이 '대시대'라는 말이 당대의 중국 현실을 개괄하는 데 가장 적당한 말로 손꼽힐 줄 나는 상상하지도 못했다. 루쉰이 죽고 난 다음 사람들은 여러 차례 중국이 이제는 신생의 길을 걷고 있으며, 붕괴와 혼란 그리고 예측 불가능한 앞날이 주는 막막한 느낌과 영원히 작별했다고 생각했다. 1970년대 말 이러한 낙관적인 정서에 빠졌던 나처럼 말이다.

그러나 20년 동안 변화무쌍한 개혁의 혼란 속에서 중국인들은 과거에 익숙했던 사회의 보편적인 부패와 모순적인 삶이 성행하는 것을 지켜보면서 점점 더 곤혹스러운 감정을 품게 되었다. 국가와 개인의 운명을 파악할 수 없다는 막막한 느낌 그리고 더 나아가 거대한 혼란이 우리를 덮칠 날이 머지않았다는 불길한 예감이 사회 전반에 다시 퍼져나가고 있다. "중국은 어디로 가고 있는가?" 사라진 줄 알았던 1980년대의 질문이 돌연히 우리 앞에 다시 모습을 드러내고 있다. 그뿐만 아니라 이는 더욱 구체적인 일련의 질문을 제기하고 응집시킨다. "오늘의 중국은 도대체 어떤 사회인가?" "중국은 여전히 사회주의 국가인가?" "전 지구화라는 세계 구도 속에서 중국의 셴다이화(現代化)는 자본주의와 어떤 관계를 맺는가?" "이러한 중국의 셴다이화 과정에서 국가, 체제, 사회계층의 지배이데올로기는 어떻게 변화했는가?" "이러한 과정에서 최대의 수혜자는 누구이며 최대의 희생자는 또 누구인가?" "사회는 위기에 처해 있는가? 만약에 그렇다면, 이는 어떠한 위기인가? 그리고 이는 어떻게 형성되었는가?" "오늘날의 사회에 이러한 위기를 악화시킬 수 있는 생산적인 요소는 무엇인가? 그리고 어떤 세력이 위기의 폭발을 가속화하고 촉진하고 있는가?" "만약 위기가 폭발한다면 어떤 국면이 뒤이어 출현할 것인가? 폭풍이 지나간 다음 햇빛이 비칠 수 있을 것인가? 아니면 암울한 날이 오랫동안 지속될 것인가?" …… 지금 자신의 현실을 바로 바라보고 있는 사람이라면 이와 비슷한 허다한 물음에 맞닥뜨렸을 것이며 또한 사람을 압박하는 이 힘을 실감할 것이다. 그리고 나는 중국의 지식인들이 이 질문들에 분명한 대답을 내놓을 책임이 있다고 생각한다.[1]

1. 새로운 계층의 출현

　　　　　　　　　　이에 대한 대답을 찾는 작업은 쉬운 일이 아니다. 최근 20여 년 동안 지속적으로 일어난 변화는 중국사회의 면모를 완전히 뒤바꿔 놓았다. 특히 동남부 연해(沿海)지구는 전혀 다른 모습으로 변했다. 현재 중국 각 지역 간의 차이는 놀라운 지경에 이르렀다.[2] 이를테면 동남 연해지역과 서북 내륙지역 간의 차이는 말할 것도 없으며, 도시 간의 차이 또한 상당하다. 조용하고 활기를 잃어버린 동북지역의 구 공업도시와 항저우(杭州), 원저우(溫州)와 같이 매일 밤 흥청대는 소비도시 사이에서, 심지어 광저우(廣州), 톈진(天津), 상하이와 베이징 같은 대도시 사이에서도 그 격차는 상당하다. 이 차이는 물질적일 뿐만 아니라 정신적이기도 하며, 경제적이고 환경적일 뿐만 아니라 문화적이며 정치적이기까지하다. 타이위안(泰原)의 가라오케 홀에서는 여전히 타이완 가수 덩리쥔(鄧麗君)의 부드러운 목소리가 흘러나오는데, 상하이의 중학생들 손에는 아일랜드 출신의 팝그룹 웨스트라이프(Westlife)의 신작 시디가 들려 있다. 닝샤(寧夏)에서 여행 온 현장(縣長)들은 장제스(蔣介石)의 옛집을 참관하느냐 마느냐를 두고 갑론을박하고 있는데, 샤먼(廈門)의 공직자는 일찌감치 조직폭력배와 손잡고 밀수로 수백억 위안의 이익을 내는 '실적'을 올린다. 청두(成都)의 당 기관지가 자본주의의 '침식'을 준엄하게 비판하는 사설을 실은 날에 상하이의 정부대표는 모 다국적기업의 CEO와 술잔을 기울이며 만면에 웃음을 띤 채 회의를 하고 있을지도 모른다. 베이징에서 판매 금지된 책이 포산(佛山)의 민영서점에서는 가장 눈에 잘 띄는 자리에 진열된 채 찾는 사람이 없을 때까지 판매되고 있을 것이다.

이러한 상황에서 중국에 대한 전체적인 판단─이를테면 중국은 여전히 공산당이 지배하는 사회주의사회다, 내부적으로는 여전히 전통적인 집단사회다, 자본주의화가 거의 다 진행되었다, 혹은 완전한 소비사회가 되었다, 심지어 이미 '포스트모던'한 사회다 등등─은 각각 이를 입증할 허다한 예증을 갖고 있다. 그리고 이와 첨예하게 맞서는 판단 또한 마찬가지로 관련 사례를 잔뜩 쌓아두고 있다. 이는 '중국은 어떠하다'와 같은 개괄적으로 사고하는 습관이 복잡한 당대 사회에 더는 적용될 수 없는 것이 아닌가 하는 반성을 불러일으킨다. 지금 우리가 파악하고 있는 것은 실재하는 '중국'의 일부분, 심지어 단 한 부분에 지나지 않는 것은 아닐까? 물론 땅이 넓고 역사가 유구한 국가라면 내부적으로 많은 차이가 존재하게 마련이다. 그러나 이러한 차이가 사회를 개괄할 보편적인 부분이나 전체적인 특징이란 없으며 우리는 그 사회의 일부분을 묘사할 수밖에 없다라는 논의로 이어지지는 않는다. 당신은 더 나아가 이렇게 말할 수도 있을 것이다. 차이가 있기 때문에 사회의 전체적인 특징을 거시적으로 개괄할 필요성이 더욱더 존재한다고.

그러나 당대 중국─사상계를 포함해─의 실제 상황으로 말하자면, 나는 사회 내부의 차이에 대해 좀 더 충분히 주의를 기울여야 한다는 점을 강조하고 싶다. 이는 현실의 거의 모든 측면에서 우리 사회가 명백히 다른 부분들로 분열되어 있음을 말하는 것만은 아니다. 개념과 이론이 구체적인 생활의 실감과 융합하지 못할 때 우리들은 후자가 제시하는 것에 특히 세심하게 경청해야 한다는 점을 지적하는 것이다. 사회 내부의 차이를 충분히 인식한다는 전제에서 당대 중국에 대한 총체적인 인식을 어떻게 재구성할 것인가, 이것이 현재 중국 사상계가 수행해야 할 최대의 사명이라 할 수 있다. 이 사명을 유효적절하게 이행하는 첫걸음은 다음에 대한 또렷한 자각에서 시작한다. 1950, 60년대에 구축된 중국사회의 총체성은 현재 붕괴하고 있으며 과거처럼 모호하게 '중국은 어떠하다'라는 논의는 현재 중국을 설명하는 데 부적절하다는 것이다.

나처럼 어릴 때부터 '계급', '착취', '경제구조' 같은 말에 익숙한 사람에게 사회 내부의 새로운 차이에 대해 논의할 때 가장 먼저 떠오르는 것은 최근 10여 년 동안 발생한 사회계급 구조의 거대한 변화다. 확실히 시장경제 개혁의 가장 눈에 띄는 결과는 30년 동안 지속된 사회주의 계급구조를 완전히 뒤흔들어 놓았다는 점이다. 한편에서 노동자, 농민, 국가간부, 군인, 지식인[3] 같은 기존의 계층은 개별적으로 보자면 변화가 있지만 전체적인 국가의 차원에서 보자면 여전히 변함없이 존재하고 있다. 그러나 다른 한편에서 연해지구와 중·대형 도시에서는 새로운 계층이 출현하고 있다. 이들 새로운 계층의 형성과 확산은 너무나 빠르게 이루어져서 사회가 이 속도를 따라잡지 못하며, 이에 대한 통일된 호칭을 마련하지 못하는 경우까지 생겨났다.

내가 살고 있는 상하이의 예를 들어보면, 15년가량 진행된 시장경제 개혁을 거치면서 기존의 계층에서 적어도 네 가지 계층이 새롭게 나타났다. 수천만 혹은 그 이상의 개인 자산을 소유하고 있는 '신부유층', 깨끗하나 좁은 표준화된 사무실에서 힘들게 일하는 화이트칼라, '면직(下崗)', '휴직', '퇴직 대기' 등의 이름으로 존재하는 실직 노동자, 그리고 대부분 상하이의 비기술적 육체노동에 종사하는, 농촌에서 온 농민공(民工).[4] 이러한 새로운 계층이 부단하게 확대되면서 상하이의 정치, 경제, 문화구조를 크게 변화시키고 있다.

화이트칼라 계층의 예를 들어보자. 그들은 대개 격무에 시달리는 청년 및 중년 남녀로 총 인구수는 서유럽의 중산계급이 차지하는 비율에 훨씬 못 미친다. 그러나 이들은 일찌감치 매체와 광고에 의해 중국사회의 셴다이화를 나타내는 표지이자 구매력을 갖춘 새로운 대표주자로 떠받들어졌다. 오늘날 상하이의 소비품 생산업과 서비스업 및 부동산산업은 이들을 예의 주시하면서도 이 계층의 실제가 어떠한지 그 현실에 대해서는 거의 관심을 보이지 않는다. 화이트칼라 계층의 거품 낀 이러한 사회적 영향력과 비교하자면, 농민공 계층은 정반대 상황에 처해 있다. 농민공은 상하이에 도시 호적이 없다. 그래서 농민공 계층은 상하이의 인구로 추산되지 않아서 정부의 통계나 상하이의 현황과 발전 계획을 논의하는 과정에서 존재하지 않는 것처럼 무시되어 처리된다. 그러나 이 농민공 계층의 수는 벌써 200만 명을 상회했다. 그들은 상하이의 영화관이나 비디오 상영장의 열렬한 관객이자 책 노점상의 무협잡지와 애정물 및 저가 통속잡지의 주요 독자층이다. 그리하여 그들의 문화 취향은 점점 더 비디오 상영장과 영화관의 프로그램 편성에 유력한 영향을 미치며 출판사와 통속잡지의 목차와 제목에도 적잖은 영향을 끼친다. 어떤 의미에서 농민공은 상하이에서 상당히 높은 비중으로 문화적인 생산을 이끄는 계층이라 할 수 있다. 물론 이는 문화의 생산에만 머물지 않는다.

상하이의 대로와 골목 구석구석에 이러한 새로운 계층이 기존의 계층과 더불어 살고 있다. 같은 아파트에서도 국영기업에 다니는 아버지가 얇은 월급봉투로 인해 생활비를 감당하지 못해서 전전긍긍할 때, 외국계 기업에 근무하는 아들은 퇴근하고 집에 돌아와 미래에 돈을 모아 자동차를 살 꿈에 부풀어 있을 수 있다. 이 집의 창문에서 내려다보면 높은 담으로 둘러싸인 호화주택과 농민공이 거주하는 판잣집이 대조적인 풍경을 이룬다. 이러한 특이한 경관을 마주하면 다음과 같은 강렬한 느낌이 들 것이다. 같은 한 평의 땅이라 하더라도 이미 완전히 다른 사회적인 체제, 질서, 규칙, 윤리 더 나아가 취향이 다양하게 존재하고 있다.

경제 분배 제도의 예를 들어보자. 매일 자전거를 타고 출퇴근하는 사람이라면 사회주의의 '이차분배' 제도[5]가 여전히 잘 운영되고 있다고 느낄 수 있다. 적어도 정리해고 노동자가 정부기관에 구제를 신청하면서 '공산당은 나에게 밥을 달라'라고 당당하게 요구할 때, 그는 자신이 여전히 '이차분배'를 누릴 권리가 있다고 생각한다. 비록 그가 이미 '이차분배'를 받을 자격을 상실했음에도. 그러나 다른 방면으로, 이를테면 공공서비스 가격(교통, 에너지, 의료, 통신, 주택 등)이 지속적으로 상승하고 초중등 이상의 교육이 점차 '시장화'[6]되며 각급 정부의 세수 종류와 액수가 계속 늘어나고[7] 국유기업의 연이은 도산으로 수많은 노동자들이 실업자가 되는 상황으로 시선을 돌린다면, '이차분배'의 경제제도는 완전히 다른 분배제도로 대체되고 있다는 사실을 인정하지 않을 수 없다. 만약 상하이의 화이하이루(淮海路)와 헝산루(衡山路) 일대의 멤버십 클럽에 들어가 호화로운 내부와 압도적인 규모를 목격하면, 이들 '신부유층'이 어떻게 여러 가지 '길'(이른바 '붉은' 길, '노란' 길, '검은' 길)[8]을 같이 가동시키면서 사방에 환심을 사고 흥청망청 돈을 쓰고 있는지 눈으로 확인하게 된다. 그러면 당신은 교묘한 수단으로 수탈하는 것을 특징으로 하는 새로운 경제질서가 실제로 상당히 유효하게 운용되고 있으며, '이차분배' 되어야 할 거대한 재부가 이러한 새로운 질서와 경로를 통해 어떻게 '신부유층'의 호주머니 속으로 들어가게 되는지를 알게 된다.

복잡하게 꼬여 있는 이러한 형국 아래 특정한 목적에서 이루어지는 대다수의 정치노선과 이론 주장 및 행정 조치란 상이한 상황에서 이용되거나 왜곡될 수 있으며 원래의 지향과 완전히 다르거나 심지어 상반되는 효과를 낳을 수도 있다. 크게는 국영기업의 '제도 개혁'이 허다한 지역에서는 국유 자산을 착복하는 새로운 유행으로 변질한 것이나, 작게는 학생들의 '부담을 줄이자'는 교육부의 호소가 허다한 교사들이 '개인 가정교사'라는 제2의 직업에 뛰어드는 부패를 조장한 현상과 같이, 이와 유사한 사례는 얼마든지 찾을 수 있다. 나는 여기에서 한 가지 예를 더 들고 싶은데, 1980년대 중반부터 전국을 휩쓸기 시작한 센다이화 구호가 그것이다.[9] 지금 서른 살이 넘은 사람이라면 당시의 지식계가 경제의 센다이화를 얼마나 열망했는지를 기억하고 있을 것이다. '정경분리', '가격 자유화', '동일 고용조건 타파', '종신 고용 철폐' 등의 구호는 '효율은 돈이다'라는 표어를 거리에 나붙게 했으며, 학자들은 한목소리로 '소유제 개혁'을 외쳤다. 효율 지상은 시장경제였으며, 시장경제가 곧 센다이화였다! '센다이화'의 전범은? 당연히 서유럽과 미국이었다! 설명할 필요 없이 모두 다 알고 있는 이 호소에는 물론 역사적인 원인이 존재했다. '대약진' 이후 20여 년 동안 계속 침체된 경제가 사람들을 오랫동안 짓눌러 왔기 때문이었다. 또한 여기에는 분명히 구체적인 지향이 있었다. 방대하고 비합리적인 계획관리 체제를 혁신해야 하고 오랫동안 억제된 사회 생산력을 해방시켜야 했으며, 또 이를 선두로 하여 전체적인 집권 정치 제도를 조금씩 개혁해야 했다!

그러나 10년도 채 못 되어서 이렇게 큰 목소리로 외쳤던 호소와 구호가 다 변질될 것이라고는 아무도 상상하지 못했다. 당시에 이러한 구호를 채우고 있던 혁명적인 의미는 사라졌을 뿐만 아니라 심지어 일부 구호는 권세가가 사회를 착취하는 당당한 구실이 되었다. 정부는 이러한 구호로 자신들이 '이차분배'를 실행해야 할 책임을 지지 않았고,[10] 다수의 공무원은 이 명의로 국유 자산을 점유했다. 시장화해야 하기 때문에 정부는 교육투자를 지속적으로 감소시켰고,[11] 공공사업 부문은 당연한 듯이 끊임없이 가격을 상승시켰다. 효율을 추구해야 하기 때문에 노동자들은 공장 문을 나서야 했으며 베이징과 상하이 등지에 거주하던 시민들은 교외로 이주해야 했다. 모든 병폐는 정부가 경제적 채산성을 무시하고 인민에게 복지 혜택을 많이 주었기 때문에 발생한 것처럼 여겨졌으며, 심지어 단지 중국의 인구가 너무 많은 탓으로 돌려지기까지 했다!

　　이렇게 황당한 현실을 목도하면서 1980년대 지식계가 외쳤던 떠들썩한 구호를 다시 떠올리게 되면 정말 부끄러워진다. 어떻게 객관적 조건을 제대로 고려하지 않고 세계에는 우리가 상상하는 종류의 시장화만 존재한다고 생각했으며, 이러한 '시장화'가 실현되기만 하면 사회 전체가 점차 전면적으로 해방될 수 있다고 생각했을까? 왜 부패하고 독점적인 권력이 우리의 상상과 완전히 다른 시장화를 만들어내고, 또 이를 빌미로 더 당당한 태도로 기만을 하고 더 다양한 방식으로 착취를 할 것이라고는 생각지도 못했던가? 나는 심지어 이런 가정도 해본다. 만약 당시에 지식계가 그렇게 순진하지 않고 효율과 경쟁을 고취하는 한편 공정과 민주를 강조하고, 부와 물질적인 진보를 호소하는 한편으로 똑같이 중요한 최소한의 사회적인 지표들—자연, 윤리, 예술과 상상력, 생활의 질의 전반적인 제고, 인간정신의 전면적인 발전 등—을 내세우는 것을 잊지 않았더라면 어떠했을까? 1980년대에 이렇게 했더라면 1990년대 중국사회가 이처럼 저항력이 떨어진 채 쉽게 농락당하고 유린당하는 상황은 벌어지지 않았을지도 모른다.

2. 신부유층의 비밀

물론 이는 지식인의 역량을 과대평가한 것이다. 사회의 복잡한 형세에 대면하기에는 지식계의 사상적 역량이 확실히 떨어진다. 그러나 지식인의 어리석음과 천진난만함 때문에 이러한 현실이 형성된 것이 아닌 점은 분명하다. 여기에서 나는 특히 '신부유층'에 대해 언급하고 싶다. 현재 중국에서 급격하게 형성되고 있는 이 계층은 복잡하고 판단하기 어려운 현실의 문을 열 수 있는 '황금 열쇠'같이 보인다. 이 계층이 이루어진 역사는 매우 짧아 아직 20년이 채 되지 못했다. 그러나 이 짧은 기간에 '신부유층'은 새롭게 형성되어 빠르게 성장했다. 1980년대 초에만 해도 '1만 위안'을 이 신분의 표지로 삼았으나 이 금액선은 이후 폭발적으로 높아져서 1990년대 말에는 개인 자산이 1,000만 위안, 심지어 1억 위안 이상에 이르기까지 했다.

지금 동남 연해지역과 중대형 도시에서는 어렵지 않게 '신부유층'의 모습을 찾아볼 수 있다. 그들은 각종 자동차회사의 자가용 안에서 그리고 사성급 혹은 오성급 호텔에서 보이며 골프장과 회원제 피트니스센터나 클럽에서 발견할 수 있다. 그리고 많은 지역(이를테면 상하이의 경우)에서는 정부의 고급 관저에 필적하는, 출입이 엄격하게 통제되고 일반 사회와 단절되며 입주 자격이 까다로운 주택단지가 출현하기까지 했다. 이 '신부유층'의 총인구는 사회 총인구의 1퍼센트에도 미치지 못하지만 국민 총수입 면에서는 절반 혹은 그 이상을 차지했다![12]

개인 자산이 수만 위안에서 수억 위안으로 빠르게 증식되면서 '신부유층'의 기본적인 신분도 바뀌었다. 처음에는 사회에서 배제되고 '배경'이 없어서 부득이하게 상업에 종사하는 모험을 감수할 수밖에 없는 마이너리티가 대다수였다.[13] 그러나 이들은 빠르게 도태되었고, 이 자리를 대신 차지한 것은 각종 사회 자산을 보유하며 심지어 고위 관직에 있는 중상류계층 출신이었다. 1990년대 중반 이후 이 대체의 속도는 더욱 빨라졌다. 물론 과거에 마이너리티였던 이가 일부 살아남았지만 그들은 이제 더는 권력과 거리가 먼 주변적인 존재가 아니었다. '지식경제'와 관련된 일부 젊은이들이 지력과 예지의 힘을 빌려 '신부유층' 대열에 속속 합류하고 있지만,[14] 전체적으로 보자면 이 새로운 계층이 현재의 관료체제와 맺는 긴밀한 관계는 점점 더 분명해지고 있다. 심지어 그들은 이제는 관공서를 뒷문으로 드나들지도 않으며 당당하게 정치권력의 공개된 장소를 방문하기까지 한다.[15] 일부 중소도시와 농촌에서는 '신부유층'과 공직자 사이의 지원과 유착은 공공연하게 이루어지는 수준에까지 이르렀다. 이는 지력과 학식이 특별히 뛰어나지 않은 사람들이[16] 어떻게 이렇게 빠른 시일에 거액의 자산을 모을 수 있었는지 그 이유를 설명해 준다. 만약 부패한 권력이 그들을 배후에서 뒷받침하지 않았다면 그들이 어떻게 하룻밤 사이에 벼락부자가 될 수 있었겠는가?

'신부유층'에는 1990년대 중국의 가장 중요한 비밀이 집중되고 있다. 이 비밀을 파헤치면 최근 20년 동안 진행된 사회변화의 단서를 정확하게 파악할 수 있다. 1976년 10월 사람들이 물밀듯이 거리로 나와 '사인방' 타도를 기뻐했던 그날 이후, 중국인은 중국사회가 변화하고 있으며 이 변화의 폭과 깊이가 점점 더 넓고 깊어져서 거의 모든 사람들의 생활을 뒤흔들고 있다는 사실을 점점 더 깊이 깨닫게 되었다. 그리고 그날부터 이 변화를 어떻게 판단해야 하는가, 그리고 점점 더 새로운 현실—달리 말하면 점점 더 낯선 현실—을 어떻게 파악할 것인가, 이것이 사람들에게 가장 큰 관심사가 되었다. 1980년대 중반 무렵까지는 현실을 낙관했던 중국 지식계의 판단이 사회적으로 광범하게 퍼져 있었던 것 같다. '봉건 전제'의 역사는 이미 전복되었고 중국은 보수에서 개방으로, 전통에서 현대로 나아가고 있다. 특별하고 유장했던 역사의 관성이 남아 있지만, 이것이 인류 진보의 보편적인 규율을 거역할 수 없다. 설령 이 흐름을 거스르고 싶은 사람이 존재한다 하더라도, 셴다이화의 추세는 결국 막을 수 없으며 우리들은 결국 컬러텔레비전과 냉장고, 자동차와 마천루의 신세계에 발을 들여놓게 될 것이다…….

이 같은 판단이 광범하게 사람들의 마음에 자리 잡고 있어서 눈앞의 현실이 아무리 이상하더라도 사람들은 이를 제대로 볼 수 없었다. 심지어 큰 사건이 벌어져도 사람들은 아무 일도 일어나지 않았으며 이 사건은 일시적인 에피소드에 불과하다는 듯이 경악과 낙담에서 금세 회복할 수 있었다. 셴다이화의 주선율도 크게 울려 퍼지고 개방의 보폭도 더 넓어졌으며 더욱이 중국은 희망이 있다! 라고. 1992년에 새로이 격앙되던 '셴다이화'의 목소리는 얼마나 드높았는지 이 목소리가 다른 목소리들을 뒤덮고 결단력 있고 단호하게 다음과 같은 판단을 사람들에게 전파하던 장면이 아직도 내 기억에 생생하다. "이것이 셴다이화다! 빨리 뒤따라오라, 늦으면 기회가 없을 것이다!"

어떤 시각에서 보자면, 이 목소리에 설득력이 없는 것은 아니었다. 최근 20년 동안 중국사회는 확실히 대외적으로 개방되었으며 경제는 유례없는 활황 국면을 맞이했다. 상하이의 예를 들어보자. 그 사이에 고층건물이 상당히 많이 들어섰고 수많은 호텔이 문을 열었으며 금발의 서양인들이 거리를 활보하고 다닌다. 화이하이중루(淮海中路)를 거닐면 여기가 도쿄인지 홍콩인지 상하이인지 쉽게 구분이 가지 않는다. 1970년대와 비교하자면 개인적인 공간은 분명하게 확대되었다. 이제 주민위원회의 아주머니가 불쑥 방문해 손님의 이름을 묻는 일도 없으며, 친구가 상부에 보고할까 봐 걱정할 필요 없이 마음 놓고 친구와 차 마시며 불평을 늘어놓을 수 있다. 호적과 국가편제, 선홍빛의 정부 도장같이 당신을 단단하게 옭아매어 일순간도 벗어날 수 없었던 것이 이제는 이 가운데 한두 가지 없어도 괜찮을 만큼 의미가 상당히 축소된 것 같다. 중국 정부는 이미 세계인권조약에 서명했으며 세계무역기구(WTO)에도 곧 가입할 예정이며[17] '민간'에서 공개적으로 발의해 '사유재산 신성불가침' 조항을 헌법에 넣으려고 한다.[18] 유행하는 '셴다이화'의 이론 틀로 당대 중국—적어도 일부분—의 사회현실을 분명하게 설명할 수 있는 것 같다.

그러나 이 목소리로는 '신부유층'의 출현을 설명할 수 없다. 이 계층의 놀라운 등장 추세에 주목한다면, 그리고 '신부유층'과 동시에 생산된 미망과 분노에 가득 찬 가난한 사람들에게 눈길을 돌린다면, 그 즉시 당신은 이러한 '셴다이화' 이론의 허점을 발견할 수 있을 것이다. 허점을 발견하는 정도에 그치는 것이 아니라 이 허점이 상당히 클 것으로 의심하는 데까지 발전할 것이다. 한 사회가 '전통'에서 '근현대'로 전향하는 과정에서 기존의 계층 등급 구도는 바뀌며 재부와 이익도 새롭게 분배되게 마련이다. 그러나 중국처럼 기존 체제에서 비스듬히 자라난 새로운 벼락부자 계층이란 이상하다는 느낌을 준다. 센다이화 과정 중에 주도권을 쥐게 된 새로운 계급은 변혁이 계속 진행되기를 가장 바라는 법이다. 그러나 현재 중국에서 '신부유층'은 그렇지 않다. 이 '신부유층'은 사회에서 진정으로 깊이 있는 개혁이 이루어지는 것도 바라지 않는다. 그들에게 가장 좋은 것은 모든 것이 현상태를 유지하는 것이다.

그들은 미래에 대해 자신하는가? 이와 정반대로 '신부유층'의 대다수는 매우 비관적으로 이를 바라본다. 그들은 중국의 미래를 낙관하지 않으며,[19] 언제든 위험에서 도망갈 준비를 하고 있는 것처럼 이들의 호주머니에는 거의 다 외국 여권이 하나씩 들어 있다.[20] 개혁의 최대 수혜 계층이 왜 개혁의 전망을 이렇게 어둡게 보는 것일까? 서재에서 센다이화를 요구하는 목소리를 높이는 문화인과 달리 '신부유층'은 현실을 제대로 이해하고 있다. 그들은 자신이 무슨 일을 하고, 이 일이 어떤 결과를 낳을지 잘 알고 있으며, 자신이 어떻게 그렇게 할 수 있었는지까지 잘 알고 있다. 그래서 이들의 비관은 의미심장한 면이 있다. 나에게 이 '신부유층' 계층의 독특한 존재조건―등장 형태의 급작스러움, 신구의 다른 계층과의 도드라진 차이, '단기적 관점'의 우세 등등―은 우리에게 사고를 바꾸고 센다이화 해석의 틀을 개방하며 다른 시각에서 최근 20년 동안 벌어진 사회의 변화를 새롭게 바라보게 한다.

3. 경제적 개방과 경제적 개혁의 불협화음

　　　　　　　　　　　　자세히 살펴보면, 중국사회에서 개혁의 동력은 여러 방면에서 나왔음을 알 수 있다. '문혁'식의 동요와 혼란에 대한 불만에서 나온 것도 있으며, 민주와 정신의 자유 및 문화개방에 대한 갈망에서 비롯된 것도 있고, 집권당이 정치적 신뢰를 재구축할 필요에서 나오기도 했다. 그리고 여기에는 빈곤에서 벗어나 물질생활을 개선하려는 공중의 일반적인 욕구도 상당히 작용했다. 이러한 다기한 호소들이 1970년대 말에 집중되었을 때 개혁의 커튼이 열렸다. 커튼이 서서히 열리는 상황을 지켜보면서 사람들은 이것이 위아래가 단결하고 거국이 참여한 전민 개혁운동이라는 점을 믿어 의심치 않았을 것이다. 그러나 실제로 고도로 중앙집권화한 중국과 같은 국가에서 개혁을 요구하는 각종 역량이 사회구조에서 처한 위치는 완전히 달랐다. 그들의 목표는 일치하지 않고 서로 어긋나기까지 했으며, 이 때문에 개혁의 방향에 끼치는 영향력도 각기 달랐다.

　　1980년대 말 무렵에 모든 것이 분명해졌다. 일련의 정치와 사상, 문화적인 이념 사이에서 충돌이 지속적으로 폭발하고 또 이와 관련한 중대한 정책적 조정이 연속해 이루어지면서, 1980년대 초에 지녔던 막연하고 순진했던 개혁에 대한 열정이 종종 현실적으로 더 보수적인 사회적 태도로 대체되었다. 자연스럽게 경제생활이 전 사회의 초점으로 떠올랐다. 대중의 주의력은 경제를 개혁하는 측면, 심지어 단지 개인의 물질적 생활을 개선하는 방향으로 쏠렸다. "국가는 어차피 잘 안되게 되어 있어. 돈 몇 푼을 버는 게 더 중요해!" 1990년대에는 정치와 공공생활에 대한 이 같은 실망과 냉담, 두려움이 커졌으며 개인 물질

생활의 개선을 인생 최대의 목표로 여기는 협소한 공리의식이 사회 각계각층에 퍼져나갔다.

1992년 덩샤오핑이 시장경제 개혁을 재차 추진하자 전 계층은 즉각 이에 열렬하게 반응했다. 여전히 '개혁', '셴다이화'라고 말하고 더 큰 목소리로 '시장경제'까지 외쳤지만 근본적으로 1990년대의 새로운 개혁은 '전면적인 하청제(聯式承包)'에서 시작된 1980년대의 경제개혁과 연결되지 않았다. 그리고 이는 1980년대 '사상해방운동'에서 시작한 정치문화 개혁과도 달랐다. 개혁의 지향이 명확하게 바뀌었으며, 이것이 마주한 사회조건은 더 크게 변화했다. 1990년대 개혁은 이윤을 유일한 기준으로 삼는 새로운 경제질서를 창조했으며 **효율과 재부, 경제의 경쟁력만을 요구**하고 물질생활의 개선만을 허락할 뿐 다른 사정, 이를테면 정치 민주, 환경보호, 윤리의 건설, 문화 교육 등은 시야의 바깥에 존재하는 것처럼 보였다.[21]

1990년대의 이러한 위로부터의 새로운 개혁에서 장애물은 명확하게 줄어들었다. 1980년대 후반에 사회적인 동요를 겪으면서 정신과 문화 그리고 정치에 대한 기대감이나 개혁에 대해 문제를 제기하는 공중의 열정도 확실히 사라졌다. 사람들이 거리에서 플래카드를 걷고 마작 탁자를 꺼내면서 시선을 개인의 의식주 방면으로 돌릴 때, 그리고 눈앞의 물질생활에 대한 관심이 심상찮게 늘어날 때, 새로운 개혁이 뿜어내는 짙은 돈 냄새는 당연히 사람들에게 환영을 받았다. 개혁이 경제 사안에만 관련되며 자기 수중의 권력이야말로 거대한 자본이라는 점이 분명해지자, 공직자들은 1980년대 중반에 지녔던 의심의 표정을 단번에 거두고 시장경제의 바다로 요란스럽게 뛰어들었다.[22] 이러한 상황에서 시장경제 개혁이 어떤 방향으로 길을 내고 빠른 속도로 나아갈지 능히 짐작할 수 있다. '신부유층'이 빠르게 성장하는 것은 당연한 이치였다.

이러한 개혁은 효율을 기본으로 삼는 궤도 속으로 사회를 밀어 넣었고, 환금성이 없는 것들 이를테면 시, 사랑, 철학, 양심, 존엄 및 1980년대 초 전국적으로 유행했던 '골드바흐의 추측(Goldbach's conjecture)[23] 같은 것을 냉대했다. 인심의 저울은 다른 극단으로 기울어졌다. 모든 것이 눈앞의 이익에 따라 계산되는 마당이므로, 정부든 개인이든 장기적 사안이나 사물에 지속적으로 관심을 두기가 어려워졌다. 효율에도 원래 장기적인 것과 단기적인 것의 구분이 있지만 효율의 바깥에도 넓은 세계가 존재한다는 것을 의식하지 못하자, 효율에 대한 사람들의 관심은 바로 눈앞의 것에만 쏠렸다. 각급 정부의 도시와 농촌 더 나아가 더 넓은 지역에 대한 발전 계획에서 가정과 자녀, 개인 생활에 대한 인민들의 구체적인 계획에 이르기까지, 그리고 상인과 실업가의 대다수 투자 계획에서 대단히 많이 폭로된 부패사건에 이르기까지, 사회의 거의 모든 자락에 단기적 목표들이 넘실댄다.

이러한 사례에서 이 목표가 어떻게 한 발 한 발 개인과 집단, 더 나아가 한 지역의 오래된 삶까지 압도하고 파괴했는지를 목격할 수 있다. 공장의 도산과 실업인구가 늘어나고, 이뿐만 아니라 교육이 붕괴되고, 생태계가 악화되며, 법집행 기구가 폭력적으로 변하고, 사회 신용 체계가 와해되고 있다. 문화와 도덕 수준의 전반적인 하락이 이어지고[24] 대중의 사회 신용도가 명확하게 약화되며 정부의 영향과 사회적인 동원력이 떨어지고 있다……. 이러한 요소들이 한데 합쳐지고 갈마들며 영향을 주고받게 되면 전 사회가 파산할 날도 머지않을 것이다. 지금 중국의 일부 지역—농촌뿐만 아니라—에서는 상술한 요소들이 상승효과를 일으키고 있으며, 이러한 지역도 나날이 많아지는 현실을 분명하게 목격할 수 있다.

이뿐만 아니다. 20세기는 각 부분에서 사회 간 교류가 밀접해지고 경제, 문화 나아가 정치 생활에서 전 지구화가 대세를 획득하고 있는 시대다. 소련과 동구의 공산권 정권이 차례로 붕괴하자 전 지구화의 내용도 더 단일하게 바뀌었으며 자본주의 역량이 전무후무한 기세로 전 세계로 확장되고 있다. 중국은 전 지구화의 소용돌이에 이미 깊숙이 빠져 있으며, 1990년대 이후 이 소용돌이의 흡인력은 점점 강해졌다. 한편으로 국제자본이 중국시장을 철저하게 개방하는 데 주력을 다하며, 다른 한편으로 국내의 센다이화 충동은 사그라지지 않고 정부는 외래 자금으로 경제성장을 유지해야 하는 실정이다. 원하든 원하지 않든, 중국사회는 '세계와 접궤'하는 걸음을 빨리할 수밖에 없다.[25] 이 때문에 1990년대 중국의 새로운 개혁은 필연적으로 개방—관변의 사전에서는 경제의 개방만을 의미할 따름이지만—과 같이 간다. 선전(深圳) 특구에서 푸둥(浦東) 특구에 이르기까지, 그리고 각종 서비스업이 서유럽식 관리제도를 속속 도입하는 것에서 각급 정부가 앞다투어 마이크로소프트사(Microsoft)의 소프트웨어로 사무실 설비를 표준화하는 것에 이르기까지, 심지어 인민해방군의 군모까지도 점점 더 미국화해 갔다.

1980년대부터 계속 연속해 온 1990년대의 사안을 손꼽으라면, 아마 이 경제적 개방을 들 수 있을 것이다. 두말할 것도 없이 이러한 개방이 낳은 일상생활에서의 도드라진 변화가 '우리들은 센다이화로 나아간다'는 낙관적인 정서를 가장 강력하게 지탱하고 있다. 동남 연해와 광저우, 상하이 같은 도시에서 이 같은 감각은 상당히 보편화해 있다. 만약 개방을 천국으로 가는 것과 동의어로 보지 않는다면, 그리고 센다이화를 부득이하게 추구할 수밖에 없고 이익과 병폐가 뒤섞인[26] 사회의 상태로 인식한다면, 현재 중국은 확실히 센다이화로 나아가는 전환기이며 중국사회의 절반가량은 전 지구화의 궤도에 몸을 담고 있는 것처럼 보인다.

나는 러시아의 시인 크릴로프(Ivan Andreevich Krylov)의 우화 중에서 백조와 새우, 꼬치고기가 동시에 각자 서로 다른 방향으로 몰고 갔던 운이 나빴던 수레의 이야기가 떠오른다.[27] 어떤 의미에서 현재 중국도 이와 비슷하다고 할 수 있다. 중국은 지금 몇 가지 다른 변화를 동시에 겪고 있다. 새롭게 등장한 '권력―자본' 세력은 사회를 잠식하고 수탈하는 강도가 점점 더 세어지고 있고, 이로 인해 점점 더 많은 인민이 개혁의 희생물이 되고 있다. 전 지구화의 압력은 줄어들지 않고 강화되고 있으면서 경제개방과 센다이화 과정도 여전히 지속되고 있다. 일부 지역의 경제상황은 개선된 것처럼 보이나 다른 일부 지역의 경제적 조건은 전반적으로 악화되었거나 파산 상태다……. 이러한 변화는 상호 관련되어 있으며 심지어 인과관계를 형성하기까지 한다. 그러나 그 추세는 일치하지 않는데, 일부는 서로 갈마들고 일부는 상호 충돌한다. 이들은 동시적인 힘으로 중국사회에 작용해 사회를 갈기갈기 분열시키고 붕괴시키고 있다.

그렇다면 이와는 다른 낙관적인 변화가 존재할까? 나는 존재한다고 생각한다. 그리고 이 자리에서 이에 대해 자세하게 언급하고 싶다.[28] 그러나 전체적으로 보자면, 위에서 언급한 변화보다 사회적으로 더 크게 작용하는 다른 역량을 찾아보기 어렵다. 다시 말하면, 중국의 가시적인 미래란 여전히 위에서 말한 변화가 어떻게 서로 성하고 쇠퇴하며 만나고 충돌하느냐에 달렸다. 그 속의 어떤 부분이 나머지 변화를 압도하는지 판단할 수 없을수록, 사회의 앞날은 점점 더 모호해지고 불확실해진다. 오늘날 사회 각 계층에 만연한 속수무책의 정서는 이러한 불확실한 미래에 대한 자연스러운 반응이다.

그리고 이렇게 복잡한 현실에 비추어보면, 1980년대의 중국 지식
계에서 유행했던 —그리고 현재도 여전히 유행하고 있는— 사고방
식, 이를테면 전통/현대, 폐쇄/개방, 보수/개혁, 시장/계획, 사회주의
/자본주의, 공산당/비공산당 등은 너무 단순했다는 것을 알 수 있다.
이러한 기계적인 이분법적 사고 모델만으로 어떻게 현재의 중국을 설
명할 수 있겠는가? 중국은 물론 자본주의국가가 아니다. 그러나 이전
과 같은 사회주의국가가 아닌 것도 확실하다. 중국은 비 '계획'적인
'시장'을 형성하는 중이지만 이는 이른바 '자유경쟁'의 시장과 관련
없다. 중국도 서유럽의 여러 기술, 관리제도, 문화상품 더 나아가 가
치관을 들여오고 있지만 예견할 수 있는 가까운 미래에 중국이 서유
럽과 같은 현대국가로 '전환'하기 어렵다는 것도 분명해 보인다…….
나는 지금의 중국을 어떻게 정의해야 할지 잘 모르겠다. 중국은 거의
모든 방면에서 잘 알던 과거의 것이든 새로 가지고 온 서유럽의 것이
든 간에 현존하는 이론적인 모델에 잘 들어맞지 않는다. 중국은 거대
한 사회적인 괴물처럼 그리고 20세기의 역사가 낸 모범답안이 없는
난제같이 당대 지식인의 이해력과 상상력에 오만하게 도전하고 있
다.[29]

4. 새로운 이데올로기와 문화연구

바로 이러한 도전 앞에서 나는 당
대 문화연구를 진행할 절박한 의미를 발견했다. 20년 동안 중국사회

가 겪은 거대한 변화들, 지속적으로 추진되는 경제개방은 말할 것도 없이 '신부유층'의 등장도, 점점 더 늘어나는 지역의 파산도, 모두 정치적 · 경제적 · 생태적 현상일 뿐만 아니라 동시에 문화적 현상이기도 했다. 이를테면 '신부유층'의 급격한 성장은 재부의 전이와 새로운 권력구조의 형성을 의미하는 데 그치지 않는다. 이는 인생의 새로운 우상이 출현하고, 이상적인 새로운 생활이 유행하며, 새로운 이데올로기에 포위되는 것을 의미하기도 했다.

대표적으로 '성공인'의 이미지가 그러한데, 이는 가장 먼저 매체와 상업광고에서 모습을 드러냈고 동남 연해지역과 중 · 대도시에서 전국적으로 퍼졌다. 그리고 이 이미지의 배후에는 유행하는 생활 모델과 가치관 나아가 역사와 인생철학이 응결되어 있다.[30] 현대인은 사실상 특정한 문화의 우리 안에서 살아가고 있는데 실제 생활에 대한 감각은 대부분 그 사람의 취향과 선입견에 영향을 받고 문화적 환경이 그에게 주입한 것에 제한을 받는다. 분명 늪에 빠져서 곧 숨을 못 쉬게 될 상황인데도 마음껏 날 수 있는 넓은 세상에 있다고 생각하는 경우들을 숱하게 보아왔다. 매체의 시대에 진입할수록, 만질 수 있고 볼 수 있는 '실체적' 생활요소는 관심권에서 점점 더 멀어졌다. 거꾸로 '가상'이라는 두 글자를 이마에 새긴 사람들이 형형색색의 지면과 화면에서 튀어나와 생활의 중심을 차지했다. 그러다가 결국에는 진실과 거짓, 허와 실도 불분명해졌다. 나스닥 지수의 순간적인 등락이 수많은 사람의 낯빛을 순식간에 바꿔버리고, 원시 자연과 순박한 민속에 빠져 있는 전 세계의 수많은 가련한 여행객들은 정작 이것이 금전과 인공으로 만들어진 것이라는 걸 몰랐다. 가상물이 이렇게 강력하게 사람을 좌지우지하고 있는데, 당신은 이것이 단지 가상에 지나지 않는다고 말할 수 있겠는가? 진실과 가상이 교차하고 허와 실이 바뀌

는 이러한 세상에서 당신은 또 어떻게 문화와 문화가 아닌 것을 구분
할 수 있겠는가?

그리하여 오늘날 문화연구가 절실한 의미를 지닌다는 것은 모든
경제·환경·정치의 변화가 자신의 문화적 형식을 창조한다는 것만
을 지칭하는 것이 아니다. 더 중요한 의미는 1990년대의 문화적 상황
에 대해 깊이 있는 분석이 결여된다면, 정치와 경제·환경의 복잡한
변화까지 파악할 수 없다는 데 있다. '성공인'의 예를 다시 들어보자.
이는 '신부유층'이 대규모로 나타나고 그 다음에 '성공인'이라는 유행
이미지가 파생된 것이 아니다. 엄격하게 말하자면, 사회계층으로서
'신부유층'과 문화기호로서 '성공인'은 사실상 동시적으로 형성된 것
으로 후자는 이미 전자를 구성하는 부분이면서 동시에 전자를 형상화
하는 데 참여했다. '신부유층'의 갖가지 면모는 상당 부분 '성공인' 이
미지에서 추출한 것이다. 현재 중국의 특수한 조건들을 인식할수록[31]
그리고 이러한 조건에서 정치나 경제에 대한 직접적인 분석의 어려움
을 인식할수록 1990년대 사회문화—특히 동남 연해와 중대형 도시
의 유행문화—에서 출발해 현재 중국사회를 감지하고 묘사하고 분석
하며 더 나아가 이 사회의 특징과 전망을 이해하고 파악하는 일이 절
실히 요구된다.

중국에서 이러한 문화연구가 막 시작되고 있다. 전반적인 윤곽이
아직 잡히지 않았고 미래의 모습도 예측하기 어렵다. 그러나 위에서
언급한 논의가 대체로 맞다 한다면 이 작업이 주력해야 할 몇 가지 기
본 방향은 분명하게 드러나 있다. 우선 현실을 은폐하고 분식(粉飾)하
는 '새로운 이데올로기'를 드러내는 일이 필요하다.[32] 1990년대 이후
'문혁'이나 마오쩌둥식의 관방 이데올로기는 점진적으로 대중에게서
영향력을 상실해 왔다.[33] 내용 없이 텅 빈 문구를 제외하고 일부 신문

'중압감'으로 작동하는 시선에 파농은 "버거움을 느꼈고" 자신이 어디에 있을 수 있는지, 또 무엇이 될 수 있는지 등 세계에 대한 "내 권리를 의심했다"고 말한다. 그는 인종화된 도식을 통해 자신을 공간적·시간적 세계의 한복판에 존재하는 신체로 위치시켜 이렇게 쓴다. "경계 내에 머무르거나 아니면 내가 속한 곳으로 돌아가라는 말을 들었다." 그는 "나는 유일하며 참된 눈(目)인 백인의 눈에 해부되어 **고착되었다**"(Fanon 1986: 110~116)고 항의한다.

당혹스러움

'흑인'이 그가 있으리라 예측되지 않는 공간을 차지함으로써 제기되는 제도에 대한 권리는, 인종 도식을 작동시켜 그들 현전을 비정상으로 만들고 그들을 다른 곳에 속하게 하는 시선 때문에 끊임없이 도전받는다. 흑인은 백인의 관음증적 시선에 의해 고착되는 한편 백인의 시선은 낯선 신체가 근접함에 따라 방향감각을 잃는다는 것도 명시해야 할 중요 사안이다. 그들이 그곳에 있다는 것 자체 즉 짐꾼, 청소부, 서기, 아기 돌봄이와 같은 서비스 직원이 아니라 직장에서 다른 리듬을 만들어내는, 백인 자신들과 '동등한' 구성원으로서의 존재는 인종화된 신체가 범주화되고 고착되는 방식에 도전한다. '타자'가 고정되는 방식 및 그 이미지와 관련된 자아 구성 모두에 상당한 문제가 생긴다. 특정 질서가 교란되며 인종화된 인식체계가 방해받는다. 의회 흡연실 풍경을 되새겨보면, 그 직업은 권위의 '보편적' 자세를 취하고 있지만 우리는 그것이 특정 신체를 위해 주조되었음을, 더 정확히 말해서 흑인 신체가 부조화를 표상하기 때문임을 안다. 부조화는 틀을 혼란스럽게 만 정신의 자유, 시민권, 생활 보장, 사회에 대한 국가의 책임, 새로운 '권력–자본' 집단의 사회에 대한 착취 등의 문제들은 조심스럽게 피해 갔다. 사실 나는 이러한 새로운 사상을 어떻게 불러야 할지 모르겠다. 사실상 이는 그럴싸한 논리를 한데 섞은 것에 불과할 뿐 사상이라고 말하기도 곤란하다. 이는 확실한 출처 또한 없다. 절대다수의 상업광고에 출몰하지만 자본 작동의 산물만으로 이루어진 것 또한 아니다. 각종 매체에 빈번하게 등장하고 관방의 선전구호에도 나타나지만 정부가 일방적으로 기획한 것 같지도 않다. 이론적으로 공인된 것은 더더욱 존재하지 않는다. 중국 문화계나 이론계의 토론 속에서 자주 등장하지만,[34] 아무도 자신의 이름으로 이 사상을 귀납하려 들지도 않는다.

그러나 내력도 불분명하고 형상도 모호한 이 사상이 현재 중국 권력의 구미에 가장 잘 맞는다. 당신은 낙관적이고 상서로운 분위기를 만들어내고 싶지 않은가? 이는 옆에서 보조를 맞춰 대중에게 중국사회가 아주 **빠른** 속도로 셴다이화하고 있다는 것을 믿게 한다. 당신은 서민들의 주머니를 여는 데 이목이 쏠려 있지 않은가? 이는 중산계급에 환상을 심어주면서 유행을 추종하고 맘껏 소비하게 부추긴다. 당신은 피착취자의 저항과 각성을 혐오하지 않는가? 이는 공중의 시야를 좁히며 사람들이 눈앞의 작은 이익에만 관심을 갖게 하며 전후좌우에 산재한 파산과 위기, 고난을 보지 못하도록 한다⋯⋯. 이는 권력을 가지고 있지 않은 사람의 심리적 수요까지 만족하게 한다. 생활이 너무 힘들고 이 상황에서 벗어날 능력이 없다면 온종일 전전긍긍하는 것보다 안정제를 한 알 삼키고 자신을 속이는 게 낫겠지. 이러한 심경에 처해 있는 속수무책인 사람들이 이 위로를 기꺼이 받아들이는 것일 테다.

1990년대는 사람들을 미망과 공포, 그리고 환멸로 던져 넣은 시대다. 그러나 이 새로운 사상은 무분별하고 천박한 성격으로 혼란스럽고 엄혹한 현실을 최대한 뒤덮어 버리면서 순간적이나마 사람들에게서 불안을 걷어냈다. 이 탓으로 현재 중국의 상황이 계속 순조롭고 파란 신호등이 켜져 있을 수 있었던 것이다. 또 그 까닭으로 10년이 채 안 된 시간 동안 이렇게 빠르게 자라나고 퍼져나갔으며, 무수한 사람들의 머릿속을 장악해 그들의 느낌과 생각·판단을 나날이 유력하게 이끌어낼 수 있었던 것이다. 오늘날 그 역량은 이미 강력하게 발휘되고 있어서 인터넷 게시판에까지 일군의 신도를 거느리고 있다. 1990년대 중국사회에서 — 적어도 도시에서 — 가장 유행하면서도 또 가장 영향력을 지닌 사상으로서 이는 이미 현재 일반 사회의 정신생활을 주도하는 새로운 이데올로기를 구성했다.

이러한 '새로운 이데올로기'의 배후에 각종 정치권력과 경제권력이 다기하게 작동하고 있다는 것을 의식할수록, 그리고 이 '새로운 이데올로기'가 집단의 욕망과 공공의 상상에 호응하면서 그 형태를 만들어내고 이로써 위기에 대한 사회의 경각심을 마비시키고 연기시키고 있다는 것을 인식할수록, 문화연구는 이를 가장 중요한 비판의 대상으로 삼아야 할 것이다. 그러나 이러한 '비판'은 눈을 치켜뜨고 눈을 부라리고 마는 단순한 질책이어서는 곤란하며, 이 현상을 세심하게 묘사하고 분석해야 하며 해부해야 할 것이다.

예를 들면, '새로운 이데올로기'가 어디에서 현실을 회피하고 단순화하며 더 나아가 은폐하는가를, 그리고 어디에서 현실을 과장하고 분식하며 허구화하는지를 꼼꼼하게 분석해야 한다. 바로 이러한 분석으로 문화연구는 당대인의 억눌려 온 생활의 실감을 되살리고 불러일으킬 수 있으며, 복잡한 사회 형세를 이해하고 질의하며 파악하는 데 도움을 줄 수 있다. 다른 예를 들자면, '새로운 이데올로기'가 어디에서 힘을 빌려서 빠르게 형성되었는지 그 독특한 과정을 깊이 있게 살펴봐야 한다. 곧 이것이 어떻게 전 지구화의 제약 아래에 놓여 있는 국내외의 경제와 문화 교류 가운데에서 자양분을 흡수할 수 있었는지에 주목하고, 더 나아가 이것이 국가권력 및 '신부유층'과 맺는 이익관계를 해부해야 하며 또 이러한 애매한 관계로 어떻게 비호를 받을 수 있었는지를 드러내야 한다. 이러한 탐구는 '새로운 이데올로기'와 시장경제 개혁이 맺는 다양한 관계를 드러내어 현재 정치적·문화적 억압기제가 작동하는 복잡한 양상을 인식할 수 있게 해준다.

또 다른 예를 들면 '새로운 이데올로기'의 기이한 자태에 주의해야 한다. 이는 '주변'의 포즈를 취하지만 '주류'에 이미 안정적으로 자리 잡고 있다. 이 때문에 '주류'와 '대안'이라는 지반에 동시에 군림해 진정으로 이단적인 사상을 발붙이지 못하게 했다……. 이러한 각도로 파고들어 가면, 문화연구는 전 지구화 시대에서 이데올로기 활동의 새로운 유형을 드러내고 더 나아가 이데올로기 통제를 타파할 전 인류의 지속적인 투쟁에 일정한 시사점을 던져줄 수 있다. 다른 한편으로 '새로운 이데올로기'와 1980년대 및 1990년대 중국 지식계의 사상 활동이 맺는 복잡한 관계를 정리해야 한다. 어디에서, 그리고 어떤 조건에서 중국 지식계는 의식하지 못한 채 '새로운 이데올로기'의 산파가 되었는지—혹은 여전히 되고 있는지—를 검토해야 할 것이다. 그리고 이러한 '새로운 이데올로기'를 반성하는 시각에서 최근 20년 동안 문학과 예술 및 이론 영역의 실적을 소상하게 점검하고 그 가운데 오늘날에도 여전히 예리하고 독특하게 시각을 지녀 우리들이 '새로운 이데올로기'에 문제를 제기하는 정신적 자원이 될 지점이 있는지를 따져보아야 할 것이다. 이러한 정리와 반성은 1990년대 자포자기했다는 생각에 빠진 중국 지식계의 착각을 깨뜨리고 지식인의 사회적 책임감과 분투 정신을 북돋워 주며 여기에서 문학과 예술, 이론 비평의 새로운 시야를 개척하고 새로운 연구 동력과 사고를 자극하는 데 도움을 줄 수 있다.

현재 '새로운 이데올로기'는 사회의 각 층면에 스며들어 갔다. 문화연구는 이러한 현상을 뒤쫓아 추격해야 하며 이른바 '학과의 한계'나 '전공의 범위'에 갇혀서는 안 된다. '근현대로의 전환'이라는 명목으로 삶과 지식을 분할하고 의식까지 구분 짓는 각종 사회적인 '수술'이 전개되었는데, 이는 행정과 교육 및 학술 체제가 점점 세분화하는 것과 보조를 맞춘 것으로 그 자체가 '새로운 이데올로기'가 번창할 수 있게 된 사회적인 조건이다.[35] 이런 상황에서 더더구나 문화연구는 손발을 묶고 자신의 영역만을 고수할 수 없다. 문학과 음악, 회화, 조소와 영화에 관심을 기울여야 할 뿐만 아니라 상업광고, 엔터테인먼트 잡지, 유행가요, 일일 드라마, 신문 및 매체의 오락 프로그램, 더 나아가 쇼윈도 디자인 및 공공 장식에도 주목해야 한다. 구체적인 문화 상품에 대해 토론해야 할 뿐만 아니라 추상적인 이론작업에도 주목해야 하며, 이러한 양자의 상이한 문화활동이 갖는 내재적 관계를 탐구해야 한다. 지면과 스크린, 캔버스에서 이루어진 문화적 표현을 분석해야 할 뿐만 아니라 도시건축, 출판기구, 정부의 문화관리 체제, 더 나아가 커피숍, 클럽, 바와 같은 더 종합적인 문화적 사안을 분석해야 한다. 필요하다면 좁은 의미의 문화라는 경계를 넘어서 더 광활한 사회적인 배경 아래에서 특정한 문화현상을 분석할 수도 있다. 결론적으로 당대 중국의 문화연구는 기존의 학과 규범에 얽매이지 않으며 새로운 학과를 창설하는 것도 개의치 않는다.

당대 중국의 문화연구는 전 지구화 형세 가운데 중국의 문제를 단단하게 포착해 당대의 사회현실에 대해 적절하면서도 유력한 대답을 내놓아야 한다. 이 때문에 이는 개방적인 학문의 이념이자 당대 생활에 대한 지식인의 민감함과 책임감에서 나온 비판적인 의식이다. 또한 이는 회의와 반성 그리고 철저하게 진상을 캐묻는 사고의 품격이자 정면에서 배후를 캐고 겉으로 보기에 관계없는 사물 사이의 관계를 발견하는 통찰력이다. 그리고 이는 시야가 넓고 '규칙'에 얽매이지 않으며 활달한 상상력과 창조력이 풍부한 분석적인 태도 등과 같은 것을 실천하려 한다. 이러한 실천은 지식인의 사상과 비판 활동 전반에 관철되어야 하며 거의 모든 학문 영역에서 지속적으로 발전되어야 한다. 그러나 1990년대 중국의 현실이 특히 문화적 측면에서 지식인에게 이러한 활동을 펼칠 것을 요구하고 있으며, 위와 같은 지식인의 이념과 의식 · 품격 · 능력과 태도들이 우선적으로 '새로운 이데올로기'에 대한 분석에 집중할 것을 요청하고 있다. 1990년대 현실이 요구하는 것과 이러한 요구에 대한 문화연구자들의 충분한 각성이 합쳐져서 현재 중국의 문화연구 형태를 결정했는데, 이는 개방적이면서 자유로운 학문의 품격을 형성할 것이다.

현재 문화연구의 또 다른 중요한 주안점은 기계적이고 이분법적인 사고의 습관을 깨뜨리는 데 있다. 중국인은 정치하고 복합적인 사고에 능숙한 민족이지만 근대 이후 민족적 · 사회적 위기로 지속적으로 자극을 받은 데다 특히 1950년대 이후 이른바 '마오쩌둥' 사상이 모든 것을 뒤덮고 정신을 지배하는 등 국가가 개인의 정신생활을 엄격하게 통제한 원인이 있었으며, 또 1980년대 중반부터 정신적 취향을 얕보고 물질적 이익을 중시하는 흐름이 점차 강해져서 보통교육과 고등교육이 응용 및 기술학과에 편중되고 인문교육이 여러 차례 축소 편성되었다. 이 때문에 1990년대 중국인의 정신생활은 점점 저속하게 변했다.[36] 금전과 유행 이외에 다른 것들은 사람들의 관심을 사지 못했다. 더는 시를 읽지 않으며, 심사숙고할 줄 모르고, 조금이라도 추상적이면 이해하지 못하고, 눈앞에서 아름다운 사물을 보아도 아무런 느낌이 없다.

이러한 정신과 심리 상태가 현 사회에 상당히 보편화해 있다. 그리고 이러한 저속한 정신의 심각한 증상 중 하나는 기계적이고 단순한 양자택일의 사고 습관인데, 이는 우리에게 널리 퍼져 있다. 이들은 흑이 아니면 백으로 판단하는데, 세상에 명암이 다른 회색빛의 사물이 얼마나 많으며 때로는 검은색과 흰색을 섞어서 만든 것이 있다는 것도 이해하지 못한다. 이들은 원인이 아니면 결과라고 단정 짓는데, 원인과 결과가 서로 갈마드는 일도 있고 원인이면서 결과이기도 한 일들이 숱하게 일어나며 원인과 결과도 없는 일들이 발생한다는 것을 알지 못한다. 오늘만이 절대적이며 다른 날들은 허무하다고 생각하는데, 세상에 절대적인 것은 없거니와 이 말이 모든 것을 긍정하는 것도 아니라는 점을 납득하지 못한다. 좋거나 나쁘거나 둘 중에서 하나만 선택할 줄 아는데, 이들은 좋고 나쁜 것이 그림자처럼 붙어 다니는 일이 있다는 것도, 세상에 선악이 뒤바뀔 수 있다는 것도 이해하지 못한다. 인터넷상의 토론을 잠깐 훑어보기만 해도 이분법적 사고 습관이 얼마나 보편적인지 알게 된다. 체계적으로 교육 받아서 인터넷 토론을 할 수 있는 이조차 이럴진데 다른 사람들은 어떨지 미루어 짐작할 수 있다.

'새로운 이데올로기'가 사회에 만연할 수 있던 데에는 이러한 사고가 뒷받침한 것이라는 점은 말할 필요도 없다. 그럴싸한 이러한 논리의 예들을 들어보자. "시장경제가 센다이화다!", "경제가 좋아지기만 하면 나머지도 모두 따라올 것이다!", "성공인? 이들이야말로 중산

계급이다!" "권력으로 개인의 이익을 추구한다? 이것이야말로 서유럽의 원시적 자본 축적이 아닌가!" "현실이 불만스럽다면 당신은 과거로 돌아가고 싶다는 것인가?" …… 머릿속이 그런 사고에 의해 통제 받지 않았다면 삶의 실감과 배치되는 헛소리들을 어떻게 그렇게 **빨리** 받아들일 수 있었겠는가? 유행하는 이분법적인 사고방식, 이를테면 전통/현대, 시장경제/계획경제, 사회주의/자본주의 등은 직접적으로 이러한 사고 습관이 잉태한 것이다. 그래서 현재 중국의 문화연구는 악영향을 미치는 이러한 사고 습관에 단호하게 도전해야 한다.

문화연구는 당대 문화의 정신적이고 물질적인 요소 사이의 상호작용에 특히 주목한다. 이들 간의 복잡한 관계를 충분하게 드러낼수록 정신적·물질적 삶을 별개의 것으로 구분하는 보편적인 착각을 좀 더 강력하게 깨뜨릴 수 있다. 그리고 '신부유층'과 집권체제의 혈연적 관계가 대중 앞에 드러나면, 지금 유행하는 흑백논리와 양자택일의 사고는 바로 흔들리고 빈틈을 드러낼 것이다. 문화연구는 특히 당대의 도시에서 대중문화가 지니는 이중적 특성을 깊이 있게 분석해야 한다. 이는 전 지구화의 문화적인 구도 속에서 배치되어 서유럽문화에 영향을 깊이 받았으면서도 다른 한편 당대 중국의 특수한 환경에 깊이 뿌리내린 것으로, 그 자체로 특별한 정치적·경제적 및 젠더적 함의를 지닌다.

이러한 문화적 이중성이 분명히 드러나면 나머지 영역에서 벌어지는 비슷한 현상도 뒤이어서 그 진상이 폭로될 것이다. 이는 오로지 같거나 다른 것만을 보면서 현실을 모두 받아들일 것이냐 아니면 과거로 되돌아가겠냐는 양자택일식의 사고방식을 타격해 다양한 각도에서 센다이화와 전 지구화의 성격에 대한 이해를 촉진하고 더욱 복잡한 태도로 중국의 현재와 미래를 다룰 수 있게 한다. 물론 이런 상황이 하루 이틀 사이에 굳어진 것이 아니므로 이분법적 사고방식을 철저하게 깨뜨리려면 전 사회적으로 오랫동안 노력을 기울여야 하며 문화연구가 단독으로 행할 수 있는 일은 아니다. 그러나 현재의 문화적 삶을 분석하는 것이 사람들이 매일 보는 광고, 텔레비전 프로그램, 문화 시스템을 논의하는 것이어서 사람들의 감성적 경험에 직접 호소할 수 있다. 당대의 사상적 활력을 자극해 기계적 사고의 틀을 벗어나게 하는 데 문화연구는 특별한 효력을 발휘할 것이다.

당연하게도 현재 문화연구 최대의 의미는 조잡하며 부패한 가공의 사물을 폭로하는 데에만 있지 않다. 더 중요하게는 생생하고 창조적인 문화적 요소를 발견해 진정으로 뛰어난 문화에 대해 강렬한 열망을 전 사회적으로 불러일으켜서 사람들이 이러한 문화를 창조할 수 있게 고무시키는 데 있다. 연구자가 열악한 문화현상을 냉정한 시선으로 주목할 때 외려 그의 분석 자체는 세계에 다른 현상이 존재한다—혹은 최소한 존재해야 한다—는 믿음을 드러내준다. 그가 다른 현상을 절실하게 느끼는 감각을 지니고 있다는 것은 분석 대상의 열악함을 참을 수 없다는 점까지 드러낸다.

문화연구가 한결같이 위엄에 찬 비판의 얼굴만 내비친다는 지적과 관련짓는다면, 사실 이러한 모진 표정 뒤에는 시적 정취와 아름다움에 대한 감동이 넘치고 사랑과 생기로 충만한 영혼이 약동하고 있는 것이다. 실제로 당신이 효율과 이익의 바깥에서 생활의 다른 가치에 대한 확신을 제대로 가질 수 없다면, 효율에 기대지 않고 이익보다 더 중요한 가치의 매력을 사회에 충분히 드러낼 수 없다면, 또 여기에서 이익과 효율·능력 등에 대해 일반적인 이해와 판이한 인식을 표현할 수 없다면, 당신은 '새로운 이데올로기'의 시장 숭배론을 제대로 타파할 수 없으며 '부자가 영웅이며 빈자는 겁쟁이다'라는 밀림의 법칙을 거부하게끔 사회를 격려하기란 더욱더 어렵다.

그리고 당신이 전 지구화 구도가 한정 지은 사상의 공간에서 빠져나오지 못한다면, 또 탁 트인 시야와 충만한 상상력을 발전시켜 인류 역사 특히 전 지구화 구도 속에서 중국의 현대 역사를 새롭게 독해해 대중들에게 '사람'의 역사와 현실의 풍부함에 대한 확신을 지닐 수 있도록 도와줄 수 없다면, 당대 생활에서 억압된 생활의 가능성을 생동감 있게 드러내어 단조로운 삶의 전망에 대한 사람들의 강렬한 불만을 자극할 수 없다면, 당신은 점점 더 퍼져가는 셴다이화라는 미신을 아예 흔들 수조차 없으며 '새로운 이데올로기'가 이러한 미신을 이용해 만들어내는 '누구나 돈을 벌 수 있다'의 환상을 타파할 수 없다. 마찬가지로 당신이 복잡한 세계의 구조에 반응하고 이를 상상하고 이해하기가 어렵다면, 또 기계론적이고 이분법적인 사고 습관에 대한 분석 속에서 다양하고 복잡한 삶에 대한 풍부한 감각을 또렷하게 드러내어 당신이 이 복잡한 사물을 파악할 능력을 생기 있게 제시할 수 없다면, 당신은 어떻게 이 사고 습관의 천박함을 설득력 있게 실증하고 사람들을 각성시키고 분발시켜서 여기에서 벗어나도록 할 수 있겠는가? 만약 당신의 내면 깊숙한 곳에 '성공인'의 비루한 욕망이 꽈리를 틀고 있고 삶의 취향과 상상이 사실 이와 별반 차이가 없으며 이보다 훨씬 더 풍부하고 흥미로운 삶의 전망을 개척할 수 없다면, 당신은 정색하면서도 이 가공의 형상을 쓰러뜨리는 데 힘에 부칠 것이며, 이것이 더 유행하게 조장할 가능성마저 있다.

천박한 비판으로 말미암아 역공세를 당하는 생생한 사례를 우리는 수없이 목격하지 않았는가? 지식인은 총칼을 피할 수 있는 신선이 아니므로 오랫동안 어둠 속에서 거주하고 자주 햇빛의 세례를 받지 않는다면 투쟁할 역량을 잃기 쉽다. 어둠에 대한 증오의 힘을 빌려 격렬하게 비난을 퍼붓는다 하더라도 이를 지지하고 제약할 내면이 결여되었으므로, 이 비난도 쉽게 변형되거나 변질될 것이며 최종적으로 비난의 대상과 뒤섞여 함께 침몰할 수 있다. 어떤 의미에서 중국에서 근대 이후 정신사는 끊임없이 격렬한 비판을 가하고 비판자 자신도 부단하게 제단에 바쳐진 역사다. 진정으로 생산성을 지닌 문화적 고갱이의 뒷받침이 되지 못했기 때문에, 격렬한 비판은 최후에 기로를 부닥쳐서 새로운 미신을 앞장서서 이끌기까지 했다. '문혁'이 가장 도드라진 예인데, 이러한 사례는 '문혁'이 끝났음에도 사라지지 않았다. 오늘날의 문화연구는 이러한 역사를 다시 연속해서는 안 된다고 생각한다.

그리하여 현재 중국의 문화생활에서 진정한 창조성과 다양성, 깊이와 아름다움을 발견할 수 있는지, 그리고 긍정적인 문화적 요소를 절실하게 체험함으로써 끊임없이 자신에게 자양분을 공급하고 충실하게 할 수 있는지 등등이, 문화연구가 자신의 비판적 사명을 완성해 최종적으로 역사의 변질이라는 패턴에서 얼마나 멀리 떨어져 있는가를 판별하는 중요한 전제가 되었다. 어떤 시대이든 인류 생활에 추악함과 더러움만이 남아 있을 수는 없다. 현재 중국사회처럼 모두가 입을 틀어막은 채 침묵하고 고치기 어려운 폐해가 산적해 있을지라도, 남아 있는 생기가 여전히 혼란 속에서 빛나고 있으며 새로운 의미들이 사방에 흩어진 채 썩은 나뭇잎 더미 아래에서 반짝이고 있다.

이러한 '발견'이 쉬운 일이 아니라는 것은 말할 필요도 없다. 여기에는 예민한 시선과 굳은 신념 그리고 냉정함과 인내가 특별히 요구되며 생기와 공상이 뒤얽히고 시적인 정취와 병적인 상황이 뒤엉킨 복잡한 상황에서 가려진 빛을 세심하게 골라내고 벗겨내어 발산시킬 수 있어야 하겠다. 그러나 또한 이 때문에 이 작업은 특별하게 할 만한 의미가 있는데, 왜냐하면 이 발견과 박리 및 발산의 과정에서 나온 빛이 빛을 발산시키는 예민한 능력을 되비춰줘서 대상과 대상의 창조자를 함께 형성하기 때문이다. 그렇게 발견된 것이야말로 생산적이지 않은가?

이렇게 발견하고 해석하는 과정 자체는 사회가 스스로를 구원하고 뛰어난 문화를 창조하는 방식 가운데 하나이면서, 이와 동시에 문화연구자가 자아를 갱신하고 정신적인 역량을 기르는 방식이기도 하다. 그리고 문화가 현재 우리의 생활을 구성하는 대단한 역량을 인식할수록 사회에 이미 존재하는 좋은 문화의 요소를 발견하는 데 힘써야 할 것이다. 그것이 설사 편벽되거나 미약하고 단지 가능성에 지나지 않을지라도 말이다. 이러한 의미에서 현재 중국의 문화연구는 사실상 모든 문화 창작 작업과 밀접한 관계가 있다. 문학, 예술, 사상 등의 창작과 마찬가지로 문화연구의 최종 목적은 사회에 잠재해 있는 문화와 정신의 창조력을 활성화하는 데 있다.

인류 역사에는 불가역적인 규칙은 없다. 루쉰의 말을 빌리자면, 현재 중국사회는 어떠한 '대시대'로 '나아가고 있는가?'라고 질문할 수 있다. 나는 이 답안이 다른 곳에 있는 것이 아니라 현재의 사회와 이 사회의 문화에 그리고 당신과 나와 같은 수많은 보통 사람들의 정신과 영혼에 있다고 생각한다. 나는 저속하고 졸렬하고 부패한 사물이 영원히 존재할 수 있다는 것을 믿지 않는다. 진정으로 뛰어난 문화가 빛을 발해 대지를 비출 때만이 이러한 것들은 사라질 것이다. 퇴로가 없는 절경에서 온 힘을 모아 탁월한 문화를 하나하나 활성화하고 창조하며 주위에 만연한 용렬과 어둠을 한 치 한 치 물리치는 것이야말로 이를 위해 분투할 만한 '대시대'일 것이다. 70년 전, 중국은 '대시대'가 임박했다고 격분하며 단언할 때의 루쉰도 어쩌면 이러한 희망을 마음속에 몰래 품고 있었던 것은 아닐까?

● 왕샤오밍(王曉明 Wang, Xiao-ming)
1955년 상하이 출생. 상하이대학 문화연구학과와 화둥사범대학 중문학부 교수를 겸직하고 있다. 최근 중국 셴당다이(現當代)문학에서 문화연구로 연구 영역을 확장하여 상하이 및 중국 문화연구의 흐름을 주도하고 있다. 그가 주관하는 '당다이(當代)문화연구센터'(http://www.cul-studies.com/)는 중국 문화연구의 주요 진지 중 하나다. 주요 저서로 《사팅과 아이우의 소설세계(沙汀艾蕪的小說世界)》, 《잠류와 소용돌이(潛流與旋渦)》, 《직면할 수 없는 인생─루쉰전(无法直面的人生─魯迅傳)》, 《인문정신 심사록(人文精神審思錄)》, 《반쪽 얼굴의 신화(半張臉的神話)》 등이 있으며 편저서로 《20세기 중국문학사론(二十世紀中國文學史論)》(3권), 《당다이 동아시아 도시(當代東亞城市)》 등이 있다.
wangxiaomingcc@hotmail.com

● 박자영(朴姿映. Park, Ja-young)
연세대학교 중어중문학과를 졸업하고 같은 대학 대학원에서 문학석사학위를, 중국 화둥사범대학 중문학과에서 문학박사학위(《공간의 구성과 이에 대한 상상: 1920, 30년대 상하이 여성의 일상생활 연구》)를 받았다. 현재 협성대학교 중어중문학과 조교수로 있다. 지은 책으로 《냉전 아시아의 문화풍경 1: 1940-1950년대》(공저) 등이 있고, 옮긴 책으로 《중국 소설사 ─ 이론과 실천》(陳平原 지음, 공역), 《세상사는 연기와 같다》(余華 지음), 《나의 아버지 루쉰─루쉰의 아들로 살아온 격변의 중국》(周海嬰 지음, 공역) 등이 있으며, 주요 논문으로는 〈소가족은 어떻게 형성되었는가: 1920-30년대 《부녀잡지》를 중심으로〉, 〈상하이 노스탤지어〉, 〈1990년대 이후 중국에서의 문화연구〉, 〈좌익영화의 멜로드라마 정치〉 등이 있다.
aliceis@naver.com

문화영웅 서사와 문화연구

다이진화 글 | 김정구 옮김

1. 반영웅(反英雄)의 시대?

'문화영웅 글쓰기'가 1990년대의 가장 징후적인 사회 문화적 행위 중 하나였다는 것은 의심의 여지가 없을 것이다. 여기에서 '문화'나 '영웅' 또는 '글쓰기'라는 행위는 그 자체로 이미 이 복잡다단한 시대에서의 다양한 의미가 발생하는 각각의 지점이 되었다.

〈신주간〉〈우리터우닷컴〉
특집호 표지

　　재미있는 것은, 1990년대 문화의 가장 두드러진 특징 중 하나가 반영웅(反英雄)의 서술이라는 점이다. 여기에서 우리는 자못 고전적인 의미의 '영웅'이라는 단어를 사용했다. 역사나 이데올로기를 초월한 정의를 빌려 말하자면, 소위 '영웅과 우상'은 분명 우리에게 용기와 헌신 또는 초인의 능력을 보여주는 경이롭고 고아한 사람을 의미할 것이다.[1] 하지만 이와는 달리, 2000년 7월, 시대적 트렌드를 담아내고 통속과 고급을 성공적으로 아우르는 잡지 《신주간(新周刊)》은 홍콩의 영화 스타인 저우싱츠(周星馳)의 특집호인 〈우리터우닷컴(无厘頭.com)〉[2]을 발간했다. 표지는 머리와 다리가 거꾸로 뒤집힌 저우싱츠가 만화로 그려져 있으며, 서문에는 이러한 문구가 적혀 있었다. "닷컴(.com)의 시대, 평범한 사람들이 말을 한다", "닷컴의 시대, 의미들은 해체된다", "닷컴의 시대, 약자들의 카니발", "당신은 어쩌면 '포스트모던'에 대해 알지 못할 수도 있다. 우리터우가 닷컴과 만날 때, 우리가 얻을 수 있는 것은 단지 우리터우 영화를 대표하는 저우싱츠의 웹페이지 30여 개뿐일지도 모른다. 하지만, 일군의 '포스트모더니즘 신청년'들은 저우싱츠보다 더 우리터우적으로, 이 질서 정연한 세상을 '우리터우' 하고 있다", "말하라! '우리터우' 청년들아!"

　　'닷컴'─인터넷시대에 대한 분석은 잠시 접어두기로 하자. 또한 매우 중요하고 흥미로운 서술인 "우리터우가 닷컴을 만나다"도 잠시 잊기로 하자.[3] '우리터우'라는 말에서 두드러지는 것은 "평범한 사람이 말을 한다", "의미들은 해체된다", "약자들의 카니발"일 것이다. 1990년대 초, 중국의 포스트모더니즘 논쟁의 반향은 이를테면 중국이 일정한 '정체(停滯)'를 안은 채로 다른 나라들과 같이 걸어가고 있다는 것이었다. 하지만 필자가 보기에, 이것은 1980~90년대 중국문화가 구성된 방식에 대한 증명이라기보다는, 전환기의 중국이 놓인 복잡한 현실 구조와 논리 사이에서 발생한 어떤 역사적 충돌로 느껴진다. 이것은 1990년대 문화가 생산한 수많은 '과잉 기표'가 아직 이름 붙여지지 않은 이 복잡한 현실에 대해 수행하는 일차적 조정이자 명명의 과정인 것이다.

여기서 한 가지 매우 징후적인 사실은, 세기말의 '약자/약함' 또는 '대안'이라는 애매한 단어가 점차 1990년대 전반기의 상당히 의심스러운 문구였던 '강자(강함? 성공자?)'라는 말을 대체하면서 유행문화의 관용어로 자리 잡았다는 점이다. 그리하여 강자/약자, 주류/대안이라는 말은 1990년대 중국과 '문화영웅 글쓰기' 같은 행위와 밀접하게 관련된 키워드가 되었다. 사실상, 이 '약자'라는 것은 결코 사회에서 은폐된 채 목소리가 박탈된 집단으로서의 '약자'가 아니다. 적어도 《신주간》에 실린 이 특정한 글에서 '약자'는 오늘날의 네티즌 주체를 의미하며, '약자' 또는 '보통 사람'이라는 말은 분명히 일정 부분 '우리터우'라는 다소 기이한 의미를 담고 있다. 여기서 이른바 '약자/약함'의 정의는 "수입이 1,000위안에서 2,000위안 전후의 사회계층"을 의미한다. 오늘날 중국사회의 "개인 재산이 100억 위안에 이르는" '신부유층' 혹은 '몸값'이 "수천만 위안에서 1억 위안을 웃도는" 탐관오리,[4] 심지어 과거에 잘나갔던 '화이트칼라'를 빛바래게 만들어버린 '골드칼라'[5] 계층과 비교하자면, 1,600만 명이라고 일컬어지는 중국의 네티즌 주체는 분명 '약자'일 것이다.

하지만 이른바 이 '약자'라는 말은 오히려 오늘날의 중국사회에서 자신의 목소리를 내지도, 어떠한 도움도 받지 못하는 거대한 사회집단인 실업자, 도시 일용노동자, 농촌에서 고생스럽게 농사를 짓는

저우싱츠의 영화 《서유기》의 국내외 포스터

농민, 혹은 대부분의 퇴직 노인과 장애인(수입이 60위안에서 240위안 이하)을 더욱 암담한 상황 속으로, 더욱더 보이지 않는 곳으로 밀어 넣어버리고 있다.(楊宜勇 2000) 같은 의미로 이 '대안'은 주류 문화를 거부하고 주류 사회의 가치를 부정하면서 또 다른 생활방식으로서 '개성'을 찾는 사람들로서의 그 '대안'이 결코 아니다. 그들에게 더 적합한 말은 아마도 스스로 원해서 궤도를 이탈한 사람 혹은 일종의 반골분자 정도가 될 것이다. 여기에는 물론 풍부하고 다양한 의미가 존재하며, 이것은 1990년대 중국문화 지형도를 그리는 다양한 출발점이 될 수 있을 것이다. 그렇다면 도대체 무엇이 중국의 주류가 되었는가? 사회주의 이데올로기? 혹은 사회주의 시장경제가 빚어낸 전환기의 문화? 전 지구화 시대의 소비주의 문화? 포스트모더니즘 풍경? 아니면 그것의 중국 버전? 만약 세기말 대륙의 '저우싱츠 현상' 혹은 《서유기》의 팬[6]들이 형성한 인터넷 집단이 이미 과도할 정도로 '포스트모더니즘 신청년'의 승리로서 표현되었다면,[7] 우리는 이것을 '대안'이라기보다는 새로운 주류 문화를 구성하고 그것을 향유하는 사람들로 생각할 수 있을 것이다.

확실히 '강자' 또는 '성공자'를 거쳐 '약자' 혹은 '대안'이라는 말이 유행어가 되었다. 유행어라는 것은 종종 어떤 사회적 메시지를 드러내게 된다. 1990년대 초 배금주의, 경쟁, 성공에 대한 서사는 이미 오늘날의 중국, 적어도 현재의 중국문화 표상(表象)에서는 상당 부분 약화되거나 사라졌다. 또한 이른바 오늘날의 '대안'이라는 것은 대부분 눈에 보이지도 않는 사회의 상층과 점차 모습이 희미해지는 사회의 하층 사이의 중간층에 자신을 놓은 채, 위쪽으로 올라가려고 애쓰거나 아래로 떨어지지 않으려고 노력하는 모습을 함께 갖고 있다. 비록 '도시청년', '(대학) 캠퍼스의 학생', '네티즌' 또는 '화이트칼라'들은 분명 상상되고 호명되면서 구성된 '중국의 중간계급'의 잠재적 구성원, 혹은 적어도 이 계층을 호명하고 구성한 문화현상의 주요한 소비자일 테지만, 그 자신은 오히려 여전히 불분명하고 가변적인 생활양식과 사회 정체성 속에 위치한다. 우리는 어쩌면 1990년대 중국의 유행 문화와 풍조를 '가상 공동체 속의 정체성 연기'[8]로 비유할 수도 있을 것이다. '강자' 혹은 '약자'/'대안', '영웅' 또는 '보통 사람들'은 오직 인터넷 BBS 게시판 혹은 채팅방에 로그인할 때에만 만들어지는 것이기에, 이것은 반드시 '이른바' 가지각색의 '닉네임'을 갖게 된다. 이 '닉네임'은 그 자체로 분명 미약하지만 다양한 방식으로 '먼 곳' 혹은 '다른 곳'이라는 분명하고 거대한 사회변화를 투사하는 것이다.

2. 문화영웅과 논쟁

어쩌면 바로 "약자들의 카니발", "보통 사람들이 말을 하다"와 같은 표현들이 1990년대의 중요한 문화영웅의 이미지를 일깨워주는 것 같다. 이른 나이에 요절한 작가 왕샤오보(王小波: 1952~97)의 명언이 있다. "떠들썩한 담론의 테두리 아래에는 언제나 침묵하는 다수가 있다. 이미 정신의 핵폭탄이 하나둘씩 터지고 있는데, 우리가 말할 수 있는 여유가 어디 있었겠는가? 우리 세대는 이제 막 말하기 시작했다. 이전에 말해진 것들은 우리들과 전혀 관계가 없다. 요컨대, 서로 확연히 다르다는 의미인 셈이다. 천리 길도 한 걸음부터이듯, 중국에 자유주의자가 있다면 바로 우리 세대부터 시작한다. 너무 지나친 말일까?"(王小波 1997, 前言) 마치 왕샤오보의 정신적인 유언처럼 보이는 이 구절은 그가 갑작스럽게 죽기 직전에, 외국의 친구들에게 보낸 이메일에 쓰여 있었다. 이를테면, '침묵하는 다수'를 위해 강자의 태도로서 약자의 정체성을 대변했던 것이다. 의심할 바 없이, 이것은 '우리터우닷컴'과 밀접하게 연관되는 동시에, 또한 점차 크게 멀어져 가버린 문화적 사실이다. 여기와 저기는 역사의 단절로 인해 서로 엇갈린 이질적인 문화공간으로 갈라져 급속히 변하는 동시에 끊임없이 어어진 역사가 늘여놓은 시간의 간격을 사이에 두고 있다. 그렇게 뒤섞인 채로 서로 다시 만나는 지점에 바로 '반영웅의 문화영웅 글쓰기'가 있다.

만약 중국 대륙 버전의 '우리터우' 카니발이 권위를 조롱하고, 신성함을 비웃는다는 의미를 지닌다면, 또한 그 전제가 '의미의 해체'로서, 그것이 어떤 '의미 없는 반항'이나 유행으로서의 반항, 혹은 단순히 유행으로서의 즐거움이라면, 왕샤오보의 반항은 바로 '정신의 핵폭탄'이 '폭발하면서' 강요당한 침묵, 구체적으로 말하자면, '정신의 핵폭탄'을 사용한 그 시대를 향하며, 이것은 분명 왕샤오보의 현실에 대한 판단을 은연중에 암시하는 것이다. '정신의 핵폭탄'을 만들고 폭발시켰던 시대의 사회정치 구조는 아직도 우리의 현실 속에 남아 여전히 우리 시대의 '침묵하는 다수'를 억압하는 주요한 권력기제가 되고 있다. 따라서 "서로 확연히 다르다", "천 리 길도 한 걸음부터", "우리 세대부터 시작한다"라는 말은 바로 외로이 홀로 걸어가는, 자유롭고 고독한 지식인과 문화 영웅의 형상을 이루고 있다.(戴錦華 1998)

어떤 의미에서는 이것이 바로 1990년대 문화영웅 글쓰기의 주요한 맥락일 것이다. 또한 바로 여기에서 역사는 그 단절되지 않은 연속성의 흔적을 나타낸다. 사실상 1980년대 혹은 신시기 중국문화의 중요한 구성요소 중 하나는 문화 영웅주의가 혁명 영웅주의 서사를 대체 혹은 대항한 것이었다. 1990년대 문화의 특징은 새로운 키워드의 조합으로 나타났다. 관방/체제/민간, 문화(정치?) 급진주의/문화(정치?) 보수주의, 자유파(자유주의)/신좌파. 이 새로운 키워드의 배경에는 이와 관련된 중요한 문화논쟁과 문화사건들이 존재했다.

우선, 1980년대의 종결과 분열을 거쳐 1990년대의 문화 형성 과정 속에서, 한때 사회적 공감과 자아 인식의 차원에서 조정되었던 중국 지식계가 심각한 분열과 갈등을 띠게 되었다. 이 분열은 처음에는 중국 지식인의 자아 상상과 역할 규정의 전환과 충돌로 나타나기 시

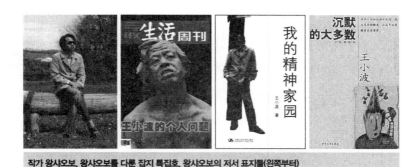

작가 왕샤오보, 왕샤오보를 다룬 잡지 특집호, 왕샤오보의 저서 표지들(왼쪽부터)

작했는데, 1990년대 초기 가장 중요한 논쟁이었던 '인문정신 토론'(王曉明 1996; 丁東·孫珉 1996; 愚士 1997)을 통해 집중적으로 폭발하게 되었다. 이어서 이것은 '자유파/신좌파'로 일컬어지는 대립적인 분열과 공개적인 또는 잠재적인 형태의 문화충돌과 사상논쟁을 통해 나타났다. 이 두 쌍의 문화사건은 모두 분열적인 요소들에 의해 서로 단절되는 동시에 또한 서로 복잡하게 연관되면서 사실상 1990년대 문화영웅 글쓰기 행위에서 가장 중요한 맥락과 배경이 되었다. 만약에 중국사회의 급격한 변화가 다시 한 번 문화논리 그 자체의 연속이 아닌 문화구조상의 권력기제 위에서 1990년대 문화의 모든 단절과 이질적 요소들을 만들어냈다고 한다면, 이러한 폭력적 개입은 고전적인 권력의 개입이라는 형태뿐 아니라, 문화시장과 문화산업의 형성, 기존의 문화 시스템 위에 세워진 대중매체 시스템의 등장을 통해 직접적으로 드러났다. 따라서 1990년대 중국문화의 충돌과 전환은 결코 분명하고 직접적인 이분법적 대립 혹은 대항구조 속에서 발생한 것이 아니다. 오히려 그것은 세 가지 체제의 힘, 이른바 '관방', '지식계'(그 자신이 바로 끊임없는 충돌과 분열 속에 놓여 있다), 그리고 매체 시스템 사이에서의 복잡한 상호작용으로 보인다.

필자는 일찍이 '공공 공간'이라는 키워드를 통해, 1990년대 전반기 중국사회의 문화구조 속에서 상호 충돌하면서 동시에 서로 의지하는 권력구조 형식을 묘사한 바 있다.(戴錦華 1999, 緖論 참조) 하지만 20세기의 마지막 10년이 지나가면서, 점진적으로 격렬해지는 사회 분화와 사상 충돌, 점차 판이한 입장 차이를 보인 사회 비판은 이미 그러한 '공공 공간'의 기묘한 조화를 깨트려 버렸다. 비록 그것이 어떤 확연한 대립, 마치 서로 칼을 맞댄 듯한 사상의 충돌과 대항적 태도였다고는 할지라도, 다양한 형태로 변형되는, 어쩌면 다소 기이한 개념으로서 그 공모라는 요소는 여전히 우리가 이 문화 현실을 개입할 때 결코 간과할 수 없을 것이다.

매우 흥미로운 사실 한 가지는, 비록 1990년대의 공개적인 또는 잠재적인 모든 사상, 문화 논쟁들은 당대 중국 사상계·지식계의 심각한 분화와 대립의 현실을 드러내고 증명하지만, 현재에도 대부분의 논쟁에서 양측은 여전히 상당한 정도로 1980년대가 형성한 사회적 공론과 지식인 역할에 대한 확인을 공유하고 있다는 점이다. 즉, 묵묵히 홀로 걸어가는, 혹은 독립적 인격과 독립 사상을 갖춘 지식인은 '아니라고 말하는' 용기를 혹은 '타협하지 않는' 입장과 태도를 견지할 수 있는 용기를 갖추어, 나아가 어떤 저항과 전복, 현실 권력과 질서를 재구성하는 사명을 실천한다는 것이다. 어떤 의미에서, 1994~95년에 벌어진 '인문정신 토론'이라는 이름의 논쟁은 실천과 유사한 의미에서 공론과 사명이라는 점에서는 한 치의 이의도 없었다. 이견과 대립은 실천이라는 이 사명에 대한 수단과 방법에 대한 것이었다. 서재로 물러나 학자의 정치적·문화적 지조를 고수해야 하는가, 아니면 '광장'이나 '조정(현실정치─옮긴이)'에 출입하는 것을 거부하지 않고, 현실에 직접적으로 개입하는 유기적 지식인이 되어야 하는가? 상업주의와 시장화라는 큰 흐름에 저항하고 엘리트 지식인의 사회계몽이라는 사명을 견지해야 하는가, 아니면 거부할 수 없는 이 흐름에 참여해, 새로운 역사라는 힘을 통해, 다른 방법으로는 도저히 완성할 수 없는 전복과 해체를 성공적으로 실천해야 하는가?

천인커(陳寅恪), 우미(吳宓), 구준(顧准) 같은 문화영웅들의 글쓰기는 바로 이러한 콘텍스트 속에서 분명히 드러나며, 또한 끊임없는 변화 속에서 이들의 이미지가 갖는 의미 또한 변화한다. 만약, '인문정신 토론'에서, 논쟁을 벌이는 양자(실질적으로는 삼자나 사자)가 어떤 사회적 공론과 자기 역할에 대한 확인을 공유하고 있었다면, 그들은 똑같이 사회 진보, 현대화 과정에 대한 절대적인 믿음과 갈망을 함께 하고 있었던 것이다. 모더니티 담론은 서양의 역사에서는 다른 시간대에 형성되었던, 서로 간에 상이한 서사였지만 이 논쟁에서는 쌍방 모두의 이론적 근거이자 버팀목이 되었다. 여기서 매우 흥미로운 것은 이 논쟁 과정에서 수면 위로 올라선 중국 버전의 포스트모던 논쟁 역시 어느 정도 근현대성 담론의 논리를 그대로 드러낸다는 것이다. 어떤 상징적인 특징으로 말하자면, 설사 이 논쟁이 마치 1990년대 포스트모던 문화가 1980년대 모더니즘의 문화 엘리트 기획의 의미와 싸우는 것처럼 보인다 할지라도, 필자가 보기에 그것은 서양 문화 사상사에서의 어떤 선형 논리가 중국이 착종하는 복잡다단한 현실 속에서 나타낸 첫 번째 문화적 '시공간의 교착' 상태처럼 보인다. 천인커, 구준, 하이쯔(海子), 왕샤오보(어쩌면 여기에는 '투항에의 저항 문고 시리즈'가 처음으로 포괄적으로 다루려고 시도했던 작가들을 더 보충해 넣어야 할 것 같다)[9]에 의해 구성된 1990년대 문화영웅 계열은 바로 그 사이에서 발생했던 수많은 충돌과 징후, 공통적 인식의 출현이었다.

천인커의 초상과 그의 저서

만약, '인문정신 토론'에서 충돌했던 각각의 진영이 여전히 당대 중국사회에 대해 모종의 공통 인식과 요구사항을 깊이 공유하고 있었다면, 지식계의 심각한 분화에 대한 증거로서 소위 '자유파/신좌파' 논쟁의 사상 충돌은 당대 중국

사회에 대한 수많은 기본적 합의가 서로 크게 엇갈리는 것과 관련될 뿐 아니라, 근현대화 과정, 근현대성 서술의 수많은 논제에서의 쉽게 메울 수 없는 격차 또한 드러낸 것이었다고 할 것이다. 그런데 설사 그것이 서로 다른 지향점이 있는 갈라짐이었다 할지라도, 논쟁의 양측 혹은 여러 측은 분명히 자기 확인과 자기 상상 속에서 모종의 사회 비판 입장과 강자에 대한 반항의 태도를 공유하면서, 동시에 사회 민주 체제에 대한 갈망을 함께하고 있었다. 다양한 주장 혹은 물과 불처럼 서로 상종할 수 없는 사회적 입장의 출현과 서술은 당다이 중국사회의 성격, 당다이 사회의 주요 문제점, 당다이 중국사회의 민주화를 저해하는 주요한 원인 및 '민주', '자유', '평등', '정의' 등과 같은 초월적 기표에 대한 다양한 이해와 편중을 통해 나타나게 된다. 어떤 의미에서는 비록 신시기 이후, 모종의 비이데올로기화의 이데올로기라는 행위가 모든 문화적 전복과 구성 과정의 기본적인 특징이었다고는 할지라도 어떠한 논쟁에서도 이렇게 확실히 기존의 이데올로기 색채와 판이했던 경우는 없었다. 수많은 당다이 역사에 대한 서술 텍스트는, 이를테면 1957년에 대한 서술, 그리고 그것의 재서술과 같이 어떠한 방식을 통해서라도 분명히 이 사상논쟁의 과정에 참여하고 개입했다.

이와 함께, 서양에서 온 어휘, 역사 논리와 당다이 중국 역사, 현실 논리 사이에서의 전도로 인해 다양한 의미의 분화 혹은 오인들이 발생했다. 이를테면, 사회 비판 이론 혹은 사회 비판 입장은 서양문화의 콘텍스트에서는 의심할 바 없이 '좌파' 혹은 (서유럽) 마르크시즘의 입장이나 관점을 가리키게 된다. 혹은 적어도 근현대성 담론, 전 지구화 과정에 대한 비판적 사고를 반드시 포함한다. 왜냐하면, 이것이 서양세계에서, 특히 '냉전 이후', '전 지구화' 시대에서 유일한 패권적 위치를 차지했기 때문이다. 하지만, 당다이 중국사회의 역사와 현실은 현저히 다른 국면을 드러냈다. 냉전시대의 역사뿐만 아니라 중국 안팎에 존재하는 냉전 이후의 냉전 상황이 우리가 직면하는 다층적인 상호관계, 때때로 서로 충돌하거나 공모하는 권력과 패권의 구조를 규정했다. 그리하여 '비판적 지식인' 혹은 사회에 비판적이라고 주장하는 입장이 오히려 본래의 의도와는 다르게 사회 현실을 반대로 판단하기도 했다.

하지만, 여기서 지적해야만 할 것은 어떤 냉전식 사고방식의 연장이 종종 사람들로 하여금 중국 현실의 특수성이나 특이성을 지나치게 강조하게 만들었다는 점이다. 비록 세기말의 중국사회가 직면한 '체제 전환기'라는 특징, 특히 중국사회가 급격히 변하는 정도는 확실히 '중국 시간(中國歲月)'의 어떤 순간이나 표상들을 서양의 역사와 문화에 비교할 때 매우 이상하거나 도착적인 요소로 보이게 하겠지만, 사실상 여전히 전 지구적으로 남아 있는 냉전식 사고방식이 만들어낸 취사선택과 오독의 문제는 굳이 논하지 않더라도, 이러한 것들이야말로 어떤 문화적 오인과 오독의 출현을 끊임없이 야기하고 있는 것이다. 냉전식 사고의 관성은 때때로 1990년대 중국이 전 지구화 과정에 더욱더 깊숙이 개입하는 사실을 똑바로 볼 수 없게 하고, 초국적 자본을 간과해, 전 지구적 시장이 당대 중국에 대해 더욱 깊이 다원적으로 침투한다는 사실과 그 영향을 볼 수 없게 한다. 어떤 의미에서는, 대부분의 상황에서 우리는 이미 중국이라는 사회 문화의 콘텍스트 내부에만 존재해서는 다양한 문화현상에 대해 유효하고 정확한 해석을 내릴 수가 없다. 마찬가지로 우리들은 중국이 개입하고 수반하는 전 지구화 과정에 관심을 기울여야 하는 동시에, 당대의 중국 역사가 넘겨준 거대한 역사의 유산과 채무뿐 아니라 그것이 미미한 '정체량'을 지닌 채, 세계의 문화 풍경 속에서 풍부하고 미묘한 차이의 요소를 지닌 채 함께 걷고 있다는 것 또한 결코 간과해서는 안 될 것이다. 만약 그렇지 않으면, 전 지구화를 맞이하는 중국의 발전 과정과 점점 더 똑같이 닮아가는 동시성의 풍경은, 이에 대해 기뻐하며 환호하든가 슬퍼하고 분노하든가 결국 모두 무의식중에 당다이 문화의 이면에 여전히 존재하는 차이의 정치 또는 급변하는 경제논리를 은폐하거나 외면하게 될 것이다.

필자가 보기에는, 이렇게 복잡하고 점차 더 격렬해지는 충돌과 사회문화, 자아 상상을 함께 공유하는 과정 속에 있을 때에, 그리고 의도적으로 행해진 혹은 도저히 피하기 어려운 갖가지 '혼란'과 오독 속에 있을 때, 우리는 비로소 1990년대에 끊임없이 나타나고 사라지기를 반복했던 문화영웅의 계열과 그 글쓰기 행위에 대한 문화 지형도의 다층적인 좌표를 찾아낼 수 있을 것이다.

3. 민간 · 체제 · 매체

1990년대 대중매체의 흥성과 준(准)문화시장의 형성은 단지 대중문화뿐만 아니라, 사상계의 분화와 충돌, 지식 구성과 문화 체제화의 중요한 요소들을 생각하게 한다.[10] 대중매체, 준문화시장 혹은 문화산업의 성황과 급속한 확산이 바로 지식인의 자아 위치와 자아 상상을 상당 부분 새롭게 고쳐 쓰면서, 또한 갖가지 방식을 통해 새로운 문화 기관화 혹은 지식 생산 과정에 개입했던 것이다. 분명 대중매체와 문화시장의 성황은 기존의 단일 권력 정치 혹은 '순수'한 '엘리트' 문화가 제한적으로 기획한 문화 국면을 변화시켰다고 혹은 더욱 풍부하게 발전시켰다고 말할 수 있을 것이다. 동시에, 대중매체와 문화시장은, 사회의 새로운 공간과 틈새를 형성해, '자유기고가', '독립(언더그라운드?) 예술가', '문화 자영업자' 등이 쓰고/발표할 수 있는 공간과 생존할 수 있는 현실적 가능성을 부여했다. 매우 중요한, 그리고 상당히 복잡하게 얽혀 있는 키워드인 '민간'이라는 말이 바로 이러한 맥락 속에서 유난히 두드러지게 되었다.

1980~90년대라는 연속적인 문화 맥락 속에서, '민간'이라는 말은 줄곧 '관방' 혹은 권력기관과 대응해 자신을 확인할 수 있는 단어였다. 바꾸어 말하면, '민간'은 언제나 어떤 '사이 공간' 혹은 확정되지 않는 상태 속에서 그 상대에 근거해 반대의 정의를 갖기 때문에, 명확하거나 영구적인 함의를 갖는 단어가 될 수 없었다. 그것은 언제나 또 하나의 조합 때로는 호환되지만 사실상 서로 다른 의미의 단어들과 연계되어 있었다. 민간, 대중(Mass/Masses), 인민, 군중, 소비자로서의 대중(受衆), 유행(Popular), 심지어는 중산 계급과 트렌드 같은 것들과 연관되면서 복잡하고 애매한 의미를 나타내곤 했다. 1990년대 중후반의 문화 생산 속에서 '민간'의 가장 명확한 정의, 혹은 용례 중 하나는 새로운 사회집단 혹은 사회 정체성과 연관된 문화 프리랜서였다. 이것은 또한 더욱 큰 반향을 나타내는, 때로는 매우 다양한 의미를 나타내기도 하는 호칭인, '체제 바깥의 지식인'이라는 의미를 만들어냈다. 만약 이런 맥락에서 '민간'이라는 것의 내용이 새로운 사회적 정체성을 함의하고 있다면, 이 정체성의 사회적 의미는 여전히 그 대립점 혹은 참조틀인 체제라는 것에 대응하면서 그 도덕성과 가치를 부여 받게 된다.

1990년대 문화 속에서 '민간'이라는 단어의 실천적인 사용은 단지 사회 정치 혹은 '관방의 권력기제'에 선명하게 대응하는 이데올로기적 의미뿐만 아니라, 그와 관련한 또 하나의 키워드인, 넓은 의미에서의 '체제'라는 것과의 상호 참조 속에서 중국의 당다이 역사가 구성한 중요한 문화적 사실을 반성적으로 드러냈다. 1950년대의 거대하고 전면적인 문화 기관화 과정은 성공적으로, 그리고 효과적으로 모든 사상계, 지식계, 문화계를 정권의 문화구조 속으로 종속시켰다.

비록 1980년대의 강력한 사회적 공론 속에서 새롭게 구성한 중국 지식계와 문화계는 비장한 문화 상상 속에서 끊임없이 비체제 혹은 반체제의 '위대한 진군'을 추진했지만, 극히 소수의 사람들만이 정치체제 바깥에 존재하는 다른 체제를 의식하고 있었다. 당대의 중국 사회문화 체제가 언제나 정치체제의 내재적 구성 부분이었다는 것을 분명하게 깨닫는다는 것은 상당히 어려운 일이었다. 비록 1980년대 전체의 역사적 과정 속에서 문화기관은 점차 '반(半)자율적 공간'이라는 특징을 갖추게 되었지만, 이때의 지식인이나 예술가들은 모두 명확하게 체제 지식인이라는 신분과 특징을 지녔다. 어떤 의미에서 1980년대 말 1990년대 초에 발생한 문화 전환기의 내재적 구성 부분 중에 하나가 바로 학계 지식인 집단이 자기 자신에 대해 근현대 학문체제의 내재적 구성으로서 자각과 반성을 수행했다는 것이다. 하지만 재미있는 것은, 비록 그것이 1968년 이후의 유럽 학계와 매우 유사한 사회 정황과 심리적 체험을 갖기는 했지만, 결과적으로 그것과는 판이한 결과를 낳았다는 점이다. 그러한 성찰들이 결코 학문체제가 갖는 억압기제의 기능에 대한 경계와 저항으로서의 자각이 되지는 못했던 것이다. 오히려 대부분 그것은 정치체제와 유리된 채, 학문체제를 공고히 하고, 확장하고, 더욱 탄탄하게 하는 자각적인 행동이 되었다. 1990년대 문화영웅을 쓴다는 부분적인 실천은 바로 이러한 새로운 아카데미즘과 문화 정전화 과정 속에서 어떤 실마리를 드러내고 있다.

　　대중매체와 문화시장의 급속한 형성과 확장에 따라, 이전에는 사회 정치체제와 동떨어져 기존의 문화체제 바깥에 위치했던 지식인들이 이전에는 상상하기도 힘들었던 '체제 바깥의 지식인' 혹은 '매체 문화인' 집단을 형성하기 시작했다. 이러한 새로운 문화인 집단은 '체제'와 대응하는 '민간'의 위치나 '자유인', 심지어는 '자유 투사'로 스스로를 상상하면서 문화기관과 학문체제에 대해 이전에는 보지 못한 날카롭고 비판적인 힘을 갖추게 되었다. 그런데 이러한 집단 자신의 신분이나 정체성은 사실상 매우 복잡한 혼란 속에 놓여 있었다. 체제 지식인과 민간 지식인을 가늠하는 거의 유일한 기준은 바로 그 직장이 국영(문화)기관이라서, 고정적인 월급을 받고 정식 직원으로서 사회복지를 받느냐의 여부, 대학 교육이나 그 이상의 학력을 받았는가의 여부였다. 다소 무리가 있지만 만약 그것이 신분을 결정하는 하나의 질문지라고 한다면, 민간 지식인의 필요충분조건은 상술한 두 조건(적어도 그중 하나라도)에 대해 아니라고 답하는 것일 것이다. 그리하여 왕샤오보가 죽은 뒤에 카니발적인 의미의 문화영웅이라는 명명이나 '자유 경전' 가운데 재능 있는 요절 작가에 대한 논의에서 터무니없게도 그의 수많은 소설을 논하는 사람은 극히 소수인 반면, 거의 80% 이상의 논의가 왕샤오보가 저널에 발표한 산문이나 수필에 집중되어 그를 문화영웅으로서, 독립적인 지식인 신분으로서 특별하게 증명했던 것이다. 이러한 과정은 그의 작품이 담고 있는 창조적 표현이나 깊고 풍부한 사고가 아니라, 그가 갑자기 대학교수라는 직업을 사직하고 프리랜서 작가, 자유기고가가 되었다는, 사실상 매우 개인적인 선택과 행동에만 집중되었다.

　　여기에서는 1993년 '문인의 샤하이(文人下海)'[11]의 광풍이 담고 있는 복잡한 사회적 의미는 일단 접어두기로 하자. 또한 '프리랜서 작가'의 사회적 신분과 생존방식의 다층성과 다양성도 잠시 잊기로 하자. 단지 1990년대의 새로운 문화 구성과 구조, 현실 및 담론의 관계 속에서의 '민간'과 매체로 토론을 한정시켜 보자. 대중매체와 문화시장의 부흥은 일찌감치 사람들이 중국의 공공 공간에 대해 떠올릴 수 있는 기대를 한 몸에 받으며 다양한 방식과 경로를 통해 역동적으로 사회에 개입하고 여론을 감독하는 역할을 했다. 기존의 문화체제를 벗어난 프리랜서 작가, 예술가들은 이렇게 급격히 확대된 매체 시스템과 문화시장 속에서 자기 생존의 근거와 사회 공간을 찾아냈으며 사회와 문화 그리고 개인들의 요구가 서로 비슷해지면서, 이 두 새로운 사회집단은 서로 겹쳐지게 되었고, 어떤 의미에서 이 둘은 어떤 '자연스러운' 친화력을 드러내게 되었다. 이렇게 민간과 매체, 자유 예술가와 체제 매체 종사자나 문화시장 사업자라는 말은 종종 서로를 대체하는 단어인 동시에 사실상 언제나 서로 맞바꾸어지는 신분이자 역할이 되었다. 그렇지만 정치적 혹은 문화적 기관과 같은 체제에 대응해 스스로를 민간이라는 신분으로 설정하는 것에는 중요한 맹점 혹은 생략된 지점이 존재한다. 바로 기존의 사회 문화 기관이나 시스템과는 대조적으로 대중매체와 문화시장은 시장의 규칙, 공급과 수요의 관계, 사회 문화의 소비 심리와 수요라는 의미에서 상대적으로 자주적인 공간을 획득했다는 것과 수많은 기회와 모순 사이에서 신속한 발전과 성숙을 이루었다는 것이다.

하지만 여기에서 결코 간과할 수 없는 또 하나의 사실은 지금까지의 모든 문화시장과 대중매체 시스템은 여전히 기존의 문화기관을 바탕으로 구성되어 있을 뿐 아니라 여전히 모든 것이 국가/지방 정부의 중요한 문화기관에 예속되어 권력의 매개로서 현재 사회생활 속에서 정치적 역할을 발휘한다는 점이다. 따라서 경전 이데올로기를 이행하는 도구라는 임무와 치열한 경쟁 속에서 추구되는 시장의 몫과 이윤이라는 것은 대중매체와 문화시장이 반드시 맡아야만 했던 이중적인 역할이었다. 1990년대, 특히 1996년 이후 갑론을박의 문화 논쟁, 문단의 반목과 소송이 빈번하게 대중매체에 노출되면서 점점 더 많은 매체가 그 사이에 개입하게 되었다. 이러한 사건들은 도서시장에서는 단기간의 도서 판매를 위한 좋은 소재가 되기도 했다. 하지만 이러한 현상들은 사상이나 문화의 활기로서 나타났다기보다는, 어떤 특정한 사회적 징후로서 세기말 사회 현실의 어려움과 사상의 자원, 예술의 창조력, 또는 사회의 고난을 직면하고 사고하는 능력과 용기가 극단적으로 결여되었음을 드러내는 것이었다.

비록 문화 논쟁 또는 문단의 소송 사건 대부분이 어느 정도 1990년대 중국 사상계·지식계·문화계의 심각한 분화와 재구성을 함의하고는 있지만, 또한 중국의 가혹한 현실과 그 심각한 불일치를 암시하며 사회의 급변과 분화 속에서 지식인의 역할과 기능을 새롭게 정의하는 과정을 내포하고 있지만, 일단 매체에 진입하게 되면 유사한 사건들은 곧바로 빠르게 '떠들썩하고(熱炒)', '가혹한 비평(酷評)'의 국면 속으로 접어들면서 유명 인사들의 대치, 대립, 적대적 논쟁 심지어는 '과거의 추문을 폭로하는' 식의 정신없이 어지러운 상황으로 변해 버렸다. 그리하여 설사 그 참여자가 종종 '향수'나 '슬픔'이 가슴에 맺힐지라도, 매체들은 저우싱츠식의 '우리터우' 어휘들만을 사용하면서 아무런 의미도 없고 어떠한 해도 끼치지 않으면서, 잠시나마 어느 정도 사람들을 즐겁게 하는 효과들만을 나타냈다. 세기말 지속적으로 확대되는 매체와 끊임없이 성숙하는 문화시장은 비록 여전히 수많은 권력기제의 통제하에 놓여 있었으며, 또한 분명히 역사적 맥락 속에서 형성된 입장, 경향, 성향이 있었지만, 그들은 이미 어떤 특이한 식성을 드러내기 시작했다. 소화하기 어려운 원재료는 모두 소화해 내고, 즉시 소비하도록 제공된 익살과 패스트푸드는 토해내 버렸다.

1990년대 문화영웅 글쓰기의 중요한 특징 중 하나는, 한 명의 문화영웅이 생산될 때, 처음에는 그의 역사적인 혹은 학과 건립 내부의 근거와 필요성에 의한 것이기도 했지만, 일단 대중매체와 문화시장이 개입하면 곧바로 어떤 대중적 우상 혹은 유행으로 탈바꿈되었다는 것이다. 따라서 이러한 이상한 유행은 그것이 처음에 내포했던 새로운 이데올로기에 대한 표현과 새로운 주류 문화의 건설이라는 의미와는 완전히 동떨어지게 되어버렸다. 만약 1989년 4월 청년 시인 하이쯔(海子)의 사망이 한 차례의 문화적 사건을 구성했다고 한다면, 즉 '시에 목숨을 바친(殉詩)' 하이쯔가 이를 통해 1990년대 문화영웅 계열에 들어가게 되었다고 한다면, 1993년 유명한 몽롱파(朦朧派) 시인 구청(顧城)이 뉴질랜드의 와이헤케(Waiheke) 섬에서 아내를 살해하고 자살한 충격적인 사건은 이미 매체(유명인사의 죽음, 특히 비정상적인 죽음의 뉴스적인 효과와 소비 가치)와 문화시장(자전적 소설 혹은 참회록인 《잉얼(英儿)》이 선전(深圳)의 문고 경매에 참여하면서 벌어진 구청의 유작에 대한 판권 논쟁)에서 하나의 사건이었다. 만약 1990년대 초에 흥성하기 시작한 대중매체와 문화시장이 드러낸 것이 엘리트 지식인의 문화적 신분을 빌려 고전적 혹은 고상한 문화 생산에 개입하는 방식의 어떤 '정상'적이고 '우아한' 방향이 아닌 다른 어떤 것이었다고 한다면, 신속한 성숙을 통해 매체와 시장이 만들어낸 '문화 명사(名人)', '문화영웅'이라는 것은 이미 매체와 시장이 함께 형성한 어떤 원숙한 상부상조의 합작 혹은 공모관계의 시작이라고 할 것이다. 그것이 개입하거나 생산한 문화 논쟁(좀 더 정확하게는 문단의 혼전)의 의도

시인 하이쯔(위)와 시인 구청과
그의 아내(아래)

는 일차적으로 유사한 사건들을 통해 안전하게 매체와 문화시장의 공간을 채우는 '가벼운 뉴스(軟新聞)'로서의 가치에 집중되어 있었으며, 이차적으로는 대중사회라는 이름으로 당당하게, 하지만 결코 위험하지 않게 '문화 명사'의 사생활을 상업적으로 팔면서, 사회가 개인을 훔쳐보려는 욕망을 채우는 동시에, 의식적으로 혹은 무의식적으로 역사적 전통과 사회적 합법성을 갖춘 '반지성적' 행동을 통해 어떤 사회 비판적 입장이 표현하는 '도덕'적 정의를 제거했다.

이렇게 세기말 대중매체와 문화시장은 흥미로운 국면을 형성하게 되었다. 한편으로는 과거의 엘리트 지식인들이 다소 자기 연민의 경향으로서 '자기 구제'의 역사적 글쓰기를 하게 되었지만, 다른 한편으로는 수많은 '가혹한 비평'과 통렬한 비난을 통해 원래 매우 애매했던 '지식인'의 신분과 입장이라는 것이 더욱 볼품없고 의심스러운 것으로 되었다. 또한 한편으로는 학문 제도와 경전을 명명하는 학술 권력 기제가 더욱 강화되었지만, 다른 한편으로는 대중매체와 문화시장은 재빠르게 학계의 생산을 어떤 '우리터우'의 색채를 띤 웃음거리로 만들어버렸다.

1990년대에 이르러 새로운 서양의 학술이론(포스트 구조주의)이 유입되면서, 프랑스 사상가 푸코, 부르디외의 담론 권력과 문화 자본(상징 자본)에 대한 논쟁은 어느 정도 중국 지식계의 관심과 흥미를 끌었다.[12] 하지만 결코 웃어넘길 수 없는 사실은 그 반성적, 전복적 논술이 중국에 받아들여지는 과정에서는 결코 어떠한 지식계의 각성이나 자기 자신, 사회, 문화 생산의 자원에 대한 성찰로 이루어지지 않았다는 점이다. 오히려 그 반대로 문화, 학술의 시장화 과정을 적절하게 부추기고 환기시키는 역할을 하면서, 담론 권력을 쟁취하고 문화 상징 자본을 분배하고 축적하게 하는 일종의 '자각' 행동이 되었다. 혹은 일부 지식계, 문화계에서는 자신이 다른 집단과 다른 '반지성적' 행위를 하는 핑계와 구실로서 쓰였다. 이러한 사실들은 우리가 '문화영웅' 글쓰기 과정을 생각하고 묘사하는 또 하나의 지표가 된다.

사실상 전 지구화 시대, 세계적 범위에서, 매체는 이미 더 이상 고전적인 권력의 부속물이나 도구가 아니다. 그 자신이 이미 가장 큰 제도적 기관이자 슈퍼파워를 누리는 사회폭력의 기제가 되었다. 세기말 중국에서 권력의 매체는 매체의 권력을 과시하는 동시에 '민간'의 폭력이라는 특징 또한 드러내기 시작했다. 따라서 만약 우리가 문화영웅과 문화영웅 글쓰기를 당대 중국문화 지형도를 측정하는 하나의 방식이자 과정으로서 삼는다면, 대중매체와 문화시장은 결코 간과할 수 없는 중요한 요소 가운데 하나가 될 것이다.

문화영웅 글쓰기는 어쩌면 단지 세기말 중국문화 지형도에서 단지 한 모퉁이에 지나지 않을지도 모른다. 더군다나 이 글에서 언급한 것들은 결코 1990년대 '문화영웅' 글쓰기의 전부가 될 수도 없을 것이다. 하지만 그것은 종종 어떤 문화 생산의 과정을 드러내며, 그와 관련된 문화 여정을 지시하여, 어떤 사고와 질의의 맥락을 제공하기도 한다. 소비주의가 수반하는 거대한 역사적인 해체의 힘 앞에서, 전 지구화 과정의 초월적 구성 과정 속에서, '문화영웅' 및 그 글쓰기는 어쩌면 특정한 역사의 단계에 처해 있는 흔적과 잔해, 혹은 그렇게 '아름답지'만은 않은 문화풍경이 될지도 모르겠다. 하지만 '프라이버시', '트렌드' 혹은 '우리터우닷컴'이 '빛나게 등장'하는 곳에서, 역사는 아

직 끝난 것이 아니다. 새로운 세기를 맞이면서 세계의 위기와 어려움
은 이름 붙여지지 않고 말하여지지 않은 가운데에 여전히 끊임없이
지속되고 있다.

● 다이진화(戴錦華 Dai, Jin-hua)
1959년 산둥 출생. 1978년 베이징대학 중문학부에 입학했다. 대학을 졸업하고 베이징필름아카데미
(Beijing Film Academy)에서 영화를 강의하다가 1993년부터 베이징대학 중문학부 비교문학/비
교문화 연구소로 자리를 옮겼고 미국, 유럽, 일본, 홍콩, 일본, 인도 등의 대학에서 중국 영화를 강의
했으며, 미국 오하이오주립대학 동아시아학과의 객원교수를 겸하고 있다. 주요 저서로는 《역사 지
표로 부상-센다이 중국 여성문학 연구(浮出歷史地表-現代中國婦女文學硏究)》, 《영화 이론과 비평
핸드북(電影理論與批評手冊)》, 《숨겨진 글쓰기-1990년대 중국 문화연구(隱形書寫-90年代中國文
化硏究)》, 《안개 속 풍경-중국 영화문화 1978~1998(霧中風景-中國電影文化 1978~1998)》, 《여전
히 거울 속-다이진화 인터뷰(猶在鏡中-戴錦華訪談錄)》, 《건너가는 배-신시기 여성 글쓰기와 여성
문화(涉渡之舟-新時期女性寫作與女性文化)》, 《젠더 차이나(性別中國)》, 《영화와 욕망-다이진화 작
업에서의 페미니스트 마르크스주의와 문화정치학(Cinema and Desire-Feminist Marxism and
Cultural Politics in the Work of Dai Jinhua)》 등이 있다.
daijinhua@pku.edu.cn

● 김정구(金正求, Kim, Jungkoo)
서울대학교 중어중문학과를 졸업하고, 한국예술종합학교 영상원 영상이론과에서 동아시아영화 전
공으로 영화이론석사학위를, 베이징대학 중문학부에서 비교문학 전공으로 문학석사학위를 받았다.
현재는 런던대학교 골드스미스 컬리지에서 중국 영화/문화 연구로 매체전공 박사과정에 재학 중이
다. 주요 논문으로는 〈1930년대 상하이 영화의 근대성 연구〉, 〈문화 대화로서의 "개인"-90년대 중
국영화 연구〉, 〈중국 영화 산업 백서〉 등이 있다. 중국, 한국, 일본, 타이완, 홍콩 등지의 동아시아 영
화/문화 연구에 관심을 기울이고 있다.
killcool@dreamwiz.com

제 2 부

매체와 기호,
문화정치

난판은 〈노래방과 MTV: 기술과 기계가 만들어낸 서정형식〉에서 오늘날 기계와 전자기술이 조작하고 제조해 내는 대중의 서정형식에 주목했다. 유구한 전통을 가진 중국의 서정형식은 세기말 중국에 이르러 서정시가 유행가로 대체되면서 새로운 문화전환 현상을 보여주고 있다. 그는 특히 세기말 중국에 유행하고 있는 대중가요, 가라오케 노래방과 MTV를 통해 대중가요의 생산과 소비양상, 주체 욕망의 환상, 그 배후에 은폐된 문화권력 의식을 포스트모던 문화현상으로 분석했다. 문화자본은 대량의 표준화된 서정패턴을 제조했고 기계와 전자기술이 만들어낸 거대한 '서정의 제국'은 서정시의 추락을 초래했다. 하지만, 저자는 서정시가 기계와 기술이 제조한 영상과 노래 속에서 영상이 기호의 시로 변화되는 가능성을 보았고 서정형식의 변환에 따라 다른 형태로 생산 소비되고 있음을 주목한다. (신동순 요약)

장롄훙은 〈'민간성'에서 '민중성'으로〉에서 1950~60년대 《양산백과 축영대》, 《백사전》 각색과정의 정치이데올로기화에 초점을 맞추어 희곡개혁 복잡성을 추적했다. 먼저 《양산백과 축영대》의 개편과정을 통해 애정극이 '반봉건'의 정치이데올로기에 영향을 받아, 복잡한 우연으로 빚어진 양산백과 축영대의 비극적 사랑이 봉건사회의 필연적 비극으로 귀결되었고, 이 과정에서 개인적 애정 체험이 계급투쟁의 논리에 따라 전개되었음을 설명하고 있다. 이어서 뱀과 인간의 애정을 그린 《백사전》의 개편과정에서 정치이데올로기와 부합되게 하기 위해 백사의 '요괴' 성격은 제거되고 백낭자와의 사랑에서 동요하던 허선은 확고부동한 인물로 탈바꿈한다. 반면 그녀와 대척점에 서 있는 법해는 봉건세력의 상징으로 구체화되며 선과 악은 확연히 구분되기에 이른다. 근본적으로 이루어질 수 없는 이류의 결합인 백사와 허선의 사랑이 특정 시기 주류이데올로기에 의해 재탄생하는 과정을 설명한다. 마지막으로 이들 각색 의미하는 바가 무엇인지 고찰한다. 장롄훙은 이들 작품의 각색과정에서 추상적인 도리로 개체의 감정을 대신하고 판에 박힌 듯 계급의 관점에서 일상생활 속의 다양한 인생 체험을 규범화시키고 삭제하며 정치이데올로기가 마치 모든 것을 지배한 듯 보이지만, 그 과정에서 정치이데올로기로도 어쩔 수 없는 한계가 있음을 밝힌다. 이는 바로 중국의 지방극이 거센 풍랑 속에서도 여전히 생명력을 유지할 수 있는 원천이었으며, 이러한 생명력은 중국과 중국인 그리고 중국문화의 미래를 긍정적으로 바라볼 수 있는 귀중한 정신적 힘이다. (변경숙 요약)

레이치리는 〈샤오바오(小報)의 행간과 이면〉에서 현재 중국에서 수많은 독자의 사랑과 지지를 받는 신문 매체, 이른바 샤오바오의 이면에 감추어진 정치권력, 시장 그리고 소비이데올로기의 착종을 들여다본다. 샤오바오는 1980년대 중반 이후 중국의 변화된 사회 경제적 상황과 관념, 다양해진 독자의 관심과 요구를 반영한 보도 내용, 말하자면 사회의 각종 사건사고, 문화 활동, 오락 정보 등으로 채워진 소프트한 경향의 신문을 일컫는 말이다. 샤오바오가 사랑 받는 이유는 독자의 다양한 관심과 요구를 반영하고 채워주기 때문만은 아니다. 그 진짜 이유는, 샤오바오가 인민의 입장에서 그들의 알 권리와 말할 권리를 대변해 주고 있다고 독자가 생각하기 때문이다. 독자의 이런 믿음은 한편으로는 기존 중국 정치체제의 강압성 혹은 일방성이 가져온 반작용에 기인하며, 다른 한편으로는 샤오바오와 개혁·개방 이후 유포·확립된 자유경쟁·시장경제 이데올로기의 태생적 연관성 혹은 샤오바오의 이 이데올로기에 대한 전략적 운용에서 비롯한다. 레이치리는 이 글에서 후자에 초점을 맞추고 있다. 2001년 5월 10일 발생한 중국 남방의 대표 도시 선전에서의 《남방도시보》 판매 금지 사건을 통해 레이치리가 파헤쳐 낸 샤오바오의 행간과 이면은 이렇다. 《남방도시보》의 선전 내 판매 금지는 사실 선전에 기반을 둔 기존 신문과 광저우에 기반을 둔 《남방도시보》의 판매 경쟁에서 비롯했다. 하지만 《남방도시보》는 이를 언론의 자유와 독립성에 대한 정치권력의 침해, 인민의 자유로운 욕망의 추구를 근간으로 하는 자유경쟁·시장경제 이데올로기에 대한 정치권력의 견제 및 억압의 사례로 규정함으로써 수많은 독자의 호응을 이끌어냈다. 《남방도시보》가 새로운 이데올로기의 대변자이자 정치권력의 견제자로 자신을 분식(扮飾)했던 것이다. 하지만 레이치리가 볼 때, 《남방도시보》의 정치권력에 대한 견제와 비판은 제한적이고 부분적인 차원에서만 행해질 뿐이고, 이 신문은 자유경쟁·시장경제 이데올로기를 기반 삼아 소비문화를 광범하게 유포시키는 소비이데올로기의 전령사이자 공모자일 뿐이다. 레이치리는 샤오바오를 둘러싼 오해와 허구를 경각심을 가지고 봐야 한다고 강조한다. (유경철 요약)

인터넷이 중국사회에 도입되면서 중국의 공공 공간은 어떻게 변화했을까? 뤄강(羅崗)은 〈중국의 인터넷 공공 공간〉에서 인터넷 사회가 도래하면서 중국 인민들이 가지고 있는 국가에 대한 관념과 의식, 그리고 이들이 새로운 공공 공간을 형성해 가는 과정을 비판적으로 관찰한다. 중국 내의 인터넷 보급률은 날로 높아지고 있지만 여전히 지역적·계층적 차이를 드러내고 있다. 중국 당국은 인터넷 뉴스사이트에 대한 권한을 축소하면서 정보 통제를 확대하고 있다. 하지만 이 어려움 속에서도 중국 인민들은 인터넷 사회운동을 일으켰으며, 그것은 '쑨즈강 사건'과 '리쓰이 사건'을 통해 대표된다. 이 일련의 사건을 통해, 인터넷 공동체, 즉 인민 공동체가 국가권력에 어떠한 영향력을 보여주는지 알 수 있다. 저항 정체성이란 것이 바로 인터넷을 매개로 생성되고, 인터넷을 사용하는 중국 인민에게서 '정체성의 정치'에 대한 자각이 자발적으로 이루어지게 되는 것이다. 포스트사회주의 중국을 다시 들여다보는 뤄강은 중국 인민이 겪어온 그리고 현재에도 겪고 있는 인터넷 공간에 대한 경험이 트랜스내셔널한 자본주의적 경험과는 분명히 다르며, 중국이라는 특수한 공간이 통제와 자유 사이에서 여전히 갈등을 빚으면서 나아가고 있다는 점을 강조한다. (김수현 요약)

뤼신위는 〈'죗값'과 대중매체, 외지 아가씨의 상하이 이야기〉에서 장애가 있는 상하이 남성과 지방에서 상하이로 올라온 '다궁메이' 여성 사이에서 태어난 마오마오와 그를 둘러싼 일련의 사건, 그리고 이를 다루는 대중매체의 시선을 예리하게 다룬다. 상하이텔레비전에서 제작·방영된 다큐멘터리 〈마오마오 고소 사건〉과 〈열 살의 마오마오〉를 중심으로 오늘날 중국사회가 안고 있는 농민공 문제, 외지인이 상하이인이 되는 것의 사회적 의미, 여성 및 장애 등과 같은 다중적 맥락을 다룬다. 뤼신위는 중국의 도시와 농촌이라는 기본적 대립항 위에서 드러나는 이러한 맥락의 구체적 재현을 통해 이 모든 현상이 중국의 근현대화 과정 속에 나타난, 그 누구도 책임을 회피할 수 없는 공동의 '죗값'이라고 선언한다. (임대근 요약)

1989년 선전에 설치된 '금수중화', '중화민속문화촌', '세계의 창', '환락곡', '미래시대' 등의 이른바 테마공원과 이를 주관한 선전화교성관광기업의 발전을 분석한 니웨이의 〈선전 민속문화촌을 통해 본 기호 소비의 문화정치〉는 홍콩의 반환과 화교의 귀환 물결, 화교자본의 투자성 귀환, 이데올로기 시대를 마감한 숨은 자본의 시장화에 맞추어 진행된 국족주의 고취의 교육 프로그램이라는 새로운 문화정치에 대해, '기호소비의 문화정치'란 각도에서 분석한 글이다. 이것은 마치 미국 보스턴의 알링턴국립묘지가 이를 참관하는 미국인에게 암암리에 교시하는 애국주의, 국가우월주의의 역할을 분석하는 것과 맥락을 같이한다. 선전시의 테마공원과 공연 프로그램은 동일한 국가관의 주입하에 상상된 국족의 결속과 상상된 공동체의식의 강고함을 가능하게 하는 문화의 조작, 상징의 조작, 그러한 것을 통한 교육의 장소다. 니웨이는 화교성에 대한 정교한 분석을 통해 그것이 지닌 화교자본과 중국의 개혁 · 개방 국가정책이 가져온 국가이데올로기와의 교묘한 결탁을 밝히고 화교성의 철저한 자본주의 방식 운영을 국제적 상업성의 측면에서 분석 정리한다. (유세종 요약)

노래방과 MTV

: 기술과 기계가 만들어낸 서정형식

난판 글 | 신동순 옮김

1. 서정형식의 역사
: 시와 음악

　　　　　　　　　서정(抒情)을 표현하는 체계는 사람들이 주목하는 문화유형이다. 방대한 서정 담론군 가운데 구호, 저주, 기도가 강렬한 열정을 표현한 것에 비해, 서정시의 독특한 의미는 규범적인 미학형식에 있다. 이 미학형식은 '시언지(詩言志)' 혹은 '시연정(詩緣情)'의 오랜 전통으로 거슬러 올라갈 뿐 아니라, 지속적으로 변화 발전해 온 서정시의 격률(格律)을 포함한다. 이것은 여러 정서와 충동을 효과적으로 모아 응집함으로써 하나의 강력한 소리를 이루었다. 시인은 왜 자구(字句) 수식에 고심할까? 그것은 서정시의 미학형식이 자구에 기이한 매력을 주기 때문이다.

서정시 미학형식의 기원을 고찰한다면, 서정 장르의 역사로 거슬러 올라가지 않을 수 없다. 초기의 서정 장르에서는 시, 노래, 춤의 기원을 동일하게 보았다. 《금문상서(今文尙書)》의 〈요전(堯典)〉에 이를 증명하는 유명한 구절, "시는 뜻을 말하는 것이고, 노래는 말을 길게 하는 것이다. 소리는 긴 것을 따르는 것이며, 격률은 소리를 화합하는 것이다. 8음이 모두 조화로워 순서를 다툼이 없어야 귀신과 사람이 서로 화합할 것이다(詩言志, 歌永言, 聲依永, 律和聲, 八音克諧, 無相奪倫, 神人以和)"가 있다. 주쯔칭(朱自淸)은 "여기에는 두 가지 의미가 있는데, 첫째는 시는 뜻을 말하는 것이고, 둘째는 시와 음악은 하나다"(朱自淸 1996, 1)라고 했으며, 또 이것이 상고시대 사람들의 생활문화와 밀접한 연관이 있다고 여겼다.

중국 고전 희곡을 고찰하면서, 왕궈웨이(王國維)는 또 다른 시각으로 시 · 노래 · 춤과 고대 제사 의식 간의 관계를 서술했다. "노래와 춤의 시작은 고대 무당(巫)에서 나오지 않는가?" "무당이 신을 모실 때, 반드시 노래와 춤을 사용했다."(王國維 1995, 1) 이는 서정 장르의 공동 기원을 해석한 것이다. 더 보편적인 의미에서, 주광첸(朱光潛)은 시와 노래의 공동 기원이 세계 시사(詩史)의 통례라고 여겼다. 그는 시의 발전 역사를 '소리만 있고 뜻이 없는(有音無義) 시기', '소리가 뜻보다 중요한 시기(音重於義) 시기', '소리와 뜻이 분화하는(音義分化) 시기', '소리와 뜻이 합일하는(音義合一) 시기'의 네 단계로 구분했다.(朱光潛 1980, 251~252)

시의 역사에서 소리와 뜻의 쟁론은 끊임없이 이어졌다. 중국 고전 시(詩)와 사(詞) 중 '사'의 흥성은 음악의 부활로 보아도 된다. '사'는 시 이후에 나온 서정시 형식으로, '시여(詩餘)'라고 불렸다. 사는 음악을 짓는 가사에서 기원했고, 초기 사인(詞人)은 악보의 음률 장단에 맞춰 사를 넣었다. 사의 형성은 시에 대한 음악의 완강한 지배를 다시 증명했다. 적지 않은 사례가 보여주는 것처럼, 시가 문자를 퇴고(推敲)하는 가운데에서도 음악은 결코 사라지지 않았다. 오히려 음악은 사람들이 시를 향유하는 데 매개 역할을 했으며, 이 매개 역할로 말미암아 시는 문화 오락의 하나가 되었던 것이다.

음악과 시가 긴밀하긴 했지만 양자의 분열은 피할 수 없었다. 왜일까? 전문 시인의 출현 또는 악보의 실전(失傳)이 이에 대한 유력한 해석이다. 담론이든 음악이든, 두 형식의 성숙은 '소리'와 '뜻'의 충돌이 점점 심화하고 있음을 의미했다. 시인에게 악보의 음률은 속박이 되어 어의(語義)의 자유로운 표현을 구속할 수 있었다. 수잔 랭어(Susanne Langer)는 "노래 부르는데 사와 곡이 같이 나오면 곡은 사를 병탄한다. 그것은 사와 글자의 의미를 삼킬 뿐 아니라 문학의 문자 구조인 시가도 삼킨다. 가사 자체가 훌륭한 시임에도, 노래(歌曲)는 결코 시와 음악의 절충물이 아니다. 노래는 음악이다"라고 하면서 담론에 대한 음악의 속박과 병탄을 지적했다. 랭어가 보기에 훌륭한 시는 늘 음악으로 개편되는 것을 배척하는데, 이는 시의 배후에 포기할 수 없는 문학형식이 존재하기 때문이다. 이와 반대로, 이류 시들은 쉽게 음악의 구성부분이 된다.(蘇珊·朗格 1986, 174~176) 이런 의미에서 시―진정한 시―는 궁극적으로 여전히 언어를 선택했다.

물론 시는 음악이 만드는 부가가치를 잊지 않았다. 언어가 허락하는 범위 내에서 시는 음악의 흔적을 보존하려고 힘썼다. 이것이 바로 시의 격률이다. 운모(韻母), 평측(平仄), 리듬(節奏), 문장형식의 요소는 기복(起伏)과 중복을 만드는 시의 격률을 조직하는 수단이다. 시의 격률을 만드는 음성미학(phonetic aesthetics)은 음악이 여전히 언어 안에 잠복해 있음을, 혹은 언어를 소재로 한 음악임을 말해준다.

2. 신시미학과 대중 서정 형식의 공석

20세기 신시(新詩)의 탄생은 중국 문학사에서 논의가 끊이지 않는 화제다. 오늘날 신시의 성과와 결함을 한마디로 설명하긴 어렵다. 나는 단지 하나의 사실, 즉 신시가 고전 시와 사의 격률을 파기했다는 데 주목하려 한다. 서정시에 대한 형식 발전사든 시를 둘러싼 예술사회학이든 간에, 이 사실의 결과는 모두 의미심장하다.

신시는 20세기 초 백화문운동(白話文運動) 과정에 탄생했다. 사람들은 신시와 백화문운동의 요지가 일치한다고 여겼다. 시를 민중에게, 또 길거리 노점상에게 돌아가게 하는 것이 신시를 제창한 주요 목적이었고, 난삽하고 읽기 어려운 문장을 타파하고 참신하고 질박한 문풍을 회복하자는 것이 신시의 기치였다. 후스(胡適)는 〈신시를 논하며〉에서 이렇게 피력했다.

형식의 속박은 정신의 자유로운 발전을 막고 좋은 내용을 충분히 표현하지 못하게 한다. 만약에 새로운 내용과 새로운 정신을 생각한다면 먼저 그런 정신을 속박하는 족쇄와 수갑을 타파하지 않으면 안 된다. 그러므로 중국 근래의 신시운동은 '시체(詩體)의 대(大)해방'이라 할 수 있다. 이런 시체의 해방이 있기에 풍부한 재료, 정밀한 관찰, 심오한 이상, 복잡한 감정이 비로소 시 속으로 들어갈 수 있었다. 오언·칠언 팔구의 율시(律詩)로는 절대 이런 풍부한 재료를 담아내지 못하고, 28자의 절구(絶句)로는 절대 이런 정밀한 관찰을 쓸 수 없으며, 장단이 일정한 칠언·오언으로는 완곡하게 심오한 이상과 복잡한 감정을 절대 담아낼 수가 없다.(胡適 〈談新詩〉)

1920~30년대의 '문예대중화'부터 1940년대의 '노농병(勞農兵) 방향'에 이르기까지 정신 귀족을 거부하고 타파하는 것이 신시가 끊임없이 고민했던 주제였다. 재미있는 것은 20세기 말의 신시가 뜻밖에도 매우 협소한 범위로 축소되었다는 점이다. 설령 시인들이 수시로 천하에 군림하는 교만함—시는 여전히 문학의 왕관으로 묘사되었다—을 만들어냈지만, 이 모든 것은 점점 자기위안식의 과장이 되었다. 사람들은 갈수록 시에 냉담해졌으며 시를 읽는 사람도 점점 줄어들었고, 많은 시들이 괴이한 언어 집합체 혹은 일종의 풀리지 않는 수수께끼로 변해갔다. 여기서 위의 묘사 속에 신시에 대한 비난 의도가 없음을 밝히고 싶다. 신시 현상에는 복잡한 역사적 원인이 아주 많으며, 동시에 그 속엔 강한 반항 주제를 숨기고 있다. 나는 신시와 대중의 분리 원인이 격률의 상실과 연관된 건 아닌지를 지적하고 싶을 뿐이다.

1950년대 이후 신시에 대한 비난은 끊이질 않았다. 전통적인 고전 시와 사에 비해 신시는 마치도 '시의 맛'이 떨어지는 것 같았다. 시

〈마오주석 어록〉
출처: 中国网 china.com.cn
(2007-07-12)

정(市井) 혹은 시골의 대중에게 신시는 상대적으로 지나치게 심오했고, 신시가 지닌 매력은 '지방 희곡'보다 못했다. 마오쩌둥(毛澤東)은 시인이자 혁명지도자 신분으로 민가와 고전 시와 사를 기초로 한 신시의 발전 방안을 제기했다. 그는 이 방안에 대해 구체적인 설명을 하진 않았지만, 사람들은 민가와 고전 시와 사의 공통점인 낭송할 수도 노래할 수도 있다는 것을 발견했을 것이다. 음악은 대중을 모으는 아주 유력한 형식이었다. 사람들은 재미있는 사례인 '마오 주석 어록가'를 아직도 기억할 것이다. 이 사건의 동기가 어떻든 간에 작곡 이후의 마오쩌둥 어록은 입에서 입으로 구전되었고, 추상적인 논술은 악곡으로 사람들의 기억 속에 새겨졌다. 1950~60년대 낭송에 적합한 정치서정시가 모종의 새로운 형태의 음률을 시도했으나 이 시들의 웅대한 정치 주제나 선두에 서서 외치는 광장 효과는 모두 깨져버렸다. 이런 대형 형식과 용솟음치는 격정 대부분은 허풍과 과장으로 보였고 버림을 받았다.

1970년대 말기에서 1980년대의 중국 신시, 처음에 '몽롱시(朦朧詩)'로 명명된 시는 음률 문제에 그다지 충분한 관심을 두지 않았다. 이 시들은 주로 상징적 이미지와 의미 탐색에 집중했다. 이미지의 교체, 추가, 배치와 그 장력 그리고 언어의 다의, 모순, 애매모호함은 모두 시인의 세심한 관심을 받았고, 시인들은 은밀한 언어의 가능성과 이것으로 말미암아 드러나는 정신의 가능성을 발견했다. 하지만 이런 시들은 '보는' 것이고 '듣는' 것이 아니다. 이런 시의 텍스트 의미는 음악적 의미를 완전히 넘어섰다. 1980년대 후기에서 1990년대, 일군의 캠퍼스 시인들은 '구어(口語)'와 '일상(日常)'의 두 범주를 제기하며 '몽롱시'의 회삽(晦澁)과 난해함을 비판했다. 하지만 이는 대중에게 돌아갔다고 하기보다는 오히려 냉소적인 미학태도로 방향을 전환했다고 보는 게 낫겠다. 이런 미학 풍격에는 또 다른 철학 전통이 있다. '구어'와 '일상'은 대중의 시적 기대를 완전히 벗어났다. 일괄하자면 20세기 후반의 신시는 단지 엘리트 범주 안에서만 활발했고, '몽롱시'든 '구어시'든, 이 시들의 미학 개념은 엘리트 내의 내부 담론일 뿐이었다.

내가 말하고 싶은 것은, 여기서의 '엘리트 범주'는 폄하의 의미가 아니라는 점이다. 세기말 중국 신시의 시비를 따지는 것도 내 관심사가 아니다. 내가 정말 끄집어내고 싶은 사실은 세기말 중국 신시는 이미 대중의 서정형식을 담보할 능력이 없다는 점이다. 문학의 입장에서 보면 서정형식은 이제 공석이 된 셈이다.

3. 서정시의 유행가요로의 문화전환

대략 1980년대 초기, 카세트테이프, 일본 산요(Sanyo) 녹음기와 덩리쥔(鄧麗君)의 노래가 중국에 들어왔다. 하지만 테이프와 녹음기가 만들어낸 화제는 외국 가전제품의 수준과 밀수 문제였고, 덩리쥔 노래가 끌어낸 것은 '콧소리(氣聲)'와 '퇴폐적인 음'이었다. 이 새로운 형태의 서정형식이 전자기술의 도움을 받아 소리 없이 완성되고 있음을 예견한 사람은 거의 없었다. 문화

생산이 새로운 페이지를 연 것이다. '음악산업', 이 용어는 서로 거리가 먼 두 개념이 기묘하게 결합한 것으로, 문화생산의 엄청난 능률을 암시했다. 이 현상을 어떻게 평가하는지, 특히 시인들이 얼마나 하찮게 생각하는지를 떠나, 사람들은 유행가가 이미 서정시가 비운 자리를 전면적으로 장악했음을 인정해야 했다. 시는 적막해졌고, 유행가는 반대로 그 기세가 왕성해졌다. 시인들이 한 자루의 연필, 한 장의 종이로 사색하고 심혈을 기울인 작품들이 인쇄를 통해 종이라는 세계의 작은 범위 내에서 전파될 때, 유행가 가수들이 근현대적 생산방식을 보유하고 설비가 뛰어난 녹음실에서 한 구절 한 구절 녹음한 노래들은 기계 복제와 외부 포장, 엄청난 광고를 통해 테이프와 CD로 만들어져 크고 작은 상점으로 팔려 나갔고 무수한 팬을 확보했다. 후자는 분명 전자기술과 기계 그리고 시장의 연합이라는 비범한 능력을 드러냄과 동시에 음악의 서정적 의미를 증명했다. 유명 가수가 시인의 명성을 차지하고 사회의 우상이 되었다. 누가 아직도 베이다오(北島), 수팅(舒婷)이나 다른 시인을 위해 미치겠는가? 사람들은 가수인 장쉐여우(張學友), 뤄다여우(羅大佑), 나잉(那英), 톈전(田震)의 사인(sign)을 더 얻고 싶어했다. 경전 인용에서도, 당시(唐詩)와 송사(宋詞)가 아닌 유행 가사를 더 인용했고, 인용 비율도 훨씬 높았다. 이는 문화전환(cultural turnover)의 지표였다.

서정시에서 유행가에 이르기까지, 문화전환 배후에는 생활방식의 전환이라는 의미가 숨겨져 있다. 1960~70년대 출생 세대에게 녹음기, 테이프, CD는 이미 일상적인 것이다. 이어폰을 꽂고 허리에는 소형 녹음기를 차고 있는 것이 그들의 형상이었다. 어떤 가수의 테이프는 유명 상표의 티셔츠, 경주용 자동차, 나이키 신발과 서로 보완되는 생활용품이 되었다. 그들에게 유행가의 향유는 없어선 안 되는 유행이 되었고, 한 세대를 읽어내는 문화기호였다. 그들의 정서는 더 이상 "늦가을 매미가 처량히 울고, 길가 정자에 날이 저무는데, 내리던 소나기는 어느새 그쳤구나", "비열은 비열한 자의 통행증, 고상은 고상한 자의 묘지명"[1]에 있지 않았고, 〈술렁이는 마음(騷的心)〉(장위형 [姜育恒] 혹은 〈난 북방에서 온 한 마리 늑대(我是一只來自北方的狼)〉 [치친(齊秦)]라는 노래 속에서 우수와 호방한 정서를 교환했다. 실연, 향수, 그리움 혹은 기원, 우정, 감탄 등은 유행가의 가사와 곡조에 융화되었다. 가사의 평이함과 곡조의 단순함이 그들의 마음을 나타냈다. 물론 여기서 '곡조'에는 가수의 목소리도 포함된다. 자성적인, 맑은, 쉰 듯한, 부드러운 등 각기 다른 소리로 형성된 음성 이미지는 ─ 그중에 대부분은 일정 정도 성적 매력을 포함하고 있는데, 예를 들면 사람들은 남성의 유혹 또는 여성의 교태를 느끼는 것이다 ─ 시인들이 만든 문자 형상보다 감성이 훨씬 더 풍부했다. 기계, 가수의 감성 효과와 테이프 제작자들의 효과적인 조작으로 새로운 형태의 서정형식

가수 덩리쥔
출처: http://www.kazuo.com.cn/
viewthread.php?tid=36738&extra=page%3D9

가수 치친
출처: http://www.cnmdb.com/
photo/p2681_41

은 시를 주변으로 몰아냈다. 나는 이전에 시와 노래의 교체에 대해 다음과 같이 분석했다.

> 많은 유행가는 평범한 가사에 경박한 주제를 담고 있지만 엄청나게 몰려와 시의 잠재적 독자들을 쓸어갔고, '레저와 오락'사업의 대다수 주식을 점유했다. 이는 유행가의 언어적 승리라기보다 유행가가 가진 전파매체의 승리였다. 시는 시인의 시 창작과 출판물, 독자의 전통적 순환을 구속하는데, 이것이 시의 테두리였다. 상대적으로 유행가는 훨씬 강력한 발행 네트워크를 가졌다. 유행가는 음악 합성을 통해 전자매체 체계로 들어갔다. 문자 출판물의 전파 효과, 운용 자금, 이익 회수 부분은 전자매체 체계와 비교될 수도 없다. 거대한 투자와 상응하는 투자이익률을 고려하면 전자매체 체계의 운용 조작은 더 큰 의미에서 시장체계에 뿌리박고 있다. 주 투자자의 경제이익, 가수의 포장에서 작품의 광고, 공연형식에 이르기까지 유행가의 성세와 장악력은 시와 비견할 수가 없다. 대량생산, 상품광고, 전파수단이든 이익률이든지 간에 유행가와 시는 서로 다른 장르에 속해 있다. 전자가 공업사회의 기계생산 능력을 가지고 시장의 총애를 받는 대상이 되었다면, 후자는 지나간 과거의 수공업 생산품처럼 정교하지만 고지식하고 쓸모없는 것이 되어버렸다. 분명 유행가는 시장구조의 중개로 말미암아 유기적으로 경제 주도의 국가발전 유형이 되었다. 상대적으로 시는 단절되었다.(南帆 1999, 158)

시의 문자 형상과 대조적으로, 노래가 사람 마음을 격동시키는 것은 노래가 사람들이 직접 마주 대하는 예술이기 때문이다. 통상적으로 가수와 대중은 같은 시공간에 존재한다. 가수들의 소리와 선율은 즉석에서 청중들의 정서를 지배한다. 이는 매개물을 없앤 교류이자 공명이며, 가수와 청중 간에 느끼는 파동의 폭은 상호 추동하면서 더욱더 격렬해진다. 모닥불을 둘러싸고 노래 부르는 것에서 광장에서의 음악회까지 통일적인 시간과 공간은 노래의 예술사회학을 보장한다. 비록 화려한 현대식 대형 극장이라도 이런 형식은 변하지 않았다. 그러나 녹음기, 테이프, CD의 출현은 광장 음악회를 해체했다. 가수 주변의 청중은 해산되었지만 고음질을 보증하는 기계는 여전히 청중과 가수 간의 현장감을 유지해 주었다. 청중은 노래 듣는 시간과 공간을 선택했다. 그들은 아파트 안에서, 차에서, 또 걸을 때 이어폰을 끼고 그 어떤 간섭도 받지 않고 좋아하는 가수의 노래를 즐길 수 있었다. 전자기술이 새로운 예술을 설계했음을 우리는 인정할 수밖에 없다. 기계가 만든 현장감과 개인화의 기묘한 조화로 유행가가 광범하게 전파되자, 많은 사람들은 더는 정신을 집중해 저 높이 언어의 정상에 올라 있는 시인을 보지 않았다. 맑고 아름다운 노랫소리가 표준화한 서정양식을 구성한 것이다.

그러나 어떤 사람들은 전자기술 제조의 서정이 현장감과 개인화 표상의 배후에서 현재와 개성을 거세했다는 것을 알아차렸다. 테이프가 내는 소리는 녹음실에서 합성한 것이고 기계에 의한 대량 복제의 소리로, 이 속에는 즉흥적인 영감이 없고 지금 이곳의 생생한 느낌과 신경이 없다. 노랫소리의 리듬과 고저, 정서적 포만 정도로는 청중이 직접 현장에서 듣고 느끼는 그 어떤 것을 바꾸게 할 수는 없었다. 설령 녹음테이프가 내는 노랫소리가 아무리 감동적이라 하더라도, 그것은 인간에 대한 기계형식일뿐이다. 만약에 우리가 종이에 쓴 시에 현재의 열정과 비애가 없다고 원망한다면, 기계가 규정하는 서정 이미지는 어떻게 될까?

　시가 지니는 엘리트 영역에 비해 유행가는 서정 대중을 확보했다. 이 '대중'은 광장에서 물결치는 사람들이 아니라, 사회 각 구석에 분산되어 있는 시장과 기계에 의해 조직된 '대중'이다. 즉 대중은 추상적인 주체가 아니고 직접 대면해 모인 사람들도 아니다. 이 대중의 형성은 사이즈가 비슷한 전자기계 생산품과 지역을 초월한 시장이 만들어낸 사회의 조직능력을 상징했다. 그들은 바로 전자기술, 기계와 시장이 공동으로 개발해 낸 사람들이었다. 이때의 대중은 소비체계를 구성하는 일부라 할 수 있다. 분명 이런 '대중'의 분포 범위는 가수의 실제 소리가 장악할 수 있는 범위를 훨씬 초월했다. 이 '대중'이 국족(nation)과 국경을 초월하는 사실을 의식한다면, 우리는 전자기술과 기계 그리고 시장의 사회동원 능력을 의식하게 되는 것이다.

　이런 의미에서 유행가는 서정일 뿐만 아니라 전자기술과 기계가 조직한 하나의 소비다. 하지만 이 소비는 순수한 자유교역을 통한 소비가 절대 아니다. 전자기술과 기계의 선진성 여부나, 시장 개척의 성공 여부를 떠나, 또 국족, 국가의 경계든지, 아니면 민족(ethnic), 성별(gender), 경제 이익, 문화권이 만든 이데올로기이든지 간에 이 요소들은 모두 유행가 소비에 공동 개입하고, 각종 권력, 지배, 억압 혹은 주변, 반항, 쿠데타를 만들어낼 것이다. 왜 다른 가수가 아니라 마돈나와 마이클 잭슨, 마오닝(毛寧)과 장후이메이(張惠妹)인가? 이들은 결코 음악미학만으로 선택되는 게 아니다. 문화자본의 권력은 기술 우세와 문화 통제에서 포스트 식민시대의 문화침략에 이르기까지 혹은 숨었다가 혹은 드러내면서 음악미학의 배후에 은폐된 아주 중요한 요소가 되었다. 서정의 의미는 자연스러운 표출과 토로다. 하지만 각종 권력의 개입에 따라 사람들의 '자연스러운 토로' 방식은 다시 조작되고 있다. 가장 성공적인 개입은 외재적 형식을 없애고 권력 의지를 '자연스러운 토로'로 바꾸는 것이다.

많은 사람들은 전자기술, 기계와 시장이 만들어내는 서정형식을 전혀 경계하지 않고 오히려 일종의 '개성'으로 보았다. 하지만 이 '허위적인 개성'은 대량의 표준화한 서정 패턴들을 분만해 냈다. 어떤 음악평론가는 조금은 과장되게 유행음악이 제조해 내는 동질문화를 서술했다.

유행은 무엇인가? 유행은 세계적인 정합(整合) 역량이다. 유행이 휩쓸고 간 지역은 점령을 선고하고 동화를 선언한다. 마찬가지로 유행음악은 세계예술이다. 우리는 어떤 예술가가 미국인 혹은 중국인이라는 사실에 미혹되지 말아야 한다. 이 영역에서 국가와 국족 개념은 이미 소리 없이 치환되었다. 리듬블루스는 더는 미국음악이 아니고, 중국 로큰롤 역시 중국음악이 아니다. 우리가 인정하든 안 하든 세계 각지의 유행음악은 모두 동일하게 일체화한 음악이다.

유행음악이 세계예술이라고 하는 데는 또 다른 의미가 있다. 유행음악의 청중은 중국인도 미국인도 아니고, 바로 세계인이다. 이는 세계시민의 출현을 암시한다. 신인류, 신신인류, X-세대, N-세대, Cool-세대, 인터넷 중독자, 음악 팬, 최신유행 소비자…… 미국 혹은 중국 어디서 생활하든 상관없이 그들은 모두 생활 방식과 내용이 비슷하다. 같은 노래를 듣고, 같은 영화를 보고, 같은 유행을 따르고, 인터넷을 하고, 사우나를 하고, 디스코를 추고, 스타를 따르고, 맥도날드와 KFC를 간다. 또 어떤 사람들은 서로 비슷한 일을 한다. 예를 들면 외국기업, 고급호텔, 외국무역단체, 다국적

기업에서 일을 하고, 그 지식, 문화, 환경, 관리에서 동일한 국제화 배경을 가지고 있다. 도시 풍조에 대해 말하자면, 다른 국가에서 다른 문화상품(중국인이 듣는 노래가 마돈나가 아니라 장후이메이인 것)을 소비하더라도 이 다름에는 최신의 동일한 세계 조류의 핵심이 존재한다.(李皖 2000)

그러면 우리는 어떤 전자기계 설비가 어떻게 새로운 서정형식 아래에서 개성 표현, 욕망, 상업, 유행소비, 오락을 기이하게 얽어매어 유행에 이르게 하는지 집중적으로 고찰해 보자. 내가 주목하는 것은 가라오케다.

4. 가라오케: 서정 주체의 환상 소비

사람들이 가라오케를 굉장한 기계로 묘사하는 데는 그만한 이유가 있다. 가라오케는 일본에서 시작해서 아주 짧은 기간에 타이완, 홍콩, 한국, 중국 대륙 등에 침입했다. 마이크, 음향기기, 반주기, TV 등 이처럼 간단한 기계설비가 어떻게 그렇게 많은 국가와 지역에서 유행하는지 놀라운 일이다. 가라오케는 전형적인 실내운동이 되었고, 노래방은 일반적인 공연장소가 되었으며, 때로는 가정의 오락이 되었다.

가라오케의 가장 중요한 의미는 사람들의 노래 욕망을 발견한 데 있다. 만약 가라오케가 없었다면, 사람들은 자신이 그처럼 노래 부르고 싶어한다는 사실을 몰랐을 것이다. 노래 부르기는 커다란 즐거움이다. 이 형식이 감정을 토로하는 것과의 관계는 이미 오래전에 잊혔다. 목청껏 부르던 오래된 격정은 얼음 속 잠류(潛流)처럼 마음속 깊이 파묻혀 있었다. 원시적인 서정형식의 노래에서 직업적인 연기로 전환된 뒤, 노래는 점점 무대에서 정식으로 공연되었다. 소수민족이나 변방지역을 제외하고, 문화 관습은 사람들에게 큰 소리로 노래 부르는 것을 생소하게 훈련시켰다. 우아하고 겸손하며 예의를 차리는 그들에게 마음껏 노래 부르기는 추태 부리는 것과 같았다. 한편으로 많은 직업가수들의 은근하고 세련된 노랫소리에 비해 훈련을 거치지 않은 그들의 메마르고 조야한 소리는 더욱 초라함을 느끼게 했다. 가라오케는 이런 문화교착 상태를 극복하고 노래를 다시 대중의 일상생활 속으로 돌려놓는 역할을 했다. 유행가가 대중을 경도한 후, 가라오케는 서정형식을 '듣는' 것에서 '부르는' 것으로 바꾸면서 중요한 전환을 이루어냈다. 급진적 시인의 구호였던 '자아표현'이 가라오케로 말미암아 갑자기 실현된 것이다.

가라오케가 어떻게 어설픈 노래 기교에서 생기는 궁색함을 효과적으로 은폐하고 있는가? 기계 반주는 모든 목소리를 보조한다. 가라오케 반주기 조작을 통해 노래 리듬은 단순화되었다. 만약 무반주가 본래 모습이라면 가라오케는 박자를 자연스레 맞추게 했으며 박자를 맞추지 못해도 그것을 감추어 주었다. 마이크는 훈련되지 않은 소리를 확장시켰고 마이크 소리는 우렁차고 은은했으며 마음을 울리는 힘을 주었다. 사람들이 가사를 잊어버려도 화면 자막이 있었다. 또 그리운 감정에 지나간 옛 노래를 부르고 싶을 때, 전자식 노래 신청 체계는 결코 사람들을 실망시키지 않았다. 한마디로, 가라오케는 일어날 수 있는 모든 방해를 자동으로 제거하고 노래 부르는 행위를 기계가 노래 부르는 사람을 모시는 행위로 바꿔주었다. 가라오케 기계는 노래를 직업가수에게서 빼앗아 왔고 음악에 조예가 없는 사람들에게도 무대에 올라 노래할 용기와 기회를 주었다. 최소한 이론가들이 이것을 문화 민주로 간주할 충분한 이유가 있는 셈이다. 기계는 뜻밖에도 사람들의 천부적 음악 능력을 발견하게 해주었는데, 이는 사람들에게 유쾌한 경험이 되었다. 그리하여 가라오케는 사람들을 노래에 적극적으로 참여시켰고 많은 사람들이 마이크를 꽉 잡고는 다른 사람에게 양보하지 않게 만들었다. 물론 사람들은 이것이 전자기술과 기계 성능이 규정하는 서정이고, 기술과 기계야말로 노래의 진정한 주인공이라는 사실을 알지 못했다.

비현실적인 강대한 주체가 이렇게 만들어지기 시작한 것이다. 전자기계 설비로 말미암아 사람들은 자신들의 우렁차고 낭랑한 소리를 느꼈으며, 심지어 상상의 전환을 거칠 필요도 없이 기계는 직접 인간들의 신체기관을 개선하고 확충했다. 기계가 그들 자신의 일부 능력이 된 후 예술은 결국 너무나 '쉬운' 것이 되어버린 것이다. 여기에 기계는 사람들에게 성공이라는 느낌을 은근히 갖게 했다. 가라오케의 공연형식은 재차 외부적으로 이런 성공의 느낌을 확정해 주었다. 많은 사람들은 마이크를 잡고 무대에서 타인의 부러움을 받아보지 못했지만, 가라오케는 그들에게 이런 중심의 위치를 부여했다. 우리는 이 기계설비가 왜 그토록 사람들의 총애를 받는지 알 수 있을 것이다.

가라오케는 주체의 환상을 완성시켰고 또 아주 긴밀하게 소비의 그물을 짜고 있었다. 바꿔 말하면, 소비는 바로 주체의 환상을 완성하는 구체적 단계였다. 통상적으로 가라오케 노래방은 호텔의 부대시설로 설치되었다. 이곳은 연회가 끝난 뒤 이어지는 오락공간이기도 하고 쓸쓸한 여행객들이 시간을 보내는 장소이기도 하다. 또 어떤 손님들은 오직 가라오케에만 가기도 한다. 가라오케가 방 안에 설치되어 있으면, 그 방에는 차와 음료 과일과 각종 간식이 준비되어 있다. 이런 세속적인 분위기는 유행가와 너무 잘 어울렸다. 이곳의 음악은 연미복을 입은 지휘자나 휘황찬란한 대형 교향악과는 거리가 멀었다.

가라오케 노래방은 폐쇄적인 공간이고 늘 사적인 비밀스러운 분위기를 형성한다. 그래서 어떤 가라오케 노래방은 매춘의 공간이 되기도 했다. 대부분 사람들이 가라오케 노래방에 가는 것은 스트레스를 풀기 위해서지만 어떤 사람들은 가라오케에 가서 사업 논의를 하기도 했다. 이때의 가라오케는 전통적인 찻집의 의미를 띤다. 또 어떤 가라오케는 술집의 중앙에 설치되기도 하는데 중앙홀에서의 노래는 훨씬 더 공연 분위기를 냈다. 이때의 노래는 사람들 간에 알게 모르게 경쟁의식을 느끼게 한다. 술집 중앙홀 공연은 때로 다른 손님들의 춤도 이끌어 냈는데, 이런 춤은 단지 유행가 박자에 따를 뿐 노래의 내재적 정서와는 무관했다. 어쨌든 가라오케는 경음악 형식의 즐거운 모임과 같았다. 이런 친목모임이 갖는 서정적 의미는 이미 매우 격식화했으며, 가라오케 주변의 소비행위는 서정예술을 손색없는 오락으로 바꾸어놓았다. 슬퍼하고 근심하는 노래로 아파하고, 감정 넘치는 듀엣을 하면서 마음 심란해 하는 것은 어리석은 표현이었다. 여기에서의 서정은 이미 공동화했다.

언어의 절정에서 배회하는 시인은 무엇을 발견해 냈는가? 아름다운 언어가 의식 속에서 순간 스쳐 가면 시인은 신속하게 이 단어를 포착했고, 요원하던 가능성이 갑자기 현실화하면서 새로운 공간이 생겼다. 이는 시인들이 도취한 극락의 경지로, 추종자의 유무조차도 그들은 개의치 않게 된다. 유행가는 대부분 현재 존재하는 마음을 모아놓은 것으로 새로운 의미의 한숨이나 고백은 없다. 하지만 후자는 기계

설비의 반주, 컴퓨터 프로그램이 편집한 박자로 사람들의 마음을 사로잡았다. 사람들의 서정은 통일적인 구령의 통제를 받았다. 시인들이 전심전력으로 애써 그 독특함을 지향할 때 가라오케는 이미 전자기술과 기계의 협조로 풍격이 비슷한 '서정의 제국'을 세웠다.

5. MTV
: 다의적 영상 기호

　　　　　　　　　　　　　MTV(Music Television의 약어)는 사람들을 매혹시키는 새로운 형태의 예술 장르다. MTV는 TV 화면에 늘 시, 노래, 춤이 삼위일체로 나타난다. TV 스피커에서는 노랫소리와 음악이 나오고, 화면 아래에는 가사가 있으며, 화면 중앙에는 각종 영상 단편이 채워졌다 사라진다. 이것이 전형적인 MTV 형식이다. 마치 어떤 새로운 기술 조건에서 시와 노래, 춤이 기원을 같이했던 때로 돌아간 것 같다. 하지만 이것은 이미 "말로 부족하면 탄식을 하고 탄식이 부족하면 노래를 읊조린다. 노래가 부족하면 저도 모르는 사이에 손짓발짓을 하며 춤을 춘다"(《모시서(毛詩序)》)는 식의 자기도 모르게 흥을 표현하는 그런 것이 아니다. 감독은 새로운 기술 조건을 빌려 '언어', '노래', '춤' 3자 간의 참신한 관계를 구상한다. MTV의 시, 노래, 춤 3자가 공동으로 만들어내는 것은 진짜인지 환상인지 모르는 꿈의 세계이고, 환영 형식의 희미함과 기이한 풍경의 결합이다. 그러므로 MTV의 서정형식은 긴 역사가 있는 동시에 전자시대의 풍격을 띠고 있다. 이런 의미에서 MTV는 시대의 행운아다. 로런스 그로스버그

(Lawrence Grossberg)가 말한 것처럼, MTV는 범상치 않은 기능을 담당했다. "그것은 광고상품의 판매일 뿐 아니라 생활방식과 소비경향의 판매이고, 또 음반 판매일 뿐 아니라 영상의 판매이며, 이미지와 포장한 기호나 재미를 팔았으며 대중을 팔았다."(勞倫斯·格羅斯伯格 2000, 422)

수준 있는 고전음악 팬들은 늘 MTV를 경시했다. 그들 마음속의 음악은 언제나 시, 노래, 춤의 핵심에 배치되어야 했고, 무제 음악이라야 순수한 예술이었다. MTV는 바보같이 가사와 영상으로 음악을 주석하는데, 이 고전음악 팬들은 이를 상당히 천박한 것으로 여겼다. 음악의 경지는 듣는 것이고, 듣는 중에 사람들은 음향의 고저, 조합, 선율, 균형, 대칭 그리고 이를 만드는 기교를 식별한다. 음향 속에서 그것이 모방한 현실의 원형, 예를 들면 새소리, 바람소리, 물소리, 전장 속의 고함소리 등등을 찾아내는 것은 그들에게는 상대적으로 급이 낮은 이해에 속한다.

이런 시각은 한 가지 사실을 등한시한다고 사람들은 생각했다. 즉 전자기술은 각종 전파매체의 결합을 위해 전대미문의 가능성을 제공한다는 점이다. 이는 전통적인 음악 규범에 대한 도전이다. 동시에 음악과 기타 예술장르의 관계를 고쳐 썼고, 예술이 사회순환의 궤도에 들어갔음을 고쳐 썼으며, 시적 의미에서든 음악적 의미에서든 간에 서정작품의 판매 기록을 고쳐 썼다. 이런 의미에서 전통이 MTV를 무시하는 것은 아마도 중요한 문화동향을 놓친 것일지 모른다. 여기에서 나는 서로 다른 세 가지 시야로 나누어 MTV의 특징을 고찰하고자 한다.

우선, MTV의 신체영상의 의미다. MTV 속의 영상은 여러 가지다. 예를 들면 끊어진 다리, 낡은 집, 고층건물, 차가 그칠 새 없이 왔

중국 가수 Phoenix Legend(MTV 일부)
출처 http://www.thankers.net/space.php?
uid=2&do=thread&id=2548

다 갔다 하는 입체 고가도로, 비가 엄청 내리는 호수 수면, 하늘의 구름 등등. 하지만 MTV의 주요 영상은 인물이다. 보통은 노래를 부르고 있는 준수하고 멋있는 젊은 가수로, 그 혹은 그녀의 노래 혹은 춤이 동시에 각종 자태와 모습을 배열해 신체 언어를 표현한다. 슬픔 어린 눈빛, 교태가 가득한 웃음, 불평인지 원망인지 모르는 표정, 안개 속에서 움직이는 몸짓, 무릎을 감싸 안고 앉은 희망 없는 기다림, 휘영청 달 밝은 밤의 고독한 뒷모습, 이 모두 신체가 표현하는 유혹을 담고 있다. 부인하지 못하는 것은 많은 MTV의 신체영상이 각기 다른 성적 유혹을 내포한다는 점이다. 어떤 여성 가수의 몸이 훤히 드러나는 의상, 그녀들이 춤추는 모습과 표정은 아주 대담한 유혹을 담고 있다. 이는 아주 효과적으로 유행가의 평범하고 통속적인 가사를 보완했다. 세트별 아름다운 클로즈업들은 이런 준수하고 수려한 모습들을 나타냈고 동시에, 신체영상은 추상적인 스타 숭배를 애매한 낭만적 상상으로 바꾸었다. 신체영상이 만들어낸 효과는 MTV 제작자가 예정한 의도였다. 성(性)은 MTV가 소비자들을 만족시키는 미끼였다. 이런 MTV 속 신체영상 특히 스타들의 신체영상은 꽤 비싼 상품이 되었다.

다음은 포스트모던의 맥락에서 MTV를 논의해 보자. 통상적으로 MTV의 영상 단편은 분산적이고 비약적이며 중심이 없다. 이는 포스트모던 사회의 문화경험을 연상케 한다. 적지 않은 이론가들은 포스트모던 문화가 역사도 없고 규칙도 없으며 전체 사회의 표의(表意) 체인이 끊어졌다고 본다. 그러므로 단편화는 포스트모던 문화의 전형적인 특징으로 이 단편의 배후엔 구조적인 총체가 없다. 계속해서 이어지는 TV연속극이 봉쇄된 안정 공간을 상징한다면, MTV의 무질서한 병렬은 포스트모던의 혼란을 상징한다. MTV 영상들은 도시의 시점을 유지했다. 예를 들면 냉담한 문, 반쯤 열린 창문, 움직이는 엘리베이터, 왕래가 많은 번화한 지하철역, 자명종, 술집의 전화, 유리창 뒤의 희미한 얼굴 등등. 도시는 포스트모던 문화의 중요한 표본이다. 하나의 영상이 다른 영상으로 미끄러져 가고 한 장면이 다른 장면으로 도약하는 이곳에는 강력한 논리적 추이가 존재하지 않는다. 이런 MTV를 사람들은 정신분열자의 언어라고 표현했다. 이런 MTV의 제작은 정교하다고 하지만 늘 무력감을 드러낸다. 여기에는 내용 없는 시작과 끝이 있을 뿐이었다. 그로스버그는 포스트모던이 많은 웅대한 의미를 파괴하고 난 후, MTV를 특정한 의미나 가치관이 벗어난 공허한 '정서 강화물'(勞倫斯 · 格羅斯伯格 2000, 425)로 보았다. 물론 다른 의미에서 이것은 전통 표의체계의 차꼬를 열었고, 그로 말미암아 전통적인 의미나 가치관에 의해 은폐된 다른 의미들이 드러나기 시작했는데, 이것이 내가 말하려는 세 번째 의미다.

셋째로 영상 표의체계에 대한 MTV의 의미다. 역사적으로 영상 표의체계는 영화 촬영과 함께 발전했다. 영상 표의의 탐색은 영상 서사에 집중되었다. 구조주의 용어로 말하면, 영상 표의체계는 늘 횡적 조합의 제약을 받는다. MTV는 횡적 조합의 서사논리를 해체했다. 그로 인해 영상 촬영의 거리, 각도와 영상 간의 상호 연결은 참신한 가능성을 드러냈다. 사람들은 MTV 작품에서 각종 서사의미를 초월한 기이한 화면, 예를 들면 어떤 각도의 얼굴, 반복하는 플래시백의 조형, 일상도구의 평범치 않은 클로즈업, 초점이 모호한 실내 풍경 등을 보았다. 이런 렌즈 및 특수한 편집은 각종 확정적이지 않은 애매한 의미를 만들어냈고, 전통 영상 독해의 예상은 깨졌다. 이런 표의체계는 사람들에게 시를 연상시켰다. 확실히 MTV의 표의는 영상의 종적 조합이다. MTV의 영상 간 체인은 이야기의 논리가 아니라 선율과 상징이다. 이는 영상 기호의 의미에서 경전적인 서정형식으로 돌아간 것과 다르지 않다. 정련된 시가 언어의 결정체인 것처럼 MTV 역시 영상 기호의 시로 변화하고 있었다. 내가 보기에 이것은 MTV가 가진 가장 큰 가능성이기도 하다.

● 난판(南帆 Nan, Fan)
1957년 푸저우(福州) 출생. 1978년 샤먼(廈門)대학 중문학부 입학. 1984년 화둥사범대학 중문학부에서 석사학위를 취득했다. 1985년부터 푸젠(福建) 사회과학원 중문과에 재직하고 있으며, 중국작가협회 푸젠분회 부회장을 맡고 있다. 저서로는 《충돌하는 문학(冲突的文學)》, 《문학의 위도(文學的維度)》, 《은폐된 규칙(隱藏的成規)》, 《이중 시역(雙重視域)》, 《문학이론 신독본(文學理論新讀本)》, 《포스트혁명의 전이(后革命的轉移)》등이 있다.
nfnf163@163.com

● 신동순(申東順 Shin, Dong-soon)
숙명여대 중어중문과를 졸업하고 베이징대학교에서 문학석사학위와 문학박사학위를 받았다. 동국대, 숙명여대, 한신대 등에서 강의하고 있다. 중국 상하이 도시잡지인 《만상(萬象)》을 연구했으며 중국 대중문화연구에 관심을 갖고 있다. 옮긴 책으로 《숨겨진 서사-1990년대 중국대중문화연구》(공역) 등이 있고 주요 논문으로 《웰컴투동막골》과 《鬼子来了》 속의 문화헤게모니 양상〉, 〈영화 《신여성》과 1930년대 상해문화헤게모니 소고〉, 〈論蘇靑作品中的女性性意識〉 등이 있다.
shinmar@hanmail.net

'민간성'에서 '민중성'으로

: 《양산백과 축영대》·《백사전》 각색에서의 정치이데올로기화

장롄훙 글 | 변경숙 옮김

들어가기 전에
: '희곡개혁'과 '개혁희곡'

1950, 60년대 중국에서는 희곡개혁운동이 대대적으로 전개되는데, 이를 사람·작품·제도의 개혁을 의미하는 '삼개'라고도 일컫는다. 이 글은 고도의 통일성이 요구되던 '사회주의' 문화정치의 구체적 실천이라 할 수 있는 '희곡개혁'을 광범위한 역사적 배경과 연원 속에서 종합적으로 고찰해 보고자 한

다. 주요 내용은 다음과 같다. 첫째 만청(滿淸) 희곡개량운동에서 중국 근현대 희곡개혁 과정까지를 고찰하고, 둘째 중국공산당이 주도했던 '옌안(延安)문예'(신앙가(新秧歌)를 중심으로)에서 '문혁'('모범극'을 중심으로) 기간까지의 대중문예 개혁의 진행과정을 살펴보며, 셋째 이러한 개혁 또는 개조의 사회적·문화적 배경, 즉 중국 주류 사회가 근현대로 전환되는 과정에서 민중의 생활세계에 담겨 있는 여러 표현 형태(예를 들어 유민문화)에 포함된 이질적 성분의 해소과정을 고찰할 것이다.

이러한 배경과 연원 아래, '신중국' 희곡개혁운동은 갖가지 뚜렷한 '본토'의 정치적·문화적 의미를 구현하는 동시에 대내외적 요인과 결합된 '근현대성'의 영향을 적잖게 받고 있다. 희곡개혁운동 과정에서 예술인 개조의 국가체제화, 작품 각색의 범(凡)정치이데올로기화, 또는 전통희곡 연출방식의 근현대화와 '근현대극'의 생성과 굴기(崛起), 이 모든 것은 복잡하게 얽혀 대치·대립된 듯 보이지만, 실제로는 상생상극(相生相剋)의 관계를 형성한다. 예를 들어, 생활세계와 이데올로기, 이질과 주류, 낙후와 진보, 전통과 근현대, 지방과 국가, 본토성과 세계성 등의 충돌과 연계는 구체적인 희곡개혁 과정에서 모두 드러나게 된다.

이 글에서 중점을 두어 고찰하는, 희곡개혁운동이 '구극(舊劇)개조' 과정에 적용된 의미가 염두에 두는 복잡성과 애매성은 또한 다음과도 관련되어 있다. 국가이데올로기에 의해 위에서 아래로 추동된 이 문화개조 운동은 그 자체로도 강력한 역사적 합리성을 가지며, 특히 어떤 부분은 특정한 역사 현실에서 민중의 실제 염원을 효율적으로 아우르고 있어서 어느 정도 환영을 받았고, 아울러 광범위한 대중적 실천으로 확대될 수 있었다. 그런데 만일 근현대성, 국가이데올로기[1]와 민중 생활세계 및 그 지방 색채 등을 확연한 대립적 혹은 대항적 역학구조로 간주하는 시각에서 벗어나, 복잡하게 연관된 공생적 부분에 주의를 기울일 수 있다면, 사회주의의 문화정치 실천을 새로이 고찰하는 데 우리의 시야를 넓혀 줄 수 있을 것이다. 따라서 '신중국' 희곡개혁운동에 대한 역사적 정리와 재해석은, 앞서 말한 각종의 기계론적 이원론을 극복하고, 20세기 중국사회의 전환과 변천을 깊이 있게 성찰할 수 있는 실험적 노력이 될 것이다.

희곡개혁운동은 '개혁희곡(改戱)'으로 구체화하는 과정에서 두 방면에서의 협력작용으로 표현되었다. 하나는 전통희곡 자체의 개조로, 그중 극본의 문학 내용 및 실제 무대연출을 포함한다. 다른 하나는 국가이데올로기가 문화생활에 전면적으로 개입해 여론을 유도하는 데서 전통희곡을 둘러싸고 형성된 특정한 평론 해석체계다. 이러한 희곡 각색, 평론과 전체적인 해석체계의 중요한 임무는 전통희곡이 반영한 사회생활 실체 및 '봉건윤리 도덕'과 신중국 주류이데올로기 간의 관계를 조화시키는 데 있다. 이에 대해 필자(장렌훙)는 특정 테마 형식을 취한 각양각색의 지방극 중 전형적인 작품을 선택해 희곡 극본, 무대연출, 평론의 삼자에서 나타나는 구체적 내용을 종합해 분석할 것이다. 필자가 이러한 분석을 통해 중점적으로 설명하려는 것은 평론 해석체계가 '극본―연출' 각색에 미친 영향이다. 평론 해석체계가 어떻게 구체적인 각색과정을 제약했는지, 또 어떻게 '원본(original)'―단지 하나의 텍스트가 아닌 원작, 무대공연의 관례, 관중의 수용심리 등의 요인으로 구성된―의 배척을 받아 어쩔 수 없이 물러설 수밖에 없었는지가 주요 분석 대상이 될 것이다.

'개혁희곡'의 주요 목표는 새로운 이데올로기로 구극을 정리·개조해 대중의 심미적 취향의 변화를 유도하며, 사람들의 역사·현실에 대한 상상방식을 규범 지어, 민중의 사회생활 질서와 윤리도덕 관념을 재구축함으로써, 새로운 시대가 요구하는 '인민' 주체를 형상화하는 데 있다. 그러나 이러한 개조도 반드시 대중의 수용정도와 실질적인 교육효과를 고려하지 않을 수 없는데, 그 속에서 희곡개혁의 한계가 적지 않음을 발견할 수 있다. 만약 구체적인 희곡개혁 영역을 빌려 신구(新舊)의 서로 다른 관념과 기호 사이에 서로 타협하고 이용한 미묘한 관계 및 정치이데올로기 개조 요구와 그 실천에서의 한계 혹은 밀고 당기는 저항력 간의 복잡한 과정을 분석해 보면, '신중국' 희곡개혁운동의 이데올로기 책략 및 그 운용방식을 분명히 드러낼 수 있게 될 것이다.

주의할 것은, 지방극의 특성 중 오랜 시간을 두고 형성된 '민간성'이 국가이데올로기의 강력한 통합을 거쳐 '민중성'으로 승화된 후 단순화되고 왜곡·은폐되었음에도, 어느 정도 공생하고 유지되었다는 점이다. 동시에 '민중성'의 주제로 개괄되는 작품일지라도, 여전히 지방극의 장점인 연기적 특징과 생활 분위기는 관중에게 수용될 때 한층 더 효과적으로 작용하며, 또한 주류 이데올로기의 선전·교육의 목적과도 어느 정도 거리를 유지하고 있다.

그렇다면 정치이데올로기의 통제가 갈수록 무력해지거나 약화될 때, 지방극의 특성 중 '민중성'이라 규정되었던 것들이, 공감의 이해를 거쳐 민중 생활세계에 완전히 융화된 신체처럼 실재하는 '민간성'의 특징을 재현해 낼 수 있을까? 필자가 이해하는 '민간성(지방극에는 '향토성'과 '지방성'이 뒤섞여 있다)'이란, 한편으로는 그 허술하고 맹목적이며 강렬함으로 인해 비교적 쉽게 이데올로기에 통섭되거나, 직접 국가이데올로기의 '민간' 판본이 된다. 다른 한편으로 민간성은 이데올로기의 힘을 빌려 잠재력을 보존하고 키워나가며, 이 모든 것은 이데올로기와 민간성의 결합에 오래도록 끊임없이 강한 생명력을 부여한다.

정치이데올로기가 비록 어떠한 '허구와 환상'의 사회구조일지라도, 강한 생명력을 유지할 수 있는 것은 바로 민간성과의 결합으로 비롯하는 사실적이고 구체적인 느낌에 있다. 그렇다면 우리는 여기에서 이른바 '민간―관방'의 형식을 초월한, 더욱 사실적이고 현실적인 사회정치, 역사와 문화생활의 생명적 핵심을 발견할 수 없을까?

■ 이 부분은 독자의 이해를 돕기 위해 글의 내용을 요약한 것이다. ― 엮은이

1. 《양산백과 축영대》[2]
: '변장' 전기와 '반봉건' 주제

'양산백과 축영대(梁山伯與祝英台)'의 이야기가 전파되고 지금까지 사람들을 감동시키는 매력은 민간 서사 요소 중의 하나인 '전기(傳奇)적 성격'과 인성의 기본 체험이라 할 수 있는 '비정성(悲情性)'에 있다. 이 두 특징은 서로 교차하면서 연결되어 《양산백과 축영대》의 내적 생명의 원천이 되었다.

양산백과 축영대 이야기는 원래 동진(東晋)에서 전래되었으며, 문자로 기록된 것은 당(唐)대로, 그 후에도 끊임없이 변화되며 후세에 전해지고 있다.(路工 1985) 당대 장독(張讀)이 지은 《선실지(宣室志)》의 간단한 서술부터, 원(元) 잡극(雜劇)과 명(明) 전기(傳奇), 특히 민간에서 광범위하게 유행한 설창(說唱)과 강창(講唱), 월극(越劇: 저장성의 주요 잡극 중 하나―옮긴이)의 전신인 사오싱(紹興劇)극 《양산백과 축

영대》의 구본(舊本)에 이르기까지, 양산백과 축영대 이야기는 세 가지 방면에서 변화가 일어났다.

첫째, 《선실지》 속 '(축영대가) 남자로 변장해 유학(遊學)'이라는 말은 월극 구본에서 극 전체의 갈등과 줄거리의 단서로 발전되었으며, 전기적 성격을 증대시켰을 뿐만 아니라 장난(江南)지역의 정취도 짙게 만들었다. 또한 민간전설의 '예사롭지 않은 내용(양산백과 축영대가 동문수학한 3년 동안 아무 일도 일어나지 않았음)'에 대한 호기심 및 남녀 간의 애정이 사람들에게 매우 매혹적임을 보여준다.

둘째, 축영대가 남자로 '변장'을 하고 양산백과 동문수학한다는 줄거리의 진전에 따라 축영대가 '정절을 지킬 수 있는지'에 대한 관심이 증폭되며, 이에 그녀가 집을 떠나기 전 수절을 맹세하는 등의 구체적인 내용이 보인다.

셋째, 《선실지》에서는 "양산백은 훗날 한 현령으로 파견되었다가 병사(病死)"하며, 축영대는 무덤에 뛰어들던 중 나비로 변한다고 되어 있다. 그러나 민간전설과 월극 구본에서는 양산백이 기한을 어겨 축영대를 찾아간 후 상사병을 얻어, 결국 가난한 서생으로서의 생을 마치는 것으로 되어 있다. 동시에 마(馬)씨 집안을 부호 집안으로 설정해, 모순을 양산백과 축영대의 전기적 인연과 '봉건' 예교, 계급의 부조화로 처리해, 사람들로 하여금 자연스럽게 예교에 대한 속박과 계급 억압 및 반항 정서를 분출케 했다. 물론 1,000여 년 동안 반복된 상상과 변이를 겪으며, 상기한 몇 가지 부분에서의 변화는 서로 혼재되는데, 변화를 위해 시도한 갖가지 다양하고 흥미로운 줄거리들로 인해 사람들의 '반봉건'의식에 대한 주의는 오히려 소홀히 하는 결과를 낳았다.

양산백과 축영대 이야기의 각색에서 당시 인정을 받았던 월극 《양산백과 축영대〉,[3] 쓰촨(四川)극 《유음기(柳蔭記)》[4]와 경극 《유음기》[5]를 주요 대상으로 본다면, 두드러진 변화는 다음과 같다. 한편으로는 전기적 성격을 약화시키고, '미신', '색정', '외설', '황당무계'한 요소를 없앴다. 특히 3년 동문수학의 '예사롭지 않은 내용' 중 자질구레한 상상은 없애고, 양산백과 축영대의 아름다운 형상을 수정하고 다듬는데 심혈을 기울였다. 다른 한편으로, 양산백과 축영대의 혼인을 방해하는 요인과 그 비극성만을 강조했는데, 목적은 바로 각종 우연으로 빚어진 혼인 실패의 비극적 근원을 '봉건사회'의 '필연성'으로 귀결시키는 데 있었다. 즉 종법제도와 계급적 압박이 사랑하는 연인을 하나가 될 수 없게 했고, "아버지의 명은 거절하기 힘들고, 마씨 집안의 세력이 크니 혼사를 물리기 힘드네"(월극본)와 같은 '반봉건' 주제를 강조했다. 그 결과는 바로 중국 희곡사가(家) 아잉(阿英)의 평가와 일치하게 된다. "《유음기》가 우수하다는 것은, 극본이 지방극과 창본(唱本)의 조잡함, 인물들의 언어와 실생활 간의 모순을 극복했고, 세속, 낙후, 미신, 불필요한 부분을 제거해 이야기를 단순 소박하고 명확하게 만든 데 있다. 또한 심도 깊은 계급 분석을 통해 모순적인 생활의 본질을 표현했고, 이로써 봉건적 혼인제도의 죄악을 폭로했다."(阿英 1981, 214)

주제가 '반봉건'으로 정해진 이상, '구사회'의 모든 잔재(독소)를 일소해야 했으며, 이를 구체화하기 위해 구본(舊本)에서 비극을 야기한 '미신', '숙명', 오해, 우연의 일치 및 기타 주제에서 어긋나는 모든 '잡다한 것'을 삭제해야 했고, 이로써 모순의 핵심을 '봉건 예교'에 집중시켰다.(席明眞 1959, 303~304)

다음으로는, 양산백과 축영대의 형상을 새로이 창조했다. '세속적임', '색정적임', '외설적임', '추함'으로 인해 '정면인물' 형상에 해를 끼칠 수 있다고 여겨지는 줄거리나 노래, 연기는 모두 삭제되었다. 《양산백과 축영대》의 비교적 완전한 극본이라 할 수 있는 1951년 화둥희곡연구원(華東戲曲研究院)의 월극 각색본은 '고대 청춘남녀인 양산백과 축영대의 빛나는 형상을 만들어냈다'라는 찬사를 받았다. 또한 '미신'이라 하여 한때 삭제되었던 '낭만주의' 색채가 농후한 〈화접(化蝶: 나비 화신)〉을 복원시켜 '낙관주의' 정신을 강조했다. 각색과정에서 연출자와 연기자들의 분석 및 토론을 거쳐, "진실한 묘사, 합리적 정화와 적당한 창조"를 결합하는 방식을 취하기로 했다. 그리하여 "애매한 것은 분명하게, 왜곡된 것은 올바로, 완전치 못한 것은 완전하게" 만들어, 축영대는 원래의 총명하고 열정적이며 대담한 소녀로, 양산백은 원래의 충직하고 소박한, 그리고 솔직하고 약간은 유아스러운 서생의 모습이 되었다.[6] 그뿐만 아니라, 각색자는 양산백과 축영대 간 애정의 '감정과 사상 기초'에도 충실을 기하는데, 평론도 이와 인식을 함께해 지고지순한 사랑만이 '사람들의 믿음을 살 수 있고', 주인공 또한 변치 않는 '순결'하고 '아름다운' 감정과 '반봉건'에 대한 의지를 지탱할 수 있게 된다고 했다.

본극 각색의 가장 중요한 임무는, 극 전체의 모순 충돌을 더욱 집중·강화시키고, 정면인물의 '반항성'을 제고하며, 동시에 극 전체의 긴장도를 조정하는 데 있었다. 이를 위해, 월극 각색본에는 부녀 간의 정면충돌 장면인 〈항혼(抗婚: 결혼에 항거)〉을 첨가해 극 전체의 반봉건 주제를 분명하게 한다. 1953년 쓰촨극을 경극으로 전환할 당시 마옌샹(馬彦祥)은, 축영대가 혼인소식을 알고 나서 '부모에 대한 원망' 외에 마씨 집안과 매파를 더욱 원망해 "매파를 보내와 중신을 세워선 안 된다"고 했으며, "당신 손에 들어올 돈만 생각할 뿐, 한 사람의 평생의 한을 어찌 신경 쓰겠는가"[7]라며 개인적인 이익만을 꾀하는 매파를 비난하고 있다고 보았다.

이는 '비극을 불러온 봉건 혼인제도의 기초인 가부장제 종법사회의 죄악을 가볍게 하고 있다'. 또한 '극 중 어떤 장면도 축영대와 부친의 충돌을 정면으로 설정하지 않았는데, 이는 축영대가 자신의 이상을 위해 투쟁한다는 반항정신을 크게 약화시키고 있다'고 한다. 이로 인해, 마옌샹은 연출할 때 특히 쌍방의 '대항성'을 강화시켰고, 이로써 반봉건 투쟁을 '첨예'하고 '깊이 있게' 표현하려 했지만, 연출 효과는 그다지 만족스럽지 않았다. 우샤오루(吳小如)는 경극《유음기》의 줄거리와 분위기가 "조금은 허술하다", "주요 모순이 전혀 드러나지 않으며, 대항적 투쟁방식도 그다지 날카롭지 않다. 특히 봉건사회의 통치세력을 대표하는 축영대 집안의 구성원에 대한 것을 제외하고는, 처리 정도가 상당히 미흡하다", "이는 관중으로 하여금 축영대 집안

《양산백과 축영대》 극본

월극 《양산백과 축영대》의 한 장면

쓰환극 《유음기》의 한 장면

외에는 증오를 느끼게 할 수 없으며, 또한 축영대에 대한 동정도 일으키게 할 수 없다"(吳小如 1995, 144)라고 지적했다.

이렇듯 다양한 희곡 평론의 추동 아래, 각지에서는 정도를 넘어선 각색이 이루어지는데, 전하는 말에 따르면, 어떤 이는 아예 《유음기》를 《유음아녀(柳蔭兒女)》라 고쳐 양산백과 축영대 모두 무장투쟁에 참가해 혼인의 자유를 얻게 하자는 건의를 했다고도 한다.(鄧運佳 1993, 611)

1963년 8월 중국 문화부는 '각지의 극단은 현재의 계급투쟁과 사회주의 교육 운동, 봉건 미신, 강제 혼인에 반대하는 작품 상연에 적극적으로 협력한다'라는 슬로건을 발표하는데,[8] 그 목적은 '사회주의 사상을 더욱 공고히 하기 위한' 것이었다. 문화부는 작업의 편의를 위해 각지에 《양산백과 축영대》, 《나한전(羅漢錢)》, 《양추연(梁秋燕)》 등과 같은 작품을 추천한다. 그리하여 각지의 극단들은 앞다투어 이 작품들을 모방하고 연출하기에 이르고, 《양산백과 축영대》 등은 다시금 '반봉건'과 혼인법을 선전하는 전범이 되었다.

2. 《백사전》[9]
: '신선과 범인의 사랑' 이야기의 변천

'백사(白蛇)' 이야기는 800년간 민간에 전해져 왔고 명조 만력(萬曆: 신종(神宗)의 연호. 1573~1620 — 옮긴이) 시기에 희곡 단계로 발전했다. 이때는 이미 이야기 발전의 중후기 단계로, 민간에서의 영향은 더욱 광범해지고 심화된다.[10] 장구한 세월이 흐르는 동안 백성들의 백낭자(白娘子)에 대한 동정심은 갈수록 깊어졌으며, 승려 법해(法海)는 '할 일 없이 남의 일에 참견한다'는 이유로 미움을 받게 되고, 양자 간의 충돌도 갈수록 격렬해진다.[11] 구체화된 이야기로 전래되는 과정 중, 주제가 '음탕한 유혹(色誘)'의 우언에서 '사랑'의 비극으로 변화되면서(周建渝 2000, 117~124), 원본의 공포적 색채는 옅어진다. 특히 백사의 '요괴적 성격'은 점차 사라져 온화하고 선량하며 인격적으로 변해 백낭자에게는 '백소정(白素貞)'이라는 고상한 이름까지 붙었다.[12] 반면 법해는 갈수록 강경해지고, 함부로 행동하며 요괴화 되고, 심지어 '요괴승'이란 욕을 듣게 되었다.[13] 또한 허선(許仙) 같은 남자에 대한 사람들의 태도는 시종 애매모호한데, 비록 백낭자를 봐서 어느 정도 호감을 갖긴 하나, 이기적이며 소심하고 동요되는 그의 모습을 수시로 폭로했다.

그밖에 민간에 흡수되고 뒤섞인 유교·도교·불교의 사상에 따라, 이 전설이 담고 있는 바도 더욱 복잡해졌다. 도교에서는 '뱀신을 숭배'하는 민간의 관습을 답습해 백사가 도교의 성지 어메이산(峨眉山)에서 왔고, 전생에 입은 허선의 은혜를 갚기 위해 속세에 뛰어드는, 이른바 "숙채근심, 은애상련(夙債根深, 恩愛相連: 일찍이 진 빚이 깊어, 사랑으로 연결되는 것)"[14]이라 표현했다. 불가에서는 색즉시공(色卽是空)을 널리 알리고 세인을 일깨우기 위해 백사를 "허선을 만나 마음이 동하여 어찌할 바 모르는"[15] 도색적인 인연을 설정해 화(禍)를 만들었는데, 법해가 석가의 명을 받아 '요마(妖魔)를 제거한다'고 했다. 유교에서는 애써 백낭자의 정통 형상을 재창조했다. 오늘날까지 전하는 지방극과 곡예(曲藝)의 구본으로 보았을 때, 이러한 내용은 혼재되어 있어 구별하기 어렵다. 각각의 이야기는 모두 대중이 편애하는 백사 전설에 따라 진행될 수밖에 없었는데, 오랜 시간이 흐르며 복잡하게 뒤섞인 이야기들로 인해 '무(無)주제'의 현상이 두드러졌다.

1949년 5월, 백사 전설에 근거해 상하이(上海)시에서 각색한 월극 《백낭자(白娘子)》에서는 신화적 색채가 완전히 사라졌다. 백소정은 이제 더는 전설 속의 요괴가 아닌 핍박 받는 '정치 도주범'이며, 백색 옷을 즐겨 입고 행적이 묘연하다는 이유로 요괴라는 모함을 받는다. 법해는 대대로 전해 내려오는 백씨 집안의 처방전을 얻지 못한 데 앙심을 품고, 관부와 결탁해 그녀(백소정)를 함정에 빠뜨리는 비겁하고 이기적인 '봉건세력'의 상징이 된다. 이러한 수정은 "사회의 암울함을 폭로하고, 통치집단을 비판하고 구시대 부녀자들이 억울함을 호소하는 데 적극적인 의의를 지녔다." 그러나 어떤 사람은 "신화와 미신의 구분을 확실히 해야 한다. 원래 전설 중의 신화 색채는 없애서는 안 된다"라고 지적했다.[16] 건국 초 전설 속에서 복잡하게 뒤섞여 통일성을 이루지 못했던 문제에 대해 위에서 아래로의 통일된 인식이 이루어졌다.

1950년 12월 톈한(田漢)은 전국 희곡공작회의에서 발표한 보고문 〈애국주의적인 인민의 새로운 희곡을 위해 분투하자(爲愛國主義的人民新戱曲而奮鬪)〉에서, "구극을 심사할 때 미신과 신화의 구별에 주의를 기울여야 한다. 적지 않은 신화는 모두 선인들의 자연현상에 대한 천진스러운 환상, 혹은 구사회에 대한 저항과 이상세계에 대한 추구이기 때문이다. 이러한 신화는 신사회에 무해할 뿐 아니라 유익하기까지 하다"라고 말하고 있다. 또한 그는 "민간전설 같은 것은 쉽사리 모방할 수 없으나, 쉽게 파괴될 수 있는 인류 유년시절의 아름다움이며, 이러한 극본을 수정할 때는 주의를 기울여야 하고 경솔하게 파괴해서는 안 된다"라고 했다.

1952년 12월, 저우양(周揚)은 제1회 전국희곡연출대회의 최종 보고에서 《양산백과 축영대》와 《백사전》 등의 극을 높이 평가하는 동시에, 특별히 '신화 전설'과 '미신 이야기'의 구별에 대해 다음과 같이 설명하고 있다. "수많은 신화는 세계에 대해 적극적인 태도를 취하며, 민중성도 풍부하다", 사람들이 "운명에 굴복하지 않으며 환상의 형식 속에서 운명을 정복한다", 이로 인해 "사람들이 노예의 지위에서 벗어나 진정한 인간의 생활을 추구하게 한다". 미신은 "늘 소극적으로 통치계급의 이익을 반영하고 있다", 숙명론과 인과응보를 선전해 사람들로 하여금 운명을 믿게 하고 운명을 따르게 한다. 때문에 "사람들로 하여금 기꺼이 노예로 지내게 하며 노예의 사슬을 미화시킨다".[17] 이러한 내용들은 훗날 이와 관련된 작품을 각색하는 데 척도가 되었다.

이리하여 《백사전》의 각색은 기존의 민간의 호오(好惡) 관념을 따르는 동시에, 극중 인물들은 모두 '봉건 억압에 반항'하는 모순 충돌의 대립면으로서 출현할 것을 더욱 강조했는데, 이로 인해 인물 자체가 내포하던 복잡성을 잃게 되었다. 가장 두드러진 희곡 각색의 성과로는, 원래 상당히 매혹적인 '요괴'였던 백낭자를 '좋은 여인'으로 탈바꿈한 것이다. 이를 위해 1950년대 각 지방극은 《백사전》 각색에서 애써 백낭자의 '뱀 요괴'라는 신분을 감추려 했다. 1952년 중국희곡학교 실험경극단이 이 극을 연습할 때, 경극계의 유명한 감독인 리쯔구이(李紫貴)는 여 주인공에게 "백소정을 온순하고 선량한 중국 고대 표준의 여성상으로 만들어야 한다"(劉秀榮 1992, 569)라고 요구해, 1952년 화둥희곡연구원 각색본인 월극 《백사전》에서 요괴와 관계되는 '화를 부르다'는 장면을 모두 삭제한다. 그러나 톈한이 각색한 경극 《백사전》에서는 해방 초까지 중국의 전통 여성상과는 달리 사납고 극성스러운 백소정의 모습이 담겨 있는 도고(盜庫) 장면을 남겨 두었으나, 갖가지 압력으로 이는 1953년 이후 완전히 삭제된다.[18]

경극 《백사전》의 한 장면

월극 《백사전》 광고지

동일한 적에 대한 적개심을 갖게 하려고, '반봉건'의 분노를 법해에게 집중시켰고, 허선을 죽음을 불사한 백낭자의 사랑과 어울리게 하려고, 원래 이기적이고 나약하며, 과감하지 못했던 허선을 비록 의심은 많으나 전체적으로 충직하고 무고한 '피해자'로 탈바꿈시킨다. 더욱 중요한 것은 백낭자와 《백사전》을 신중국이 제창한 '반봉건'이데올로기가 얼마나 '가치' 있는 것인가와 부합되게 하려고, 결단력 없고 죽음을 두려워하는 남자를 '교육적 의의'를 띤, '동요에서 확고'한 전형적인 인물로 치밀하게 개조하지 않으면 안 되었다. 그리하여 백사 전설과 지방극에서 허선을 용납하기 어려웠던 부분을 하나하나 수정했다.

《양산백과 축영대》와 《백사전》으로 대표되는 '애정 신화' 가운데 단순하고 강렬한 '반봉건' 주제(오늘날은 이미 '상식'으로 되었다)는 당시 이렇게 한 걸음 한 걸음씩 고착되었다. 이렇게 선명한 '반봉건' 주제로 말미암아 지방극의 '핵심 극'인 두 극은 중국 건국 초기 희곡 연출과 평론의 초점이 되었고, 전국을 휩쓸며 오랫동안 공연되었다. 그러나 시간이 지나면서 관중의 식상함을 불러일으켜 "신문을 펴지 않아도 모든 내용이 양산백·축영대와 백사전의 소식임을 알 수 있네"라는 민요가 유행하게 되었다.

3. 임시변통 혹은 회피
: '궤도 이탈'과 '반항'의 사이

백낭자와 축영대가 각기 사랑을 위해 보여준 열정에는 바로 민간전설의 '순수한 혼'이 담겨 있으며, 이는 필자가 그들의 사랑을 선택해 '신중국' 희곡개혁운동 연구를 시작한 내적 동기이기도 하다.

1954년 중국경극원이 《백사전》을 연출할 때, 톈한은 '작가의 말'에서 시인의 격정으로 백낭자의 성격을 칭찬했다. "백낭자를 동정할 만한 가치가 있는 것은 허선을 향한 열렬하고 순수한 사랑 때문이다. 그를 위해 그녀는 고생스럽게 전장(鎭江)에서 부부가 약을 팔았고, 그를 위해 죽음을 무릅쓰고 선산(仙山)에 가 영지(靈芝)를 훔쳤다. 그를 위해 그녀는 법해에게 애원하지만 아무 소용이 없자, 임신한 몸으로 봉건 억압의 대표자와 필사의 전투를 벌였으며, 출산 후 바리때로 진압당할 때도 굴하지 않았다."[19] 백낭자의 애정이 얼마나 깊었는지, 사랑을 위해 얼마나 용감했는지 모두 틀린 말은 아니지만, 백낭자는 결국 '요괴'일 뿐, 고생을 참고 견디다 처참하게 버려진 인간세상의 진향련(秦香蓮)이나 조오랑(趙五娘)[20]과는 달랐다. 백낭자는 일단 허선을 사랑하게 되자 오직 두 사람의 사랑만 생각할 뿐 인간세상의 법칙을 무시했다. 설령 사랑 때문에 천지가 뒤엎어진다 하더라도 눈도 깜짝하지 않았을 것이다. 그렇다면 평론과 각색에서 왜 백낭자의 타고난 '야성', '사악하고 괴상함', '음탕함'에 대해서는 언급하지 않고 오히려 '봉건 억압'에 맞서 저항하는 강한 기개만을 두드러지게 했던 것일까?

백낭자는 사람과 요괴의 사랑으로 처음부터 신선과 속세의 경계를 어겨가며 '궤도를 이탈'했다. 법해가 보기에, 이는 논쟁의 여지가 없는 백사의 잘못이고 이로 말미암아 요괴를 제거해야 하는 '정당성'이 부여된다. 나중에 백낭자는 사람들에게 인정받는 혼인을 위해 규범을 어기는 것쯤은 아랑곳하지 않는데, 그것은 애초 규범을 어긴 사랑이 필연적으로 야기한 충돌에 지나지 않는다. 그러나 여기에 맹점이 하나 있다. 요괴인 만큼 정열적인 사랑에 빠진 그녀가 어떻게 인간세상의 규범의 속박을 받겠는가? 목숨을 건 그녀 사랑의 다른 편에는 '규범을 어긴' 야성이 수없이 많았음을 알아야 한다(게다가 그녀가 난폭하게 굴면 어떠한 재앙을 불러올지 모른다). 사람들이 한편으로는 즐거워하고, 한편으로는 두려워하는 감정의 에너지 원천은 사실 동일하다. 보통 사람으로서 허선이 사랑의 소용돌이에 휘말리면서 겪는 이중의 어려움 또한 바로 이것에 기초한다.

여기에서 관건은 누가 정이 많고 누가 무정한가에 있는 것이 아니라, 인류의 영혼에서 우러나는, 멈출 수 없는 애욕에 대한 갈구(충분히 매혹적이며 또한 공포스러운)와 현실 사회의 기초(예를 들어 생명, 규범, 질서 등 쉽사리 넘어설 수 없는 한계) 사이에 언제든지 발생할 수 있는 상호 간의 호응, 간섭 혹은 위배에 있다. '사랑의 신체(물질적, 신체적)'로서 허선의 동요는 바로 인간세상의 '한계'에 의해 정해진 것이다. 유혹(백낭자)과 함께한다면 자신의 몸을 그르칠 것이고, 목숨을 위해 법도를 따른다면(법해) 은혜와 의리를 저버리게 될 것이다(애욕을 단념). 필자의 생각으로는, 백사 전설이 허선을 반복해서 동요하고 모순적으로 표현하며 무의식적으로 수많은 '숙명'이나 '색공(色空)'과 관련된 지적, 충고, 심지어 위협을 보류한 것은, 아마도 불도(佛道)의 시각을 빌려 인류의 '생명의 뿌리'에서 나오는 생존의 곤경을 짚어보며, 또한 불도의 입을 빌려 사람들의 마음 깊은 곳에 자리한 모호하고 심오한 의혹과 두려움을 표현하려 했던 것은 아닐까?

안타까운 것은, 개체 사이에 얽혀 있는 인성·요성(妖性)과 인정(人情)의 구체적 조우가 결국 관념과 이성의 정형적인 틀을 벗어나지 못한 데 있다. 근현대 이래로 《백사전》의 변화 추세를 보면, 특히 1949년 이후의 각색은 '성적인 유혹'에서 '애정', 다시 '반봉건'의 과정이었다. 한편으로는 애정이 깊어지고 '구원', '허락'된 듯하지만, 다른 한편으로는 백낭자의 독특한 '요성'(그리고 허선에게서 반복해서 표현되는 동요되는 '인성')은 철저히 제거되었다. 이는 이상적인 '사랑', 정의로운 '반항' 등의 추상적 관념을 연역해 내기 위함이었다.

　　《백사전》이 오래도록 전해지는 생명력은 바로 사람들을 놀라게도, 기쁘게도, 두렵게도, 사랑스럽게도 하는 '요괴' 정체성 및 백낭자가 야기한 '악연'에 있다. 즉 세상이 받아들일 수 없는 사람과 요괴의 사랑이 빚어낸 격렬한 분쟁은 인류가 영원히 벗어날 수 없는 현실적 애욕이 갖는 어려움이라는 특별한 의미를 제기하는 것이다. 인간과 애욕에서의 어려운 미묘한 관계가 일단 '정치–애정'의 맥락 속에서 우언화된다면, 《백사전》의 각색이 특정한 시대의 정치·문화 배경 속에서 담당해야 할 깊은 의미가 무엇이었는지 이해하기란 그리 어렵지만은 않다.

　　그러나 만약 '애욕'적인 차원만을 부각시켜 영육 합일을 갈망하는 인류의 고유한 콤플렉스에 착안한다면 추상적 인성론의 이치에 빠지고 말 것이다. 따라서 구체적인 사회적·역사적 맥락 속에서 신중하게 고려해야만 민간전설과 희곡, 특히 희곡개혁운동이 왜 이토록 '신선과 범인의 사랑' 이야기의 재현을 중시했는지를 알 수 있다.

　　지금까지 이야기한 대로, 백사 이야기는 송원화본(宋元話本)의 지괴(志怪: 괴이한 이야기를 기록한 소설이라는 뜻으로, 위진 남북조에 시작된 소설 장르를 가리킴—옮긴이) 이야기가 점차 대비극(大悲劇)으로 변한 것이며, 여기에는 불교 · 도교 · 유교 성분이 이미 구분되지 않을 정도로 혼재해 있다. 그러나 다른 한편으로는, 그것들이 전설로 되는 동시에 민간의 '이야기꾼(傳說者)'[21]에 의해 과장된 갖가지 이야기로 거듭나게 되는데, 반불(反佛: 예를 들어, 금산(金山)의 범람(水漫金山), 반도(反道: 예를 들어, 부적을 찢어버림(扯符弔打)), 반(反)현세통치 등의 내용이 뒤섞여 있다. 이러한 상호 간의 영향, 변이 및 자연적인 변화로 생긴 결과는 백낭자를 정통 관념에서는 골칫거리로 되게 했고, 반면 사람들에게서는 사랑 받는 '이단' 및 '음탕하면서도 괴상함'의 상징으로 만들었는데, 이는 단지 원래의 사람과 요괴 구분상의 '이류(異類)'를 가리키는 것은 아니다. '사람/요괴의 합체'인 기이한 여자를 대할 때, 허선처럼 도량이 좁은 속물은 사람들에게 실망을 안겨줄 수밖에 없었지만, 사람들이 이른바 '이류', '이단', '음탕함과 괴상함'에 이토록 깊은 애정과 희망을 걸 때, 현실 상황에 대한 내면의 불만 · 실망 · 절망 및 이에 따른 통치계급, 사회질서와 도덕규범에 대한 경멸과 도전도 숨김없이 드러내 보일 수 있다.

특히 청말 지방극이 공전의 활기를 띠었는데, 《백사전》의 반역의식('투쟁성')은 민간의 반항정서를 따라 공연을 할수록 격렬해졌다. 궈한청(郭韓城)은 《백사전》의 '민중성'을 "백사 전설은 명말 청초에 이르러 이미 정치투쟁 쪽으로 발전했다. …… 백사(白蛇)와 청사(青蛇)의 전형적인 형상 속에 농민의 혁명정서가 응집되어 있고 또한 당시 역사 조건에서 농민들의 한계를 반영했으며 최후에는 '비극'적 결말을 맞게 되었다"(郭漢城 1982, 203)라고 분석했다.

그동안 백사 전설은 민간의 보편적인 뜻을 더욱 적절하게 전달하고자 끊임없는 각색을 통해 반항자로서 백낭자의 정의로운 형상을 정화하고 더욱 돋보이게 한다. 동시에, 한편으로는 요괴로서 백낭자의 맹렬한 요사스러움은 옅어지고, 다른 한편으로는 백낭자와 대척점에 서 있는 법해의 세력은 갈수록 과장되는데, 이는 백낭자를 '약세'로 만들어갈수록 안정된 '피해자'와 '피억압'이라는 입장에 그녀를 위치 짓는다.

이상의 내용은 모두 신화적 색채가 옅어지는 과정에서 《백사전》 각색 중 민간의 입장을 지탱하고 있다. 억압 받는 약자의 반항이란 영원히 합리성과 현실 정당성을 지닌 정의로운 투쟁이라 할 수 있다. 오랜 세월 동안 피억압의 사회 지위에서 생겨났고 어쩔 수 없이 지속될 수밖에 없었던 이러한 입장은 노동 대중이 '해방을 얻은' '신중국'에 이르러 계급투쟁을 핵심으로 한 정치이데올로기가 적극적으로 선양하는 '혁명'과 '반항'정신으로 승화되었고 모두 '민중성'으로 귀결되었다. 〈도고(盜庫)〉를 삭제하고,〈수투(水鬪)〉를 암암리에 수정한 목적은 '궤도 이탈'과 '반항' 사이에서 필연적으로 취한 삭제와 수정으로, 이는 '개혁희곡' 과정에서 정치이데올로기 운용의 변통책을 잘 보여준다.

이런 변통은 《양산백과 축영대》의 '희극성'과 '비극성'의 조절 정도를 결정할 때도 나타났다. 이를 위해 각색자는 계속해서 격렬하게 충돌하는, '축영대가 혼인에 저항하는' 줄거리 〈항혼(抗婚)〉을 첨가했는데, 그 동기는 여전히 '반봉건' 주제가 필요로 하는 '비장성(悲壯性)'을 강화하고 선전해 사람들이 원래 특히 좋아하는 희극 색채를 압도하는 데 있었다.

축영대가 혼인에 저항해 무덤으로 뛰어드는 부분을 보면, 사실 단지 '몸으로 순애(殉愛)'하는 자유를 얻었을 뿐이며 의도적으로 삭제된 것은 혈기 왕성한 젊은 여자가 마음에 드는 상대를 만난 후 가슴속에 움튼 숱한 사랑의 감정이다. 양산백과 축영대가 동문수학한 3년의 세월 동안 아무 일 없었으니, 이는 얼마나 '보기 드문 일인가', 역대로 전해 내려오는 《양산백과 축영대》 이야기와 희곡은 모두 이 점에 대해 흥미진진해하고 무수한 상상을 하고 있다.[22]

이른바 정통 관념조차도 이 전기의 매력을 부정할 수 없었기에 언급하지 않을 수 없었지만, 축영대가 '윤리에 어긋난 남장'을 했음을 분명히 알고서도 사실을 회피하려고 남장에 대해 자세한 언급을 피했으며, 오히려 궤도를 이탈하지 않은 것만을 강조하고 사랑을 위해 목숨을 바치는 것으로 '충의 절개'만을 찬양했다.[23] 이는 바로 희곡개혁 중 심혈을 기울여 축영대의 '봉건 예교'에 대한 '반항성'을 돌출시킨 후로도 여전히 남아 있는 '철저하지 못한' 부분으로, 여기서 주의 깊게 볼 만한 문제점이 하나 드러났다. 유가 윤리의 전통에서 엘리트 계층의 사대부는 일반적으로 민간문화 속에 존재하는 각종 성관념과 성행위에 대해 언급하지 않았다. 삼종사덕(三從四德)과 같은 양성(兩性) 및 혼인 윤리를 논할지라도 도덕논리의 시각에서 보편적인 원칙만을 다룰 뿐, 구체적인 성관념과 성행위에 대해서는 언급을 회피했다.

여기서 알 수 있는 것은, 시종 여성의 '정절'을 둘러싸고 전통이 제시했던 구시대의 '봉건 예교'가 여성에게 요구한 금욕뿐 아니라 신중국의 '반봉건' 이데올로기 속의 수많은 자유연애, 여성해방, 남녀평등의 외침에 이르기까지 그 본질은 모두 애써 행위 사실을 회피한 — 예를 들어 양성의 즐거움 및 각종 '색정', '애욕'의 생명체험— 공허하고 피상적인 '성'관념에 있다. 이러한 의미에서 희곡개혁 후 축영대가 보여준 '사랑을 위해 몸을 받침'은 사실상 원래 그녀의 '가슴에 가득 찬 애욕과 청춘의 환상적인 생명'이 새로운 이데올로기가 적극적으로 찬양한 '반봉건의 숭고한 정신과 빛나는 형상'에 의해 순장되었다고 할 수는 없는 것일까?

이 모든 것은 일찍이 사대부에 의해 '절개 있는' '열녀'(마찬가지로 당시 통치이데올로기의 제창)로 칭송되었던 것과 무슨 차이가 있겠는가? '변장(남장)' 및 그와 관련된 내용을 성별 이론의 각도에서 분석해 보자면, 사회생활 속의 정통적인 주류 이데올로기도 '해방' 전후와 마찬가지로 성별을 말살해 버렸음을 분명히 보여준다.[24] 마치 중국 예교문화가 '성'을 도덕화된 질서 속에 편입시켜 양성 및 그 혼인 윤리의 구조를 전통문화 구조와 도덕시스템 중의 핵심 구조로 만들었듯이, '변장'의 줄거리가 《양산백과 축영대》의 각색에서 '보류'된 것도 건국 초기 '반봉건' 이데올로기가 이른바 '봉건 예교'의 충효절의(節義) 등 구전통과 어떤 면에서 충돌하지 않았음을 보여주었을 뿐만 아니라 정치이데올로기가 전통희곡의 개조에서 상당히 융통성 있는 선택을 하고 있음을 증명해 준다.

그러나 인류생활 속에 이토록 깊이 살아 숨 쉬는 애정 체험이 '반봉건' 이데올로기가 포용하고 해결해야 할 사회문제인가? 이는 1950~60년대 애정을 소재로 한 희곡개혁 과정에서 치명적인 결함을 드러냈다. 즉 인류생활에서 원래 생동적이고 미묘하며 허와 실이 상응하고 만감이 교차하는, 무어라 규정할 수 없는 애정 체험을 거칠게 요약·정리해 편협한 현실 차원으로 귀결시켜 단순한 '사회문제'로 처리한 것이 그것이다.

사회생활 속에서 억압에 반항하고 해방을 추구하는 동기는 무수히 많을진대 사람들은 왜 하필 《양산백과 축영대》, 《백사전》 같은 사랑의 로맨스에 끌리는 것일까? 그 이유는 어쩌면 상당히 간단할지 모른다. 인류의 애정 추구는 막을 수 없는 원동력을 지니고 있다. 이때 새로운 이데올로기에 의해 주목된 '사랑'은 이미 애매한 경향으로 전체에 손해를 입힐 수 있는 '색정', '애욕', '상궤(常軌)를 벗어난 행동'

이 깨끗이 삭제되어, 곧바로 '행복한 생활에 대한 추구'로 승화되곤 한다. 그래서 애정 추구는 사람들의 미래의 행복한 생활에 대한 강한 열망을 가장 잘 전달하는 것이라고 대담하게 말할 수 있게 된다. 이를 전제로 사람들이 극을 관람할 때 애정과 관련된 상상과 만족이, 새로운 이데올로기의 사회이상이 사람들에게 허락한 '행복한 생활', '아름다운 미래'와 상응한다면, 그것은 지극히 풍부한 감염력과 감화력을 지닌 상징적 집단 이상으로 실천되는 것은 아닐까?

이렇게 볼 때, 이른바 '애정 신화'는 '신중국' 희곡개혁운동에서 이중의 의미를 얻게 된다. 한편으로는 민간의 시야 속에서 여전히 신비롭고 심금을 울리는 로맨스로 표현되며, 다른 한편으로는 인류의 애정생활 속에서의 심오함과 복잡하게 생겨나는 생명 체험을 억제하고 제거해 단지 사회모순을 반영하고 현세문화 정치에 필요한 매개체로 만들어, 원래 구체적이고 미묘한 애정생활은 이데올로기의 변통에 의해 운용되는 추상적인 '신화'가 되어버린다.

그러나 구체적인 희곡 각색 과정에서 추상적인 도리(예를 들어 도덕과 정의의 원칙)로 개체의 감성을 끌어올리거나 대신하든, 아니면 판에 박힌 계급 관점에서 일상생활 속 다양한 인생 체험을 규범 짓고 삭제하든, 마치 무소불위의 기세 아래 아무것도 하지 못하는 정치이데올로기의 거북함을 간파할 수 있다. 이는 사실상 중국 지방 희곡의 특수하고 중요한 인문 가치를 구체적으로 드러낸다. 중국 지방 희곡은 그 복잡함과 다양함으로 인해 자주 변화하지만 언제 어디서나 생활실체, 세상의 이치와 밀착되어 불변 속의 변화, 변화 속의 불변이 깃들어 있다. 그러므로 한층 더 인간사의 풍부함과 모순을 아우를 수 있고 대대로 전승될 수 있을 뿐 아니라 장구한 역사를 거치며 새로이 연출되고 재현되어, 사람들로 하여금 부단히 자신의 현실 상황을 돌아보게 하고 생활의 모든 정취 및 다양한 가치와도 친밀하게 해줌으로써 지속적으로 인생의 시야를 넓힐 수 있는 능력을 갖추게 해준다.

■ 아래는 《양산백과 축영대》, 《백사전》의 줄거리를 요약한 것이다. —옮긴이

《양산백과 축영대》 줄거리

양산백과 축영대의 이야기는 청춘 남녀의 애틋한 사랑을 그린 중국판 로미오와 줄리엣이라 할 수 있다. 축영대는 육조(六朝) 때 여인으로 부잣집 외동딸이다. 여자가 학문을 하는 것이 금기시되던 시절, 그녀는 남장을 하고 서당에 가 학문을 배우려 했다. 우여곡절 끝에 남장을 하고 길을 가던 중 축영대는 우연히 가난한 선비 양산백을 만나게 되며, 둘은 의형제를 맺게 된다. 둘은 함께 생활하고 공부하며 감정의 깊이를 더해 갔다.

어느 날 축영대는 즉시 집으로 돌아오라는 아버지의 편지를 받고 항저우(杭州)를 떠나게 되었다. 그때까지도 축영대가 여자란 사실을 모르고 있던 양산백에게 축영대는 자신의 마음을 전하고 싶었다. 축영대는 자신의 집에 누이동생이 있다면서 만약 마음이 있다면 자신의 집에 와 청혼을 하라고 양산백에게 말한다. 이 말을 들은 양산백은 몹시 기뻐하며 반드시 찾아가리라 약속하며 둘은 헤어졌다.

축영대가 떠나고 나서 그녀가 여자란 사실을 알게 된 양산백은 바로 축영대의 집으로 찾아가지만, 축영대의 아버지는 둘의 혼인을

허락지 않았다. 어쩔 수 없이 집으로 돌아온 양산백은 축영대에 대한 그리움으로 병을 얻어 쓰러지고, 결국 세상을 뜨고 말았다.

사랑의 아픔을 이기지 못하는 것은 축영대도 마찬가지였다. 축영대의 아버지는 그녀를 마씨 집안과 혼인하기를 강요하고, 전혀 마음이 없는 축영대는 시집가는 날 양산백의 무덤에 가 목 놓아 울기 시작했다. 이때 하늘과 땅이 어두워지고, 천둥과 번개, 비바람이 몰아치면서 무덤이 갈라졌다. 순간 축영대는 무덤 속으로 뛰어들었고, 그러자 무덤은 순식간에 닫혀 버렸다. 이 모든 풍파가 지나고 묘지 위에는 마치 아무런 일도 없었다는 듯 평온이 찾아왔다. 묘지 위에는 아름다운 꽃들이 피어났고, 그 주위로 아름다운 나비 한 쌍이 자유롭게 춤을 추며 날아다녔다.

후세 사람들은 이 나비 한 쌍을 양산백과 축영대라 믿었다. 죽어서야 하나가 될 수 있었던 그들의 안타까운 사랑이야기는 지금까지도 사람들의 심금을 울리고 있다.

〈백사전〉 줄거리

옛날 중국 어메이산(峨眉山)에 수천 년 동안 도를 쌓은 두 마리 뱀이 있었다. 백사(白蛇) 백소정(白素貞)과 청사(靑蛇) 소청(小靑)은 아름다운 두 여인으로 변신해 항저우(杭州) 시후(西湖)에서 놀았다. 아름다운 시후에서 정신없이 놀다가 시후의 단교(斷橋)에 이르러 갑자기 폭우가 쏟아지자, 허겁지겁 버드나무 아래로 비를 피한 그들에게 허선

(許仙)이라는 젊은 남자가 우산을 주고 갔다.

허선은 성묘하고 돌아가다가 버드나무 아래서 비를 피하는 두 여자를 보고는 자신의 우산을 빌려주고 배까지 불러 그들을 집으로 돌려보냈다. 이때 백소정은 허선에게 연정을 품게 되는데, 우산을 되돌려 주는 것을 빌미로 허선을 초대했다.

허선 또한 눈앞의 절세가인 백소정이 싫지 않았다. 둘은 결국 부부의 연으로까지 이어지게 되며, 얼마간은 행복한 나날을 보냈다.

그러나 승려 법해(法海)는 백소정이 천 년 묵은 요괴인 줄 알고 사람을 해칠 것을 두려워해 허선에게 백소정이 천 년 묵은 요괴라는 경고를 한다. 자기 말을 믿지 않는 허선에게 법해는 단오절에 웅황주(雄黃酒)를 먹이면 천 년 묵은 요괴의 정체가 드러난다고 일러줬다.

백소정은 허선의 책략으로 웅황주를 마시게 되는데, 결국 백소정의 정체가 드러나 허선은 그 모습을 보고 놀라서 죽게 된다.

웅황주의 충격에서 깨어난 백소정은 허선이 죽은 것을 보고 놀라서, 선산(神山)으로 영지(靈芝)를 구하러 간다. 백소정은 죽음을 각오하고 선산을 지키는 신선과 격렬한 싸움을 벌인다. 백소정의 진심에 감복한 남극선옹은 영지초를 백소정에게 주면서 허선을 구하게 한다.

다시 살아난 허선은 백소정의 재치로 다시 일상으로 돌아오지만, 법해는 허선을 금산사(金山寺)에 감금해 요괴와 격리시킨다. 백소정은 소청을 데리고 가, 법해와 싸우지만 도력이 높은 법해에게 패하고 만다. 허선은 작은 스님의 도움으로 금산사를 탈출해 단교에서 백소정을 만난다. 여기서 백소정은 허선에게 자신이 천 년 묵은 뱀이라고 고백하지만, 허선은 아내의 진심을 알고서 그녀를 받아들인다. 집에 돌아와 백소정은 아들을 낳게 되는데, 100일째 되는 날 법해가 찾아와 백소정을 시후 바깥의 뇌봉탑(雷峰塔) 아래에 봉인시켜 놓는다.

백소정은 결국 어메이산에서 도술을 연마해 법해를 이겨낸 소청에 의해 구출된다.

● 장롄훙(張練紅 Zhang, Lian-hong)
1971년 상하이 출생. 화동사범대학을 졸업하고 같은 대학원에서 문학박사학위를 받았다. 현재 상하이 사회과학원 문학연구소에 재직하고 있다. 주로 드라마와 문화연구에 관심을 두고 있고 최근에는 중국 대중문예 개조운동에 관한 연구에 주력하고 있다. 지은 책으로 《도시 콘텍스트와 대중문화(城市語境與大衆文化), 《인터넷시대의 사회관리(网絡時代的社會管理)》 등이 있다.
zlh1357@126.com

● 변경숙(卞敬淑 Byun, Kyung-sook)
동국대학교 중어중문과를 졸업하고 중국 화동사범대학에서 문학석사학위와 문학박사학위를 받았다. 지금은 동국대학교 겸임교수로 재직 중이다. 주요 논문으로는 〈모범극 중의 '영웅' 형상과 '문혁' 이데올로기〉, 〈大丈夫之人間情懷─朱自淸題跋筆記〉(中文) 등이 있고, 옮긴 책으로는 《중한대역문고 외국 동화선 초급 10)》이 있다.
byunkyungsook@hanmail.net

'샤오바오(小報)'[1]의 행간과 이면

: 정치권력, 시장 그리고 소비이데올로기의 착종(錯綜)

레이치리 글 | 유경철 옮김

1970년대 영국 좌파의 대표적 인물 스튜어트 홀(Stuart Hall)은 신문이 야기하는 도덕적 공황의 문제를 다루면서 대중매체가 스스로 생산해 낸 패권적 기호에 힘입어 사회의 기존 질서를 공고화하는 데 큰 역할을 한다는 점, 즉 대중매체가 현실을 반영하는 것 같지만 실제로는 현실을 구성해 낸다는 사실을 지적했다.(Hall, 1977) 이는, 대중매체가 당대 자본주의의 주요 이데올로기 형성에 일조하고 있음을 강조한 것이다. 한편 최근 홍콩에서는 대중스타의 나체 사진이 공개되어 파장이 일었고, 이로써 매체의 도덕적 마지노선에 대한 사회적 토론이 진행되었다.[2] 이러한 상황에도, 대중의 알 권리와 말할 권리의 상징처럼 여겨지는 매체의 자유와 독립성은 여전히 미진한 것으로 인식되어, 대중은 이를 광범위하게 요구하고 있다.

특히 현재 중국 상황에서 이러한 요구는 충분히 동조를 얻고 있으며 또 확산되고 있다. 그러나 이러한 '요구'를 어떻게 이해할 것이며 '동조'는 어느 정도 선에서 이루어져야 하는지, 그리고 대중매체의 '자유공간'이란 결국 누구를 위한 것이며, '독립성' 주장 이면에는 어떤 논리가 도사리는지 등에 대한 문제는 (자유주의를 대면하는 때와 마찬가지로) 여전히 경각심을 갖고 따져봐야 할 문제다. 이 문제는 기존의 전제(專制)적 통치방식이 여전히 지속되고 있다는 측면과, 사회의 부단한 변화 속에서 현재 형성 중인 새로운 이데올로기의 압박이라는 또 다른 측면에 동시적으로 연관되어 있다.

지식인의 일상은 언제나 이렇게 극단적인 두 상황의 압박을 받으며 존재한다. 그리고 진실의 소리는 언제나 여러 입장과 견해가 대립하고 충돌하는 가운데서 들려오는 법이다. 최근 몇 년 동안 발생한 중국의 문제를 진단하면서 경험하게 되는 곤혹스러움이나, 이 문제들에서 비롯된 지식계의 몇 차례 논쟁들은 절대 중국에만 한정되는 성질의 것은 아니다. 다만 문제는 우리가 기꺼이, 용감하게 그리고 진심으로 이 문제들을 대면할 수 있느냐 하는 것이다.

대중매체는 이미 당대 중국의 사회생활에 중요한 영향을 미치고 있다. 대중매체는 사람들의 일상생활에 의해 제어되는가 하면, 반대로 사람들의 일상생활을 제어하면서 목하 사회형태를 개조하고 형성해 가는 중요한 역량을 발휘하고 있다. 한편, 최근 발생한 몇몇 매체 관련 사건은 사람들의 이목을 집중시킬 뿐만 아니라 나아가 매체의 시대가 도래할 것이라는 징조를 보여주고 있다. 이 사건 속에서 터져 나온 각종 주장과 견해에 대해 분석하고 해독해 보면, 위에서 언급했던 '경각심을 갖고 따져본다'는 행위의 어려움은 물론이거니와, 이 행위의 현실적 급박성 또한 분명히 목격할 수 있을 것이다.

2001년 5월 10일, 《남방도시보(南方都市報)》가 선전(深圳)에서 판매 금지 조치를 당했다. 이에 해당 신문은 많은 지면을 할애해 이 조치에 대해 연속 보도했고, 이를 통해 수많은 독자의 반응을 불러일으켰다. 이 일련의 사건은 주목할 필요가 있다. 당일 이 신문은 1면 헤드라인을 다음과 같은 문구로 장식했다. "선전의 모 세력, 본보 폐간 기도".[3] 이어 여섯 면에 걸쳐 선전에서의 신문 판매 금지 조치 관련 상황을 상세하게 보도했다. "(선전시) 신문잡지발행국(報刊發行局)과 이 지역 두 신문의 발행 관리 부서가 시 전체 신문판매점 1,000여 곳에서 《남방도시보》 판매를 금지했다", "이러한 노골적인 농단과 불공정행위는 시장경제 원칙에 위배되며, 이렇게 부끄러운 일이 경제특구이자 개혁·개방의 전진기지인 선전에서 발생했다는 것은 실로 선전 시민의 불행이자 선전 특구의 엄청난 치욕이다."[4] 인터뷰에 응한 한 경제학자는 "선전 내 《남방도시보》 판매 금지는 시장 경쟁을 후퇴시키는 행위이며 지역보호주의다"라고 지적했고, 공상관리부(工商管理部)의 책임자는 "신문잡지발행국 등 관계기관은 그 어떤 신문도 판매를 금지할 권한이 없다"는 사실을 확인해 주었다. 일부 변호사들은 《남방도시보》를 위해 자발적으로 법률 자문에 나섰고, 신문 판매상들은 항의 섞인 어조로 "《남방도시보》를 팔지 않으면 돈벌이가 안 돼요"라고 토로했다. 이 신문의 열혈 독자들은 "선전의 《남방도시보》 판매 금지가 가져다준 놀라움과 분노의 정도는 미국 정찰기의 우리 전투기 추돌

중국의 거리에서 쉽게 발견할 수 있는 신문판매대

격추사건이 가져온 충격과 분노보다 덜하지 않다"며 분통을 터뜨리며, 이에 "절대로 동의하지 않을 것"이라고 다짐했다. 이 사건은 곧바로 국내외의 반향을 불러일으켰고,[5] 관련기관 고위층의 관심도 유발시켰다. 그러나 《남방도시보》는 "선전에서의 《남방도시보》 판매 금지는 우리 신문의 발전에 아무런 방해가 되지 못할 것이다"[6] 라며 오히려 미래에 대해 낙관하는 태도를 보였다.

《남방도시보》 관련 보도를 통해 우리는 이 사건에 대한 대체적인 견해나 반응을 알 수 있다. 이 사건에 대한 비교적 정상적이며 또 예상 가능한 반응의 정도는 "당혹, 항의, 숨은 의도의 발각, 반대, 유감, 분노" 등 이미 《남방도시보》가 자체적으로 행한 분석과 반응의 폭을 벗어나지 않는다(불공정하다거나 억울하다는 등의 표현도 쉽게 눈에 띈다). 《남방도시보》를 받아본 그날 오후, 독자들은 분노와 무력감을 느꼈을 것이다. 이는 야만적이고 강력한 권력과 중국사회 변화의 지난함에 대한 확인 때문일 수도 있고, 아니면 다른 이유, 말하자면 대중의 알 권리와 말할 권리, 그리고 매체의 자유와 독립성이 침해당했다는 이유 때문일 수도 있다. 어쨌든 신문에 보도된 독자의 격렬한 반응에서 이를 충분히 감지할 수 있다.

신문의 정간이나 판금, 검열 등은 중국에서 그리 새로운 사건이 아니다. 아주 오랫동안 이런 일은 당연한 것처럼 인식되었다. 기존에

2001년 5월 10일자의 《남방도시보》 1면
"선전의 모 세력, 본보 폐간 기도"라는 문구가 선명하고, 그 아래 박스에 '경악', '비판', '폭로', '반대', '유감', '분노' 등 이 사건에 대한 《남방도시보》의 반응을 보여주는 단어와 함께 관련 기사 위치를 알리고 있다.

이런 일은 대부분 보도내용 때문에 발생했고, 신문 검열을 담당하는 부처에 의해 소리 소문 없이, 이를테면 기록이 남지 않는 전화통지 등을 통해 이루어졌다. 판금이나 정간된 신문은 대개 아무 소리도 하지 못하고 잘못을 인정해야 했다. 불만이 있더라도 일단 화를 피한 후 뒷날을 기약할 뿐, 《남방도시보》의 경우처럼 인민을 동원해 세상에 억울함을 알리고 이를 해결하려는 움직임은 없었다.

사람들은 세상이 참으로 많이 바뀌었다고 감탄할 수도 있다. 그러나 곧이어 다음과 같은 의문이 들 것이다. 무엇이 《남방도시보》의 보도에 등장하는 독자들은 물론, 그 외의 수많은 일반 독자로 하여금 그렇게 강렬히 반응하게 했는가? 1980년대 말 이후 일부 계몽되기는 했지만 완전히 사라지지 않은 '피의 속성(血性)'인가, 아니면 1990년대 이래 사회변혁이 가져다준 어떤 믿음인가? 《남방도시보》 같은 신문이 도대체 언제, 어떻게 이렇게 독자의 마음속에 파고들어, 판금에 대해 "절대로 동의하지 않을 것"이라는 독자 반응을 이끌어낸 것인가? 그리 크지 않은 규모의 이 신문이 어떻게 이런 대담성과 저력을 가질 수 있단 말인가? 또 시장, 그리고 선전이 언제부터 이렇게 신성한 존재가 되었는가? 이런 변화의 힘은 도대체 어디에서 또 어떻게 만들어지는 것일까? 《남방도시보》가 감히 이렇게 강력히 반발할 수 있는 그 내면에는 어떤 게임의 논리가 존재하는가?

1. 자유경쟁·시장경제 이데올로기의 확립과 《남방도시보》의 논리

　　　　　　위의 문제들을 일이삼사식으로 단순하게 분석하는 것은 문제 핵심으로의 접근을 어렵게 할 것이다. 이제 우리는 근 20년 간 걸어왔던 길의 반추를 통해 문제의 매듭이 어디에서 생겨났는지를 살펴볼 필요가 있다. 한편 《남방도시보》가 대중화된 신문이고 대중매체가 시장을 이용해 사회에 호소하고 대중을 발동시킨 것에서 문제가 확대되었기 때문에, 이 글은 대중의 보편적 생각이나 감정을 존중하고 따르고자 하며, 또 여기에 그치지 않고 지식인의 입장과 시각에 근거해 문제의 근본 소재를 찾아내고 정리하고자 한다.

　　1970년대 말 경제개혁과 대외개방으로 중국사회의 변혁이 시작되었다. 개혁은 농촌에서부터 시작되었다. '포산도호(包産到戶)'[7]를 특징으로 하는 '농촌연산승포책임제(農村聯産承包責任制)'[8]의 실시와 뒤이어 사회주의 공유제의 보충으로서 개체 공상업의 허용으로 사회주의의 자랑이던 공유제와 계획경제는 구멍이 났다. 이 구멍을 메울 보충물로서 '시장 조절' 기능의 역할은 갈수록 커졌다. 한편 기아와 빈곤, 즉 물질적 측면의 결핍은 급박히 해결해야 할 일상생활의 문제일 뿐 아니라 심리적이고 나아가 사회적인 문제였다. 물질 재화의 부족과 이에 따른 생산력 제고의 요구가 최고의 명제가 되었다. 개혁은 생산력 제고를 위한 것이었으며, "수많은 노동 인민의 날로 증가하는 물질문화 생활의 수요를 만족시키기"[9] 위한 것이었다. 기존의 투쟁 철학, 정신적인 것에 대한 추구 등은 이러한 수요에 자리를 내준 채 점점 멀리 사라져갔다. 사회주의의 이상을 지탱하던 이데올로기에 위기가 발생했던 것이다. 개인의 이익과 욕망, 사유(私有) 등 종전 전통 사회주의체제에서 억압되어 있던 관념과 욕구가 차츰 일어나기 시작했다. 개혁은 이렇게 억압되어 있던 욕망을 해방시키고, 이 욕망을 추동하겠다는 데서 시작된 것이다.

최근 광범위하게 주목 받는 프랑스 철학자 들뢰즈의 입장에서 볼 때, 욕망은 결코 결핍에서 유래하는 것이 아니다. 오히려 욕망은 결핍의 기초적 구성요소다. 욕망은 욕망의 대상과, 욕망의 대상이 출현하는 사회영역으로부터 구성된다. 이것은 어쩌면 역사를 달리 해석할 합리적 방식일 수 있다. 하지만 개방 초기인 1980년대 중국 지식계를 주름잡은 것은 프로이트였다. 욕망을 결핍으로 해석하는 것은 프로이트, 라캉, 사르트르 등과 기타 수많은 이론가의 공통된 관점이었다. 욕망은 욕망 대상의 결핍에 대한 반응으로 출현하고, 대상의 결핍에서 유래하는, 주체가 생산해 낸 일종의 상태라고 그들은 생각했다.(Schrift 2001, 181) 이러한 주장이 광범위하게 받아들여진 것은 이 철학적 주장이 현상의 본질에 더욱 가깝게 접근해 있어서가 아니다. 당시도 그렇고 지금도 그렇듯이, 욕망에 관한 이러한 해석과 서술이 당대 현실 분석과 문제 해결에 더 적절하고 용이하다는 중국 지식계의 판단 때문이었다.

프로이트 등의 유행은 아마도 다른 측면에서 들뢰즈 사상의 보편성을 증명해 주는 것 같다. 1980년대 초기에 수입된 서유럽 이론이 중국 현실에 미친 영향은 매우 크고 깊었다. 그러나 여하를 막론하고 '공유'가 아닌 '사유' 개념에 뿌리를 두고 출현한, 국가나 집단에 대한 귀속이 아닌 개인의 발견은 이후 중국사회 변화의 중요한 기초가 되었다. '사유재산'은 더는 감춰야 할 것이 아니었다. 비록 "원자탄 만드는 이가 계란 삶아 파는 이보다 못하다"거나 "메스를 든 의사가 가위를 든 이발사보다 못하다"라고 하는 이 시대 특유의 병폐가 발생하기도 했지만, 가장 즉각적이라 할 수 있는 인민들을 놓고 볼 때, 개인 욕망의 존중과 해방에서 비롯하는 개혁의 결과가 그들의 사회 관념상의 변화를 촉발한 것은 당연한 일이었다. 어쨌건 그리 오래전에 벌어진 일도 아닌 이 역사의 과정은 오늘날 이미 여러 버전으로 재구성되고 있다. 모든 역사는 당대사(當代史)의 무정한 논단(論斷)임이 잔혹하게 밝혀지는 순간이라고나 할까.

　　다음으로 개방의 측면에 대해 말하자면, 사회주의 통일전선을 향해 개방되어 있던 중국의 문호가 이후 자본주의 물질문명을 향해 방향을 바꾸게 된다. 물질적 빈곤으로 표상되던 마오쩌둥(毛澤東) 시대 말기, 사회주의에 대한 이탈 욕구와 도피 심리가 한창일 때, 개방되어 열린 문을 통해 서유럽사회의 물질적 이기(利器)와 상품이 중국에 들어왔고, 이를 따라 서유럽의 관념 또한 (당연히 아주 일부에 지나지 않았지만) 중국사회에 묻어 들어왔다. 중국인들은 이것들에 대해 희한하다며 감탄했고, 신기하다며 포용했다. 동양/서양, 계획/시장 등 인류에 가장 간편하면서도 자연스러운 이원대립적 사고가 즉각적으로 효용을 발휘했다.

　　집단 때문에, 사회주의의 생산·분배방식 때문에 우리는 가난하며, 계획 때문에, 보수(保守) 때문에 중국은 활력을 잃었다!! 당시 사람들에게 이는 아주 간결하고 명료한 기본 공식이었다. 1980년대 초반에 흥기해 엄청난 인기를 누렸던 '상흔문학(傷痕文學)'[10]과 '개혁문학(改革文學)'[11]은 이러한 사회 공식과 인과관계를 형성하며 한 시대의 트렌드가 되었다. 중국은 개혁해야 한다, 개혁하지 않으면 인간의 적극성을 발휘할 수 없고, 그러면 돌파구가 없다. 중국은 개방해야 한다, 개방하지 않으면 앞으로 나아갈 수 없고, 그러면 미래가 없다. 사상해방을 감행해야 하고, 낡은 틀을 깨부숴야 한다는 것이 이 시대의 가장 주류적인 화두였다.

사상해방의 감행 대상이자 깨부숴야 할 낡은 틀은 1949년 이후 중국경제의 골간이었던 '계획경제'였다. '시장'이라는 관념은 이러한 사회적 변혁과 함께 생겨나서 이후 날로 심화하고 보편화했다. '시장조절'이라는 관념이 '시장경제'로까지 심화했고, 초기에 "돌다리를 잘 두드려보면서 강을 건너야 한다(摸着石頭過河)"[12]라던 조심스러운 태도에서 나중에는 1980년대 사회주의 중국이 가장 치중하게 되는 '중국적 특색'이라는 말을 만들어내는 정도로까지 보편화했다. 이런 가치와 관념의 급변기에 계획경제는 죽은 것, 보수적인 것, 낙후한 것, 나쁜 것이라는 관념과, 시장경제는 자유롭고, 개방적이며, 선진적이고 좋은 것이라는 관념이 점차 사람들의 머릿속에 자리 잡았다. 어떤 사람들은 중국으로 들어왔지만, 더 많은 사람들이 중국을 떠나갔다. 중국에 살면서 입으로는 "사회주의가 좋다"라고 지껄이지만 속으로는 '미국이나 일본 자본가들을 따라 호시절을 지낼 수 있다면 얼마나 좋을까'라고 생각하는 이들이 적지 않게 되었다. 근 30년간 유지된 사회주의 중국의 근간이 이렇게 침수되고 흔들렸으며, 이와 함께 '상부구조' 쪽부터 균열이 시작되었다.

선전은 이 시기 '시장'과 '발전' 관념의 전형이었다. 선전과 그 특구 건립의 가장 중요한 이유는 홍콩 회귀의 준비였다. 홍콩을 받아들이기 위해 징검다리 역할을 해야 할 곳이 필요했던 것이다. 1980년대 중후기 선전 열풍을 기억해 내는 것은 많은 사람들에게 새삼스러울 수도 있다. 홍콩에 인접한 남방의 작은 마을이 몇 년이라는 짧은 시간 만에 급속 성장해 중국 사회경제 생활에서 중요한 지위를 차지하는 부성급(副省級) 도시가 되었다.

이것은 거의 신화였다. 선전은 이 시대 '천지개벽'의 일례였다. 현재에 불만인 사람, 현재를 바꾸려는 사람들은 물론, 더는 갈 곳 없는 이들 역시 선전으로 몰려들었다. 선전에서 한바탕 악전고투를 통해 재산을 모으고 세상을 손에 움켜쥐었다는 등의 이야기가 사람들을 열광케 하는 식후 화젯거리였다. 문화인들은 안달이 나서 하해(下海)[13]를 준비했고, 많은 지식인들은 하해에 성공한 인사들의 성공 비결을 글로 써내는 데 열중했다. "이 시기 국가는 경제개혁을 추동했고, 지식인 계층은 개혁에 직접 참여함은 물론 개혁의 이데올로기를 제공했으며, 사회의 기층(더욱이 농민계층)은 개혁의 장점을 직접 체험했다. 이 세 방면의 상호 호응은 1980년대 개혁에 합법성을 제공했고(汪暉 2001, 12)," 동시에 새로운 시대의 생기와 활력을 만들어냈다. 농민은 새롭게 땅을 일구었고, 각 기관은 공장과 건물을 지었다. 인간의 물질에 대한 욕망을 창조해 내고 이를 만족시키는 데 모두들 나섰고, 이와 더불어 견고했던 사회주의의 초석은 이완되었다. 길 위에 흩날리는 흙먼지와 노변식당의 밥 짓는 냄새가 지난 30여 년 동안 사회주의의 도상에 서 있던 비석을 뒤덮어 버렸다.

이후의 역사 서술에서 이 생기와 활력, 특히 새로운 시대에 진입했다는 만족감은 개혁과 해방이 가져온 것으로 인식되었고, 원래 기초로 있던 것들의 한계효용이라든지 주도적 역할은 당연히 홀시되었다. 사람들이 길 위에 흩날리는 먼지 속에서 춤을 추면서도 발밑의 길바닥은 보지 않았던 것이다. 마치 국유자산이 주식회사 형태로 전화되는 것만 볼 뿐, 국유자산이라는 것이 어디서 유래한 것인지에 대해서는 관심을 두지 않는 것처럼 말이다.

곧바로 이 뒤를 따른 것은, 개혁·개방 이후 변화된 사회에서의 제도 정비에 대한 요구였다. 묶여 있던 손발이 약간씩 풀림으로써 얻은 해방의 기쁨은 오래가지 않았다. 경제개혁이 얼마간 진행된 후인 1980년대 중후기, 이 해방감은 더 큰 내적 욕망이 배태한 불만족과 구속감으로 대체되었다. 또한 경제개혁 과정에서 나타난 문제와 모순이 '앞으로 전진(向前走)'이라는 방침의 불충분한 시행 때문만으로 이해될 뿐, 8~9년간 걸어온 이 '새로운' 길에 어떤 문제가 있는지에 대해서는 고민하지 않았고, 그러려고도 하지 않았다. 이는 대단히 희한한 일이다. '반성(反思)적 사유'를 항상 입에 달고 살던 시대에 '반성적 사유'의 대상은 오로지 억울하고 배고팠던 '문혁'뿐이었다(당시 문혁에 대한 반성은 상층부가 용인은 물론 지지하는 것이었다. 그런데 이로써 그것은 표면적인 차원에만 머물렀다).

자신의 욕망이 금지당할 것이라는 두려움, 극대화한 욕망이 충족되지 못할 것이라는 두려움 속에서 욕망이 제멋대로 증폭되었다. 욕망이 더 광범위한 차원과 더 맹렬한 수준으로 끓어올랐던 것이다. 그러고는 더욱 굳건하면서도 급박한 체하는 모습으로 '새로운' 길을 걸어야 한다라는 담론의 조류를 조직하고 또 이에 편승했다. 정치개혁은 경제개혁보다 한 걸음 더 나아간 요구였다. 그리고 이 요구는 갈수록 커졌다. 통치계층의 합법성 문제를 거론하기 시작했던 것이다.

한 학자는 1980년대 중국사회에 출현한 내적모순에 대해 다음과 같이 개괄하고 분석했다. "국가 내부에 이익의 충돌이 발생했다. 예를 들어, 서로 다른 부문, 서로 다른 계층, 서로 다른 권력 중심, 중앙과 지방 간에 이익의 모순이 발생한 것이다. 또 국가의 내부적 분화는 지식인의 내부적 분화를 유발했다." "도시사회의 계층은 개혁과정에서 자신들이 상실할 수도 있는 이익에 대해서 직접적으로 감지했고, 나아가 이제는 더 이상 순진하게 개혁의 신화를 신봉하지 않았다(비록, 개혁에 대해 기본적으로는 여전히 긍정적인 태도를 보이고 있었지만). 또 도시 개혁의 전개와 도시—농촌 관계의 새로운 변화로 농촌사회에 새로운 위기가 발생하기 시작했다." "계획경제의 후과에 대해서 의심하던 것처럼, 이제 사람들은 개혁의 이름 아래 진행되는 이익 분배의 합법성(국가는 누구의 이익을 대변해 분배를 진행하는가?)과, 분배과정 자체의 합법성(무엇을 근거로 또 어떤 방식과 순서로 행정 관리와 감독을 하고 있는지, 대체 이것이 합법적으로 이루어지고 있는지 등등)에 대해서도 의심을 품었다."(汪暉 2001, 13) 하지만 분명한 것은, 기존의 사회 틀과 전통 이데올로기 시스템으로는 새로운 사회 현실을 감당할 수 없으며, 새로운 사회모순을 효과적으로 제어하거나 무마할 수 없다는 사실이었다.

1980년대 후기에 발생한 얼마간의 사회운동[14]은, 계몽 지식인의 서술에 따르자면, 자유 · 민주 · 평등을 기본 요구로 하는 1980년대 전체 사상 계몽운동의 득세와 횡행의 논리적 결과였다. 이런 설명의 배후에서 지나칠 정도로 명철한 지식인적 입장과 농후한 엘리트적 분위기가 감지된다는 사실은 분명하다. 오늘날 1990년대 이후 사회의 변화를 겪고 나서 볼 때, 1980년대 사회변혁이 가져온 인간의 기본 욕망에 대한 해방과 부채질은 새로운 이데올로기의 확립에 약간의 가능성을 준비해 준 것이었다. 하지만 지식인 집단까지도 개인적 욕망의 추구라는 거센 조류에 휩싸인 후에는, 자유·민주·평등을 기본 이념으로 하는 새로운 이데올로기를 정립할 가능성이 사실상 사라져버렸다. 이 일련의 대사건의 결과가 말해 주는 것은, 이른바 경제발전이 일단 납세자를 만들어놓으면 뒤에는 자유와 민주가 뒤따르고 공공 공간이 탄생할 것이라는 가능성이 완전히 사라졌다는 사실이다.

이어 온 세상이 잠잠해지는 시기가 뒤따랐다. 통치계층과 국가기구의 합법성에 대한 인민들의 보편화된 의혹 때문에 사회의 활력이 얼어붙었다. 시장경제의 서술과 그 발걸음은 이로부터 저조의 상태로 진입했다. 국민경제가 '관리(治理), 정돈(整頓), 개혁(改革), 제고(提高)'[15]의 구호를 따라 3년간 스태그플레이션에 빠져들었다. 이런 의미에서 1992년 덩샤오핑(鄧小平)의 남부 시찰(南巡)은 근 10년간의 중국 개혁과 발전의 방해물을 거듭 제거하자는 것이며, 1989년 이후 중국의 새로운 이데올로기 중건의 가능성을 타진하는 것이었다.

덩샤오핑의 남부 시찰 연설(南巡講話)이라는 공산당의 문건을 시작으로 1992년 5월 《선전특구보(深圳特區報)》에 처음 실린 "동풍이 불어오니 봄기운이 가득하네(東風吹來滿眼春)"라는 제하의 신문 보도에 이르기까지 시장경제를 주조로 하는 새로운 담론이 주류를 형성하고 기세 또한 매우 맹렬했다. 선전과 상하이의 증권거래소가 잇달아 개설되었고, 선물시장, 부동산시장이 재빨리 문을 열었다. 1980년대 선전을 전형으로 하는 경제개혁이 일부 사람을 '먼저 부유(先富)'하게 하여 사람들의 물질생활에 대한 기본 욕구를 해결했다면, 1990년대 선전을 필두로 맹렬한 기세로 다시 시작된 시장경제 개혁의 추진은 일부의 사람으로 하여금 폭발적으로 부를 축적하게 했다.

1980년대 민주와 자유를 요구했던 지식인 엘리트 집단 중 상당수가 그다지 길지 않았던 잠복기를 거친 다음 새로운 모습으로 변신해 새로운 이데올로기하의 시장경제 영역에 등장했으며, 득의양양하게 부를 축적해 시장경제 이데올로기의 유력한 참여자이자 기득권 세력이 되었다. 이로써 이른바 1989년 이전 학생들의 요구는 이미 다 실현되었다. 심지어 요구했던 것보다 더 많이 얻었다는 '반성'이 도처에서 일기 시작해 새로운 이데올로기의 지식인 집단 내 정착을 경계하는 분위기도 있었다. 급속히 축적된 재부의 출처는, 당사자들의 형세 판단력, 특권 인사와의 개별적 제휴, 심지어는 개인운의 결과로 인식되었다. 반(反)부패는 현실적 필요가 아니라 형이상학적 개념이었다. 공정과 평등이 어디로 사라졌는지에 대해서는 묻는 이조차 없었다. 개인주의라는 기치를 들었다고 하지만, '개인'만 보일 뿐 '주의'는 결코 보이지 않았다.

집권 통치 집단의 강력한 추진력과 신흥 부유계층의 등장, 여기에 빠질 수 없는 지식인 집단의 참여와 진짜 지식인의 부재가 포스트 사회주의 시장이데올로기로 하여금 사람들의 마음을 초조하게 옥죄였다. 발전주의의 거대한 물결이 꼬리를 물고 밀려와 서유럽 모더니티[16] 상상과 서로 호응하지 않는 것들을 모두 휩쓸어내 버렸다. '자유경제와 강대한 국가'를 정치적 지향으로 하는 대처리즘에 대해 스튜어트 홀(Hall, 1988)이 다음과 같이 분석한 적이 있었다. 대처리즘이 사회 민주라는 공동의 인식을 뒤집어엎은 데서 힘을 얻어, 이후 각종의 다양한 요구와 문화적 복잡성으로 이루어진 사회의 정체성을 강대하고 패권적인 구조로 바꿔버렸으며, 동시에 각양각색의 집단적 정체성에 단일한 포커스를 제공했다는 것이다. 이것은 영국에만 해당되지는 않았다. 중국에서도 서유럽 모더니티의 상상이 사회 각양각색의 집단적 정체성에 단일한 포커스를 제공했다.

루이 알튀세르는 한 사회에서 이러한 구성작용의 필요성과 그 구성방식에 대해 명확히 지적했다. "어떤 사회에서라도 만약 개인을 그들이 실재하는 상황에 부합하게 만들어야 할 필요가 있다면, 이데올로기(각종 표상의 총체적 체계로서)의 역할이 반드시 필요하다." "이데올로기는 개인들이 그들이 존재하는 세계와의 사이에서 '체험한 적 있는' 관계다. …… 이데올로기 안에서 실제의 관계는 어쩔 수 없이 상상의 관계에 의해 뒤덮여 버린다. 즉 현실을 그대로 드러내는 관계가 아니라 어떤 관념(보수적일 수도 있고, 순종적이거나 개량적일 수도 있고, 혹은 혁명적일 수도 있는) 또는 바람과 환상 등을 표현해 주는 관계에 의해 뒤덮여 버리는 것이다."(Althusser 1995, 277, 275~276).

비록 애덤 스미스 이래로 신화처럼 숭배되었던 자본주의와 '자유시장', '자유무역', '경제 이성(理性)' 간의 관계는 이미 칼 폴라니와 페르낭 브로델 등에 의해 전복되었고, 이를 쉬바오창(許寶强), 왕후이(汪暉) 등이 근 10년 동안 중국 지식계의 토론공간에 끌어들였지만,[17] 지금까지도 지식계의 유력한 비판의 무기가 되지 못했다. 그러니 이것으로 중국사회의 '실제의 관계'를 뒤덮고 있는 '상상의 관계'를 또다시 뒤엎는다는 것은 더 말할 것도 없다. 시장경제와 그 배후에 자리 잡은 사회구조 및 생활 관념 전체가 서유럽 모더니티 서사를 옹위한 채 아무런 저항 없이 자리 잡은 것이다.

한 사회가 욕망의 만족과 시장경제를 최고의 가치로 삼고 점차 어떤 질서를 만들어갈 때, 그리고 자유경쟁을 시장경제의 필연적 부산물로 보고 자유경쟁과 시장경제를 현대화와 국가적 부강의 유일한 길이라고 생각할 때, 그 사회가 시장경제와 자유경쟁을 신성불가침의 것으로 여기는 것은 당연하다. 이러한 논리가 일상화한 상황에서 그다지 권위가 있어 보이지 않는 기관이 자유경쟁의 원칙을 위배하고 자신들의 특별한 이익을 추구하려 한다는 말을 듣게 된다면, 사람들

은 당연히 이를 받아들이지 못하고 분노하게 될 것이다. 《남방도시보》
의 경우가 이러하다. 《남방도시보》는 자신이 불합리한 핍박을 당한다
고 여겼다. 그리고 《남방도시보》는 이런 상황을 그냥 앉아서 당하지
않고 행동에 나섰다. 지난 20년간 차츰 공동의 지향이 된 시장이데올
로기를 근거로 하고 있으니, 자연히 정치적으로는 문제가 있을 리 없
었다. 이렇게 《남방도시보》는 상대측이 거역해서는 안 되는 천하의 대
원칙을 거역한 것으로 몰아붙일 수 있었고, 펜과 지면을 이용해 전 인
민을 성토의 장으로 동원할 수 있었던 것이다.

　이것 말고 《남방도시보》가 취할 또 다른 수단이 있었겠는가?

2. 《남방도시보》의 이면의 진실과
판금 대응 전략

　　　　　　　　　　　　　매체로서 신문이 새로운 이데올로
기의 확립에 중요한 역할을 했다는 점은 의심할 여지가 없다. 사실상
신문은 중국 역사에서 반세기 이상 중요한 역할을 했다. 이데올로기
를 확립하고 전파하는 중임을 담당했던 것이다. 전통 이데올로기가
점차 해체되고 포스트사회주의 이데올로기가 새롭게 자리를 잡아가
는 과정에서, 신문은 새로운 이데올로기를 전파·확립시켰으며 새로
운 이데올로기로부터 부단히 영향 받고 변화되기도 했다. 한편 신문
은 1980년대 이후 중국사회의 이데올로기 변환이라는 가시밭길을 걸
었다. 송아지가 재갈이 물린 채 시장경제라는 목장에 방목되는 형국
이었다. 닉 스티븐슨(Nick Stevenson)은 대중매체의 이데올로기적 제

전략에 대해 홀이 행한 연구의 공헌을 높이 평가하면서, 동시에 대중 매체의 전파 과정에 정치경제학적 요소가 독립적으로 존재한다라는, 이 방면에 대한 홀의 무관심을 그의 한계라고 지적했다. 그는 특히 경제자원의 분배가 신문산업의 이데올로기적 다양성에 결정적인 영향력을 미치고 있음을 지적했다.(Stevenson 2001, 71~73)

그렇지 않은가? 발행량, 광고량, 기사 제공율, 독자 반응, 잉여 인원을 위한 부담금(복지비용, 보너스, 수익률 저하) 등이 중요한 정치 기사를 제외한 여타 기사의 편집 방향과 전체 운영 전략을 조정하거나 심지어는 좌지우지했다. 1980년대의 표현을 빌자면, '수익, 이 개 같은 것(效益這條狗)'이 입을 벌리고서 독립채산으로 운영되는 이익 단위의 뒤꽁무니를 쫓는 것이다. 천편일률적으로 똑같은 원고와 대동소이한 판면은 독자들의 흥미를 끌지 못했다. 전통 이데올로기의 이완은 또한 대부분의 사무 단위들로 하여금 독립채산을 이유로 지출을 줄이게 했고, 이에 따라 신문의 정기구독이 급감했다. 예전에 잘나가던 유명 신문이나 당보(黨報)의 인쇄 부수와 광고 수입 또한 급락했다. 경제 상황의 악화는 이 신문들이 직시해야 할 중요한 문제였다.

1980~90년대의 교체기 중국에서 인쇄 부수가 가장 많고 가장 많은 독자들에게 환영을 얻어 수익률이 가장 높은 신문은 각 대도시의, 정치면이 상대적으로 적은 석간(晚報)이었다. 예를 들어 상하이의 《신민만보(新民晚報)》는 1990년대 초기 인쇄 부수 제한에도 불구하고 (그래도 100만 부 가까운 수치였다), 광고를 내려면 두 달이나 기다려야 했다. 낙양(洛陽)의 지가를 올렸다는 말처럼 최고의 성황을 누린 것이다. 이는 정치 계열의 신문과는 다른 일면을 보여준다. 다바오(大報)는 위(정치 상층부)의 말을 듣고, 정치에 치중하며 (정치적) 노선과 방향에 신경을 쓰는 반면, 이러한 샤오바오(小報)는 아래(일반 인민)의 요구에

귀 기울이고 서민의 노선을 추구하며, 구매력 있는 시민, 집단, 지역으로 시장을 찾아나서는 등 경제에 집중하고 효율과 이익에 신경을 썼던 것이다. 순식간에 신문·잡지들이 간행 방식과 편집 방향을 바꾸어 도시보(都市報), 만보(晚報), 주보(周報), 부간(副刊), 문적(文摘) 등의 이름으로 거리 곳곳에 깔렸다. 신문·잡지의 명칭이 또 하나의 중요한 판매 제고 요소가 되었던 것이다.

이러한 배경 속에서 중국 공산당 광둥성위원회(廣東省委)의 기관지인 《남방일보(南方日報)》 그룹 소속의 샤오바오 《남방도시보》가 1997년 창간되었다.[18] 선전은 홍콩과 인접한 이유로 일찌감치 개발·개방되어 '먼저 부유'해진 지역 중 한 곳이었다. 선전 시민의 사상과 관념은 개방적이었고 그들은 상당한 구매력을 갖추었다. 그러나 선전은 전국 규모의 도시였음에도 체제상 광둥성에 속해 있었다. 게다가 선전은 경제가 발달해 부동산의 발전이 빠르고 기업은 물론 유동인구 또한 많았다. 선전은 높은 광고 효과를 기대할 수 있는 곳이었고, 이런 이유로 광고 게재 수요가 많았다. 《남방도시보》가 선전을 확보해야 할 주된 시장으로 점찍은 것은 당연한 일이었다. 게다가 모보(母報)인 《남방일보》가 이미 선전에 남방일보빌딩을 건립한 터라 《남방도시보》는 취재 역량의 대부분을 선전에 배치하고서 전문적으로 선전판을 발행할 수 있었다. 선전판 《남방도시보》는 보통의 《남방도시보》에 전문적으로 선전의 지역 뉴스를 싣는 4개 면과, 선전의 소비 생활을 소개하는 '선전 잡지' 24개 면을 더

중국에서 발행되는 한 남성 잡지의 표지

한 것이었다. 하지만 신문 값은 여전히 1위안이었다. 《남방도시보》가 선전 시장에 적잖은 돈을 들이고 있음을 알 수 있었다. 이 신문의 선전 발행량은 총 발행량의 1/3이 넘었다. 늘어난 신문 광고는 선전 시장과 관련이 있었다.

한편 《남방도시보》의 약진으로 선전의 지역신문인 《선전특구보(深圳特區報)》와 《선전상보(深圳商報)》는 광고와 독자 시장에서 분명히 압박을 받았다.[19] 표면적인 원인으로 보자면, 시장 쟁탈전에 따르는 시장 개방과 시장 방어라는 모순이 발생한 것이었다. 하지만 문제는 결코 이에 그치지 않았다. 객관적으로 볼 때, 《남방도시보》는 성급(省級) 신문인 《남방일보》의 자보(子報)로서 주로 선전판을 통해 선전의 시장을 겨냥했다. 그리고 이 신문은 항시 선전 시민의 일상생활, 심지어는 남부끄러운 사건으로 독자층을 확보했다. 문제는 관리 권한을 따질 때 이 신문의 검열권이 선전에 있지 않다는 점이다. 이것이 이 신문에 가해질 수 있는 제약을 감해 주어 《남방도시보》가 상당한 자유를 누릴 수 있었던 것이다. 반면에 선전의 지역신문인 《선전특구보》와 《선전상보》의 검열권은 선전에 있어서 이 신문들은 《남방도시보》가 누릴 수 있었던 자유를 누릴 수 없었다. 신문들 간 권력관계의 불평등이 야기한, 영향력의 충돌 및 감정상의 문제가 이 사건의 전 과정 속에 숨어 있었다. 발행 이윤 분할의 모순은 단지 사건의 도화선이었을 뿐이다.

그러나 이런 사정에도 불구하고 이 사건은 자유경쟁과 시장경제라고 하는 이데올로기를 거역하는 정치적 파란으로 다루어졌다. 혹자는 이러한 사건이 정치적 파란으로 잘못 변모하는 것을 방지할 만한 힘이 좀 더 강하게 뒷받침되어야만 이런 사건이 합리적으로 전개될 수 있다고 주장한다. 조사에 따르자면, 선전의 거리에 있는 1,000여

개 신문판매소는 《선전특구보》와 《선전상보》 두 신문사의 발행 관리 부서와 선전시 신문잡지발행국이 몇 해 전 공동 출자해 세운 것이었다. 선전시의 신문 소매 판로를 개척하고 정식화할 목적에서였다. 이들은 신문판매소의 소유권을 가지고 있었고 합법적으로 신문판매소에서 어떤 신문을 팔지를 관리하고 심지어 결정할 수 있었다. 이들의 조치는 법률적으로 아무런 문제가 없었다. 하지만 《남방도시보》가 주장하듯 "시장을 독점하고 불공정 경쟁을 자행한다"라는 비판에서 이들이 결코 벗어날 수는 없었다. 위에서 이미 밝힌 대로, 이 글에서 다루려는 것은 단지 시장이라는 도박장의 게임 규칙뿐 아니라 사회적, 정치적 요소에 대한 고찰과 가늠이기도 하다. 한편으로 국가 내부의 서로 다른 부문 간에, 혹은 서로 다른 층위 사이에 발생한 이익의 대립은 각자의 권력 중심을 근거로 충돌하기도 하고 타협되기도 한다. 반면에 또 다른 한편으로 서로 다른 부문 간에, 혹은 서로 다른 층위 사이에 발생하는 이익의 모순과 이에 대한 처리 규칙은 각자의 권력 중심에 의해 이용되기도 한다. 이러한 문제와 그 해결 방법은 각자 서로 다른 현실의 상황 속에서 서로 뒤엉킨 채로 나아간다.

중국 대륙에서 샤오바오의 대규모 출현과 흥성의 상황은 앞서 서술한 바와 같다. 인민들의 소비 정보에 대한 수요, 타인의 심리를 엿보는 데서 느끼는 만족감, 그리고 어느 정도 민주와 자유에 대한 상징적 갈구 등으로 샤오바오의 출현이 적기를 만난 것이다. 샤오바오는 선택적이나마 민생의 고충에 관심을 기울였다. 염라대왕에게는 아무 소리 못하고, 힘없는 귀신만 잡도리하는 셈이었지만 말이다. 샤오바오는 앵벌이 소년의 상황을 추적하고 취재해 그 배후의 엄혹한 사회 현실을 고발했으며, '사기 전화의 배후에 조정자가 존재한다', '광샤오쓰(光孝寺) 폭발 사건에 진범은 따로 있다' 등의 기사를 써냈다. 또한 대중이 관심을 갖는 문제를 보다 집중적으로 다루었다. 이는 황제에게 반란을 꾀하지 못하는 대신 선택적으로 관료의 부패에 집중하는 것으로 해석될 수 있다. 예를 들어, '아오둥(奧東) 세무 사건의 내막이 드러나다', '우퉁산(梧桐山) 터널 통행료 징수를 취소하라─인민 대표 수차례 제기하다', '덮어지지 않는 뤄시교(洛溪橋) 덮개' 등의 기사가 이러하다. 또한 샤오바오는 사회적으로 충격적인 이슈에 지면을 아끼지 않았다. 예를 들어, 제시(揭西) 지역의 억대 위조화폐 사건, '선전 룽강구(龍崗區)에서 두 건의 참사 발생─개인 간 분쟁이 낳은 참사와 트랙터의 공포의 질주, 11명 사망', '난하이(南海) 상에서 전투기 추락, 미국 측 사과, 사건 해결은 멀어' 등의 기사가 이렇다.[20]

정의(正義)의 편에 서고 일상생활에 접근하며 약자들을 위해 발언하는 이러한 보도는 상당히 큰 친화력과 호소력을 가졌고, 이로써 《남방도시보》는 독자에게 더 많은 관심을 받았고 더 많은 역량을 자기의 지지 세력으로 결집시킬 수 있었다. 이 신문에 보도됨으로써 독자들의 반응이 촉발되고 이로써 사건이 해결되는 경우도 있었다. 사건 당사자와 정부 관련 부처가 집중적 관심과 감독의 대상이 되고, 심지어는 정부기구에 모종의 압력이 가해져 정부와 지역의 이미지가 손상을 입는 경우도 적지 않았다. 이 신문의 노선 선택과 검열권의 소재 문제가 이 신문의 보도 내용과 그것의 역할에 어떤 의미가 있는지 하는 문제가 현실적으로 체험되었다. 현실의 중국적 사회 상황에서 《남방도시보》의 판금 사건이 이렇게 대대적으로 수면 위로 부상해 논란을 일으킬 수 있었던 근본 원인은 바로 여기에 있었다.

샤오바오의 가장 큰 장점은 대규모의 심도 있는 보도를 조직해 내는 것이었다. 예를 들어 2000년 11월 4일, 《남방도시보》의 선전 특구 20주년 기념 특별호는 매우 의미가 있다. 총 57면으로 이루어진 특별호의 제목은 '선전 20년의 사람들'이었고, D면에 편성되었다. 이 신문은 '10인의 대표인물과 선전의 신화', '10차례의 게 시식, 천하보다 중요한 식도락', '20년의 이야기', '10대 명인, 열 개의 얼굴', '특구와 동갑내기의 10가지 삶', '열 개의 가정, 열 가지 행복', '특구를 이끈 20인' 등의 기사를 실었다. 분명히 이러한 기사는 이 신문의 표현에 따르자면, '인간을 본위로' 삼고 있다. 제재의 선택이 정치적으로도 정확했고, 기사 내용 또한 생동감과 활력이 넘쳐 더 많은 영향력을 확보하게 되었다. 이것은 전통적 다바오의 정치 선전(宣傳) 기사의 영향력을 상당히 위축시키는 것이며, 동시에 기존 매체의 영향력 위축으로 생겨난 담론의 공간을 자기의 날로 증대되는 영향력으로 보충하는 것이었다.

　　그러나 《남방도시보》의 선전 신화에 대한 해석에서부터, 10인의 대표인물 선정, '게 시식'에 대한 의식적 추앙, '행복'과 '삶'에 대한 이해와 해석 속에서 우리는 시장과 권력, 계층과 재부에 대한 이 신문의 의심하지 않은 지지를 목격할 수 있다. 바로 이러한 지지와 인식이 바로 《남방도시보》가 취하는 '인간을 본위로' 하는 친화력이며, 이것이 바로 이 신문으로 하여금 전통 이데올로기와 현재의 중국사회를 긴밀하게 연결해 주는 중요한 매개가 되게 한다. 《남방도시보》는 새로운 이데올로기를 정립하는 과정에서 중요한 역할을 하고 있는 것이다. 한편 이 신문의 보도와 방향은 어느 정도 권력관계를 감추고 있다. 《남방도시보》는 자신의 보도 내용과 방향으로 인민의 가장 근본적인 문제에 대한 목소리와 발언권을 대체해 버리고, 모종의 구조적 문제에 대한 인민의 정곡을 찌르는 비판과 실천 가능한 반항을 전복시켜 버렸다.

　　경제와 효율을 효시로 삼아 시작된 시장이데올로기의 깃발 아래에서 '혁명'과 '금기'에 대한 적절한 소비가 어렵지 않게 출현했다.

2000년 10월 1일, 《남방도시보》는 200면의 〈국경절 소비 잡지〉라는 부록을 내놓았다. 이 부록의 맨 앞 페이지에는 붉은 글씨로 다음과 같이 쓰여 있었다. "10월 1일, 소비혁명의 폭발!!" 부록의 내용은 당연히 각양각색의 소비 방식 및 소비 전략에 대한 기사와 소비 정보 그리고 부동산, 특가 제품, 가전제품, 보건 식품, 여행, 오락 등등에 관한 광고였다. '폭발', '10월 1일', '혁명', '광분', '투쟁' 등 자극적인 단어가 한데 몰려 마치 윽박지르는 듯한 이 200쪽짜리의 부록 역시 1위안이었다. 이 부록의 발행은 독자와 사회의 주의를 강력하게 끌어낼 만큼의 일대 사건이 되었다. 이 부록은 울긋불긋, 이런 신문 저런 잡지가 모여 있는 판매대에서 단연 독보적이었다. 특별히 10월 1일을 선택한 것은 국경절 연휴인 '황금 주일'의 인파와 소비 열풍을 겨냥했기 때문이었다. 1위안의 가격은 신문의 종이 값도 되지 않았다. 《남방도시보》가 팔고자 하는 것은 신문 자체가 아니었다. 이 신문은 광고 구독자(독자, 또는 80만, 100만, 심지어 그 이상의 매력적인 발행 부수)를 팔고 있는 것이었다.

이 정치경제학의 논리 안에는 독자군이 둘 존재한다. 하나는 신문의 단순 소비자다. 그들은 100만 정도에 해당하지만, 그다지 큰 영향력이 없는 미미한 존재다. 다른 하나는 100만의 발행 부수에 매력을 느끼는 소비자다. '10월 1일'이라든가 '혁명'이라든가 하는 국민국가 상상과 연관된 개념을 발행 부수라는 매력에 연결시킨 것은 한 시대의 격정을 불러일으키겠다는 의도다. 이런 광고 지면을 구매할 수 있는 독자는 바로 그러한 국민국가 상상과 격정에 대해 충분히 이해하는 중년들─'문혁'을 겪었거나 '문혁' 시기에 태어난─이다. 그들은 성대한 만찬의 주인이었고 그들을 위해 메뉴판이 펼쳐졌다. 그들로 하여금 새로움과 자극을 맛보게 해 돈을 쓰게 하자는 것이다!

그런데 우리는 이 메뉴판에서 이 시대의 빛나는 희극적 변화를 목격하게 된다. 이보다 조금 전인 2000년 9월 21일 《남방주말(南方週末)》에 실린 이 부록에 대한 광고에서 그 적절한 예를 찾아볼 수 있다. 거기에는 붉은 색의 큰 글자로 이렇게 씌어 있었다. "200면으로 10월 1일 소비혁명을 폭발시킨다." 그 아래에는 다음과 같은 문구가 있었다. "700만 광저우인이 300억 위안을 들고 구매를 준비하고 있다. 소비의 화산이 언제 터지겠는가?" "10월 1일이 다가온다. 황금을 거머쥘 기회를 잃어서야 되겠는가?" "300만 광저우 독자로 하여금 천금의 기회를 맞아 목표물을 겨냥, 10월 소비혁명을 폭발시키게 하라!" "앞서려거든 먼저 발걸음을 떼야 한다. 호기를 절대 놓치지 마시라. 남방도시보의 〈국경절 소비 잡지〉가 당신에게 좋은 자리를 남겨두었습니다." 구구절절하다. 전체 광고는 한 면의 1/4을 차지하고 있는데, 표제의 위쪽 전체 광고의 반을 차지하는 것은 3인 1조 노동자 · 농민 · 병사의 상반신이다. 그들의 오른손은 가슴 앞에 박혀 있는, 남방도시보 '국경절 소비 잡지'라는 글자를 가리키고 있으며, 구부러진 오른팔의 팔꿈치는 밖을 향하고 있다. 이들의 얼굴은 장엄하고 신성하기까지 하며 두 눈은 전방을 똑바로 주시하면서 마치 앞으로 뛰어나가려는 듯한 자세를 취하고 있다. 이 노동자 · 농민 · 병사의 뒤에는 펄럭이는 거대한 홍기(紅旗)와 홍기의 물결을 상징하는 커다란 홍색이 배경을 이루고 있다.

일반 독자의 입장에서 보자면, 홍색이 시선을 자극하고 눈길을 잡아끈다고 말할 수 있다. 반면에 20년 전 중국 사회와 역사에 대해 얼마간의 기억이 있거나 그 과정을 이해하는 이들이라면 이러한 문구와 그림이 아이러니하게 느껴질 것이고 또 이것을 통해 무엇인가를 떠올리게 될 것이다. 그러니 진짜 그 시대를 살았던 이들이라면 두말할 나위 없다. 옛날에 붉은 열정이 향했던 곳은 붉은 경전 '마오 주석 어록'이었는데 오늘날 그것이 욕망을 자극하고 소비를 부추기는 '국경절 소비 잡지'로 다시 태어난 것이다. 그런데 여기가 바로 중요한 지점이다. 바로 여기가 이 광고의 화면이 드러내고자 하는 의미의 소재(所在)다. 특정한 역사적 상황과 정치적 내함을 추출해 버리고, 새로운 '소비이데올로기'로 그 자리를 대신하게 하는 작용, 이제는 사람들의 기억에 어느덧 새로워진 정치이데올로기라는 외양이 소비이데올로기를 포장하고 광고를 위해 봉사하는 외피로 바뀌는 과정이 바로 여기서 이루어지는 것이다.

샤오바오는 이러한 토양에서 생장했다. 아니, 샤오바오는 이렇게 독자와 광고를 만들어냈다고 말해야 할지 모른다. 옛날의 혁명 경전(經典)식 표현을 빌자면, 샤오바오는 파종기(播種器)고 독자는 선전대(宣傳隊)다. 또 광고는 샤오바오 소비의 길 위의 등불이고, 소비는 혁명 승리의 기치다. 앞에서 서술했던 대로, 중국의 사회적 변화라는 현실 상황 속에서 상업적이면서도 실용적인 기획방식을 빌어 샤오바오는 근 4~5년 동안에 상당히 많은 독자, 그것도 도시 시민계층의 독자를 확보했다. 이들은 샤오바오에 생존의 자본(경제적으로도 그렇고 정치적으로도 그러한)을 제공해 주었다. 전통 이데올로기가 날로 힘을 잃어가는 당대 중국에서 소강(小康) 사회[21]를 향해 달려가는 도시 시민들은 이미 통치계층의 합법성 획득 여부에 영향을 미칠 수 있는 기본 역량이 되었다. 소비와 소비의 진작은 국가경제 발전 전략으로서 '중국적 특색의 사회주의'를 앞으로 추동시키고 있다. 샤오바오의 역할은 이제 자신을 낳아준 당보(黨報)를 경제적 측면에서 먹여 살리는 차원에 그치지 않고, 점차 모호한 형태의 정치공간을 만들어나가는 데까지 확대되고 있다. 그래서 지금은 샤오바오가 자기 '위(胃)'의 소화력을 검토해 봐야 할 때다.

표면적으로 강렬하고 대규모적으로 이루어진 《남방도시보》 판금 사건에 대한 보도는 사실 '진정한 의미'의 '반항'의 전복된 형태다. 매체의 이른바 '여론 감시' 작용과 상술했던 각종의 권력관계 간의 갈등 그리고 샤오바오 자체가 가진 역량과 자원에 힘입어 《남방도시보》의 판금은 한바탕 대규모 '소비'를 이끌어낼 절호의 기회로 판단되었다. 판금은 '《남방도시보》 죽이기'로 강조되었다. 대규모의 공방전은 이렇게 시작되었던 것이다. 그러나 현실적 의미에서 '판금'과 '죽이기' 조치는 이런 방식으로 돌파할 수 있는 것이 아니었다. 우리는 판금에 대한 투쟁을 일종의 광고 행위이자 언어의 외연과 내함 사이에 존재하는 차이에 대한 실질적 운용으로 볼 수 있다.

언어학 이론에서 '외연'은 대부분 보편적으로 인정받는 기호 그 자체의 의미에 해당하지만, '내연'은 주로 고정적이지 않고 기호가 구체적으로 개입한 정황에 의해 발생·연상되는 수많은 변화된 의미다. 이로 말미암아 기호의 내연이라는 층위에서 상황 이데올로기는 의미를 변화시키곤 한다. 이러한 층위에서 우리는 이데올로기의 담론 안과 밖에서의 적극적 개입을 더욱 분명하게 목격할 수 있다. 이 광고들의 '코드화와 해독'의 비밀은 마찬가지로 일찍이 스튜어트 홀에 의해 분석된 바 있다.(Hall, 1980) 단지 다른 점은 중국적 상황에서의 이데올로기와 그 운용이라는 점이다. 이는 1990년대 후반 이래로 중국 광고 전략 가운데서 가장 핵심이었다. '혁명' 중국에서 '소비혁명'의 중국으로 변한 중국은 이미 민족주의 상표가 붙은 'NO라고 말할 수 있는 중국'부터 혁명 이상주의의 체 게바라까지를 대규모로 소비하고 있다.(雷啓立 2002, 174~180)

'판금'과 '죽이기'가 연상
시키는 의미 — 신비화한 전
위(前衛), 경계의 넘나듦, 금
기와 반항, 정의와 외침, 장엄
과 격렬 혹은 어디론지 모르
게 사라짐 등등 — 는 광대한
시장을 갖고 있으며, 그 '외연
(날로 약화되는)'과 '내연' 사이
의 차이는 개념으로서의 소비
가 현실화하도록 만든다. 기

잡지에 실린 체 게바라의 사진
혁명가 체 게바라를 '쿨 가이'라고 소개하는 문구가 보인다. 1990
년대 후반부터 체 게바라는 중국에서 멋진 남성의 표상으로 소비
되고 있다.

호의 '외연'과 '내연'의 차이가 소비 행위의 욕구와 논리를 만들어주는
시대에, 소비와 소비 진작 행위는 패권적 방식으로 '세계를 해석하거
나 인식하는 행위'가 되며, 충분히 소화할 수 있다고 판단된 '판금'은
'홍색', '소극장(小劇場)', '민간(民間)', '동지(同志)' 심지어는 '좌파(左
派)' 등과 같이 광대한 시장의 호소력을 가진다. 주변적인 것이 소비
소용돌이의 중심이 되는 셈이다. 어쩌면 주변이란 차라리 중심의 또
다른 수사인지도 모른다.

지금 나는 《남방도시보》의 기사에서 분노보다는 흥분을 읽어낸
다. 2001년 5월 6일과 8일, 선전의 신문잡지발행국과 《선전특구보》
《선전상보》 두 신문사의 발행 관리 부서는 관리 조례(《남방도시보》 측
이 '판매 금지 명령'이라고 말하는)를 발표해 새로운 판매 조례가 5월
9~10일부터 시행될 것이며, 이와 동시에 조례 시행 여부에 대한 시찰
이 이루어질 것임을 명확히 밝혔다. 5월 10일 《남방도시보》의 대규모
적이고 폭발적인 심층보도와 신문잡지발행국의 시찰이 동시에 이루

2001년 5월 11일자의 《남방도시보》 1면
"판매 중지가 취소되지 않으면 우리는 멈추지 않을 것이다"라는 문구가 1면의 헤드라인을 차지하고 있고, 그 아래 1면에서 11면까지 관련 기사가 실려 있음을 알리는 문구가 배치되어 있다.

어졌다. 사건이 극적으로 전개되었다.

《남방도시보》는 5월 10일 1면 톱기사와 여섯 면에 걸친 강력한 반응에 이어 5월 11일에도 1면 톱기사에서 11면까지 연속해 강력한 반응을 실었다. 국가 법률과 법령을 참고하고, 지명도 높은 전국의 여타 매체업계 종사자와 전문가를 인터뷰했으며, 독자의 반응을 실어 널리 진상을 알리고자 했다. 이와 동시에 《남방도시보》 신문사는 일련의 대응 조치를 취했다. 당사의 기자와 발행인 등 300여 명을 조직해 선전 시내에서 직접 신문을 판매하거나 무상으로 배포했고, 《남방도시보》를 판매해 벌금형을 받은 신문 판매상에게는 회사 차원에서 보상했으며, 선전 내 신문 보급망을 확충했고, 더 많은 신문을 인쇄해 선전 시장에 배포했다. 이후 5월 12, 13, 14일 3일 동안 《남방도시보》는 각각 1면의 3/5, 1/2, 1/2의 지면을 할애해 "사랑하기 때문에 소리친다", "사랑하기 때문에 사랑 받는다", "사랑하기 때문에 구매한다"는 제목으로, 역대 이 신문의 선전 관련 보도 중 좋은 반응을 얻었던 기사를 회고 형식으로 다시 실었다. 그러나 상대로부터는 아무런 응

2001년 6월 16일자 《남방도시보》의 1면

답이 없었다. 사건이 살며시 수면 아래로 가라앉았다.

1개월 후인 2001년 6월 16일, 《남방도시보》의 편집위원회는 당일 신문의 1면 상단에 이전보다 더 큰 글씨로 다음과 같이 알렸다. "선전시에 정중히 사과한다." 그리고 이런 내용이 이어졌다. "얼마 전 본보와 선전시 신문잡지발행국 사이에 신문 발행상의 문제로 약간의 갈등이 발생했다. 관리상의 부주의로 본보는 5월 10일과 11일에 이 갈등을 신문지상에 공개했다. 게다가 필치 또한 과격했고 사건에 대해 과민하게 반응해 상대방이 '지방보호주의'를 꾀하고 신문 선전(宣傳)의 기율을 위반했다고 근거 없는 비판을 했다. 이로써 선전 특구의 이미지를 훼손했으며, 선전시의 사업과 경제발전에 좋지 않은 영향을 미쳤다. …… 이상의 부정적 영향을 해소하기 위해 본보는 선전시와 선전시 신문잡지발행국, 그리고 선전 시민에게 깊이 있게 반성할 것을 약속하며, 또한 선전시와 선전시 신문발행국, 그리고 선전 시민을 향해 정중하게 사과하는 바이다." "본보는 이 일에서 얻은 교훈을 깊이 받아들여 적절한 조치를 취하고, 신문사업의 지도 사상을 준수하며, '신문의 정치성 담보' 원칙을 실제에 적용할 것이다. 또한 단결과 안정적 고무를 견지하고, 정면 선전 위주의 방침을 견지하며, 정확한 여론 지도 사명을 견지해 좋은 신문을 만들기 위해 노력하고, 개혁·개방과 사회주의 셴다이화 건설을 위해 우리에게 주어진 직무를 다할 것이다." 신문의 아래 단락은 "본보, 선전에서의 판매 정상화", "선전의 업계와 독자에게 감사드린다"라는 문구가 실렸다. 이로써 사건은 종결되었다.

이러한 결말은 아마도 일반 독자가 상상한 것과 다를 것이다. 이것은 《남방도시보》가 처음에 펼쳤던 대응방식과는 어울리지 않는다. 그러나 이러한 광고 효과는 오래 지속될 것이다. 여러분은 이것이 적어도 언어학적 의미에서 일종의 수사임을 알 것이고, 이것이 정치이데올로기와 시장이데올로기 간의 경계 명시이면서 또 그것 간의 공동의 이익과 미래를 위한 합작 선언임을 알 수 있을 것이다. 이 사건의 결과 때문만은 아니지만, 2001년 8월 《선전특구보》는 선전시 위원회의 지지를 얻어 선전시 자체의 샤오바오 《정보(晶報)》를 창간했다. 이 신문은 《남방도시보》의 특징을 모방해 선전에 존재하는 각종의 문제, 예를 들어 '물 먹은 돼지고기'라든지 '가짜 면화', '곰팡이 월병' 등을 기사화해 시민들의 호응을 이끌어냈다. 그리고 몇 개월 만에 40만 부의 판매량을 달성했다. 그러나 계속된 이 신문의 사회문제 폭로는 관련 분야의 불만을 야기하기도 했다. 그들은 "이럴 줄 진작 알았다면 애초에 이 신문을 만들지 말도록 했어야 했다(亞洲週刊 2001, 11)"고 푸념한다고 한다.

아마도 《남방도시보》와 같은 샤오바오의 노력은 분명히 환영해야 할 것이다. 이 신문들은 높은 자리에서 내려와 사회의 일각을 들춰내고, 거리에 뭔가 화젯거리를 만들어놓아 사회에 반드시 필요한 생기와 활력을 불어넣었다. 오늘날 정보가 아무리 양산되고 남발된다 해도 사람들은 자유의 전파라는 대중매체의 역할에 기대를 접지 않는다. 심지어 사람들은 사회에 대한 감찰의 기능을 여론에 맡기고 그것을 천하 공공의 도구라고 생각한다. 레이먼드 윌리엄스(Raymond Williams)도 다음과 같이 말했다.(Williams 1962, 124~125) "훌륭한 사회란 사실과 관념의 자유로운 유통 ─ 사람들이 실제 보고 느끼고 아는 것을 분명하게 표현할 수 있는 것 ─ 에 의지하며, 의식과 상상력의 발전에 의존한다." 또한 "개인의 언론의 자유에 대한 어떠한 제재도 실제로는 사회적 자산에 대한 제한"이라고 말하기도 했다. 이러한 상황은 의심할 것 없이 부러운 상황이다. 하지만 우리가 온통 거리를 장악하고 있는 샤오바오가 이면에 감추고 있는 비밀스러운 서사를 읽어내게 될 때, 그리고 대중매체와 소비이데올로기의 공모를 목격하게 될 때, 그것들이 프롤레타리아 대중에게 행하는 것이 기존 이데올로기의 권력과 차이가 없음을 알아차렸을 때, 우리가 그것을 '공공의 도구'라고 인식하고 환영할 수 있을 것인가?

　5월 10일부터 《남방도시보》에 의해 믿을 만한 역량으로 동원되어 이 신문의 시장 영향력 확대를 위한 거대한 광고에 투입된 이후, 우리는 우리 스스로가 격정적으로 동원된 원인에 대해, 그리고 《남방도시보》와 같은 샤오바오와 그 배후에서 공모하는 소비이데올로기에 대해 분명히 질문을 던졌어야 했고 경각심을 가졌어야 했다. 더욱이 이런 신문을 만들어내는 중견 역량이 1980년대의 계몽사상의 훈도를 받고 심지어 1990년대에 정치·경제·철학의 훈련을 받은 엘리트이며, 그들이 "옛 참호에서 나와" "상황이 비교적 분명해진 것을 보고" 소비이데올로기라는 새로운 진영에서 어슬렁거린다는 사실을 알았을 때, 당신은 이 '긴 밤'의 종결을 감히 상상할 수 있을 것인가? 정극(正劇)의 형태로건 소극(笑劇)의 형태로건, '사과'와 '재판매'의 이야기는 계속 이어질 것이다. 그렇다고 우리 역시 어제와 마찬가지로 "끝없이 방황한다면", 루쉰의 말처럼, "길은 멀고 밤 또한 긴" 상황은 여전히 계속될 것이다.

● 레이치리(雷啓立 Lei, Qili)
화둥사범대학 대중매체학원 대중매체학과 부교수 겸 동방출판중심 편집부의 부주임. 지은 책으로 《고난의 이야기—저우쭤런전(苦境故事—周作人傳)》이 있고, 《상하이: 기억과 상상(上海 記憶與想像)》을 편찬했다.
leiqili2006@126.com

● 유경철(劉京哲, Yu, Kyung-chul)
강릉대학교 중어중문학과 조교수. 2005년 《金庸 武俠小說의 '中國 想像' 硏究》로 서울대학교 문학 박사학위에서 취득하였다. 〈"中華主義", 韓國의 中國 想像〉, 〈武俠 장르와 紅色經典—양자에 관련된 '시간'과 '시간성'을 중심으로〉, 〈지아장커(賈樟柯)의 《샤오우(小武)》 읽기—현실과 욕망의 '격차'에 관하여〉, 〈중국 영화의 상하이 재현과 해석〉, 〈장이머우의 무협영화, 무협장르에 대한 통찰과 위험한 시도〉 등의 논문이 있다.
mapping@dreamwiz.com

중국의 인터넷 공공 공간

: 가능한 것과 불가능한 것

뤄강 글 | 김수현 옮김

1. 인터넷 사회의 도래

　　　　　　　　　　우리는 이미 '매체사회' 속에서 생활하고 있지만, 세계가 분명 '매체'를 매개로 삼아야 한다는 사실을 인식하거나 느끼는 것과는 무관하게 개인과 개인, 개인과 사회 사이의 연계는 이미 충분히 '매체화'했다 할 수 있다. 물론 여기에서 이른바 '매체'라는 것은 단지 정보를 전달하는 경로와 방식만을 가리키지는 않는다. 프레드릭 제임슨(Fredric Jameson)이 말한 것처럼, '매체'라는 단어에는 서로 연관되면서 구별되는 세 가지 의미가 있다. 첫째, 매체는 예술양식이나 미학적 생산의 특수한 형식이다. 둘째, 매체는 중요한 장치 혹은 기기를 중심으로 만들어진 특별한 기술적 수단이다. 셋째, 매체는 일종의 사회제도다. 제임슨은 이 세 가지 의미가 비록 '매체'를 명확히 정의하는 것은 아니지만, '매체'에 관한 정의를 완성하거나 구성하고자 한다면 반드시 매체의 물질적 · 사회적 · 미학적 층위에 관심을 기울여야 함을 일깨운다는 사실을 강조했다. 바로 이런 의미에서 "오늘날 문화는 매체의 문제가 되는 것이다(Culture today is a matter of media)."(Jameson 1991, 67~68)

제임슨이 '오늘날' 문화와 매체 사이의 밀접한 관계를 드러낸 이유는, '전자매체'가 최근 사회의 '문화형식'과 '감각구조'에 대해 거대한 영향력이 있음을 발견했기 때문임이 분명하다. 이는 마셜 매클루언(Marshall Mcluhan)이 "우리가 도구를 만들었지만, 그 후에는 도구가 우리를 만들어낸다"라고 말한 것과도 유사하다. 역사에 출현했던 다른 매체들을 전자매체와 비교해 보면, 후자의 전대미문의 '형상화' 능력은 전파 형식과 구조, 즉 소통 '문법'의 커다란 개혁 위에 세워져 있다. '문법'이라는 단어 역시 매클루언이 사용한 것이다. 모든 전달 방식은 자신의 고유한 '문법' 규칙을 가지며, 이러한 규칙은 각종 인간감각의 혼합과 교직에 기원하는 동시에 사람들의 평소 언어 사용과도 관련이 밀접하다고 한다. 비록 인간이 의식적으로 매체가 전달하는 정보 내용에 주목한다고 할 수도 있지만, 개인의 정보이해력으로 볼 때 매체가 사용하는 '문법'이 더 관건적 요소다. '문법' 파악을 벗어나서는 정보의 '내용'에 대해 답을 구할 방법이 없는 것이다. 그러므로 '매체는 곧 정보다.' 즉 "매체의 마력은 인간이 매체에 접촉하는 순간에 생산된다. 이는 마치 선율의 마력이 처음 몇 소절에서 나오는 것과 같다."(매클루언 2000) 전자매체는 이 방면에서 잠재력이 특히 크며, 기술적으로 끊임없이 새로워지고 매체와 물질 생산 사이의 긴밀한 상호작용을 일으키면서 사회형태에 심각한 영향을 미쳤다. 이 모든 것들은 자아, 역사, 세계를 바라보는 인간의 방식을 근본적으로 변화시켰다. 사실상 매체는 이 시대의 '문화'를 창조하거나 만들어내고 있다.

인터넷은 전자매체의 최신 형식으로, 우리가 예상한 대로 더욱 맹렬하게 사회를 '형상화'한다. '전 지구화' 현상은 19세기 초까지 거슬러 올라갈 수 있지만, 실제로 그 실체감과 조작 가능성을 갖추게 된 것은 20세기 말 인터넷사회가 일어났을 때였다. "20세기 말에 이르러서야 정보와 통신과학 기술이 제공한 새로운 기초 인프라 및 정부와 국제기구가 집행한 관리제도의 해체와 자유화정책의 협조하에서, 세계경제가 실제로 전 지구적으로 변해가고 있다."(카스텔 2001, 119) 일반적으로 인터넷공간의 발전은 자본주의가 더 강대한 폐쇄적 통제 역량을 갖게 해주었다. 정보/지식의 상품화가 가속화할수록 인터넷공간은 일종의 총체적 시장으로 변화했다. 이것이 바로 빌 게이츠(Bill Gates)가 《미래로 가는 길(The Road Ahead)》에서 동경했던 '마찰 없는 자본주의(friction-free capitalism)'다.

> 정보고속도로는 장차 전자시장을 확대시키고 그 시장을 최종 매체로 만들어서, 없는 것이 없는 매체공간으로 만들 것이다. ……
> 정보고속도로로 접속하는 어떤 컴퓨터도 판매자와 상품 및 서비스에 관련된 정보를 얻을 수 있을 것이다. …… 이는 우리를 새로운 세계로 들어가게 해줄 것이며, 여기에서 소비되는 소량의 구입

비용은 대량의 시장정보를 획득하게 할 것이다. 여기는 구매자의 천국이다. …… 이는 상품 생산자가 어느 시기보다 더 효과적으로 소비자가 무엇을 요구하는지 볼 수 있게 해주고, 또한 미래의 소비자들이 더 효과적으로 상품을 구매하게 해준다. 아마도 애덤 스미스는 이에 대해 기뻐할 것이다.(게이츠 1996)

이러한 동경은 실제로 '초국적 자본주의'에 대한 동경이며, 인터넷공간을 통해 이러한 가상적인 전체 영업수단이 비교적 큰 이윤과 시장점유율을 획득하는 과정이고, 이 과정은 자본의 집중화와 집권화를 촉진시킨다. 인터넷공간의 가상적 자본주의는 한편으로 과잉된 지식과 정보를 만들어내거나 판매할 수 있고, 한편으로는 지식과 정보에 대한 새로운 수요를 끊임없이 만들어낼 수도 있다. "오늘 어디 가고 싶으세요?(Where do you want to go today?)"라는 마이크로소프트(MS) 회사의 광고 문구를 예로 들어보자. 이 광고 문구에서 MS사는 마치 무제한의 자유, 개인의 의지, 구속당하지 않는 선택의 자유가 진짜인 듯 말하면서, 과학기술의 능력으로 '아름다운 꿈이 현실로 이루어진다'라고 강조한다.

하지만 기업의 승인 아래 한 개인이 완전한 행동의 자유를 획득하게 될까, 아니면 개인은 점차 소비의 자유를 갖게 될까? MS사의 최고기술책임자(CTO) 네이선 미어볼드(Nathan Myhrvold)는 다음과 같은 의미심장한 말을 했다. 'MS사는 거의 모든 소프트웨어를 납품하는 업체가 결코 아니다.'[1] 이 말은 MS사의 최종 목표가 소프트웨어 회사 혹은 하나의 서비스 제공자, '또는' e-비즈니스의 창시자가 아니라, 슈퍼 비즈니스의 중개자가 되는 것이라는 의미다. 인터넷 발전과정에서 MS사의 영역은 더는 e-비즈니스에 국한되지 않으며, MS사는 모든 사람이 자사가 제공하는 내용을 읽고 자사의 프로그램 설계 성과를 바라보며, 나아가 자사의 인터넷 상점에서 물건을 구매하기를 바란다.(샤피로 2001, 153) MS사는 인터넷 사용자를 장악하는 중간 대리자에 그치지 않고, 인터넷 사용의 출발점과 목적지가 될 것을 기대하고 있다. 앞 광고에 잠재된 사실상의 문구는 "MS사가 건설한 세계속에서, 오늘 당신은 어디로 가고 싶으신가요?"다.

그러나 문제는 인터넷공간이 거대한 시장의 정합적 역량을 드러냈을 때 새로운 정치적·문화적 효과를 생산할 가능성이 있느냐는 점이다. 빌 게이츠는 '이상적 시장'이라는 입장에서 출발해 "정보고속도로가 인간에게 가져다주는 미묘한 것 중 하나는, 물리적 세계와 비교해서, 디지털화 세계의 사람들이 더 쉽게 진정한 평등을 획득하는 것에서 시작한다"라고 분명히 밝혔다. 게이츠는 다소 사람들을 곤혹스럽게 하는 이 논의에 기초해 한 걸음 더 나아가 다음과 같이 지적했다. "현실 세계에서 우리는 모두 평등을 위해 노력하며, 이런 평등 역시일련의 사회학적 문제를 정확히 인식하게 도와준다. 그러나 이런 문제들은 물리적 세계에서 완전히 해결될 수 없다. 인터넷은 이런 장애를 결코 무시하거나 불평등하게 만들지 않으면서, 오히려 강력한 추동력을 갖게 한다."(럭 2003, 49) 즉 하이테크놀로지가 '인간 천국'을 가져올 수 있다고 믿기 때문에, 그래서 '낙관론자'들은 '리퍼블릭닷컴(Republic.com)'이라는 유토피아적 구상을 제시하게 되는 것이다. "여기에서 새로운 과학기술은 적이 되지 않으며, 과학기술이 가져온 희망은 위험과 거리가 멀다. 사실상 이 리퍼블릭(공화국)의 관점에서 볼때 이것이 가져오는 위대한 희망이란, 특히 일반인들이 수많은 주제를 쉽게 알 수 있게 해주는 것, 그리고 무경계(無經界)한 다른 생각들을 찾을 수 있게 해주는 것이다."(선스타인 2003)

이와 날카롭게 상대되는 관점으로는, '디지털 불평등'의 배후에 존재하는 '현실적 불평등'을 무시할 수 없다는 비관론자들의 지적이다. 즉 빌 게이츠의 상상이 실제로 인터넷 세상의 허구적 평등과 디지털 자유를 건설할 수 있다 하더라도, 모든 사람이 고급 단말기로 작업실과 광대역망, 온갖 종류의 복잡한 소프트웨어 자원을 이용할 수 있는 것은 아니라는 점이다. 게다가 시장화한 인터넷공간에서 지식과 정보의 상품화는 문화의 상품화로 이어질 것이고, 문화와 사상 등 공공 영역(public sphere)이 점차 상품화로 인해 침식당해 심지어 사망에 이를 수도 있을 것이다. 이는 제임슨이 다음과 같이 묘사한 것과 같다. "지금의 문화는 거대하고 비교할 수 없을 정도의 네트워크 전송과 컴퓨터를 사용해 전달하는 충실하지 않은 재현이며, 나는 그 자체를 사회 전체 문제에 대한 더 심각하고 알레고리적인 오독과 과장이라고 생각해 왔었다. 그러나 그 속에서 왜곡되고 잘못 비유된 것은 바로 오늘날 초국적 자본주의를 패권화한 전 세계 시스템이다. 이 때문에 오늘날 사회의 과학기술이 놀랍게 발전하고 첨단 기술이 충분히 매력적임에도 불구하고, 사실상 기술 자체는 결코 희귀할 것이 없다. 그리고 그 매력이라는 것은 개인이 수용하는 일종의 재현 수단(스케치)에서 나오는 것이므로, 대중들은 사회권력 및 사회통제라는 총체적인 인터넷을 받아들이게 되는 것이다. 우리의 두뇌체계나 상상체계 모두가 포착할 수 없는 인터넷은, '자본'을 장악해 세 번째 역사 단계가 가져온 완전히 새롭고 탈중심적 세계의 인터넷을 발전시키게 했다. 이런 모든 현상은 거의 일종의 '하이테크놀로지'라 일컬어지고, 대부분 현상은 트랜스내셔널하고 전 세계를 망라하는 컴퓨터 인터넷을 공통으로 인식하는 것에 주목한다. 이러한 전체 인터넷 네트워크와 시스템은 내러티브의 교묘함과 복잡한 배치를 통해, 독립된 존재이자 또한 함께 공모하고 서로 투쟁하는 정보 매체 기구들과 함께, 한 걸음 더 나아간 관계를 걸어간다."

이처럼 교묘하고 복잡한 인터넷 시스템이 결국 어떤 역할을 발휘하는지에 대해, 마크 포스터(Mark Poster)는 미셸 푸코(Michel Foucault)의 '언어의 판옵티콘(감옥)'이라는 설명을 차용해 인터넷사회를 "슈퍼판옵티콘"으로 볼 수 있다고 했다. "판옵티콘은 단순히 그 건물의 간수가 아니라 죄수를 억압하고 그 혹은 그녀를 범죄자로 만드는 전체 담론/실천이다. 판옵티콘에서 감옥의 담론/실천이 주체를 구성하는 방식은, 곧 주체를 죄인으로 만들어서 마음을 정화시키고 새로운 사람으로 만드는 과정의 규범화인 것이다. …… 컴퓨터 데이터베이스의 등장으로 일종의 새로운 담론/실천이 곧바로 사회의 장에서 운용되게 되는데, 이 장은 슈퍼판옵티콘이라고 한다. 이 슈퍼판옵티콘은 주체의 구조를 다시 새롭게 형성할 것이다."(포스터 2000, 119~120)

인터넷의 '유토피아/디스토피아' 논쟁은 현재 사회 발전 추세에 관해 전개되는 가장 가치 있는 논쟁이라 할 수 있다. 이 글의 논제는 이를 배경으로 하지만 이 논쟁 속으로 직접 개입해 들어가지는 않는다. 이 글은 중국 대륙의 경험에 대한 검토를 통해 '비(非)서양'의 다른 역사적, 정치적, 문화적 콘텍스트 속에서 인터넷이 중국사회에서 '공공 공간'이 될 수 있는 가능성과 불가능성을 고찰한다.

2. 중국의 인터넷 환경

2004년 7월 20일, 중국인터넷네트워크정보센터(CNNIC: China Internet Network Information Center)는 베이징에서 〈제14차 중국 네트워크 발전 상황 통계 보고서〉[2]를 발표했다. 이 보고서는 2004년 6월 30일까지 중국 네티즌 총수가 8,700만 명으로 집계되었고, 이는 2003년 같은 기간에 비해 27.9% 성장한 수치라고 밝혔다. 이 1년 동안 중국 인터넷은 전과 다름없이 매우 빠른 속도로 발전했으며, 인터넷 발전 수준을 평가하는 지표 또한 두드러지게 성장했다. 중국 인터넷의 국제 수출 대역폭도 상당히 빠르게 성장했다. 용량이 총 53.9G에 달하는 대역폭은 전년 같은 기간 대비 190.3% 성장했다. 중국 국가 도메인(.cn) 이름에 등록한 월드와이드 웹(WWW) 웹사이트도 62만 7,000개에 달해 전년 동기간 대비 32.2% 증가했다. 아울러 중국의 광대역 인터넷 사용자 수는 3,110만 명으로, 이는 전년 연말 대비 1,370만 명 증가한 수치다. 반년 만에 78.7% 성장한 것이다.(趙亞輝 2004) 이런 일련의 수치로 볼 때, 중국의 경제·사회 발전에 따라 인터넷 역시 맹렬한 속도로 발전하고 있음을 알 수 있다. 그러나 이 역시 중국의 경제·사회 발전과 마찬가지로 상당히 불균등한 발전이다. 중국의 네티즌이 8,700만 명에 이르고 그 절대 수치가 세계 2위를 차지하지만, 최근 전 지구상의 인터넷 사용자가 약 7억 8,600만 명이고 평균 인터넷 보급률이 12.2%이며 미국 등 선진국의 인터넷 보급률은 70%를 넘어서고 있음을 볼 때, 중국의 인터넷 보급률이 단지 6.7%라는 점은 세계적 수준과 여전히 차이가 크다는 사실을 보여준다. 대다수 일반 중국인에게 '디지털시대'는 여전히 요원하고도 아름다운 몽상일 뿐이다.

　일반적으로 완전한 인터넷 시스템은 몇 가지 요소를 갖추어야 한다. 우선 인터넷 회선은 전선·전화선·광케이블 및 대륙간망을 가지고 있거나 위성전자유도장치를 이용할 수 있어야 한다. 다음으로 각종 디지털 데이터베이스 시스템이 있어야 한다. 세 번째로 인포메이션 프로세서(Information Processor)가 필요한데, 이는 인터넷의 정상적인 작동을 유지하면서 여러 특수한 서비스를 제공한다. 네 번째는 인터넷에 연결된 개인정보단말기로, 예를 들어 전화기, 개인 컴퓨터, 모뎀 등을 말한다. 마지막으로 필요한 설비를 구매할 수 있고 이 설비를 사용할 수 있는 능력이 있는 개인이 필요하다. 분명한 사실은 인터넷 시스템이 단순히 사회적 콘텍스트를 초월하는 정보기기가 아니라 국가와 시장, 개인의 역사적 관계 속에 깊숙이 '끼워 넣어져' 있다는 점이다.[3] 알렉산더 핼러베이스(Alexander Halavais)의 연구에 따르면, 4,000개 인터넷 웹사이트의 접속 현황을 조사한 결과 국가적 경계가 여전히 웹사이트 접속에도 개입되어 있다는 사실이 발견되었다. 즉 웹사이트는 자신이 속한 국가의 대표 엔진과 서로 접속하고 있을 가능성이 가장 크며, 국경을 초월한 사이트 접속은 아니라는 것이다. 이 때문에 그는 국가의 지리적 경계가 인터넷 세계의 지형을 판별하는 데 여전히 중요하다고 생각한다. 그 경계란 실제로 문화, 정치, 경제, 관습을 구분하는 영역이기 때문이다.(Halavais, 2000, 7~28)

　구체적으로 중국을 예로 들어보자. 중국 통신업은 국가가 독점하고 있고 국가 정책의 영향에 따라 발전한다. 통신업 기반 위에 건설되는 인터넷은 자연히 '발전'을 위주로 방향을 설정하는 정책에 의해 강력한 제약을 받는다. 또한 인터넷 서비스 역시 시장 행위이기 때문에 반드시 원가와 리스크, 투자수익을 계산해야 한다. 투자와 발전의 중심을 경제 발달 지역에 두게 되는 것 역시 매우 당연하다. 이 지역들이 현대화한 통신설비를 제공할 뿐만 아니라 인터넷 서비스를 소비하는 광대한 시장을 갖추고 있기 때문이다. 이 때문에 '인터넷 소비자'라는 개념이 등장했다. 개인은 반드시 — 컴퓨터 전문용어를 원용하자면 — '하드웨어'와 '소프트웨어'를 갖추어야 한다. 이 두 조건을 갖춰야 '네티즌' 자격에 부합하게 된다. '하드웨어'는 개인이 컴퓨터 관련 온라인 설비를 구매하거나 온라인 비용을 치를 경제력이 있는가를 가리킨다. '소프트웨어'는 개인에게 이러한 설비를 사용할 것과 다양한 인터넷 자원을 충분히 이용할 것을 요구한다. 경제적 수준이나 지식 수준을 막론하고 '인터넷 소비자'는 중국이라는 개발도상국에는 낮지 않은 문턱이다. 이 세 가지 측면의 합력(合力)은 중국의 인터넷 발전에 심각한 불평등 현상을 출현시켰다. CNNIC의 조사보고서 또한 2004년 6월 30일까지 중국의 월드와이드웹 사이트가 주로 화베이(華北), 화둥(華東), 화난(華南) 지역에 의해 84%까지 점유되고 있으며, 둥베이(東北), 시난(西南), 시베이(西北) 지역 웹사이트는 비율상 단지 증가하고 있음을 확인하고 있다. 이는 중국 인터넷이 전체적으로 빠른 성장을 보이고 있지만 지역 간 발전 수준과 보급 수준은 여전히 차이가 있음을 보여준다. 또한 그 속도가 동부가 빠르고 서부가 느리며, 도시가 빠르고 농촌이 느리다는 특징도 보여준다. 이는 각 지역의 경제 발달 정도와도 일치한다.

인터넷 발전의 불평등은 지역별 분포에서 이미 충분히 드러났으므로, '조사보고서'는 또한 네티즌의 성별 차이, 세대 차이, 수입 차이 등에 주목하기 시작했다. 보고서는 현재 중국 인터넷 사용자가 구조적으로 저연령화하는 현상을 보여준다고 밝혔다. 2004년 6월 30일까지의 조사에 따르면, 중국의 인터넷 이용자 중 18~24세 젊은이가 가장 높은 비율로 36.8%에 이르고, 35세 이하 네티즌은 전체의 82%를 차지했다. 여러 차례 조사 결과에서 네티즌 중 18~24세 젊은이가 가장 많았다. 이들은 다른 연령에 비해 비율이 상당히 높아 절대 우위를 차지하고 있다. 또한 독신 네티즌이 60.1%를 점유하고 있어, 미혼 네티즌의 증가 속도가 기혼 네티즌의 경우에 비해 높다. 성별로는 남성 인터넷 사용자가 59.3%를 차지한다.(王磊 2004)

'조사보고서'에서 가장 흥미로운 점은, 이 보고서가 '저소득층' 네티즌을 중국 온라인 인구의 주체라고 공언하고 있다는 사실이다. 네티즌 중 21.9%만이 월수입 2,000위안을 넘었고, 개인 월수입이 500위안 이하(무소득까지 포함)인 경우가 39.0%로 가장 높았다. 네티즌이 매월 실제 소비하는 인터넷 비용은(인터넷 접속비 및 전화비만 포함, 웹서비스 사용 비용은 제외) 대부분 100위안 이내로, 월 51~100위안을 소비하는 네티즌이 38.9%로 가장 많았다. 네티즌의 평균 매주 접속 시간은 4.2일, 12.3시간이었다.(王磊 2004) '저소득'자가 인터넷의 주체가 되는 현상과 국제 인터넷 연구의 소위 '디지털 분할(digital divide)'이라는 상황이 엄격하게 일치하지 않는다는 점은 매우 주목할 만하다. '디지털 분할'은 '있는 자'와 '없는 자'—컴퓨터와 통신망을 사용하는 사람들과 그렇지 않은 사람들—가 구별되기 시작했으며, 저소득층은 당연히 '없는 자'로 인터넷 외부로 배척된다고 보고서는 설명하고 있다. 몇 가지 명료한 데이터들은 다음과 같은 결과를 보여주기도 한다. 1999년 전 세계 2억 4,000만 인터넷 사용자 중 단지 500만 명 즉 2%만이 저소득 국가의 인구였다. 2000년, 아프리카의 전화 모뎀 사용자 100만 명 중에서는 65만 명이 부유한 남아프리카 출신이었다.(헨리 2003, 107; 이보 2003, 184)

그렇다면 중국의 인터넷 발전은 어떤 기적을 창조했기에 '저소득'자가 네티즌의 주체가 되게 했을까? 이는 불가능한 일일 뿐 아니라 우리의 일상적 경험과도 맞지 않는다. '조사보고서'를 자세히 살펴보면 조사 방법에 문제가 있음을 발견할 수 있다. 여러 차례의 조사에서 모두 18~24세 젊은이가 다른 연령대에 비해 절대 우위에 있다. 18~24세 젊은이 중에는, 중·고등학생과 대학생이 상당한 비율을 차지하고 있을 터이며 학생은 기본적으로 고정수입이 없을 것이다. 이렇게 고정수입이 없는 학생들을 통계 수치에 포함시키면 '저소득' 네티즌이 중국 인터넷 인구의 주체라는 결론을 쉽게 내릴 수 있다. 국제관례에 따르면, 인터넷 발전 관련 조사에는 네티즌의 가정수입이 조사되어야 한다. 이는 컴퓨터 및 관련 설비를 구매하고 비용을 지불할 수 있는 많은 가정에서 보통 인터넷을 사용하지 않는 부모가 그 비용을 지불하기 때문이다. 그러므로 가정수입의 통계가 있어야만 수입이 없는 학생들 때문에 산출되는 통계의 오차를 피할 수 있다. 그에 따라 조사 결과에서 비상식적 현상도 줄어들 것이다. 조사는 개인 월수입 500위안 이하(무소득 포함)의 네티즌이 가장 높은 비율로 39.0%에 이른다고 밝히고 나서, 이와 같은 저소득층 네티즌이 매월 실제 소비하는 인터넷 비용이 100위안 이내이므로 적어도 총수입의 1/5에 이른다고 결론 내리고 있다. 그러므로 정확하게 통계를 낸다면 '저소득'층이 네티즌의 주체라는 결론은 잘못된 것이다.

미국의 경우, 인종, 가정, 수입 차이가 '디지털 분할' 현상을 이끌어낸다는 '조사보고서'는 매우 대조적이다. 이 보고서는 백인 가정이 컴퓨터를 소유할 가능성(40.8%)이 흑인 가정(19.3%) 혹은 히스패닉 가정(19.4%)에 비해 두 배 이상 높다는 사실을 보여준다. 더불어 이런 인종 간의 수적 차이는 수입이 다른 모든 계층 사이에서 보편적으로 나타난다. 7만 5,000달러 이상의 수입계층에서 백인이 개인 컴퓨터를 소유할 가능성(76.3%)은 흑인(64.1%)에 비해 여전히 높다.(이보 2003, 187~188) 중국과 미국의 차이를 보여주는 자료들은 이 문제를 더욱 잘 설명해 준다. 중국의 13억 인구가 최근 2년간 컴퓨터를 구매한 양은 1,000여 만 대이지만, 전체 인구수가 중국의 1/6인 미국은 매년 컴퓨터 구매량이 4,000여 만 대에 이른다.(胡孝敏 2004)

문제는 중국의 인터넷 관련 조사보고서가 '인터넷 불평등 발전' 배후에 있는 더욱 심각한 폐해를 완전히 간과했다는 데에 있다. 그 폐해는 인터넷의 발전이 사회·경제 발전의 불평등 현상을 '심화시킬' 수 있으며 불평등 현상을 '보완'하지 못한다는 점이다. 빈곤 지역과 낙후 지역 역시 인터넷 외부에 존재하며 영원히 차단될 수밖에 없다. 마누엘 카스텔스(Manuel Castells)는 《네트워크 사회의 도래(The Rise of the Network Society)》에서 네트워크 기술이 가져온 '사회적 불평등'의 새로운 형태에 대해 논의하고 있다. 그는 세계의 많은 지역과 상당수 인구가 인터넷 기술 시스템에서 소외되고 있으며, 각 집단과 지역, 국가가 새로운 기술력을 접하는 시간이 모두 다른 것이 현대사회의 불평등을 구성하는 중요한 원인이라고 말한다. 특히 근래 인터넷 과학기술의 발전에 따라 정보화된 자본주의는 가치가 없거나 정치적 이익이 없다고 여겨지는 지역에 대해 재화와 정보의 유통을 우회하게 한다. 이런 모든 국가와 지역, 도시, 마을 사람들은 '인터넷사회'에 의해 차단되어 버린다. 심지어 이들은 필수적인 생산, 소비, 소통 및 생활의 기본적 과학기술 설비조차 박탈당하게 된다. 정보기술의 전 지구적 네트워크를 통한 재산과 정보의 권리 축적은 더 말할 것도 없다. 이러한 불평등은 소위 '선진국'과 '개발도상국'의 격차가 심해지는 것뿐만 아니라, 정보기술, 무수한 자본, 재화 및 자원을 모두 한데 연결하며 ─이러한 연결은 '선진국'과 '개발도상국'을 구분하지 않는다─

동시에 많은 지역과 대부분 사람들을 '인터넷'의 외부로 격리시킨다. 이러한 격리(차단)는 '선진국' 혹은 '개발도상국' 여부를 막론하고 이루어진다. 카스텔스는 이러한 격리된 지역들을 '단선 지역(switch-off areas)'이라고 칭했다. 이 지역들은 문화와 공간이 모두 단절된 곳이다. "이런 지역은 아프리카의 낙후된 도시거나 중국이나 인도의 빈곤한 농촌이다. 하지만 미국 내륙도시나 프랑스의 '외곽'을 포함하기도 한다."(카스텔스 2001, 38) 중국에서도 역시 국가정책, 시장추세, 소비 환경이 함께 결정짓는 '인터넷 발전'으로 인해 카스텔이 묘사한 것과 같은 '우회'가 "불평등한 발전"을 조장할 수 있을 것이다.

3. 인터넷 미디어와 국가의 통제

중국 인터넷 발전의 불평등을 강조한 이유는 인터넷을 가치중립적 하이테크놀로지로 인식하는 태도와 '기술주의'와 '발전주의'의 논리에 의거해 그것이 사회적 콘텍스트에서 벗어난 '추상'적 진보만을 가져오리라는 인식을 피하기 위해서다. 불평등 발전은 인터넷이 국가, 시장, 개인의 역사적 관계 속에 더욱 깊이 얽혀 있다는 사실을 주의하게 한다. 인터넷은 1990년대 중국에서 신종 '매체'로 등장했다. 제임슨이 '매체'라는 단어를 분석한 것과 마찬가지로, 인터넷은 물질적, 사회적, 미학적 다른 층위에서 권력과 시장 구조에 의해 제약을 받으면서도, 새로운 표현 공간의 창조를 통해 이러한 구조를 바꿀 수도 있다. 다시 말해서 '현실 세계'에서 항상 볼 수 있는 국적, 언어, 종족, 성별, 사회계층, 정치 성향, 경제적 지위 등에 따른 '전달 장애'가 '가상 세계'에서도 여전히 존재한다는 것이다. 인터넷의 '전 지구화'는 역시 본질적으로 '지역성(locality)'과 '권역성(region)'이라는 방식이 계속 억압하고 있다. 타이완 네티즌의 행위에 대한 한 연구는 다음과 같은 사실을 보여준다. 타이완 네티즌들은 평균 84.3%의 온라인 시간을 현지의 웹페이지를 둘러보는 데 사용하는데, "사용자가 지속적으로 살아가는 '본토'란 즉 그/그녀와 연관된 지역, 그/그녀가 생산을 요구하고 바라는 지역, 그/그녀가 귀속감을 갖는 지역이라는 것이다."(吳玫 2004)

1990년대 이후 중국사회의 변화는 여러 주변부를 만들어냈고 경계가 모호한 새로운 문화공간을 촉발시켰다. 예를 들어 중국중앙텔레비전(CCTV)의 《동방시공(東方時空)》으로 대표되는 제작자 책임제 텔레비전 프로그램, '시리즈 출간'과 같은 출판 형식, '제2의 루트(대체방안)를 통한 도서' 발행과 영업 등은 시장경제적 요소를 갖추고 있으면서 또한 권력과 상대하는 새로운 문화생산 방식이었으며 점점 더 강하게 '당다이(當代)' 중국 문화 사상에 영향을 미쳤다. 심지어는 문화 사상의 새로운 형태를 만들면서 동시에 자신 또한 매우 선명하게 이 시대의 기억을 찍어가고 있다. 이들은 기성 체제와의 관계를 이용, 개조, 수집, 흡입해 문화 사상이 생산하는 어떤 새로운 특징을 드러낸다. 이런 특징이 시선을 끄는 지점은 바로 시장경제화 과정이 권력 운용방식의 변화를 가져왔다는 점이다. 그러나 그 변화는 '권력'과 '시장'의 이원 대립 속에서 완성된 것이 아니며, 권력과 시장이 함께 교직하는 새로운 통치 형식과 이데올로기적 기능을 이끌어냈다. 그러므로 서유럽의 '공공 공간' 이론을 원용해 이 현상을 설명한다면, 이 새로운 문화공간은 '국가'와 '사회'의 이원적 구조 속에서 자리를 잡은 것이 아님을 발견할 수 있으며, 당다이 중국의 매체공간, 문화생산, '공공성 요구' 사이의 복잡한 관계가 드러나게 된다.

　　즉 인터넷은 이런 배경에서 그 '신기술'과 '새로운 경제'라는 이중의 위력을 가지고 1990년대 중반 이후 중국사회의 모습을 변화시켜 왔다. 인터넷은 일종의 신종 매체로서 정치생활과 문화생산을 위한 새로운 공간을 제공한다. 또한 새로운 공간의 등장과 그 공간이 점차 전통 매체와 사회에 개입하게 되면서, 필연적으로 신종 언론을 탄생시켰다. 물론 이 새로운 매체공간의 가능성을 높이 설정할 필요는 없다. 새로운 매체의 생산 역시 시장과 권력이 상호 작용하는 특수한 콘텍스트에 통제를 받기 때문이다.

　　최근 인터넷매체의 흥기 과정은 대략 두 단계로 구분할 수 있다. 첫째는 인터넷 흥기 초기로 권력이 신기술의 해방적 역량을 낮게 평가하고, 또 '신경제(新經濟)'가 '시각'적 수요를 끌어당겨 마구 '돈을 날리며' 공짜로 개인이나 단체에 대량의 인터넷 공간을 제공하는 단계였다. 실제로 인터넷 발전에 대한 '메칼프의 법칙(Metcalfe's Law)'에 따르면, 인터넷 경제의 확장과 인터넷 노드의 제곱은 정비례한다. 즉 인터넷의 가치가 인터넷 노드의 제곱과 같다는 것이다.[4] 쉽게 말하면, 인터넷은 사용자 수가 많아져야 그 가치를 드러낼 수 있으며, 또한 일단 사용자 수치가 임계점을 넘어서고 나면 그 가치가 기하급수적으로 성장한다는 원리다. 이 원리에 따르면, 더 많은 사람이 인터넷을 사용할수록 그 가치가 더욱 높아지며, 또한 더욱 많은 사용자를 끌어들일 수 있게 된다. 이 때문에 시스템 개발자는 운영 초기에 항상 저가, 심지어 무료로 사용자를 끌어들이게 되고, 사용자가 일정 수에 도달하면 기하급수적인 인터넷 효용을 발휘하리라고 바란다는 것이다. 그래서 인터넷 사용을 부단히 확대해 가는 초기 과정에서는 정부와 시장의 이익이 이 원칙에 상당히 일치했다.

그러나 '월드와이드웹'의 등장은 기구, 회사, 단체, 개인까지 모두 자기의 '웹사이트'를 만들 수 있게 했다. 또, 웹사이트에 접속한 사람 모두 다양한 텍스트와 이미지를 이용해 자신의 '홈페이지'를 제작하거나 BBS(Bulletin Board System, 전자게시판시스템)를 개설할 수 있게 되었다. 특히 BBS 형식은 사용자가 인터넷에 접속하기만 하면 직접 웹브라우저를 통해 사용할 수 있다. BBS에 들어가면, 사용자는 흥미 있는 토론 그룹을 하나 혹은 여러 개 선택할 수 있으며, 새로운 정보가 그 토론 주제에 올라왔는지를 주기적으로 살펴볼 수 있고, 다른 구성원이 읽을 수 있도록 토론 그룹에 정보를 전달할 수 있으며, 정보를 가진 구성원에게 회신을 할 수도 있다. 카스텔스는 이러한 새로운 형식의 개인화하고 상호 작용적인 교류에 대해, "단조롭고 무료한 이름 없는 지역에 만연한 쇼핑센터가 아닌, 왕성한 도시문화에서 기원한 상점가의 역사적 경험에 비교적 근접해 있다"(카스텔스 2001, 438)고 했다. 이는 대중이 다양한 정보를 접하면서 광범위하게 토론을 전개할 수 있게 하며, 반면 기술의 개방성으로 인해 정부와 시장이 효과적으로 접속과 논의를 제한 혹은 통제하기 어렵게 한다. 이는 전통 매체가 여전히 권력을 가지고 강하게 통제를 하는 상황에서도, 인터넷이 신종 매체로서 문화생산과 발표, 독해, 교류의 새로운 공간을 구성할 뿐 아니라 어떤 과정에서는 전통적 문화 질서를 전복할 수도 있다는 결과를 가져왔다. 나아가 인터넷은 강렬한 '상호 교환성'을 갖추고 있어서 다른 전통 매체와 비교할 때 참가자들이 더 쉽게 '참여의식'과 '정체성'을 갖게 할 수 있다. 이 또한 인터넷 회사들의 탄생과 번영의 기초가 된다.

두 번째 단계에서는 인터넷이 점차 성숙하고 확대됨에 따라, 권력 역시 이 새로운 매체에 대한 통제를 강화하려고 한다. 예를 들어 중국 당국은 국제 인터넷 정보 유통에 '방화벽'과 '키워드'를 설치해 시스템을 필터링하고, 대량의 '가상 프록시'를 유포한다. 그리고 중국 내 인터넷매체에 대해서는 내용 심사를 강화해 종종 법규를 어긴 논단, 사이트, 웹페이지를 강제로 폐쇄한다. 고등교육기관의 게시판은 실명제를 실시해 학교 외부인은 가입하지 못하게 했다.[5] '궤도를 벗어난' 인터넷 언론에 대해서는 고액의 벌금을 부과함으로써, 경제적 수단으로 인터넷매체 발전을 억압하는 경향을 보였다. 이에 관한 분명한 표지로, 중국은 1990년 말에서 2000년 초 일련의 인터넷 관리 법령과 법규, 조례를 제정했다. 그중 중요하게 언급할 것은 〈중화인민공화국 컴퓨터정보인터넷 국제네트워크 관리 임시규칙 규정 실시법〉(국무원, 1998년 3월 6일 시행), 〈인터넷 정보서비스관리법〉(국무원, 2000년 9월 25일 시행), 〈인터넷 전자게시판서비스 관리규정〉(정보산업부, 2000년 11월 7일 시행), 〈인터넷 온라인서비스 영업장소관리 조례〉(국무원, 202년 11월 15일 효력 발생), 〈인터넷 문화 관리 임시규칙규정〉(문화부, 2003년 11월 7일 시행) 등이다.

특히 2005년에는 일련의 관리감독 성격을 더욱 갖춘 인터넷 법률이 연이어 시행되었다. 〈네트워크 IP 주소 등록 관리방안법〉(정보산업부, 2005년 3월 20일 시행), 〈중화인민공화국 전자서명법〉(전국인민대회상임위원회, 2005년 4월 1일 시행), 〈인터넷 저작권 행정보호방안법〉(정보산업부, 국가판권국, 2005년 5월 30일 시행), 〈인터넷 뉴스정보 서비스 관리규정〉(국무원뉴스사무실, 정보산업부, 2005년 9월 25일 시행) 등이다. 이러한 법률들은 인터넷에 존재하는 보편적인 무질서, 예를 들어 '지적재산권' 문제 등을 명확하게 규정했을 뿐 아니라, 나아가 법규 조문을 '형식화'해 숨겨진 여론을 더 효과적으로 통제하는 역할을 했다. 〈인터넷 뉴스정보 서비스 관리규정〉과 같은 법률의 '제2조'는 '뉴스정보'를 비교적 폭넓게 규정하고 있다. "본 규정이 칭하는 뉴스정보란 정치·경제·군사·외교 등 사회 공공업무의 보도·평론 및 사회에서 발생한 사건과 관련한 보도와 평론을 포함하는 시사 정치류의 뉴스와 정보를 가리킨다. 본 규정이 칭하는 인터넷 뉴스정보 서비스는 인터넷을 통해 등재된 뉴스정보와, 시사 정치류 전자게시판 서비스에서 제공하거나 대중에게 시사 정치류 뉴스를 발송하는 것까지 포함한다"고 했다. 특히 '평론'을 '뉴스정보'에 끼워 넣은 것은 인터넷에서 어떤 긴급한 사건이 발생했을 때 표현하는 의견이 모두 '뉴스정보' 발표라고 여겨질 수 있음을 의미한다. 또한 〈인터넷 뉴스정보 서비스 관리규정〉 '제5조'는 다음과 같이 규정하고 있다. "인터넷 뉴스정보 서비스 부문"이 반드시 "국무원 뉴스사무국의 허가"나 "국무원 뉴스사무국 혹은 성, 자치구, 직할시 인민정부 뉴스사무국에 등록"해야 하며, 만일 허가나 등록을 하지 않고 "독단적으로 인터넷 뉴스정보 서비스업에 종사"하거나 "조사 결정하는 서비스 항목을 넘어서서 인터넷 뉴스정보 서비스업에 종사"한다면, '제26조'에 따라 "국무원 뉴스사무국이나 각 성, 자치구, 직할시 인민정부 뉴스사무국이 직권 책임명령에 의해 위법활동을 정지시킬 수 있으며, 1만 위안 이상 3만 위안 이하의 벌금에 처하게 된다. 사안이 심각할 경우, 통신 주관부서가 국무원 뉴스사무국이나 각 성, 자치구, 직할시 인민정부 뉴스사무국의 서면 인정 의견과 관련 인터넷 뉴스서비스 관리행정법규의 규정에 의거해, 해당 인터넷 뉴스서비스를 정지시키거나, 인터넷 접속 서비스사업자가 서비스 접속을 정지하도록 명령할 수 있다."

실제로 이처럼 엄격한 뉴스 통제로 인해, 극소수 대형 인터넷웹사이트와 "언론사가 설립한 등록기관이 이미 발표하고 있는 인터넷 뉴스정보 서비스 기관" 예를 들면 신문이나 텔레비전 방송국의 웹사이트를 제외하고는, 기타 절대 다수의 인터넷회사는 모두 '뉴스정보'를 발표할 자격이 없다. 이렇게 하여 주관 부서는 인터넷회사가 발표하는 실질적 내용까지 살펴볼 필요 없이 단지 '뉴스정보'를 발표할 자격을 갖추었는지 여부만 따지면 된다. 어떤 웹페이지가 시시각각 발생하는 사건에 대해 의견을 발표하게 되면, 웹페이지 자격에 대한 질문을 야기할 수 있는 것이고, 더 나아가 생각하면 관련 부서가 민첩하게 '생사여탈'권을 장악하게 되는 것이다. 이러한 관리제도 방식은 구체적인 내용에는 관여하지 않으면서 단순히 '형식화'한 법규를 행사해서 더 큰 풍파를 일으키는 것을 피하고자 하는, 새로운 수준의 법률적 감시/관리 기능이다. 2006년 7월, 창립한 지 6년이 된 〈세기중국(世紀中國)〉 웹사이트가 관련 부서의 이러한 조치로 폐쇄되었다. 7월 19일 베이징 통신관리국은 〈세기중국 웹사이트 폐쇄명령에 관한 통지〉를 알렸다. 〈경신시감발(京信市監發) 2006년 242호〉에서는 〈세기중국〉 웹사이트가 "인터넷 뉴스정보 서비스 자격을 갖추지 않고 위법으로 뉴스정보 서비스 항목을 개설했으므로, 〈인터넷 뉴스정보서비스 관리규정〉 및 〈인터넷 정보서비스 관리방법〉의 관련 요구를 심각하게 위반해 사안이 심각하다. 〈인터넷 정보서비스 관리방법〉 제19조 규정에 따라 현재 〈세기중국〉과 〈세기살롱〉 사이트의 폐쇄를 명한다"고 했다. 이 통지는 25일 〈세기중국〉 웹사이트에 하달되었지만, 웹사이트는 자진 폐쇄를 거부했고, 2006년 7월 26일 저녁 7시 20분경, 베이징시 통신관리국이 강제로 〈세기중국〉 웹사이트를 폐쇄했다.[6]

이런 사건으로 볼 때, 어떠한 기술적 선택도 정치적 선택이며, 정보기술의 발전이 사회에 대한 권력의 감독과 억압을 강화하고 있음을 쉽게 알 수 있다. 예를 들어 2002년 9월 유명 검색 사이트 구글

(google)이 갑자기 중국에서 1주일간 폐쇄된 적이 있다. 다시 개방된 후에도 구글 웹페이지의 빠른 검색 기능이 제한 받았을 뿐 아니라, 검색란에 사용자가 특정 단어를 입력하면 웹페이지에 등록이 되지 않거나 중국 내 검색엔진으로 전환되어 버렸다. 후자가 사용한 것은 '도메인명 하이제킹 기술'로 웹사이트의 도메인명과 IP 주소가 국가교환센터 및 각 인터넷 운영사로 전달되는 것이었다. 결과적으로 구글은 2006년 중국판 '구글'(.cn 도메인명을 사용한다는 것은 도메인명 서비스기가 중국에서 관리된다는 것을 보여준다)을 만들게 되었고, 관련 요구에 따라 대량의 키워드와 웹사이트를 필터링하기에 이르렀다.

인터넷은 군사과학에서 시작되었지만, 우리는 그 개방성에 대한 논의에 열중하면서 많든 적든 그 기술이 본래 갖고 있는 거대한 억압성을 잊고 있었다. 더욱 중요한 점은 권력의 기능이 정보의 감독과 억압에 그치지 않고 동시에 정보의 제조자와 생산자가 된다는 사실이다. 인터넷의 개인화, 탈중심, 상호작용성이라는 '탄력적' 형태는 더욱 민활하고 다변적인 통치방식을 촉진시킬 수 있다.[7] 또한, 인터넷 경제의 거품이 출현해서 '새로운 경제'는 더는 '돈을 태워버리는 것(燒錢)'을 목적으로 하지 않고 원가 절감과 이윤 추구로 방향을 전환했다. 일반적으로 신기술의 발전이라는 맹신으로 인해 1996년부터 1999년까지가 인터넷 경제의 최고 전성기이자 가장 맹렬했던 단계였다고 할 수 있다. 그러나 기술적 요소를 인터넷 경제 움직임의 유일한 수단으로 생각하고, 또한 어떻게 인터넷 운용이 기업 경쟁력을 강화하거나 상승시키는지 파악하지 못했기에, 지나친 낙관적인 기대는 거품이 될 수밖에 없었다. 1999년이후 지금까지 그런 열기는 이미 맹렬함에서 현실적 경영 환경에 대한 고려로 점차 돌아섰다. 그래서 거대 웹사이트들은 무료로 제공하는 개인공간을 취소해 버렸고 다채로운 개인

웹페이지와 논단들도 이미 강제 폐쇄되었다. 또한 이익을 목적으로 하는 자본 역시 '인터넷' 현상에 대한 구조조정을 강화했다. 이는 단지 벌금의 위험을 피하고자 자기검열 기제를 강화하는 것뿐 아니라, 동시에 전자매체와 종이매체가 상호 생산적 방식으로 '선택'과 '필터'의 기능을 증폭시킴을 말한다. 이러한 현상은 이른바 '인터넷 문학'의 구조에서 흥미롭게 드러난다. 즉 '인터넷 문학'이 결국 '종이매체' 대 '인터넷공간'이라는 상상적 생산으로 변했다는 말은 결코 과장이 아니다.

이 과정을 돌아보면, '신기술'과 '신경제' 요소의 개입이 1990년대 이래 중국문화의 생산방식에 현저한 영향을 끼쳤음을 어렵지 않게 발견할 수 있다. '기술'과 '자본', '권력'이라는 모든 요소의 교집합이 어떻게 새로운 문화와 사상의 표현형식을 만들었는지, 동시에 이런 형식 역시 어떻게 불가피하게 그 생산조건의 속박을 받게 되었는지에 대해 한 걸음 더 나아간 토론이 필요하다. 이는 새로운 '문화'와 '사상'의 형식 역시 어떻게 자본과 권력의 논리에 지배되지 않고 새로운 매체공간의 도움을 빌렸으며, 어떤 수준으로 그 한계를 돌파할 수 있었는지에 대한 논의들이다.

중국의 인터넷 발전이 많은 문제에 직면해 있다 하더라도, '인터넷매체'와 '종이매체' 사이의 상호작용은 '당다이' 중국의 매체 구조를 상당히 변화시켰다. 중대한 정치·사회·경제 문제는 모두 인터넷에서 격렬한 논쟁을 일으켰고, 종이매체 역시 허용 범위에서 토론에 적극적으로 개입하면서 부지불식간에 인터넷 언론의 영향력을 확대해 나갔다. 동시에 인터넷매체의 상호작용성 및 상대적으로 느슨한 기준으로 인해, 종이매체가 관심을 갖는 사건과 그것이 조직하는 주제들이 인터넷상에서 심화될 수 있었고 공론을 형성했으며, 심지어 사건

의 처리, 정부의 정책 및 입법에까지 직접적으로 영향을 미쳤다. 2003
년에 발생한 '쑨즈강 사건' 역시 가장 전형적인 사례 중 하나다.

27세의 쑨즈강(孫志剛)이라는 남성은 2001년 우한(武漢)과학기술
대학의 예술디자인 전공을 졸업하고 홀로 광저우(廣州)의 터치(達奇)
의류회사에서 일하고 있었다. 2003년 3월 17일 저녁, 쑨즈강은 PC방
으로 가는 길에 아무런 신분증도 휴대하고 있지 않다는 이유로 광저
우시 톈허구(天河區) 황춘제(黃村街) 파출소로 잡혀갔고, 여기에서 광
저우시 '삼무(三無: 신분증, 임시거류증, 노동증명서가 없음)' 수용소로
이송되었다. 3월 18일 저녁, 쑨즈강은 병이 있다고 요청해 시(市) 위생
부가 책임을 맡고 있는 수용인 응급실에서 진료를 받았다. 3월 20일
쑨즈강은 수용인 응급실에서 사망했다. 법의학자는 부검에서 사인을
다면적 쇠약조직 손상으로 인한 외상성 쇼크라고 밝혔다.

2003년 4월 25일, 《남방도시보(南方都市報)》는 '임시거류증이 없
다는 이유로 대학졸업생 수용 후 구타 사망'이라는 제목으로 쑨즈강의
죽음을 폭로했고, 이는 매우 큰 반향을 일으켰다. 정치계와 법학계,
변호사들은 여러 차례 학술활동을 조직해 쑨즈강 사건 및 그 배경의
제도적 요인에 대해 다시 돌아보았다. 학자 5명 — 허웨이팡(賀衛方),
성훙(盛洪), 선쿠이(沈巋), 샤오한(蕭瀚), 허하이보(何海波) — 은 인터넷
에서 성명을 발표하고 전국인민대회 상임위원회에서 쑨즈강 사건 및
수용송환제도 실시 상황에 관한 특별조사를 요청했다. 허웨이팡, 장
밍안(姜明安), 두강젠(杜鋼建), 지웨이둥(季衛東) 등 법학교수 4명 역시
최고인민검찰원에 서한을 보내, 전국 매체에 이 사건 조사의 상세한
과정 및 조사 중에 취득한 모든 주요 증거를 발표하라고 건의했다. 또
한 단순한 결론으로 마무리하지 말고 여러 법률적 기술수단을 이용하

라고 고등검찰에 건의하고 사건이 공정하게 처리될 수 있도록 보장할 것을 요구했다. 위장(俞江), 텅뱌오(滕彪), 쉬즈용(許志永) 등 법학박사 3명은 전국인민대회 상임위원회에 서신을 보내 국무원이 공포한 〈도시유랑인 수용송환법〉 집행에 대한 위헌심사를 건의했다. 6월 9일, 광저우시 중급법원, 바이윈구(白雲區), 텐허구(天河區) 법원은 쑨즈강 사망의 피고인에 대한 재판을 공개했다. 6월 20일, 국무총리 원자바오(溫家寶)는 국무원 제381호령에 서명해 〈도시생활 무정착 유랑인의 구제관리방법〉의 시행을 공포했다. 이 법은 1982년 5월 국무원에서 발표한 〈도시유랑인 수용송환법〉을 폐지했음을 선포했다.

인터넷은 '쑨즈강 사건'에서 특히 중요한 역할을 했다. 많은 관련 정보, 심도 있는 보도와 평론, 의견들이 모두 인터넷상에서 발표되었다. 동시에 '세기살롱(世紀沙龍)', '관천차사(關天茶舍)', '강국논단(强國論壇)' 같은 중국 내 몇몇 주요 인터넷 논단에서는 이 사건을 둘러싸고 끊임없이 토론이 전개되었고 지속적으로 글이 올라왔다. 글들은 이 사건의 구체적인 발생부터 저소득층, 평등, 제도, 법률, 민권 및 헌정 등 수많은 '당다이' 중국의 중대한 문제가 언급되었다. 이에 대해 법학자 주쑤리(朱蘇力)는 다음과 같이 언급했다. "쑨즈강 사건이 일으킨 제도적 변혁은, 현재 변화하는 중국사회의 다양하고 심층적인 경제적·사회적·법률적 문제들을 반영한다. 법조인들은 잠시나마 그들의 훌륭함을 접하고자 하는 것 같다. 그들은 사회문제에 대한 민감성, 약자인 대중에 대한 관심과 애정을 표했고, 특히 제도 설립과 헌정 수립에 대한 의지를 표현했으며, 법치의 법률적 기술과 정치 전략에 주목하게 되었다."(朱蘇力 2004, 290) 여기서 '법조인'을 '네티즌'으로 바꾼다면, '쑨즈강 사건'으로 대표되는 인터넷 사회운동 역시 매우 합당하다고 평가할 수 있을 것이다.

'쑨즈강 사건'을 비롯한 일련의 민간 권리 보호 행동으로 인해 2003년은 중국에서 '인터넷 시민권의 해'로 불렸다.[8]

4. 인터넷 사회운동: '쑨즈강 사건'과 '리쓰이 사건'

하나의 운동이 국가의 입법을 바꾸었던 '쑨즈강 사건'은 인터넷 공공 공간의 형성과 확장이라는 의미 면에서 중요한 사례다. 1990년대 이후 중국 인터넷 발전의 맥락에서 볼 때, 이처럼 영향력이 컸던 인터넷 사회운동은 없었다. 이 사건에는 매우 분명한 역사적 기초와 현실적 조건이 있었다. 그 기초와 조건이 '쑨즈강 사건'을 인터넷 토론의 쟁점으로 만들었을 뿐 아니라 동시에 어느 정도 토론의 내재적 제한을 구성하기도 했다. 사람들은 바로 이런 토론 및 제한들로 인해 현재 중국적 콘텍스트의 특수성에 주의하게 되었다. 이런 특수성—예를 들어 단순한 기술결정론적 관점으로, TCP/IP 프로토콜 등 인터넷 기술이 가상 신분으로 유동성을 갖추게 되면서, 이런 기술을 이용해 더욱 자유로운 교류가 진행될 수 있으며, 이에 따라 언론의 관리 통제와 조사가 불가능하리라는 관점—을 떠나서, 추상적으로 인터넷 공공 공간의 가능성과 불가능성에 대해 토론하는 것은 아무런 의미가 없다.

쑨즈강은 수용소에서 구타로 사망했고 이 사건은 인터넷에서 큰 파장을 일으켰다. 범법행위 자체가 사람들을 분노케 한 것 외에도 피해자가 대학생 신분이자 27세였다는 점에 주목해야 한다. 아이샤오밍

(艾曉明) 중산(中山)대학 중문과 교수는 《남방도시보》가 '쑨즈강 사건'을 폭로한 이후 곧바로 인터넷상에 격양된 어투로 〈공포 속에서 살아가기(生活在恐惧之中)〉라는 글을 발표했다. 이 글에서 특히 "쑨즈강은 타지에서 온 이름 없는 수많은 노동자 중 한 사람이었지만, 나는 쑨즈강이 일반 노동자가 아니며 고등교육을 받은, 한 회사의 디자이너였음을 강조하고자 한다. 나는 그의 특별한 신분을 강조하지 말아야 한다는 점에 동의하지 않는다. 문제는 바로 여기에 있기 때문이다. 만일 법 집행자들이 타지의 노동자들에게 행하는 무정한 멸시와 잔혹한 살해를 피할 수 없다면, 얼마나 많은 타지에서 온 노동자들이 공포 속에서 살아갈 것인가?"(艾曉明 2003)라고 언급했다. 아이샤오밍 교수가 쑨즈강의 대학생 신분을 강조한 이유는 이 사건의 위험성을 드러내고자 했기 때문이었다. 다시 말해서 대학생이 이러한 취급을 당한다면 평범한 타지 노동자들의 처지는 말할 필요도 없다는 것이다.

게다가 나는 쑨즈강이 농민이었다면 이 사건이 어떻게 되었을까를 묻고 싶다. 과연 이렇게 큰 반향을 일으킬 수 있었을까? 이런 물음 역시 잔혹할 수 있다. 윤리적으로 볼 때는 대학생뿐 아니라 농민이라도 이렇게 잔인한 피해를 당한다면 신분에 상관없이 모두에게 정의가 이루어져야 한다. 그러나 현실에서 신분이 일으키는 역할은 무시하지 못한다. 쑨즈강 사건이 인터넷에서 많은 관심과 격렬한 토론을 일으킨 이유는 이 사건 자체의 놀라운 결과 말고도, 물론 깊고도 넓은 사회적 원인이 있었기 때문이다. 예를 들면 제도 형성의 불공정과 불평등 현상으로 인한 강한 불만이 퍼져 있었다. 그러나 그의 대학생이라는 신분이 네티즌의 더 많은 관심과 동의를 얻게 했다는 것 역시 매우 중요한 요인이다. CNNIC의 제14차 조사보고서가 밝힌 것처럼, 중국 인터넷 이용자 중 18~24세 젊은이가 36.8%로 가장 높은 비율을 차지하고, 35세 이하 네티즌이 82.0%이며, 그중 대학생과 중고생 이상의 네티즌 비율 역시 상당히 높다. 비록 우리는 27세의 대학 졸업생 쑨즈강이 네티즌이었는지를 증명할 수는 없지만, 그의 비참한 죽음은 문화 수준이 같은 비슷한 연령대 네티즌의 동정과 지지를 쉽게 얻을 수 있었다. 사실 '쑨즈강 사건'이 지속적으로 진행된 것은 그의 친구들 덕분이었다. 사건의 시작부터 친지들에게 이를 알리고, 기부금을 모으며, 법률 원조를 얻고, 언론과 인터넷에 쑨즈강을 위해 억울함을 호소하는 등의 모든 일들은 쑨즈강의 동창 및 친구들이 바쁘게 뛰어다녔기에 가능했다. 만일 이렇게 사회활동 능력을 갖춘 '동창', '친구,' 그리고 더 많은 열정을 가진 사람들의 개입이 없었더라면, 농민 신분의 쑨즈강 아버지, 남동생 그리고 다른 친지들이 이 사건에서 더 큰 역할을 할 수 있었을지는 상상하기 힘들다. 쑨즈강의 삼촌은 다음과 같이 말했다. "사실 현재 이런 보도를 인터넷에 발표하는 것은 우리를 매우 많이 도와주는 겁니다. 매체의 보도가 없었다면 우리는 지금까지도 아무것도 몰랐을 겁니다."(高泓 · 唐紅梅 2003)

더욱 중요한 것은, '쑨즈강 사건'이 점차 공론화하면서 개인의 불행한 죽음이 매체적 사건으로 변화되었고, 특히 그 과정에서 인터넷상의 사건이 쑨즈강의 친척, 동창 및 친구에게서 쑨즈강을 전혀 알지 못하는 이들, 이 사건에 대해 점점 더 많은 동정과 관심을 기울이는 사람들에게까지 전해지면서 이들 사이에 기쁨과 걱정을 함께 나누는 공통된 '정체성'이 형성되기 시작했다는 것이다. 당시 사스가 창궐하고 사람들의 교류가 단절된 상황에서 이런 무형의 인터넷으로 촉발된 '정체성'은 특별한 의미를 갖게 되었다. 당시 사건을 지켜보던 누군가의 설명은 이러한 상황을 대표적으로 보여준다.

나는 쑨즈강을 전혀 알지 못한다. 그는 단지 내 대학 동창의 동창일 뿐이다. 내가 쑨 군의 죽음을 뉴스거리로 내 동창에게 전했을 때, 그는 엎드려 울 뿐이었다. 그 역시 신문사에서 일하고 있었고 내게 자신의 취재를 도와달라고 요구했다. 그는 내게 쑨 군이 세상을 떠나기 며칠 전 전화 통화에서 서로의 꿈을 이야기했다고 알려주었다.

나는 항저우에서 막 돌아와, 우한의 기숙사에 격리되어 있었다. 몸을 움직여 손을 쓸 수 없어서 중산대학에서 비교문학을 공부하는 여학생 가오훙(高泓)에게 부탁했다. 그녀는 아무런 망설임 없이 자신의 선생님과 약속을 잡았고, 기자 친구와 변호사 친구는 광저우에 있는 쑨 군의 친척집을 찾아냈다. 어젯밤 2시 50분, 그녀는 정리한 파일을 내게 보내주었다.

그간 나는 가오훙에게 사스를 조심하라고 부탁했다. 그러나 그녀는 듣지 않았다. 그녀는 산 자를 위해 보상을 쟁취하고, 죽은 자를 위해 정의의 길을 가겠다고 했다. 나는 그녀에게 죽은 사람은 이미 그렇게 되었으니 산 사람은 반드시 살아남아야 한다고 말했다. 그들에게는 집으로 돌아가는 차비조차 없었다고 그녀가 말했다. 동냥이라도 했다면, 몇 푼이라도 모을 수 있었을 것이다. 그녀는 어쩌면 고대의 정의로운 섭은낭(聶隱娘: 중국 당나라 때 여전사. 동명 전기소설의 주인공이기도 하다—옮긴이)과도 같은 사람일지도 모른다. 나는 새벽에 친구에게 원고를 건넸다. 하지만 그는 원고를 신문에 실을 수 없다고 했다. 자세한 까닭은 알 수 없었다.(高泓·唐紅梅 2003)

이와 같이 표면적으로 '어려웠던' 상황이 지난 며칠 뒤에야 '쑨즈강 사건'에서 중요한 역할과 영향력을 발휘한 인물들이 등장한다. 기자 천펑(陳峰), 변호사 중윈제(鐘雲潔), 대학교수 아이샤오밍이다. 이들 3인과 쑨즈강 가족의 대화는 비록 신문에 실리지는 못했지만 인터넷에서 커다란 반향을 일으켰고, 더 많은 사람들이 인터넷을 통해 다양한 형식으로 이 사건에 참여하게 했다.

인터넷 정체성의 형성은 바로 이러한 다양한 참여에 의지한다. 인터넷의 역사에 익숙한 사람들은 모두 전 지구적 전자링크 웰(WELL)—원래 미국 로스앤젤레스의 한 잡지가 네트워크 사용자를 위해 개설한 BBS였는데, 후에 큰 규모를 갖춘 인터넷 모임으로 발전했다—에서 발생한 '플리케이트(Phlicate) 신화'를 알고 있다. '플리케이트'라는 아이디를 쓰는 사람이 일곱 살 된 자기 아들이 백혈병에 걸렸다는 소식을 인터넷에 올리자 여러 모임의 사람들이 즉각 반응을 나타냈고, 네티즌들은 잇달아 그에게 애정을 표시하고 도움을 주었다. 웰의 의학 전문가도 움직임으로써 마침내 아들을 구할 수 있었다. 이는 커뮤니티 구성원들에게 강한 집단적 귀속감과 정체성을 가져다주었다. 사람들은 컴퓨터와의 통신이 아닌 컴퓨터를 이용해 인간과 소통했고, 마침내 '하늘 끝까지 이웃'이 되어 가상 커뮤니티에서 상상의 공동체를 만들어냈다. 이 사건은 사람들에게 인터넷 정체성에 대한 보편적 이해를 가져다주었다.

그러나 '쑨즈강 사건'을 둘러싸고 형성된 인터넷 정체성은 귀속감을 찾으려는 욕구도 물론 있었지만, 이런 정체성 찾기라는 행위가 강렬한 '저항적 성격'이 있었다는 사실이 더욱 중요하다. 카스텔스의 서술을 빌리자면, 이런 '저항 정체성(resistance identity)'은 지배논리에서 억압을 받거나 오명을 받은 위치/상황의 행위자가 생산하는 동일시 행위를 뜻한다. 그들은 저항의 참호를 만들고 기존 사회체제의 원칙과 다르거나 상반된 것을 기초로 생존한다.(카스텔스 2003, 4) 이러한 '저항 정체성'이 수립하는 공동체는 일반적 의미의 자치 공동체와는 다르다. 왜냐하면 '자치 공동체'는 역사적·지리적 혹은 생물학적 명확한 경계에 의한 동일화를 기초로 하지만 공동체 내부에서는 종종 지배자의 이데올로기를 근거로 '합법화된 정체성(legitimizing identity)'를 만들기 때문이다. '합법화된 정체성'과 상대되는 '저항 정체성'은 고정되거나 본질적인 정체성의 기초가 없다. '저항 정체성'은 어떤 저항적 태도의 동일성으로 결정되며, 저항이라는 실험과정 속에서 정체성의 기초를 창조할 필요를 갖는다. ─또한 이런 공동체에 참여하는 구성원들은 결코 어떠한 본질적 특징을 갖지 않는다. 그들은 단지 공통된 저항 행위로 자신의 정치적 요구를 전달하고 집단 귀속감을 표현한다─ 이런 의미에서 카스텔스 역시 '저항 정체성'을 '정체성의 정치(identity politics)'라고 칭한다.

이런 '정체성의 정치'는 중국 당다이 인터넷 사회운동에서 가장 중요한 특징 중 하나라 할 수 있다. 중국에서도 한 아이의 생명에 대해 관심을 보였던 비슷한 사건이 있었다. '쑨즈강 사건'이 발생한 지 오래지 않아 일어난 '리쓰이(李思怡) 사건'은 '플리케이트 신화'와 비교할 때 정치적 저항의 요소가 더욱 크다는 점이 명확하게 드러났다. 2003년 6월 4일, 청두(成都) 칭바이장구(靑白江區)에 사는 세 살 난 여자아이 리쓰이의 어머니는 마약 복용으로 경찰서에 끌려갔다. 리쓰이는 '경찰의 방치'로 인해 자신의 집에서 굶어 죽었다. 17일 후 6월 21일, 한 이웃이 아이의 시체를 발견했다. 경찰 측은 이 사건에 대해 책임을 면할 수 없었다. 리쓰이의 어머니는 끌려간 후 자신의 딸아이가 집에 갇혀 있다고 이야기했지만 아무도 듣지 않았다고 한다. 사건을 처리하는 사람이 아이를 배려해 다른 가족에게 알리거나 직접 아이를 찾아갔었더라면, 이 어린 생명은 '앉아서 죽음을 맞는' 고통을 겪지 않아도 되었을 것이다. 쓰촨성(四川省)의 한 기자는 이 사건을 취재한 뒤 신문사의 압력으로 기사를 발표하지 못했다. 그러나 〈청두시 칭바이장구에서 발생한 천인공노할 참극〉이라는 보도가 인터넷에 발표되자 즉시 네티즌들의 커다란 관심을 불러일으켰다. 어떤 네티즌은 1일 단식을 제안해 불행을 당한 아이에 대한 동정과 분노를 의식적으로 환기시키고자 했다. 9월부터 10월까지 네티즌 300여 명이 이 제안에 응했고, 자발적으로 1일 동안 금식했다. 이들은 소녀 리쓰이의 배고픔을 체험하는 집단적 기념을 보여줌으로써, 이번 사건에 대한 분노를 참을 수 없는 사회의 관심을 환기시키고자 했다. 10월 30일, 청두시 신두구(新都區) 인민법원은 이 사건을 공개 재판했고, 위안진탕현(原金堂縣) 경찰 왕신(王新)과 황샤오빙(黃小兵)은 신두구 인민검찰원에 의해 직무유기 혐의로 기소되었다.

'리쓰이 사건' 역시 '쏜즈강 사건'과 마찬가지로 영향력이 컸던 인터넷 사회운동으로, 마침내 국가의 입법적 변화까지 이끌어냈다. 2004년 8월 3일, 공안부 부장 저우융캉(周永康)이 제75호 공안부령에 서명함으로써 〈공안기관의 계속 심문 적용 규정〉이 10월 1일부터 시행되었다. 기존 규정과 비교해, 이 규정은 피의자의 인권을 보장하는 실질적인 돌파구가 되었다. 규정의 제15조는 우선 공안 사무의 집행에서 피의자에게 독립 생활능력이 없는 가족이 안전한지에 관한 문제를 명확히 해야 한다고 명시했다. 이는 '리쓰이 사건'의 직접적 응답이라고 볼 수 있다. "피의자의 가족 중 노인, 환자, 정신병자, 생후 16주가 안 된 어린아이 혹은 독립 생활능력이 없는 이가 있다면, 공안기관은 지속적인 심문을 실시해 피사자의 가족을 돌볼 사람이 없을 경우 그 친척이나 친구에게 이들의 보호를 통지하거나 다른 적당한 방법으로 처리해야 한다. 또한 처리상황을 즉시 피의자에게 알려야 한다." 이 규정의 목적은 독립 생활능력이 없는 피의자 가족의 신변안전을 보장하고, 뜻하지 않은 사건의 발생을 방지하며, 인권을 존중하고 보장하는 데 있다. 동시에 이는 중국 인터넷공간의 정치적 요구가 실현된 가장 새로운 성과라고도 할 수 있다.

5. 공공 공간과 정치성

'공공 공간'에 대한 현대 이론의 해석에서 여전히 중론이 분분함에도, 많은 이들의 주장에는 공통점이 있다. 그것은 바로 '정치성'에 대한 강조이며, 그 '정치성'은 보통 공개적으로 공공 업무를 토론함으로써 구현된다. 또한 '공공 공간'의 '정치성'과 '담론'의 공공성/공개성과는 밀접한 관계가 있다. 낸시 프레이저(Nancy Fraser)는 '공공' 공간은 '사적' 공간의 대립항이지만, 어떤 의미에서는 '담론'의 지점이며, "……시민들이 공공 업무를 토론하는 하나의 공간……"이고, 나아가 민주의 요소라고 했다.(Fraser 1990, 58) 이런 '공공 공간'에 대한 이해와 인터넷 언론의 관계는, 인터넷의 비중심화와 개별성 및 상호운동성으로 인해 그것을 '이상적 발화상황(ideal speech situation)'으로 여기기 쉽다. 이러한 상황에서 "개인은 대칭적이거나 평등한 관계 속에서 '진실성, 정확성, 진정성'이라는 세 가지 '보편적 유효성의 요구'에 따르게 되고, 그럼으로써 공통의식을 찾게" 된다.

마크 포스터는 "이런 조건들의 총화가 바로 이성에 대한 하버마스의 정의"라고 지적했다.(포스터 2000, 58) 하버마스는 자본주의가 공공 공간을 파괴하는 데 불만을 갖고 있었고 특히 대중 매체가 금전과 권력의 이중 조작 속에서 더는 민주주의의 '이상적 발화상황'을 가질 수 없다는 점에 불만이 있었기 때문에, '이성 교류'의 토대 위에서 '토의 민주주의(deliberative democracy)'의 구상을 제시하고 '제도 민주주의'의 폐단을 피하고자 했다. 제도 민주주의는 직접적으로 의회활동, 선거활동, 행정관리활동이라는 제도 속에서 표현되지만, '토의 민주주의'는 행위 교류 속에서 구현되며 의견과 의지의 형성과정으로 일어난다. 하버마스의 '토의 민주주의' 양식은 가장 기본적인 신념 두 가지를 강조한다. 첫째, 정치적 정책 결정은 광범한 토의를 통해 나온 것이 가장 좋으며, 금전과 권력을 통한 것이 아니어야 한다. 둘째, 토의과정에 참여한 사람은 반드시 평등하고 관용적이어야 하며, '이상적 발화상황'에 부합해야 한다.[9] 인터넷 언론의 특징은 마치 '이상적 발화상황'의 존재를 인증하는 듯하다. 어떤 이들은 인터넷 가상공간을 '전자광장'으로 생각해 고대 그리스의 '민주광장(아고라, Agora)'이 하이테크놀로지 환경에서 부활했다고 판단한다. 일단 사람들이 인터넷에 접속하게 되면 언론의 자유가 법률적 부담을 지지 않을 수 없지만, 이상적인 공공 공간이 회복될 수 있으며 더 나아가서는 전 지구가 온라인 시민 정체성을 갖게 된다고 설명한다.[10]

물론 이는 지극히 낙관적인 상상이다. 그러나 우리는 이런 상상의 잠재력이 인터넷 언론에서 기인했다는 사실을 무시할 수 없다. 이런 언론은 통제가 적은 상황에서 공적 사건들에 대한 '발화(표현, 토론, 이의, 논쟁, 협상)'의 권리를 부여한다. '토의 민주주의'는 민주주의의 기초인 시민의 자유를 강조함은 물론 이성적 사고 능력과 공적 토론을 위한 공간을 가질 것을 필요로 하며 공적 이익 및 이성적 대화를 추구하도록 한다. 자치제도에 직면한 시민은 공적 경험과 변론을 통해 공동의 인식을 얻은 뒤에야 민주공화의 계급 가치를 비로소 진정으로 실현한다. '인터넷' 역시 이상적 목표에 도달할 수는 없지만, 사람들이 공적 사건와 공공 공간의 열림과 확장에 관심을 더 많이 갖고 논의하고 토론하고 추진하게 하는 능력이 있다. 중국 대륙의 경험으로 볼 때 많은 제약 속에서도, 1990년대 중·후반 이후 풍성해진 인터넷 논단과 기폭제 역할을 한 인터넷 언론이 '쏸즈강 사건'을 대표로 하는 인터넷 사회운동의 왕성한 발전을 이루어냈다. 주목을 끌었던 사건들은 빙산의 일각이었을 테고, 이름 없이 등장했다 사라지는 개인 홈페이지와 논단들이 해저에서 튼튼하게 거대한 존재를 구성하고 있다. 이런 존재를 떠나서는 수면 위로 드러나는 어떠한 가능성도 상상할 수 없었을 것이다. 이제 우리가 이야기하려는 '사상의 파편'은 바로 이런 거대한 존재의 작고 작은, 하지만 매우 중요한 부분이다.

　'사상의 파편' 논단은 1999년 10월 만들어졌다.[11] 중국에 인터넷이 처음 개통된 시기였다. 다른 논단들은 날로 발전했지만 사상·문화 분야의 웹사이트나 논단은 매우 적거나 거의 없던 시절이었다. 추펑(秋風)이 자유주의 웹사이트를 맡고 있었을 뿐, 한때 세상을 뒤흔들었던 '사상의 경계(思想的境界)'도 당시에는 열리지 않은 때였다.[12] 그런 상황에서 처음 웹사이트를 만든 청칭(成慶)(아이디 veron)[13]이 살던 지역은 사상적, 문화적 측면에서 폐쇄적이었다. 그 때문에 다른 사람들과의 교류를 통해 정보를 얻고자 하는 바람이 절박했다. 때마침 기술을 알고 있던 친구가 웹페이지를 만들어서 청칭에게 공개 여부를 물었고, 청칭은 승낙했다.

　청칭은 처음 웹페이지를 공개했던 때를 회고하면서 다음과 같이 말한다. "대학 졸업 후 나는 중국 통신업계에서 일했던 터라 인터넷이라는 조건에서 우월한 편이었다. 그래서 중국 인터넷의 발전 속도가 가장 빨랐던 지난 몇 년보다 앞서 초창기에 대규모로 인터넷을 시작할 수 있었다. 교류가 부족했고 지식과 정보에 대한 필요 때문에 나는 적극적으로 인터넷에서 정보를 찾기 시작했다. 당시에는 추평의 자유주의 평론이나 쉐자오펑(薛兆豐)의 신제도주의 경제학 등 겨우 몇몇 사상 관련 웹사이트만이 있었다. 다른 사상·문화 정보는 여기저기 흩어져 있었고, 그 수도 매우 적어서 나는 직접 웹사이트를 만들어야겠다고 생각했다. 인터넷에 떠다니는 가치 있는 글과 자료를 모으는 한편, 사상을 교류하는 친구들을 찾기 위해서였다. 전자의 임무는 나중에 '사상의 경계'가 시작되고 끝나는 과정에, 나 자신의 주된 에너지를 논단에 쏟아내면서 수행해 냈다."[14]

그러나 이 웹사이트가 처음 열렸을 때는 청칭 혼자만이 짧은 글들을 발표했다. 시사 문제나 자유주의 이론 중심의 글들이었다. 당시 그는 '막 수면으로 올라온' 자유주의 이론을 받아들이고 있었다. 당시 중국에서 자유주의 사조는 막 시작되어 싹을 틔우지 못하고 있었고 개인적인 지식으로 판단하고 선택할 수 있었을 뿐이었다. 따라서 '사상의 파편'의 가치 지향과 지적 흥미는 시작부터 매우 분명했다. 즉 자유주의 문학이론을 위주로 한 사상·문화 논단으로 자리 잡았던 것이다. 당시 이 논단은 사상의 자유와 평등한 교류를 주요 취지로 삼고 있었다. 이러한 취지는 청칭과 당시 인터넷상의 자유주의 이론에 심취해 있던 추평이 좋은 소통 관계를 유지하게 해주었다. '사상의 파편'에서 진행된 처음 몇 토론은 추평과 함께 시작되었다. 토론의 화제는 주로 자유주의와 자유의 이해, 프리드리히 하이에크(Friedrich Hayek)의 이론이었다. 일부 대화는 아직도 추평의 웹페이지에 올라 있다. 지금 보면 조잡한 토론이지만, 이들은 당시 인터넷상의 전체 사상계가 보여준 일반적 상황을 대표한다. 이 사이트는 민간인 위주로 운영되었고 학자들의 개입은 적었다. 그래서 이론적 수준은 얕았지만 문제에 대한 관심은 매우 직접적이었다.

나중에 실력 있는 헝탕퇴사(衡塘退士)와 팅화(聽話) 같은 친구들이 가입하면서 '사상의 파편'은 황금기를 맞이한다. 토론은 점점 세밀해지고 이론적 수준도 높아졌다. 그러나 이론에 대한 관심이 높아지면서 의도적으로 시사 문제를 회피함에 따라 일부 네티즌들의 불만이 야기되었다. 어렵고 현학적이라는 인식이 퍼지면서 논단은 몇 차례 위기를 맞기도 했다. 두 부류로 나뉘어 '사상의 파편'의 자리 매김에 대해 격렬한 논쟁이 몇 차례 이어졌고, '사상의 파편'은 결국 시사 문제에 초점을 맞춘 논단에서 순수한 학술 논단으로 바뀌었다. 가치 지향과 이론 정보 역시 다원화했고, 나아가 '사상의 파편'은 같은 종류의 논단 중 명성을 얻고 인정받았다. 그러나 논단의 소집단성 때문에 참여자 대부분은 오랜 친구들로만 국한되었고, 상호 토론에서도 일정한 묵계와 공감이 존재하게 되었다. 이 때문에 문제를 깊이 토론해 갈 수 있었고 지루한 감정싸움을 낳지 않을 수 있었다. 게다가 토론의 진행 방식에 관해서도 '사상의 파편'은 몇 차례 깊이 논의하면서 어떻게 교류를 가능케 할 것인지를 연구했다. 심지어 심리학과 인식론 분야까지 거론되었다. 매우 진지한 자세로 토론했고, 당시 '사상의 파편'은 질적/양적으로 우수한 글을 생산해 냈다. 예를 들면, 하이에크 사상의 발전에 관한 토론 중 긴 글 한 편은 당시 인터넷 논단에서는 얻기 힘든 수준이었다. 양측은 세밀한 문제로 깊이 있는 토론을 전개해 나갔고, '사상의 파편'은 자유주의 이론에 관한 토론에서 깊이와 초점을 갖춘 논단이었다.

그러나 '사상의 파편'은 중국 내 사상 논단이 흥성하면서 매우 큰 도전을 받게 된다. 학계 인사들이 적극적으로 논단에 개입하기 시작했고 민간의 모임들도 인터넷에 정착하게 되었다. 민간에서 진행된 사상의 다원화 경향으로 '사상의 파편'은 지속적으로 다른 입장을 고수하는 집단들의 비판과 공격을 받게 되었다. '사상의 파편'의 자유주의 경향은 매우 심각하다고 여겨졌다. 특히 '강국논단'과 '사백논단(士柏論壇)' 회원들이 '사상의 파편'에 심한 댓글을 남기면서 '사상의 파편'을 공격해 '사상의 파편'의 분위기는 순식간에 나빠졌다. 이는 또한 '사상의 파편'의 친구들을 점차 물러나게 하는 결과를 낳았다. 그 중에서 아이디가 팅화인 한 회원은 이렇게 말했다. "'사상의 파편'이 끝을 내야 할 시기다. 인터넷의 개방성이 이로운 면이 있음에도 그 개방성으로 진지한 교류가 압살될 수도 있다. 그러므로 '사상의 파편'은 인터넷 초기에 시작되어 한동안 좋은 국면을 이끌었지만 이제 문을 닫고 떠나야 할 때다." 중국 내 논단이 활성화하면서 인터넷 사용자들도 기하급수적으로 늘어났고 '사상의 파편'이라는 작은 사상집단은 입지가 좁아졌다. 재미없는 메시지들이 다수 등장한 뒤 진실하고 성실했던 참여자들도 인터넷 토론에 권태감을 표현하게 되었다. 이런 상황에 따라 '사상의 파편'은 2000년 10월을 전후해 공식 폐쇄되었다.

청칭은 자신이 이끌던 논단의 종결을 통해 교훈을 얻었다. "'사상의 파편'은 개통부터 폐쇄까지 불과 1년이라는 시간을 넘기지 못했지만, 민간의 사상이 인터넷에서 공공 공간을 열어가는 노력을 반영해 왔다. 또 인터넷의 도움으로 적극적인 실천을 통해 일정한 규모의 '매체집단'을 형성했다. 그러나 결국 인터넷 같은 새로운 도구가 사상집단의 형성과 공공 공간 창조에서 양날의 검과 같은 역할을 하고 있음을 증명하기도 했다. 오늘날 중국 내 사상·문화 논단이 점차 통속화하고 시류에 발맞춰 가고 있어서 이런 문제들에 대한 사고를 멈출 수는 없다. 그렇다면 인터넷시대에 이성적 교류의 공공 공간이 어떻게 가능할 것인가?"[15] 그러나 나는 '사상의 파편'이 인터넷에서 명멸하는 다른 많은 논단과 마찬가지로 활동기간이 길지 않았음에도 평등하고 공개적이며 이성적으로 문제를 토론하는 분위기를 만들 수 있었던 까닭이 무엇인지를 더욱 알고 싶다. 영국의 철학자 마이클 오크숏(Michael Oakeshott)의 보수적 관점에 따르면, 이런 작고 자생적인 성격의 인터넷 공동체는 자각적 '시민연합'에 가까우며, '민주사회의 진정한 성취'를 대표한다. 특히 '논쟁이 아닌 이야기'에 기반을 두는 인터넷 발화방식은 '정치성'을 갖추고 있음을 의심할 여지가 없다고 주장한다. "문명(특히 우리의 문명)은, 인간이 다양한 행위 속에서 풀어놓는 이야기라 볼 수 있다. 모든 사람은 소리 또는 언어를 통해 자신을 표현한다.…… 서로 다른 사유방식과 이야기로 만들어진 내용을 우리는 '담론'이라고 부른다. 이들은 긍정적 혹은 부정적 관계가 아니며 인정과 조화의 관계다."(오크숏 2003)

　　'사상의 파편'은 비록 폐쇄되었지만, '사상의 파편'의 많은 회원들은 오늘날까지도 인터넷에서 활약하고 있다. 그들과 그들이 대표적으로 보여주었던 인터넷 언론은 '쑨즈강 사건'과 '리쓰이 사건'에서 중요한 힘을 발휘했으며 인터넷 공공 공간에서 가장 견실한 정치적 요구의 지점을 구성했다. 한편 '사상의 파편'의 폐쇄는 분명히 '인터넷 황금시대'의 종말을 나타내는 사건이었다. 학자들의 적극적 논단 개입 여부와 상관없이 민간의 사상집단들은 여전히 인터넷에서 살아가고 있다. 이렇듯 표면적으로는 인터넷 사상이 다원화하는 추세를 보이고 있지만, 이런 추세와 위에서 언급한 중국의 인터넷 발전이 서로 아이디어를 결합한다면 권력과 시장이 억압을 강화하는 결과를 발견할 수도 있다. 자발성과 임의성을 가진 작은 논단들이 점차 사라지고 거대 논단에 흡수, 재편되는 과정에서 거대 논단들은 대체로 거대 인터넷 매체와의 합작을 요구하거나 심지어 거대 인터넷매체의 구성요소가 되기도 하다. 이런 거대 논단에서도 다양한 논의가 이루어질 수는 있지만, 이러한 집중화는 통제와 관리라는 결과를 가져올 것이며 소규모 논단의 민첩함과 친화력은 사라지게 될 것이다.

인터넷 공간에서 점점 더 큰 지배적 역할을 발휘하는 대규모 매체는 이미 세계적 현상이 되었다. 《부자 매체, 가난한 민주주의(Rich Media, Poor Democracy)》의 저자 로버트 W. 맥체스니(Robert W. McChesney)는 2000년 미국의 한 온라인회사가 타임-워너브러더스사를 사들였을 때, 이 합병이 매체 발전의 중요한 세 가지 경향을 보여준다고 주장한다. 첫째, 과거 5~10년 동안 합병은 매체, 통신, 네트워크 사업의 기본적인 경향이었다. 이번 타임-워너브러더스의 합병은 지금까지 가장 두드러진 매체 합병의 사례다. 1996년 미국에는 주요 통신사가 12개 있었으나 현재는 6개로 줄었다. 둘째, 디지털 방송사는 매체와 통신 사이의 전통적 장벽을 타파했고 컴퓨터사와 통신사는 전통 매체와 합병을 추진했다. 이번 합병은 다음 단계의 초기업 합병을 위한 첫 관문이었다. 10~15년 혹은 더욱 짧은 기간 내에, 미국에서는 여러 네트워크, 전신, 매체가 하나 된 거대한 그룹이 등장할 것이다. 셋째, 인터넷의 공공 영역으로서 종결을 선언했음이 또 다른 경향이다. 미국 정부는 과거 30년 동안 인터넷 발전에 많은 에너지를 투자했다. 그러나 이익을 내려고 시도하자, 인터넷은 월스트리트의 애완동물이 되어버렸다.(李希光 2004)

이른바 '인터넷의 공공 영역으로서 종말'은 단지 양적으로만 수많은 웹사이트가 사라진다는 뜻이 아니라, 이런 웹사이트들이 제한된 몇몇 출입구로만 접속할 수밖에 없음을 의미한다. 곧 거대 웹사이트와 매체회사에 의해 원류와 경로를 통제 받는 것이다. 상업적 이익은 인터넷 민주주의의 잠재력을 감소시킬 것이고, 정보고속도로는 전자비즈니스 도로로 바뀔 것이다. 네티즌은 더는 공공 업무를 위한 토론자와 참여자로 여겨지지 않을 것이고, 정보의 소비자로 간주될 것이다. 다양한 소비자를 위해 맞춰진 구매 정보가 온라인에 돌아다니는 현상은 마치 소비자에게 많은 정보를 주는 듯 보일 것이다. 또한 이들에게 끊임없이 생각을 표현하게 하겠지만, 이는 오히려 소비의 열광 속에서 공적 사물과는 멀어지게 할 것이다. 나아가 이들은 민주정치와 사회 발전의 중요한 의제들에 대해 깊이 생각하거나 논쟁하지 않게 될 것이다. 이러한 새로운 인터넷공간 속에서 파편화한 개체와 소비의 쾌락이 결합하고, 가상사회는 '현대 도시 교외생활의 억압적 현실에 대한 컴퓨터식 주석'으로 변하게 될 것이다. 인터넷에서 중산계층, 즉 인터넷 주요 사용자들은 안전한 집에 앉아 자신과 비슷한 사람들과 이야기를 할 것이다.(曾國屛 2002, 47) 설령 비주류적 저항의 목소리가 등장한다 해도 하이드파크와 같은 지역으로 내몰릴 것이고, '민주'는 신기한 감상거리가 될 것이다. 그래서 맥체스니는 다음과 같이 지적했다. "믿기 어려운 신기술의 눈부신 폭발은 공상과학 판타지 소설 세계로 들어가는 것과 같으며, 이러한 신기술은 우리에게 전례 없는 소비의 선택을 제공하고 있다. 한편 매체와 통신업은 집중화, 정합, 이익만을 도모하는 경향을 명백히 보여준다. …… 양자는 완전한 모순으로 존재하지는 않는다. 소비의 선택과 개인의 자유는 단지 소수 매체 시스템을 위한 이데올로기적 요구일 뿐이다. 이때 매체 시스템은 자체적으로 책임감 있고 민주적인 공적 서비스 기제로 변장한다. 디지털혁명은 매체 권력을 줄여가는 과정이 아니라 매체가 미국

사회생활의 통합과 상업적 침투를 한 걸음 더 촉진시키게 하고 있다."
(맥체스니 2004, 237)

중국 대륙의 인터넷매체가 집중화하는 경향을 미국과 같은 선상에 놓고 논의할 수는 없다. 그러나 중국에서도 특수한 언론 관리 통제 방식과 상업적 이익의 결합은 인터넷 계층화를 가속화하며, 이는 마찬가지로 인터넷공간의 정치적 요구와 민주적 잠재력을 사라지게 할 수 있다. '쑨즈강 사건' 같은 가장 대표적인 인터넷 사회운동 내부에서도 '반민주'적인 위험한 경향이 잠재하고 있음을 볼 수 있다. 법학자 주쑤리는 중국 법치가 복잡한 전환을 맞고 있는 상황을 전제하면서 다음과 같이 지적한다. "쑨즈강 사건 이후 수용 송환제도에 관한 법률 논의 속에서 헌정(憲政)에 대한 거대담론들은 매우 설득력이 있었지만, 이 제도가 생겨난 모든 원인을 은폐해 버렸다. 그 때문에 구체적인 해결에 착수하지 못했다. (이 때문에 폐지될 수는 있었지만), 게다가 그것이 여전히 제도의 존폐가 가져올 수 있는 일련의 기술적 문제와 전략적 사회문제들을 덮어버리고 있음은 더욱 중요한 사실이다."(朱蘇力 2004, 295) 이런 거대담론은 구체적인 사회문제를 결합함으로써 마치 어떤 본연의 도덕적 우위를 갖춘 것처럼 여겨지면서 어떤 토론의 여지도 허용하지 않는다. 경제학자 쉬샹양(許向陽)이 '경제사회학'의 입장에서 헌정 담론이 은폐한 구체적인 문제들을 제시했음에도, 무시당하거나 심지어 욕설과 비난을 받았던 일 또한 모두 이 때문이다.

쉬샹양은 이 문제를 논의하면서 사고의 전환을 제안하며 다음과 같이 말했다. "우리는 시각을 바꾸어 수용 송환제도의 폐지 문제를 고찰해야 할 것이다. 헌정학의 각도에서 그 의의를 고찰하는 것이 아니라 경제사회학의 관점에서 그 결과를 보아야 한다. 다시 말해서 우리는 다음과 같이 문제들을 사고해 볼 수 있다. 본래 수용 송환제도는 사회에서 어떤 기능을 담당하는가? 이 제도는 강제성을 띤 제도로서, 그것이 억제하려는 사회 폐단은 아직도 존재하는가? 새로운 구제방법이 그런 폐단을 억제하는가, 조장하는가? 현 단계에서 결국 유랑인들을 어떻게 관리하는 방법이 중국 실정에 부합하는가? 상술한 입법과정의 편차는 또한 어떤 가치 지향과 사유방식의 인도에 따라 생산되는가?" (許向陽 2003) 사람들은 쑨즈강을 위해 동정의 눈물을 흘리면서도 동시에 수용 송환제도를 변호하는 관점을 받아들이기도 했다. 그러나 이런 듣기 좋은 관점은 새로운 '구제방안'이 적어도 3가지 기술적 문제를 갖고 있음을 분명하게 보여준다. 합리적인 구제 대상을 확정할 방법이 없고, 합리적인 구제 기준을 확정할 수 없으며, 합리적인 구제 시간을 설정할 수 없다는 점이다. 두 가지 거시적 문제도 여전히 존재한다. 즉 승인되기 어려운 재정적 부담과 대다수 농민의 도시 유입에 따른 도시 질서의 전면적 붕괴다.(朱蘇力 2004, 295, 주 19)

　　그러나 이런 관점은 즉시 인터넷에서 비이성적인 '모욕과 매도'를 만나게 되었다. 〈늦은 비평: '경제학 쿠사이(Qusai)'에 대한 보충〉이라는 글의 필자는 쉬상양이 수용 송환제도에 대해 언급한 것이 '초혼(招魂)' 의식인지 아니면 친절인지 비판하면서, 쉬상양을 사담의 아들 쿠사이에 비유해 살기등등한 선언을 하기도 했다. "최근 쉬상양의 글은 쑨즈강 사건이 일으킨 법안 폐지운동을 공격하며, 법학자를 폄훼하고 법률제도의 인도적 공헌을 말살하고 있다. 샤오한, 허빙(何兵) 두 동지는 이미 그 '냄새나고 긴', '낡은 제도를 위한 초혼' 같은 글(《수용송환제도 폐지에 대한 다른 사고 지식인들의 인도주의 정치 논의를 겸허히 평하며》)을 비판했다. 쉬상양의 글은 법조인들의 집중 포화 속에서 이미 '쿠사이'가 되어버렸다. 나는 이 비전형적 경제학자의 정신에 한마디 더 보태고 싶다. 쉬샹양의 글은 '철저히 원했던 대로' 중국 수용 송환제도의 순장(殉葬)을 담당했다. 고고학적 발굴에서 죽은 주인의 시체 옆에 항아리나 죽은 말들이 함께 발견되는 것처럼 말이다. 물론 법조인들이 쉬샹양의 글을 이런 '비인도적 상황'으로까지 몰아넣은 것은 아니었지만, 여전히 그의 글은 스스로 '신에 의탁하는' 길을 걸으면서 '열사'를 가장했다. 쉬샹양의 글은 스스로 낡은 제도의 거친 길을 달렸다. 그 깃발 아래에는 비참한 죽음의 진상이 감춰져 있었고, 그 죽음은 사실 타살이 아닌 자살이었다. 마치 이라크의 쿠사이가 환생해 중화인민공화국 '경제학자'로 복제된 듯한 착각이 들 정도였다."(鮮江臨 2003)

'이상적 발화상황'을 모범으로 삼는 인터넷공간이 왜 이처럼 폭력적 의미가 가득한 언론을 보여주는가? 이는 주쑤리의 문제에만 연관된 것은 아니다. "격렬한 도덕 담론, 헌정 담론"의 문제이자 "추상적 원칙이 구체적 현상에 대한 분석과 해결을 제시할 수 있는가"(朱蘇力 2004 296)에 대한 문제다. 또 "이성적 교류의 공공 공간이 인터넷 시대에 어떻게 가능할 것인가"라는 청칭의 문제와도 연관된다. 이 공간은 내가 제기했던 "쑨즈강의 신분이 농민이었다면 이 사건이 어떻게 되었을까"라는 질문과도 긴밀하게 연관된다. 인터넷 공공 공간과 인터넷 민주주의의 한계는 반드시 '디지털 분할'이라는 현실을 시시각각 직면해야 한다는 데 있다. 인터넷 설비 구매나 인터넷 비용을 지불할 경제력이 없고, 복잡한 컴퓨터 및 인터넷 기술에 대응하지 못하는 교육수준을 가진 사람이나 인터넷에 흥미가 없는 사람들은 영원히 디지털시대의 인터넷 시민이 될 수 없다. '농민'을 비롯한 사회의 하위계층이 인터넷 언론에 '결석'할 수밖에 없을 때, 과연 인터넷 언론이 그들을 대신해 진정한 저항의 목소리를 낼 수 있다는 사실을 무엇이 보장할 수 있겠는가? 인터넷 언론이 언어 권력을 장악한 계층의 언어와 자아도취에 빠지지 않는다고 어떻게 보장할 것인가? 이런 의미에서 오늘날 중국의 인터넷 공공 공간의 가능성과 불가능성은 언론과 관리자 사이의 권력 관계뿐 아니라, 더욱 중요하게는 언론과 관리자와의 투쟁을 통해, 언론 권력에 대해 충분히 경계하고 반성하고 있는지 여부를 통해 결정될 것이다.

(초고 2004년, 수정 2006년 10월)

● 뤄강(羅崗, Luo, Gang)
1967년생. 화둥사범대학 중문학부에 재직하고 있다. 중국 센당다이문학과 문화연구 그리고 사상사를 전공하고 있다. 지은 책으로 《위기 순간의 문화 상상(危機時刻的文化想像)》, 《가면의 배후(面具背後)》, 《기억의 소리(記憶的聲音)》 등이 있고 엮은 책으로 《도시, 제국과 모더니티(都市, 帝國和現代性)》, 《시각문화 독본(視覺文化讀本)》, 《사상 문선: 2004(思想文選 : 2004)》, 《1990년대 사상 문선(90年代思想文選)》 등이 있다.
gapq@online.sh.cn

● 김수현(金秀玹, Kim, Su-hyun)
연세대학교 중어중문학과를 졸업하고 같은 대학 대학원에서 문학석사학위를 받았다. 중앙대학교 첨단영상대학원에서 영화이론으로 박사과정을 수료했다. 현재 성공회대학교 동아시아연구소 연구원으로 재직하고 있다. 지은 책으로 《현대중국의 이해》(공저), 《중국영화의 이해》(공저) 등이 있으며, 논문으로 〈장이머우의 《秋菊打官司》 연구〉, 〈Her Smile: Desire's Variation in a Melodrama, Lust, Caution〉, 〈관람공간의 변천과 수용경험 변화 연구 – '극장'에서 '손' 안으로〉 등이 있다. 중국과 한국의 영화문화와 인간에 대한 관심을 가지고 연구하고 있다.
march33@naver.com

'좆값'과 대중매체,
외지 아가씨의 상하이 이야기

: 텔레비전 다큐멘터리 〈마오마오 고소사건〉에 관하여

뤼신위 글 | 임대근 옮김

1. 머리말
: 1993년의 상하이 이야기

              1993년, 덩샤오핑(鄧小平)의 '남부
시찰 연설(南巡講話)'이 있었던 이듬해. 남부지역 특구에 뒤이어 상하
이(上海) 푸둥(浦東)이 중국 개혁 · 개방의 최전방으로 떠올랐다. 3년
에 걸쳐 해가 다르게 급격한 변화를 거치면서 상하이는 초고속 발전
궤도로 접어들었다. 중국 최대의 연안 도시, 상하이. '농민공(農民工)'[1]

의 물결도 갈수록 거세지기 시작했다. 도시는 대변동과 대변혁, 대발전의 전야를 맞았다. 중국의 가장 중요한 도시 상하이는 거대한 사회적 전환이라는 진통 속에서 고통과 초조와 희망으로 가득 차 있었다. 거의 모든 상하이 시민들은 선택의 여지 없이 그 과정 속으로 빨려들어 갔고 그로 인해 운명이 뒤바뀌기도 했다. '모던'한 소비주의 이데올로기가 빚어낸 상하이의 형상 이면을, 평범한 사람의 시각에서 상하이를 서술할 가능성은 존재하는가?

1993년 초봄 2월. 상하이텔레비전(上海電視臺) 8채널은 당시 상하이에서 가장 주목 받는 방송이었다. 특히 황금시간대에 편성된 《다큐멘터리 편집실(紀錄片編輯室)》이라는 프로그램은 당시 내가 명명했던 '당다이 중국 신(新)다큐멘터리 운동(當代中國新紀錄運動)'이 사회 체제 안에서 확립했음을 알려주는 중요한 표지였다. 방송 시간대를 그렇게 선택한 것은 결코 우연이 아니었다. 또 마이너리티와 주변인 집단에 대한 관심은 '운동'의 주요한 특징이었다. 《다큐멘터리 편집실》은 전국적으로 '다큐멘터리'를 제목에 넣은 첫 텔레비전 프로그램이기도 했다. 프로그램은 1990년대 이후 변혁 시기, 도시 하층 인물을 소재로 하는 작품을 만들었다. 36퍼센트라는 높은 시청률로 드라마를 압도하면서 순식간에 화젯거리로 떠올랐고, 상하이텔레비전의 명품 프로그램으로 자리 잡았다. 프로그램은 다음과 같은 카피를 내걸었다. "집중! 시대의 대변혁. 기록! 삶의 작은 이야기." 프로그램은 상하이 시민들에게 지명도가 매우 높았다.

그해 여름 나는 푸단대학(復旦大學)에서 문예미학 전공으로 박사학위를 받고 같은 학교 언론대학(新聞大學)에 자리를 잡아 일을 할 준비를 하고 있었다. 학생 시절 마지막 여름휴가를 부모님 집에 돌아가 지내던 차였다. 안후이성(安徽省) 허페이(合肥)는 내륙지역의 성도(省

都)다. 집안 어른들은 상하이의 《다큐멘터리 편집실》〈마오마오 고소사건(毛毛告狀)〉 편 이야기를 하셨다. 마오마오가 승소할지 모두 궁금해 하셨다. 나는 거기서 프로그램의 영향력을 비로소 알게 되었다. 상하이로 돌아와 보니 《다큐멘터리 편집실》 이야기를 모르는 사람이 없었다. 결국 마오마오가 소송에서 이겼다고 했다. 당시 마오마오는 태어난 지 석 달 좀 지난 갓난아이였을 뿐이었다. 소송을 건 사람은 물론 마오마오가 아니라 머나먼 후난성(湖南省) 농촌에서 온 '다궁메이(打工妹)'인 어머니 천멍전(諶孟珍)이었다. 〈마오마오 고소사건〉은 지금까지도 《다큐멘터리 편집실》 방영분 중 시청률 1위 자리를 지키고 있다.

1993년, 나는 《다큐멘터리 편집실》에서부터 문화대혁명 이후 중국 다큐멘터리를 연구하기 시작했다. 그리고 10년 뒤에는 《기록 중국: 현대 중국의 신다큐멘터리 운동(紀錄中國: 當代中國的新紀錄運動)》을 출판했다. 2003년 상하이텔레비전은 〈마오마오 고소사건〉의 속편으로 〈열 살의 마오마오(毛毛十歲)〉를 내보냈다. 이 이야기는 실화다. 주인공들 그리고 여전히 꿋꿋이 지속되는 그들의 운명은 지금껏 내가 살고 있는 이 도시, 우리의 운명과도 뒤얽혀 있다. 다큐멘터리는 소용돌이와도 같이 거기에 '개입'된 사람들을 부지불식간에 이야기 속으로 끌어들이고 있다.

이 글은 이 이야기와 관련된 몇 가지 텍스트를 둘러싸고 대중매체가 도시라는 입장에서 상하이 이야기를 어떻게 펼쳐내는지 살펴보고자 한다. 이야기의 주인공은 농촌에서 올라온 다궁메이다. 이야기가 펼쳐지는 배경은 1980~90년대 중국, '농민공의 물결(民工潮)'로 대표되는 근현대화 과정 속에 나타난 도시와 농촌의 관계다. 도농관계는 어떻게 도시의 자의식 속에 내재해 있는가? 상하이의 도시 의식은 어떻게 이 이야기의 서사를 통제하는가? 그러한 서사 자체는 어떻게 도전 받는가? 이러한 점들을 살펴보고자 한다. 아울러, 농촌에서 도시로 진입한 여성 주체성의 구축 과정에도 주목하고자 한다.

1993년 《다큐멘터리 편집실》이 방송한 〈마오마오 고소사건〉과 10년 뒤인 2003년 방영된 속편 〈열 살의 마오마오〉, 상하이텔레비전 다큐멘터리 채널의 대담 프로그램 《명작 다시 보기(經典重放)》 중 〈마오마오 고소사건〉에 관한 인터뷰와 연출자의 해설, 주요 인물에 대한 나의 인터뷰와 대담 등을 이 글의 텍스트와 자료로 삼는다.

2. 도시의 '죗값'과 봉합된 '대단원'

여성의 농촌과 도시

〈마오마오 고소사건〉은 후난에서 온 다궁메이와 상하이 뒷골목 룽탕(弄堂)의 남자 장애인 사이의 미혼 가정에서 태어난 아이 이야기다. 마오마오가 태어나고서 아버지는 자신의 장애가 아이를 키우기에는 너무 심각하다고 생각해 마오마오를 자기 자식으로 인정하려 들지 않았다. 그러자 어머니는 석 달 된 딸아이를 데리고 법원을 찾아가 그를 상대로 소송을 걸었다. 다큐멘터리 감독의 개입에 따라, 어린 마오마오는 친자감정(마오마오는 친자감정을 할 수 있는 법정연령이 아니었다)을 받았다. 카메라 앞에서 아버지는 눈물을 흘렸다. 그는 희비가 교차하는 듯 딸을 자기 자식으로 인정했다. 프로그램 서사는 현재 진행형으로 이어졌다. 상편이 방송되자 시청자들은 아버지가 과연 자식을 인정할 것인지 눈과 귀를 쫑긋 세웠

다. 한편이 방송되자, 이 다큐멘터리는 마치 멜로
드라마라도 되는 듯 시청자들의 심금을 울렸
다. 그리고 '대단원'으로서 결말은 그 모두를 충분히
위로해 주었다.

작가 왕안이(王安憶)는 〈마오마오 고소사건〉
이 자신이 가장 좋아하는 '다큐멘터리 프로그램'
이라고 밝힌 바 있다. 또 〈마오마오 고소사건〉과
예술 창작의 문제를 견주면서 이 프로그램이 문

〈마오마오 고소사건〉의 한 장면

학의 "수많은 거짓된 가짜"를 전복했다고 말하기도 했다. 왕안이에게
이 다큐멘터리는 '진실'로써 문학에 도전한 것이었다.

> 우리는[소설가는] 많은 힘과 대가를 치르고서 소설의 진실을 쟁취
> 한다. 하지만, 나는 지금 매우 곤혹스럽다. 진실은 정말로 소설의
> 이상일까? 장이머우(張藝謀)의 영화 《귀주 이야기(秋菊打官司: '추
> 쥐의 송사(訟事)')》는 사실을 바탕으로 했다. 영화는 현지인을 배우
> 로 동원하고 현지 방언으로 말한다. (중략) 영화는 살아 숨 쉬는 얼
> 굴로 매우 수준 높은 진실에 이르렀다. 더는 진짜 같을 수 없을 정
> 도다. 영화의 재료는 소설보다 훨씬 구상적(具象的)이고 사실적이
> 다. 그렇다면 우리 작가들은 무엇을 할 수 있을까? 앞으로 〈마오
> 마오 고소사건〉과 같은 다큐멘터리들이 더 많이 나온다면, 내 생
> 각엔, 타격이 매우 클 것이다. 작년 상하이텔레비전 《다큐멘터리
> 편집실》이 만든 이 다큐멘터리는 정말로 진실하고 진실한 가치가
> 있다. 그 진실은 우리의 많은 허위와 가짜, 판단 착오를 모두 뒤집
> 어엎었다. (중략) 나는 순간 우리의 소설과 영화에도 이와 비슷한
> 이야기가 많다는 생각이 떠올랐다. 이른바 농촌의 유모(乳母) 형

상은 일찍이 영화로 만들어져 '금계장(金鷄獎)' 상을 받은 바 있다. 바로 《황산에서 온 아가씨(黃山來的姑娘)》다. 이 영화가 묘사하는 여자 아이는 그렇게 온순하고 선량할 수 없다. 열악한 환경과 모욕을 참고 견디며 자신의 짐을 떠맡는 인물이다. 여자 아이는 결국 농촌으로 돌아가고, 마땅한 자신의 행복을 누리게 된다. 그러나 〈마오마오 고소사건〉은 우리가 만들어내는 '진실'이 얼마나 잘못투성인가 일깨워 준다. 자, 살아 숨 쉬는 얼굴 속의 역사적 사실을 통해 다큐멘터리는 여기까지 이르렀다. 우리는 무엇을 더할 수 있는가? 되돌아가면 역시 그 물음에 마주선다. 소설은 도대체 무엇인가? 우리는 도대체 무엇을 해야 하는가? (중략) 소설에 대한 과거의 의식은 옳지 않다. 그 길은 출로가 없다. 우리가 그렇게 진실을 요구한다면, 우리는 그 길을 걷고 걸어서 결국엔 〈마오마오 고소사건〉에까지 이르게 될 것이다. 철저하게 허구의 무기를 버리고 진실을 향해 무장해제 당한 채 투항하게 될 것이다.(王安憶 1997, 7~9)

신시기 이후 소설과 영화, 텔레비전, 사진 등 여러 예술양식은 저마다의 방식으로 '진실'의 추구를 경험했다. 또한 이후 그 '진실'에 대해 회의와 배신을 다시 보여주었다. 그 배후에는 공통된 시대적 동기가 있었다. 왕안이에게 현실 이야기의 기록으로서 〈마오마오 고소사건〉은 소설의 '진실'을 뛰어넘는 가치가 있다. 그 가치는 소설에 개혁의 압박을 가하고 있다. 왕안이는 〈마오마오 고소사건〉과 영화 두 편을 비교한다. "더는 진짜 같을 수 없다"는 《귀주 이야기》와, 착한 심성으로 어려움을 참고 견뎌내는 《황산에서 온 아가씨》다. 세 편의 영상이 함께 모여 있으니 정말 흥미롭다. 이 영상들의 가장 중요한 공통점은 전통 중국의 시골사회가 모두 여성 형상으로 등장한다는 사실이며, 이를 통해 여성이 향토 중국의 기표가 된다는 점이다.

《귀주 이야기》는 명목상으로는 상급기관에 탄원을 하러 가는 농민 이야기지만, 여주인공 추쥐(秋菊)의 동기는 사실 남권 중심의 봉건 종법사상으로 귀결된다. 향(鄕) 간부에게 걷어차인 남편의 목숨이 위태로워지자 그녀가 발 벗고 나섰기 때문이다. 그러나 오늘날 중국 농촌사회를 얼마간이라도 겪어본 사람은 모두 알고 있을 것이다. 오늘날 중국 농민의 탄원은 현존하는 중국 농촌사회의 뿌리 깊은 위기와 그곳의 가장 첨예한 사회적 모순과는 거의 관계가 없다는 사실을. 중국 농촌에서 끊임없이 일어나는 농민과 기층 간부의 충돌로 지속되는 농민들의 탄원이 이 사회의 진정한 현실성이라는 사실을. 영화는 추쥐의 그러한 '근력 있는' 성격을 희극적(喜劇的)으로 처리하고 있다. 소송 동기를 남권의 비호를 통해 대를 잇기 위한 전통 종법사상으로 귀결시키는 태도는 근현대성과 대비되는 농촌의 봉건성을 감추고 있다. 이러한 서사적 입장은 영화와 그 인물에 희극성을 부여했다. 그러한 장치를 통해 냉혹한 현실이 효과적으로 회피되었는지는 몰라도 현실 사회에서 농민과 기층 간부의 충돌에 담긴 진정한 동기는 은폐되고 치환되었다.

추쥐는 농촌 여성의 입장에서 강력하게 자신의 주체적 권리를 쟁취하려 했다. 그녀의 주체성은 대를 이어야 한다는 전통 여성의 사명 속에 놓여 있다. 그러나 영화의 결말은 우리에게 다음과 같은 사실을 알려준다. 피고가 사법부에 의해 체포됨에도 그녀는 망연자실해 한다. 그녀 자신의 동기와 목적 사이에는 단절이 있었다. 그 단절은 근현대화와 대립하는 '타자'의 전통인 '봉건' 농촌이라는 입장에서 비롯했다. 그녀의 동기는 근현대 사회와 시대적 착위(錯位)가 있었던 것이다. 그녀는 그렇게 허위적으로 '타자'화한 주체성을 부여 받는다. 다시 말하면, 우리는 스크린에서 추쥐를 보면서 그녀가 궁리라는 사실을 안다. 궁리라는 배우가 어떻게 살아 숨 쉬는 인물을 만들어내고 어떻게 국제적인 대스타로서 자신의 지위를 공고히 하는지를 안다. 그러한 대비 자체는 또 그 영화를 보러 가는 우리의 중요한 욕망 가운데 하나를 구성하기도 한다. 추쥐는 직접적으로 도시와 부딪치지 않는다. 그러나 그녀가 만나는 근현대적 사법체계는 근현대 도시에서 연유한다. 장이머우는 사실주의 기법을 빌려와 진실이라는 이름을 취하지만 이야기의 서사와 구조는 반(反)현실적이다. 그는 이야기라는 방법으로 주류 권력 담론과 결탁을 추구했고 '진실'이라는 이름으로 현실을 옭아맸다. 《책상 서랍 속의 동화(一個都不能少)》는 그러한 서사전략의 재판이자 더욱 노골화한 경우에 불과하다.

여기서 나는 우선 다음과 같은 은유에 주목하고자 한다. 농촌이 도시를 만나면 농촌은 여성이 된다. 강력한 '타자' 앞에서 주체는 언제나 여성의 형상과 상상으로 등장한다. 《황산에서 온 아가씨》에 등장하는 시골 형상에 대한 왕안이의 결론은 이렇다. 온순하고 착하며, 열악한 환경과 치욕을 참고 견디며 중한 책임을 지고 있는 형상은 사실은 중국의 근현대화 과정에 나타난 도농관계의 상상적 묘사이자 창조다. 《황산에서 온 아가씨》의 가장 좋은 결말은 그녀가 온 곳으로 돌아가는 것이다. 그곳에서 그녀는 "응분의 행복을 누릴 것이다." 이러한 집단 상상은 저만의 '현실성'이 있다. 그러나 그 현실성은 한번 정해지고 나면 변하지 않는 것이 아니다. 상하이도 여성의 도시가 될 수 있다. 웨이후이(衛慧)의 소설 《상하이 베이비(上海寶貝)》가 보여주는 대로 자신보다 강력한 타자를 만날 때, 강력한 서양을 상상하는 담론체계 속에서 상하이의 모습은 여성으로 대체된다. 그리고 상하이의 남성들은 성 불능자나 마마보이로 등장한다. '상하이 남성'이 유달리 희화화되거나 사회적 토론 또는 논쟁의 주제가 되는 까닭은 바로 이 때문이다. 이와 비교, 호응되는 경우가 바로 《귀주 이야기》다. 남편인 시골 남성이 성적 능력에 상해를 입은 데 대한 도의적 추구는 아내이자 시골 여성인 추쥐의 미완의 정체성의 핵심이다. 그것은 희극적일 뿐 아니라 완성될 수도 없다. 그러한 의미에서 오늘날 열풍을 불러일으키는 상하이 연구는 희극적이거나 혹은 블랙유머와도 같은 운명을 앞당겨 결정짓고 있는지도 모른다.

왕안이는 〈마오마오 고소사건〉을 통해 소설의 진실성을 따지고 든다. 문제는 〈마오마오 고소사건〉이 큰 틀에서 왕안이가 말하고자 하는 소설의 서사와 다르며, 진실이라는 명의로 그러한 서사를 추구하고 있는가 하는 점이다. 왕안이가 말하는, 그리고 존경해 마지 않는 그러한 '진실'은 도대체 어떻게 태어났는가?

호적제도를 논의하는 글 가운데 〈마오마오 고소사건〉을 예로 들어 외지 아가씨의 불행한 결혼생활을 설명하는 경우가 있다.

오늘날 높은 비율을 차지하는 외지 아가씨의 이혼율을 통해 그들의 결혼이 현재 도시의 결혼 현상과 동궤적이라는 사실을 알 수 있다. 그들은 모두 중국의 근현대화 과정에 등장한 필연적인 형상이다. 예컨대 1993년 여름, 상하이텔레비전이 가장 높은 시청률을 자랑하는 황금시간대에 방영한 《다큐멘터리 편집실》의 〈마오마오 고소사건〉이라는 다큐멘터리는 강렬한 반향을 불러일으켰다. 다큐멘터리는 다음과 같은 결혼 유형을 말해 준다. 후난에서 온 외지 아가씨와 상하이 호적을 갖고 있는, 그러나 가난한 데다 장애인이고 나이도 많고 나쁜 습관 또한 적지 않은 젊은이가 동거를 하다가 딸을 낳는다. 그러나 아버지는 이들 모녀의 존재를 결코 인정하려 들지 않는다. 친자 확인을 거치고 나서야 그는 자신의 딸을 인정한다.(周勵 2000)

사실 사회학자의 통계도 필요 없다. 농촌에서 '도시로 시집온' 다궁메이가 결국 '대단원'이라는 결말을 보게 되는 일이 결코 보편적인 현상이 아님을 우리도 충분히 안다. 그렇다면 〈마오마오 고소사건〉은 어떻게 가능했을까? 다큐멘터리로서 〈마오마오 고소사건〉은 도대체 어떤 서사방식을 통해 보편적인 동일시를 획득한 걸까?

이 이야기에서 가장 중요한 인물은 사실 천멍전이다. 그녀는 이야기를 이끌어가는 가장 직접적인 동기다. 그녀의 동기는 더욱 큰 사회적 동기 안에 내재해 있다. 사회적 동기란 시골 사람들이 토지를 버리고 도시로 진입하는 일이다. 후난의 시골에서 온 천멍전이라는 다궁메이가 진입한 도시는 바로 상하이다. 중국 내륙의 농촌은 여성의 정체성을 가지고 중국 최대의 근현대 도시로 진입한다. 그것은 결핍과 기아의 상태에서 구원을 기다리는 정체성이다. 천멍전은 굶주린 농촌의 딸이다. 그녀가 처음 등장할 때 자막은 그녀의 신분을 다음과 같이 확정한다. '천멍전. 26세. 후난 안화현(安化縣) 사람.' 도시에 발붙이고 있는 대중매체는 습관적으로 외지인들의 호적을 보여줌으로써 '타자'를 분별해 내고 배척하는 기제로 활용한다. 이는 중국 매체들에서 흔히 볼 수 있는 방식이다. 오늘날 대중매체는 도시를 근거지로 삼기 때문에 도시의 대중매체들은 저마다 자각적으로 자신과 도시를 동일시한다. 대중매체는 도시 주체의식의 주요한 담지자인 것이다.

'마오마오의 엄마'가 도시를 향해 자신의 권리와 이익을 추구하고 또 쟁취했다고 왕안이는 말했다. 그러나 왕안이는 천멍전이 상하이 대중매체에 출연할 기회를 얻었던 까닭이 결코 그녀가 아니라 그녀 품에 안긴 갓난아이 때문이라는 사실은 지적하지 않았다. 마오마오라는 이름은 천명전에게 고소장을 써달라는 부탁을 받은 사람이 지어준 것이다. 고소사건은 마오마오가 명명되는 동기였으며 마오마오 운명의 비밀이기도 했다. 그렇다면 송사는 천명전에게 무엇을 의미하는가? 다큐멘터리는 또 무엇을 의미하는가? 이들은 서로 다르면서도 연관된 문제다.

'모던'과 소비주의로 지칭되는 가장 근현대화한 중국의 도시에서 '모던'과는 거리가 먼 빈민 가족이 뜻밖에 가장 유명하게 되었다. 거기에는 특별한 의미가 있다.

도시의 근심과 '죗값'

예의 다큐멘터리의 경우, 마오마오라는 존재가 외지 다궁메이의 대표인 천명전을 도시 대중매체로 진입할 수 있게 했다. 프로그램이 시작되면, 여성 연출자이자 상하이텔레비전의 탐사기자인 왕원리(王文黎)가 적극적인 서술자 겸 행동가의 신분으로 이야기를 풀어나간다. 이야기의 첫 장면은 방송국 편집실이다. 편집기 앞에 앉아 있는 왕원리의 손에는 프로그램 편성표가 들려 있다. 이 장면은 방송국의 입장과 연출자 자신의 신분에 대한 경계 짓기를 분명히 보여준다. 연출자는 다음과 같이 첫마디를 꺼낸다.

시청자 여러분. 올해 5~6월에 우리 촬영 팀은 '농민공 물결'에 관한 다큐멘터리를 찍고 있었습니다. 그런데 6월 10일 갑자기 시청자 한 분에게서 전화를 받았습니다. 외지에서 온 한 다궁메이가 어린아이를 안고 아이 아버지를 찾으러 상하이에 왔지만 문전박

대를 당했다는 소식이었습니다. 지금 그녀는 수중에 한 푼도 없이 궁지에 몰려 방송의 관심을 기다리고 있습니다.[2]

가상적인 면대면 서술방식(이 또한 텔레비전이 가장 습관적으로 사용하는 서사 모델이다)을 통해 연출자는 자신과 방송국의 신분과 기능을 위해 자리매김을 시도한다. 우세적 지위를 차지하려는 것이다. 나아가 프로그램과 상하이의 시청자 사이에 상호 동일시된 관계를 설정하고자 한다. 이로부터 이 이야기를 위한 기본적인 서사적 입장과 패러다임이 수립된다. 우선 프로그램은 상하이의 '농민공 물결'과 관계있다는 사실을 설명한다. 그러나 우리는 방송과 연출자의 관심은 사실 마오마오와 아버지의 관계에 있다는 점을 재빨리 알아차린다. 마오마오가 과연 '상하이'의 아버지에게서 태어났는가? 혹은 마오마오가 상하이의 혈연에 속해 있는가? 그것이 문제의 관건이었다. 시골 여성 천명전이 상하이에 의해 합법적인 상하이인으로 받아들여질 것인가 또한 관건이었다. 방송은 이에 대해 매우 민감했다.

우리는 연출자가 천명전에게 반복해서 질문하는 모습을 본다. 다큐멘터리에는 베이신징(北新涇) 법정의 서기원인 주치량(朱琦良)에 대한 인터뷰도 특별히 실린다.

기자 외지 농민공과 상하이인의 혼인 갈등이라는…….
주치량 아주 많습니다.
기자 보통 어떤 상황입니까?
주치량 대체로 외지 아가씨가 상하이에 와서 일을 하다가 상하이 사람한테 시집을 가죠. 대개는 아이를 낳은 지 얼마 안 돼 갈라섭니다.

기자 이유가 뭐죠?

주치량 성격이 안 맞는 데다 결혼의 기초가 튼튼하지 않은 거죠. 결합할 때는 각자의 목적이 있었던 겁니다.

(기자는 왕원리임. 아래도 모두 같음.—옮긴이)

이로 보건대 근심은 언제나 뒤에 숨겨져 있다. 그것은 도시의 차별화 기제의 동기다. 그러므로 대중매체가 우선 민감하게 반응하는 것은 외지 아가씨가 자신의 목적, 즉 상하이 진입이라는 목적을 갖고 있느냐 하는 점이다. 상하이는 결코 아무렇게나 들어올 수 있는 도시가 아니다. 이 도시에는 전입에 대한 자신만의 원칙이 있다. 그것이 바로 상하이인이 갖는 우월감의 근거다. 왕안이 소설의 상하이인들은, 세상에서 가장 큰 불행은 외지인이 되는 일이라고 생각한다. 그런 우월감은 시대마다 의미가 다르다. 우월감은 청말 이후 근현대화 과정 속에서 생겨났다. 방대한 농민공들은 오늘날 중국 도시에서는 숨겨진(hidden) 존재다. 도시가 1인당 평균 수입을 계산할 때 호구(戶口) 지표에만 따르기 때문이다. 시골에서 건너온 다궁메이가 호구 증명에 따라 상하이인이 되는 유일한 통로는 결혼이다. '상하이인'이라는 칭호는 아마 중국의 그 어떤 도시의 경우와도 다른 이 도시의 자아의식과 자기규정일 것이다. 상하이 대중매체는 자아의식의 집중적인 표현이다. 이 선입관은 전체 프로그램을 펼쳐나가는 동기를 구성한다.

상하이 작가 왕안이는 상하이를 다음과 같이 해석한다.

세상 모든 도시는 시골을 그리워하며 귀향의 꿈을 꾼다. 인간성의 위축과 타락은 세상 모든 도시의 폐단이지만 도시로 밀려드는 거대한 물결은 끊이질 않는다. 도시는 사람들에게 생존의 기회와 가능성을 가장 크게 제공한다. 도시는 효율이 높고, 생산력이 높은 부락으로, 그것은 사람들의 일차적 요구인 생존과 긴밀한 관계가 있다. 상하이는 세상 수많은 도시 가운데 하나다. 상하이는 활기 찬 인간성을 희생시키고 **타락의 위험을 무릅쓰며** 빈곤한 농촌의 무수한 생계를 떠안는다. 또한 농업 대국의 유한한 생산량을 증대 시킨다. 형제도 반려자도 없어서 그 곤궁함과 궁색함은 날로 심해 지고 있다. 그로 인해 상하이 사람들은 어쩔 수 없이 긴장하면서 경계의 눈을 크게 뜨고 배척의 표정을 드러낸다. 그들은 관용과 수용, 우호로부터 멀어졌으며 도량은 협소해졌다. 상하이에 사는 우리는 단지 우리 상하이가 부강해지고 번창해져서 날마다 전진 하기만을 기도할 뿐이다.(王安憶 2001, 154. 강조는 인용자)

동정적 이해를 바탕으로 도농관계를 서술하는 왕안이의 표현은 완곡한 편이다. 그러나 기존 모델의 그림자를 벗어날 힘은 거의 없어 보인다. 도시는 영원한 귀향의 꿈을 꾼다. 도시는 시골에서 왔기 때문 이다(오늘날 농촌의 땅에 보이는 도시의 광풍을 보라!). 하지만 도시의 인간성이 위축되고 타락한 까닭 또한 농촌이라는 존재 때문이다. 그 것은 도시 스스로 자신의 몸을 순결하게 할 수 없도록 하는 일종의 억 압이다. 농촌에서 끊임없이 밀려드는 사람의 물결 때문에 도시는 영 원히 범죄의 공포에 빠져들 것이며, 대중매체는 영원히 외지 인구의 범죄를 보도할 것이다. 상하이는 중국이라는 농업 대국의 운명을 구 원해 낸 도시다. 상하이인의 소심함과 배타적 자세는 바로 그런 운명 의 부산물이다. 이 말은 왜 그런 차별화 기제가 필요할 수밖에 없었는 지에 대한, 이 도시를 위한 주석이다. 상하이인의 주석. 그 주석에는 강한 현실적 의미가 있다. 이데올로기는 영원히 자신만의 물질성을 보유하는 법이다. 오늘날 중국의 도시는 저마다 견디기 힘든 인구의 압력을 받고 있다. 이로써 알 수 있듯, 대중매체를 통해 표현하는 도시의 자아의식은 관방(官方)의 의지일 뿐 아니라 동시에 그 도시 안에 가득 차 있는, 도시인의 자아 정체성이나 이익과 밀접한 관계가 있다. 그러나 그런 도시 정체성 이면에도 문제는 남는다. 근현대 이후 망망대해와도 같은 농촌 중국에 근현대화한 도시의 발전은 도대체 무엇을 의미하는가? 상하이는 중국에 도대체 어떤 의미인가? 농촌 중국은 상하이에 또 무엇을 의미하는가?

사실 그 어떤 중국의 도시를 이해하는 데서도 피해 갈 수 없는 첨예한 문제는 도농관계가 도시 안에 깊이 내재해 있다는 점이다. 중국의 근현대화 역사는 바로 그런 관계 속에서 험난하게 전개되어 왔다. 중국의 농촌은 중국 전체의 산업화, 도시화, 근현대화를 위해 막중한 대가를 치렀다. 이는 무시할 수 없는 기본적인 역사적 사실이다. 그러나 그런 역사적 사실이 서유럽의 근현대화한 도시의 자아 정체성 안으로 직접 들어가지는 못한다. 그 현실성은 오히려 억압을 받아 소멸되었다. 억압된 의식은 잠재의식의 형태로 위장해 주체에 잠입한다. 그것이 바로 왕안이가 말하는 "타락의 위험"이다. 농촌과 만날 때 상하이는 그에 대한 자신의 명명을 갖게 된다. 죗값. 이 표현은 상하이 작가 예신(葉辛)의 지청소설(知靑小說) 〈죗값(孽債)〉에서 비롯했다. 상하이의 여성 감독 황수친(黃蜀芹)이 같은 제목으로 만든 텔레비전 연속극이 시대를 풍미하기도 했다. 상하이에서 자체 제작되어 성공한 연속극은 그다지 많지 않다. 〈죗값〉은 상하이 지식청년(知靑)들이 윈난(雲南)으로 내려가 있는 동안 아이들을 낳았는데, 그 아이들이 성장해 무리를 지어 아버지를 찾으러 상하이에 온다는 내용이다. 그때 윈난에서 온 그 아이들은 상하이라는 도시가 해결할 수 없는 '죗값'이 된다.

상하이동방방송(上海東方廣播電臺)의 텔레비전 다큐멘터리 〈끝나지 않은 사랑(不了情)〉과 〈못 다한 사랑(情未了)〉 또한 연속극 〈좃값〉과 비견할 만하다. 실제 있었던 이야기를 상하편으로 엮었다. 상하이의 지식청년은 상하이로 돌아오기 위해 첫딸과 소수민족 아내를 시솽반나(西雙版納)에 남겨 놓았다. 시간이 흘러 방송국 연출자의 도움과 동행에 힘입어 성인이 된 소녀가 상하이에 도착해 얼굴조차 보지 못했던 아버지를 만나게 된다. 두 다큐멘터리가 상하이에서 방송되자 역시 큰 반향을 불러일으켰다. 무의식중에 상하이라는 도시의 가장 은밀하고 복잡한 속마음을 불러냈기 때문이다.

상편인 〈끝나지 않은 사랑〉이 방송되자 지청 경력이 있는 많은 기업가와 사회 인사가 개입한다. 그들은 경제적으로 곤궁한 아버지를 대신해 딸에게 상하이의 이름으로 원조를 제공한다. 이로 인해 이야기의 서사 방향이 바뀐다. 하편인 〈못 다한 사랑〉에서는 상하이에 온 딸이 공공의 관계 속으로 빠져드는 상황이 펼쳐진다. 그녀는 사람들에게 이끌려 후원자들의 기업과 공장을 견학한다. 각종 좌담회에도 나간다. 그녀와 아버지 사이의 미묘하고 은폐된 사적 관계는 그로 인해 극도로 간섭 받으면서 파괴된다. 상하이에 오기 전 그녀는 카메라 앞에서 아버지와 함께 생활하기를 동경한다고 했다. 그러나 혈혈단신인 아버지를 만나고 프로그램이 끝날 무렵에는 윈난으로 돌아가기를 고집한다. 카메라와 그 배후의 힘이 개입하면서 이야기의 가능성이 바뀐 것이다. 서사를 끌고 가는 것은 결코 인물 자신의 힘이 아니다. 영원히 그렇지 않다. 지청 이야기는 이 시대의 방식으로 진행되고 펼쳐진 도시와 농촌의 만남이며 충돌이다. 전무후무한 중국의 근현대성 서사이기도 하다. '좃값'이라는 용어는 왜 지청세대가 도시로 돌아와 뿌리를 내린 1990년대에야 등장하고 명명되었는가? 그 의미는 더욱 깊이 독해할 만하다.

청말 이후 중국의 도농관계에는 구조적 모순이 등장했다. 근현대화한 도시는 수면 위에 노출된 빙산의 일각일 뿐이었다. 그것은 사실 수면 아래 감추어진 거대한 소리 없는 농촌이라는 존재―그 잠재의식으로서 초조함의 근원―에 의해 제어되고 있었다. 1970년대 말 지청의 대규모 도시 귀환과 1980년대 이래 시작된 '농민공 물결'은 거대한 역사적 차이 속에 등장한 모종의 역사적 동일성이다. 오늘날 독해 속에서 지청운동이 단지 죗값일 뿐이라면, 오늘날 '농민공 물결'이 보여주는 도농관계 역시 실은 그것과 동일한 '죗값', 즉 근현대성이라는 원죄인 것이다. 그것은 오늘날 근현대화한 도시가 자신과 농촌의 동일한 관계를 부인하고 이런 역사성으로부터의 격리를 통해서 서양을 향해 자아를 확립하고 상상해야 할 필요가 있음을 표명했을 뿐만 아니라, 그러한 부정적 충동에 따르는 위험과 불안을 암시하기도 했다. 농촌이라는 존재는 침몰의 공포와 추락의 유혹을 의미하기 때문에, 잘라버릴 수도 떨쳐버리지도 못하는 '죗값'과 잊히거나 부정될 수 없는 혈연관계가 죗값의 독촉과 속죄의 압력을 일깨운다. 근현대화한 중국의 도시들은 모두 그러한 죗값 속에서 휘둘리며 발버둥 쳐왔다. 그것은 은밀한 방식으로 도시의 교감신경 속을 잠행한다. 네온사인 아래 도시가 밤마다 편히 쉬지 못하도록.

봉합된 '대단원'

마오마오는 상하이라는 도시의 죗값이다. 방송국 연출자가 굶주리는 천밍전을 동정하는 까닭은 어머니의 굶주림이 마오마오의 굶주림과 직접 연결되기 때문이다. 마오마오는 천밍전이 동정을 받는 전제다. 마오마오의 혈연적 특성은 이 도시가 마오마오와 그 어머니를 다루는 태도를 결정하게 된다. 그것은 프로그램이 〈마오마오 고소사건〉이라고 이름 붙은 까닭이기도 하다. 마오마오는 천명전이 상하이라는 도시에 들어올 수 있는 합법성을 얻는 근원이다. 따라서 마오마오의 혈통 감정(鑑定)은 이야기의 가장 중요한 핵심이 된다. 그 때문에 연출자는 방송국의 권력을 행사하기를 꺼리지 않는다. 그는 친자감정의 나이도 되지 않은 마오마오의 피를 뽑게 한다. 그것은 시골로 보내진 아이들이 도시로 되돌아올 때 반드시 겪어야만 하는 차별화 기제다. 울고 보채는 마오마오, 피를 뽑는 전 과정이 프로그램을 통해 충분히 전시된다. 그것은 죗값으로서 마오마오가 도시로 들어오기 위한 세례이자 피의 의식이었다. 그것은 연출자가 천명전을 만날 때 동기 감별자의 역할을 할 수밖에 없었음을 말해 준다. 천명전에 대한 2차 인터뷰에서 우리는 그 과정을 볼 수 있다.

> **기자** 지난번 제가 자오원룽(趙文龍)을 찾아가 만났을 때 처음 든 생각은, 명전 씨가 왜 그 사람을 따라가려는지 하는 의문이었습니다.
>
> **천명전** 우리 둘은 처음 몇 달 동안은 서로에게 아무런 느낌도 없었어요.
>
> **기자** 제가 보기에는 그분 장애가 심각하던데요. 보통 장애가 아니었습니다.
>
> **천명전** 그래서 그가 늘 저를 따라다녔어요. 나중에 동정심이 일었죠. 그 사람은 머리는 괜찮아요. 제가 그랬더라도 다른 사람들의 동정이 필요했을 겁니다. 저도 차츰 그를 동정하게 됐습니다.
>
> **기자** 지금은 그분을 동정하지 않나요?
>
> **천명전** 지금은 동정할 수가 없어요. 왜냐면, 지금은 보시는 대로 그 사람이 저를 동정하고 있지 않아요. 어떤 때는 눈을 감으면 볼

쌍한 그 사람 모습이 떠오릅니다. 불쌍한 그 모습, 먹을 밥도 없는 모습을 잊지 못하고 있을 뿐입니다.

기자 그 사람은 지금 직업을 잃었잖아요. 한 달에 150위안밖에 안 되는 생활비에 장애까지 있어요.

천명전 저는 그냥 그 사람이 먹을 밥이 없어서 불쌍하다고 생각할 뿐이에요.

연출자는 가장 현실적인 질문들을 반복한다. 남자에게는 심각한 장애가 있으며 해고되었다고 했다. 결혼시장에서 유일하게 중시할 만한 가치는 상하이 호적뿐이라고도 말했다. 따라서 천명전이 동정심을 내세워 상황을 해석하는 데 연출자는 물론 시청자들로서 상하이 시민들 또한 의구심을 해소할 수 없었다. 자오원룽에 대한 인터뷰를 보자.

기자 솔직히 말씀드리겠습니다. 천명전에게 물어봤습니다. 멀쩡한 사람이 자오원룽 씨한테 시집간 까닭이 뭐냐고요. 도대체 그 사람의 무엇 때문이었느냐고요. 돈도 지위도 심지어 건강한 몸도 없는데, 왜 원룽 씨를 따라갔냐고 말이죠.

자오원룽 저도 그 사람한테 말했습니다. 재주도 없고 벼슬도 없고 돈도 없으니 이쯤에서 끝내자고요. 제가 그런 말을 했어요.

기자 그렇다면 명전 씨는 왜 원룽 씨를 따라간 거죠? 분석을 좀 해볼까요? 원룽 씨의 흡인력은 어디에 있다고 생각하나요?

자오원룽 아마도 명전이 여기 오면 상하이 호적을 얻는 데 도움을 받을 수 있을 거라고 생각했겠죠. 아마도 그런…….

기자 명전 씨가 그렇게 말했나요?

자오원룽 그 말은 저하고 그 사람이 서로 친구가 되기 전에 제가 먼저 말했어요. 나 같은 사람은 사회가 도와줘야 한다. 제가 그렇게 말하기도 했어요.

기자 그럼 원룽 씨는 멍전이 원룽 씨 말을 믿었다고 생각하나요? 아니면 아무런 조건도 없는 원룽 씨가 멍전을 끌어들인 건가요?

자오원룽 그렇죠. 사실 멍전은 저라는 사람이 괜찮다고 생각한 거죠. 그래요. 저는 지력은 괜찮습니다. 생각하는 데는 아무 문제 없어요.

기자 제 생각에는 지금까지 멍전 씨가 원룽 씨한테 상당히 동정적이었던 같은데요.

자오원룽 동정은 또 다른 문제입니다. 지금 생각에는 멍전이 저한테 성실하지 못했다고 생각해요. 저는 제 판단력을 굳게 믿으니까요. 전 언제나 제 자신을 믿어왔습니다.

연출자는 정면 혹은 측면에서 천멍전의 동기 문제를 지속적으로 파고들었다. 사실 연출자는 시종일관 그런 의구심을 떨쳐버리지 않았다. 바로 이 요소가 같은 여성인 연출자로 하여금 도시를 대표하는 아버지의 입장을 동정하게 했다. 그녀가 쓴 촬영에세이인 〈내 친구 자오원룽(我的朋友趙文龍)〉(紀錄編輯室欄目組: 119~126)[3]에서, 자오원룽은 바로 마오마오의 아버지 이름이다. 이 글을 통해 그녀는 어떻게 이 가족의 갈등을 풀 수 있을지 말한다. 이 가족이 지속될 수 있는지, 자오원룽은 어떻게 "좋은 아버지, 훌륭한 아빠"가 될 수 있는지 말하고 있다. 그러나 어머니는 수동적 지위에 놓인다. 그녀가 보기에, 마오마오에게는 '엄한' 어머니와 자애로운 아버지가 있다.

나는 최근 몇 해 동안 자오원룽이 남편과 아버지로서 책임을 다하려고 노력한 것을 알고 있다. 결혼 후 그는 방송국에 도움을 요청한 일은 없지만, 내게 이런 부탁을 해왔다.

"왕 선생님. 천밍전한테 마오마오를 때리지 말라고 좀 말해 주세요. 밍전은 성질이 급해서 때리기 시작하면 앞뒤를 가리지 않습니다."

춘절에도 여러 번 함께 만났는데, 그때마다 그는 내게 그런 부탁을 했다. 나도 가슴이 아파서 말했다.

"밍전, 앞으로는 마오마오를 때리지 마세요. 마오마오는 밍전 씨 딸이기도 하지만 **우리 상하이 사람들의 딸이기도 합니다.** 앞으로 또 마오마오를 때리면 제가 가만있지 않을 겁니다."

그때 자오원룽의 얼굴은 고통스러운 표정이었다. 득의양양한 마오마오는 고개를 비딱하게 하고는 천밍전을 바라보았다. 마치 "또 때릴 건가요?" 하고 말하는 듯했다. 천밍전은 마오마오를 품안으로 끌고 와 아무 말 없이 그냥 실없는 웃음만 지어 보였다. **나는 문득 많은 시청자들이 헤아려 보아야 할 문제가 있다는 생각이 들었다. 천밍전이 자오원룽에게 시집을 간 까닭은 상하이 호적 때문 아닐까? 일단 호적을 손에 넣자 그녀는 멀리 날아가 버렸다.** 내가 말했다.

"밍전 씨와 마오마오 둘 다 벌써 상하이 호적을 얻게 됐네요. 뭐 새로운 생각이 있나요?"

천밍전이 웃음을 거둬들이며 말했다.

"새로운 생각이란 게, 제 입으로 말하기보다는 여러분이 제 행동을 보시면 알게 되겠지요."

"맞아요. 입으로 하는 말은 쳐줄 수 없어요."

마오마오가 끼어들었다.

"뭘 안다고. 쓸데없는 소리!"

자오원룽이 마오마오를 자기 쪽으로 끌어당겼다.

"사실 전 이렇게 생각해요. 마오마오가 좀 더 크고 나서 멍전이 떠나고 싶다면 그땐 저도 이해할 거라구요. 저도 그땐 막지 않을 겁니다."

이것이 바로 내 친구 자오원룽이다. 그의 몸에는 장애가 남아 있지만, 인격은 갈수록 성숙하고 강인해지고 있었다. 나는 그의 변화가 기쁘고 뿌듯했다. (강조는 인용자)

이미 결혼을 했지만 호적 문제는 여전히 민감했다. 그것은 아무런 상관도 없이 천명전을 폭력자 형상, 즉 딸에게 사랑이 없는 어머니로 묘사하게 한다. 어머니라는 신분은 당시 그녀가 도시에 수용된 전제였다. 그런데 천명전은 '실없는 웃음'을 짓는 모습만이 묘사된다. 마오마오 신분의 의미가 거기서 강조된다. 마오마오는 상하이의 딸이었고, 자오원룽은 '마오마오를 자신의 옆으로 끌어당길' 권력을 갖고 있었다. 천명전이 감히 자오원룽에게서 떨어져 나갈 때, 그녀는 바로 어머니라는 신분을 박탈하는 상황에 직면할 것이고, 마오마오는 그녀에 대한 징벌이 될 것이다. 이 도시는 단지 마오마오를 직면할 때에만 자신의 죄책감을 인정할 것이다. 그리고 어머니도 그에 따라 정의될 것이다. 단지 마오마오의 어머니로서 말이다. 그렇지 않으면 어머니 그 자신은 아무 의미가 없다. 세상에는 굶주림에 시달리는 어머니들이 많다. 상하이는 그 점에 대해 절대 아무런 의무나 도덕적 억압을 느끼지 않는다. 이는 자오원룽의 신체장애를 과장되게 묘사하고 그의 인격이 완성되었다는 이유로 연출자가 심지어 '뿌듯'해 하는 인물이 되는 까닭이기도 하다. 자오원룽은 천명전보다 도덕적으로 우위에 있기 때문이다. 하지만 〈열 살의 마오마오〉에서 우리는 다른 묘사들을 더욱 많이 보게 된다. 천진하고 사랑스러운 마오마오는 말한다.

"우리 엄마는 좋은 사람이에요. 저한테도 잘하시고 우리 아빠한테
도 잘하세요. 하지만 아프고 나서 아빠가 나쁘게 변했어요. 항상
엄마가 만든 음식이 맛없다고 했어요."

마오마오는 심지어 당시 '엄마'의 행동을 평가하기도 한다.

"엄마는 정말 멍청해요!"

〈열 살의 마오마오〉에서 우리는 자오원룽이 아닌, 가족에 대한 천
명전의 중압감을 본다. 몸이 아픈 자오원룽은 병원에 가야 하지만 의
료비는 매우 큰돈이다. 가족의 주된 수입은 모두 천명전에게 달려 있
다. 하지만 가족의 수입원인 그녀는 언제고 임시직조차 잃을 처지에
놓여 있다. 그녀는 이 결혼에 대해 느낌이 복잡하다. 자오원룽 역시
자신의 생활에 대해 매우 부정적이다.

〈열 살의 마오마오〉의 서사와 왕원리의 서사는 왜 이렇게 충돌하
는가? 속편의 연출이 《다큐멘터리 편집실》의 두 젊은 연출자로 바뀌
었기 때문이다. 과거 상대적으로 자족적이었던 서사에 균열이 생기게
된 것이다. 더 중요한 원인은 잔혹한 현실을 회피할 방법이 사실상 없
다는 점이다. 왕원리의 〈마오마오 고소사건〉은 높은 시청률을 기록했
지만 전문가들에게는 비판을 받았다. 그녀가 매체의 힘을 이용해 법
정연령도 되지 않은 마오마오를 위험을 무릅쓰고 친자감정으로 내몬
일이 선정적이었다는 비판이 주였다. 그런데다 왕원리의 중재로 천명
전의 결혼이 성사됨으로써 이 다큐멘터리가 세 사람의 운명을 극명하

게 바꿔놓았다. 왕원리는 그런 비판들을 대체로 인정하지 않았다. 나중에는 〈마오마오 고소사건〉과 관련해 어떠한 인터뷰도 거부했으며 〈열 살의 마오마오〉도 찍으려 하지 않았다. 상하이텔레비전에는 《명작 다시 보기》라는 다큐멘터리에 관한 대담 프로그램이 있다. 여기서 〈마오마오 고소사건〉을 다룬 적이 있었는데, 왕원리는 거기에도 출연을 거절했다. 그러나 그녀가 다큐멘터리를 해피엔딩으로 끝냈다는 사실 만큼은 분명했다. 그러나 공정하게 말하면 그것은 단지 개인의 입장이나 이익에서 비롯한 것은 아니다. 그 대단원은 바로 우리 시청자 모두가 보고 싶어했던 결말이지 않았던가?

그러나 왕원리의 중재로 성사된 결혼은 분명히 자오원룽에게 가장 유리했다. 그녀가 결혼식에서 증인을 서면서 했던 말대로.

> "천명전, 당신은 비록 소송에서는 이겼지만 사실 자신에게는 '졌습니다.' 자오원룽은 비록 소송에서는 졌지만 사실은 부인과 딸을 얻었습니다. 자오원룽이야말로 가장 큰 승자입니다."

그와 상대적으로, 〈열 살의 마오마오〉에서 천명전은 솔직하게 말한다. 많이 후회한다고. 애초에 아이를 데리고 다른 사람에게로 갔어야 했노라고. 이렇게 마음 졸이며 살지 않고 차라리 다른 사람에게 갔더라면 남들처럼 최소한의 생활은 누릴 수 있지 않았겠느냐고. 천명전에게 소송의 최종 목적은 결혼이 아니라 마오마오의 양육비를 얻어내서 자신의 결백을 증명하는 데 있었다. 애초 그녀에게는 선택의 여지가 있었다. 왕원리도 자신의 글에서 방송이 나가자 천명전에게 청혼을 한 사람이 있었노라고 밝히고 있다. 그러나 그렇게 되면 마오마오는 자오원룽에게 남을 수 없었다. 결혼을 한 뒤에만 천명전이 다른 사람에게 가더라도 마오마오가 자오원룽에게 남을 수 있게 된다. 왕원리가 왜 자오원룽을 '인격적'인 아버지로 창조했는지 알 수 있는 대목이다. 천밍전이 떠나는 상황을 미연에 방지하려고 마오마오를 얻음으로써 그 이면에 놓인 합법적 논증을 자오원룽에게 제시하려 했던 것이다. 그렇게 해야만 이 도시는 비로소 도의적으로 죗값을 속죄할 수 있는 자격을 얻게 된다.

〈마오마오 고소사건〉은 자오원룽의 참회로 끝을 맺는다.

"…… 이 모든 일, 이 모든 일이 저 때문에 일어났습니다. 모녀한테 미안합니다. 심한 고생을 시켰어요. 이제 사실은 저의 잘못을 증명하고 있습니다. **왕 선생님을 통해서 천밍전한테 양해를 구하고 싶습니다.** …… 저는 밍전과 다시 가정을 꾸리고 싶습니다. 불행한 제 인생 사십 년 중에 천밍전처럼 착한 아가씨를 만난 건 불행 중 다행입니다. 그래서 전 아이를 가질 수 있게 되었고 아버지가 되었습니다. 저 같은 장애인한테는 얼마나 어려운 일입니까! 이제부터 삶 속에서 희망과 미래를 보게 되었습니다. 저는 지금의 모든 걸 소중히 여길 수 있습니다." (강조는 인용자)

화면에 자오원룽의 편지가 나타난다. 해피엔딩은 이미 새로운 가족의 탄생을 예고한다. 그리고 그 전제는 대중매체라는 힘의 개입이다. 탕자의 귀환. 도시는 죄를 지은 아들의 참회를 통해 무엇을 얻는가? '도시의 타락'은 도시 자신에 의해 속죄되고 해피엔딩은 모든 사람에 대해 속죄한다. 연출자, 매체, 시청자, 자오원룽, 천밍전, 마오마오가 저마다 자신의 것을 얻게 되었다. 모든 갈등과 충돌이 서로를 위로하는 방식으로 해결되고 풀리게 되었다. 이것이 바로 대중매체에 의해 봉합된 '대단원'의 결말이 갖는 의미다. 《명작 다시 보기》에 출연한 대담자 중에는 '여성 연구를 하는' 상하이 작가 왕저우성(王周生)이 있다. 그녀는 10년 전 자신이 이 프로그램을 보았을 때의 격정을 털어놓았다. 10년 뒤 프로그램을 다시 보았는데도 "전 여전히 격정적입니다. 왜 그런지는 모르겠지만 전 방금 눈물을 흘렸습니다. 특히 자오원룽이 울 때 저는 충분히 그를 이해할 수 있을 것 같았습니다." 그녀가 보기에 텔레비전 방송, 혹은 대중매체의 개입은 세 사람의 운명뿐 아니라 운명으로부터 불공정한 대우를 받은 모든 사람을 구원한다. 예를 들면, 그녀는 실직당한 사람들이 어떻게 다뤄져야 하는지를 언급한다. 그녀는 자오원룽이 기뻐해야만 한다고 생각했다. 지금껏 자오원룽은 자신에게 딸이 생길 수 있다고 생각해 본 적이 없기 때문이다. 그러나 그는 울었고 양심이 있는 듯 보였다. 이로 보아 자오원룽은 분명 상하이에 내재한 이해와 용서를 훨씬 더 잘 받을 수 있는 듯 보인다. 특히 도시 출신 여성 지식인에게서 말이다.

이 이야기의 서술자는 자각적이든 비자각적이든 도시의 입장에서 있다. 사실 이야기는 본래 감춰진 더 큰 서사 속에 놓여 있었다. 도시의 입장에서 상상되고 처리된 도농관계가 바로 그것이다. 이 점이 바로 이 이야기가 상하이라는 도시에서 그토록 광범위하게 소비된 의미다. 이야기는 이 도시에 잠재해 있는 도덕적 근심을 완화해 주었으며 이 도시가 만족할 만한 도덕성의 통로를 제공해 주었다. 그것은 농촌을 마주하고 서서 대가를 치러야 하는 도시의 죗값이기도 했다. 이야기가 방송을 타자 촬영 팀 내부를 비롯해 수많은 사람들이 다양한 경로를 통해 이들과 그 가정을 돕고 싶다는 뜻을 알려왔다. 촬영 팀과 많은 후원자들의 활동 자체가 방송의 주된 내용이기도 했다. 그들은 더불어 함께 이 이야기의 서사를 펼쳐내고 이끌어갔다. 왕원리는 훨씬 직접적으로 이 가정에 개입했다. 가정에 갈등이 생기자 그녀는 해결사가 되었다. 마치 자신도 '가족'의 일원처럼 그들 집안 내부의 이야기 속으로 얽혀들었다. 상하이의 시청자로서 우리는 사실 모두 연출자의 공모자였다. 우리는 모두 함께 대단원의 이야기를 봉합하려고 노력했다. 마오마오의 고소사건은 이미 '우리' 자신의 이야기였다. 〈열 살의 마오마오〉는 오늘날 이 가족의 삶을 보여준다. 비록 경제적인 어려움과 현실적인 고민이 많이 남아 있긴 하지만, 훌륭한 가정에 귀여운 마오마오가 있다. 마오마오에게는 아버지와 어머니의 사랑도 있다. 이를 통해 방송은 애초부터 그들의 삶과 운명에 개입한 것이 도덕적으로 옳았음을 증명하려 한다. 매체의 자아논증이면서, 아울러 시청자들에게 가설적인 만족을 기대하는 것이다.

3. 농촌에서 도시로
: 정체성과 위기

그러나 〈마오마오 고소사건〉의 '대단원' 결말이 봉합되는 과정에는 많은 모순이 드러났으며, 오히려 모종의 냉혹한 진실과 현실만을 보여주었다. 〈열 살의 마오마오〉 촬영 이후 왕원리의 동료이자 다큐멘터리 연출자이며 상하이텔레비전 다큐멘터리 채널의 《발견(看見)》이라는 프로그램을 맡고 있는 위융진(余永錦)이 입을 열었다. 그도 일찍이 자신의 프로그램에서 이 소재를 다루려 한 적이 있었으나 촬영을 한 차례 하고 나서 곧 포기했다는 것이다. 이 이야기가 너무 힘들게 다가왔기 때문이라고 했다. 마오마오는 누구나 다 아는 유명 인사가 되었고, 매체는 그로 인해 많은 이익을 얻었다. 그러나 10년이 지난 뒤 그들 가정의 상황은 여전히 좋지 않았다. 매우 곤혹스러운 일이었다. 그렇게 유명세를 타는 동안 천명전은 아무런 이익도 취할 수 없었다. 그녀는 실직을 거듭했다. 유명하다는 이유만으로 어떤 직장은 천명전을 원치 않았고, 또 다른 직장은 같은 이유만으로 그녀를 원했다. 그녀를 이용하려는 것이었다. '해피엔딩'은 방송이 소독제와 머큐로크롬, 여타의 화학약제를 섞어 봉합해 낸 상처였다. 그것은 상처가 봉합된 것인 듯 위조했다. 그러나 상처 밑에는 진짜 고통이 자리 잡고 있었다.

〈마오마오 고소사건〉에서 우리는 농촌 여성 천명전이 어머니라는 신분으로 도시에 의해 구별되고 수용되는 과정을 보았다. 그러나 천명전 자신은 왜 그 과정을 받아들이려 했던가? 그 과정은 그녀에게 도대체 무엇을 의미하는가?

사실 〈마오마오 고소사건〉에서 소송이 처음부터 천명전에게 결혼을 의미한 것은 아니었다. 그것은 외려 일종의 세례였다. 방송을 통해 우리는 당시 스물여섯 난 천명전과 마흔 살 난 자오원룽이 같은 공장에서 일한 적이 있었고, 공장 사장의 소개와 자오원룽의 구애에 따라 연애를 시작했으며 동거까지 하게 된 것을 알았다. 천명전의 임신이 갈등의 시작이었다. 자오원룽은 카메라 앞에서 분명하게 말한다.

"저는 발육과 성장에 결함이 약간 있습니다."

시청자들도 그의 장애가 분명히 매우 심각하다고 생각한다. 그 때문에 자오는 멍전이 자신을 성실하게 대하지 않을까 걱정한다. 천명전이 아이를 안고 자신을 찾아왔을 때에도 그는 보고 싶지 않다며 연출자에게 말한다.

"이런 사람을 내가 뭐 하러 만납니까? 제가 평생 혼자 살게 되더 라도 그 여자 필요 없습니다. 그 여자는 재앙입니다. 고통만을 가 져올 뿐이에요."

천멍전도 자오원룽이 여러 차례 욕을 했다고 말한 바 있다. "너 같은 년은 길바닥에서도 놈팡이랑 뒹굴 거"라고. 자오의 도덕적인 자 아회피는 도시의 '타락의 위험'에 대한 왕안이의 우려와 매우 비슷하 다. 동시에 농촌은 음란한 유혹의 상징이 된다. 그런 비난 앞에서 천 멍전에게는 이미 선택의 여지가 없었다. 그녀는 농촌의 도덕적 가치 의 수호자로서 비로소 자기 주체성을 수호하기 시작했다. 마오마오가 그녀에게 유일한 증거가 될 수밖에 없다. 그녀가 도덕적으로나 육체 적으로 순결하다는 사실을 마오마오는 증명해 줄 것이다. 이것이 천 멍전의 출발점이었다.

"자오는 내가 시골 사람이라 자기를 찾아오지 못할 거라고 생각했 어요."

이 당시 그녀의 정체성은 '시골 사람'이었다. 할 수 없이 후난의 고향 집으로 돌아가 아이를 낳은 그녀는 자오원룽에게 다음과 같은 합의서를 써달라고 적극적으로 요구한다.

여자 쪽에서 아이를 낳으면 과학적 감정을 통해 누구의 아이인지 확정한다. 만일 남자 쪽 아이라면, 여자 쪽은 아이를 남자 쪽에게 남겨주고 전혀 관여치 않는다. 만일 남자 쪽의 아이가 아니라면 여자 쪽이 아이를 데려가고 남자 쪽은 일절 책임지지 않는다. 향후 일의 진상을 분명히 하기 위해 이 문서를 남겨 근거로 삼는다.

사실 방송을 통해 천명전이 아이를 주지 않으리라는 사실은 분명히 알 수 있었다. 그녀가 소송을 건 이유는 양육비를 받아내기 위해서였다. 친자감정 결과가 나오고 나서 그녀는 양육비로 매월 60위안을 제시했다. 그러나 자오는 30위안만 내고 싶어했다. 천명전은 판사에게 60위안으로도 한 달 동안 아이를 먹여 살릴 수 없노라고 주장했다. 물론 충분하지 않은 액수다.

"제가 60위안을 요구하는 건 그나마 저 사람을 존중하고 싶기 때문입니다. …… 저 사람도 이전에 제게 어린애는 자신이 책임지겠다고 말했습니다. …… 저는 저 사람을 동정합니다. 60위안으로는 절대 충분치 않습니다. 사람들이 모두 저더러 고집불통이라고들 합니다만, 60위안은 불충분합니다!"

법원의 조정으로 천명전은 달마다 양육비 50위안을 받는다는 판결을 이끌어냈다. 50위안은 사실 의례적인 성격이었다. 천명전이 애초부터 줄곧 60위안을 요구한 것은 이 소송의 중요한 성격이 돈이 아니라는 사실을 보여준다. 그녀가 온 힘을 다해 얻어내려 했던 것은 양육비라기보다는 자신에 대한 세례 증명이었다. 마치 그녀 자신이 이후 〈열 살의 마오마오〉에서 말한 바와 같은 어투였다. 그것이 바로 왜 그녀 자신이 대중매체를 통해서 이 도시를 향해 투쟁하고 결백을 증명하려 했던가 하는 이유다. 시골에서 올라온 이 다궁메이는 도시의 매체를 빌려 자신을 표현하고 구성했다. 카메라 앞에서 그녀는 용감하고 진솔하게 깊은 인상을 남겼다. 시청자들은 말한다. 그녀가 정말로 매체를 잘 활용한다고! 그녀와 매체의 관계는 분명 복잡하다. 매체의 개입으로 그녀는 결혼을 받아들였고 법률적으로 상하이 사람이 되었다. '상하이 사람'이 그녀의 희망은 아니었다고 말할 수는 없다. 다만 마오마오를 이용해 상하이에 끼어들고자 했던 것이 그녀의 본의는 아니었다. 그들의 결혼은 사실 상하이의 매체와 시청자들이 훨씬 더 촉구하고 바라 마지 않았기 때문이다. 천명전과 매체는 도대체 누가 누구를 이용하고 있는 것인가?

10년 뒤 《명작 다시 보기》에서 사회자가 도대체 어떤 힘으로 소송을 이어갔느냐 물었을 때 천명전의 대답에 귀 기울일 만하다.

> "제게 무엇을 원하든 한 가지만은 꼭 기억하게 해주고 싶었습니다. 난 어떤 사람인가? 어떠한 인간인가 하는 점이었습니다. **제게는 기필코 진리가 필요했습니다.** 제게 진리가 없다면 당신 의견도 전혀 옳지 않다, 근거도 없이 단지 심리적 상상에 의존해서는 안 된다, 당신[자오원룽]은 나를 원치 않아도 되고 아이를 원치 않아도 된다, 그러나 이것만은 가장 중요하다는 사실이라고 인정해야 한다, 당신이 아이를 기를 수 있게 나도 도울 수 있다, 아이를 데려가게 할 수도 있다, 하지만 당신은 반드시 스스로 잘못했다는 사실을 알아야 한다고 생각했습니다." (강조는 인용자)

분명 천명전은 '진리'라는 단어를 말했다. 그녀는 스스로 진리의 반환을 요구한다고 생각하고 있었다. 그 점이 바로 이 '승인(承認)의 정치'가 갖는 핵심이다. 자기 정체성은 진리의 필요에 대한 방식으로 등장한다. 그 과정에서 천멍전은 도시에 놓인 '타자'의 입장에서 자아를 확립한다. 그녀는 시골 사람이다. 하지만 그녀에게는 진리가 있다. 그 진리는 반드시 승인되어야 한다. 주체의 의미는 그 진리성에서 나온다. 차이의 정치는 차별된 주체의 진리성에 대한 수호에서 비롯한다. 교류와 승인의 정치를 실천하는 전제는 무엇보다 주체의 진리에 대한 동일시다. 그 진리는 양도할 수 없는 우선권을 가지며, 외부에서 주어진 것이 아니라 각 주체 내부에서 자신을 확립하는 방식으로 존재한다. 그 전제가 없었다면 일개 시골 여성이 주체적 방식으로 도시를 향해 투쟁하지는 못했을 것이다. 천멍전은 배수의 진을 친 것이다. 승인과 존엄을 위해 진행된 이 투쟁 속에서 그녀는 대중매체의 힘을 확실히 빌려왔다. 그러나 그러한 도움은 동시에 다툼과 투쟁이기도 하다. 〈마오마오 고소사건〉과 같이 대중매체에 의해 주도적으로 통제되고 서술되는 서사 패러다임에서 우리는 또 용감한 그녀의 투쟁의 그림자를 분별해 낸다. 그녀가 담담하게 자신의 진실한 생각과 동기를 말할 때.

　　당시 텔레비전 다큐멘터리의 이념, 즉 사실주의 기법과 현실의 진실성에 대한 존중은 천멍전이 직접 카메라를 대면해 비판할 기회와 가능성을 가져다주었다. 이는 1993년 이전 중국의 다른 텔레비전 프로그램에서는 불가능한 일이었다. 바로 그런 점에서 다큐멘터리의 카메라는 종종 감독의 통제를 넘어서는 다중적 의미를 드러낸다. 현실 자체의 복잡성과 모호성은 연출자의 주관적인 의식에 의해 순화되기를 거부하고 그 어떠한 희망 또한 주관적으로 해석되는 데 저항한다. 그것은 운석과도 같이 녹아내리지 못한 채 감독의 서사 패러다임을 꿰뚫으며 견고하게 땅 위로 떨어진다. 그로 인해 기록은 다원적인 해독 공간을 갖추게 된다. 오늘날 사실주의 미학 원칙을 반성하면서 그

점을 가벼이 여겨서는 안 된다. 때마침 그것은 신다큐멘터리 운동의 매력을 크게 구성해 주고 있다. 중국 다큐멘터리 감독의 행운은 역시 바로 그들이 오늘날 중국의 현실 사회와 타협하거나 융화할 수 없다는 점에 있다. 그 부딪침의 관계를 말이다. 왕안이가 제기한 문제로 되돌아가 보자. 오늘날 소설과 다큐멘터리를 구별하는 일은 중요하다. 그러나 오늘날 중국 현실의 거대한 객체성은 이미 근현대 중국의 문학과 예술이 반드시 자신과 현실 사이의 복잡한 관계를 새롭게 반성하는 일에 직면케 하고 있다. '진실'을 회피하지 않고 어떻게 문학과 예술의 방식으로 새롭게 정의할 것인가. 또한 그 정의 위에서 진실과 허구를 뚜렷하게 양단하는 것이 아니라 진실도 허구가 될 수 있고, 허구도 심지어 진실이 될 수 있는 것 아니겠는가. 예술적 '진실'은 현실에 대한 이해와 대화다. 그 현실은 바로 우리 각자의 삶 속에 있다.

《명작 다시 보기》 현장에서 사회를 맡은 상하이의 여성 작가 왕샤오위(王曉鈺)는 천멍전에게 특별한 질문 하나를 던진다. 마오마오가 말을 듣지 않을 때 그를 때리느냐고. 우리는 이미 그 문제가 왕원리의 촬영에세이에서 다뤄졌음을 알고 있다. 천멍전은 물음에 담담하게 인정하면서 대답한다. 사실 급할 때는 때리기도 하지요. 이어지는 사회자의 물음. 그럼 자오원룽은요? 그 사람은 딸애를 때린 적이 없어요. 그건 그 사람이 성격이 좋아서가 아니라 그가 이 일을 겪으면서 10년 전부터 지금까지 심리적으로 괴로워하기 때문이에요. 그 사람은, 딸애를 때리는 건 언제나 딸에게 미안한 일이라고 생각하는 듯해요. 10년 동안 마오마오가 아무리 지나치게 굴어도 때리지 않아요. 이 대답은 별 의도가 있는 것이 아니다. 천멍전이 왕원리의 촬영에세이를 보았을 가능성은 별로 없기 때문이다. 하지만 그녀의 대답은 왕원리가 제시한 차별적 해석을 철저히 비틀고 있다. 천멍전에게는 자신이 아이를 때리는 것은 아이를 다루는 정상적인 태도다. 자오원룽이 아이를 때리지 않는 것은 그의 괴로움에서 비롯한 참회의 방식이다. 이러한 설명은 왕원리가 묘사한 엄한 어머니와 자애로운 아버지라는 가족 모델을 매우 힘 있게 전복시킨다.

천멍전은 담담하고 성실한 방식으로 자신의 주체성을 옹호하는 데 성공한다. 따라서 여기서 '진실'과 '진리'는 동등한 의의를 갖는다. **진실은 약자의 진리이자 무기다**(강조는 인용자). 자오원룽과 왕원리가 모두 프로그램에 출연을 거부했지만, 천멍전은 출연을 승낙했다.

그녀는 왜 대중매체를 이용해 자신을 변호하고 진실을 말함으로써 자신의 정체성을 완성할 수 없단 말인가? 대중매체가 그녀를 선택한 동기와 그녀가 대중매체를 이용하는 동기, 이 두 가지는 확연히 다른 두 입장에서 비롯했다. 서로 다른 동기의 합작과 여러 합작 텍스트를 통해 우리는 서로 다른 성부(聲部)의 소리를 듣게 된다. 서로 다른 소리는 한 가지 총체 서술의 억압을 그다지 조화롭지 않게 돌파한 후 각자 자신의 의미를 표현했다. 표현된 객체로서 '타자'는, 객체의 패러다임 속에서 주체로서 자신의 존재를 완강히 드러낸다. 이 또한 오늘날 중국의 신다큐멘터리 운동이 갖는 중요한 의미다. 문제는 우리가 경청하고 주목하는 법을 배웠는가 하는 점이다.

천멍전이 결혼을 받아들인 것은 그녀의 자아 정체성이 변화하기 시작했음을 뜻한다. 그녀가 상하이인임을 수용한 것이고 또한 새로운 자아 정체성의 내원으로서 어머니의 역할을 받아들인 것이기도 하다. 그것은 천멍전에게 모종의 은닉과 변화를 요구했다. 《명작 다시 보기》에 천멍전이 출연했을 때, 자막은 '마오마오의 어머니'라고 그녀를 소개했다. 아내로서의 역할은 이미 부차적인 것이었으며 결여되어 있었다. 자오원룽도 자신이 생리적 결함이 있다고 말한 바 있다. 따라서 천명전이 결혼을 받아들인 것은 샹린 댁(祥林嫂)이 문지방을 바치는 행위와 비슷하다.⁴ 스스로 '거세'의 방식을 택해 그녀에 대한 도시의 규범을 받아들인 것이다. 이를 통해 그녀는 인정과 결백을 얻게 되었고 도시는 자신의 통행증으로서 그녀의 희생을 요구했던 것이다. 《명작 다시 보기》에 주민위원회(居民委員會) 간부가 참석한 까닭도 거기에 있다. 그렇다면 문지방을 바친 천명전은 그녀의 희망을 이루었는가? 주민위원회 여성 간부는 이렇게 말한다.

> "천명전은 책임감이 강한 여성 동지입니다. 비록 외지에서 오긴 했지만 가정을 이루고 나서 가족의 부담을 책임지기 시작했습니다. 그녀는 아내로서 자오원룽을 잘 돌보았습니다. 자오원룽은 심각한 장애가 있기 때문이지요. 자녀 교육 면에서도 마오마오를 잘 가르쳤습니다. 그래서 저는 그녀가 책임감이 있다고 생각했습니다. 우리는 더는 그녀들을 외지 아줌마라 부르지 않습니다. 지금은 기존의 인구를 관리……, 이왕에 왔다면 우리는 그녀들을 우리 사람으로 대해야 합니다. 시집온 며느리처럼 말이죠. 그녀들이 우리 생활 속에서 하나 되게 해야 합니다. 우리와 같이 말입니다."

이는 사실 일종의 감정(鑑定) 절차다. '주민위원회'는 공중기구가 되었고, 천명전은 결코 개인이 아닌 외지 아가씨와 외지 아줌마들의 대표로서 '책임'이라 명명되는 위치에 놓이게 된 것이다. 이 도시가 그녀에게 요구하는 '책임'을 이행했음도 증명되었다. 그럼에도 천명전에 대한 호칭은 여전히 2인칭과 3인칭 사이를 떠돌고 단수와 복수 사이를 오간다. 그것은 '진정'한 상하이인이 보기에 천명전의 신분은 여전히 애매하고 불확정적이라는 뜻이다.

천명전의 경우, 이제 가정에 의지해 새로운 정체성의 가능성과 그 실천을 얻을 수 있을 뿐이었다. 그래서 그녀는 《명작 다시 보기》에서 가족을 지켜야 한다고 표현했다. 자오원룽과 자신은 서로 이야기가 잘 통하고 공통의 언어가 있다고 했다. 자신들이 감정이 없다고 말하는 건 일리가 없다고도 했다. 그녀는 〈마오마오 고소사건〉에서 보여준 자오원룽에 대한 '동정'을 다시 보여주면서 이를 증명했다. 그것은 바로 가정의 기초를 지키기 위해서였다. 그런 동기는 연출자가 이 가정을 지키려는 동기와는 완전히 구별된다. 그 점을 소홀히 해서는 안 된다. 그녀는 그 어느 돈 많은 집보다 자신의 집이 좋으리라고 말한다. 그들은 경제적 문제로 다툰 적이 없다. 그녀는 비상금 한 푼도 갖고 있지 않다. 돈이 필요하면 언제고 그녀가 마련할 수 있기 때문이다. 집안 경제는 그녀가 완전히 주도적 역할을 담당한다. 사실 이 집안의 주요한 지출에 필요한 돈은 모두 그녀가 벌어온다. 그러니 그녀는 당연히 주도권을 가질 수 있다. 그녀는 가정에 대해 자주권을 선언함으로써 내부의 동의를 분명히 드러내려 했다.

이는 그녀가 새로운 주체의식을 얻어내는 가장 직접적인 자원이다. 가정은 그녀가 이 도시(상하이)와 대화하는 방식이다. 가정의 수호는 그녀와 이 도시 사이의 평등한 관계를 수호하는 일이다. 가정을 통해서 천명전은 바로 이 도시에서 자신의 위치를 갖게 된다. 그녀는 스스로 이러한 새로운 신분을 감당할 수 있다고 증명하기를 원한다. '시골 사람'의 신분으로 도시를 향해 진입한 데 대해 공인과 결백을 주장함으로써 10년 뒤의 천명전이야말로 상하이인이 될 수 있는 완전한 자격을 갖게 되었다고 표현한다. 옷이나 머리 모양 등 눈에 띄는 변화 외에 가장 중요한 변화는 그녀가 이미 완전한 상하이 말을 구사하게 되었다는 사실이다. 《명작 다시 보기》에서 사회자는 줄곧 표준어[普通

話]로 그녀에게 질문을 던진다. 하지만 그녀는 상하이 말을 고집한다. 그 고집의 이면에는 그녀의 심리적 여정이 담겨 있다. 정체성 이론에서 가장 민감한 것이 바로 언어다. 천명전이 자오원룽과 '얘기'가 된다고 했을 때의 그 말은, 그녀는 상하이 말로 자신을 구성한다는 뜻이며, 상하이 말이 이미 이 가정의 일상 언어가 되었다는 뜻이다. 우리는 거기서 이 시대 속에 내재한, 도시/상하이에 대한 강력한 정체성을 본다. 그 배후에는 사회의 강력한 정치적, 경제적 맥락이 흐른다. 그것은 우리 각자를 잡아당기고 있다. 그러나 이 강력한 힘의 배후는 이미 몰락해 버린 중국 복판의 드넓은 농촌이다.

천명전은 자신의 희생을 통해 새로운 신분, 도시의 신분을 얻었다. 하지만 그녀가 강력한 힘에 의해 소환되고 창조되었음에도 그 힘의 비호를 받을 수 없다는 사실은 아이러니하다. 이는 새로운 자아 정체성이 처음부터 위기와 분열로 가득 차 있었음을 뜻한다. 가정과 방송은 가장 중요한 두 가지 사회적 자원이다. 이 둘은 천명전이 상하이인의 정체성을 확립하는 데 도움을 준 힘이다. 그러나 그 힘은 오히려 그녀를 억압한다. 가정 자체는 결코 외부 세계와 격리된 사적 공간이 아니다. 오히려 가정은 애초부터 공공화한 사적 공간이었다. 즉 천명전 자신의 정체성과 사회적 승인이라는 탐구에 의해 부여된 거대한 대가였다. 사회적 대변동의 시대와 역사 속에서 이 가정은 풍전등화처럼 흔들렸다. 천명전은 몰락한 시골에서 마침내 도시로 진입했지만 그녀가 합류한 도시계급은 역사적 몰락에 직면해 있다. 〈열 살의 마오마오〉에서 우리는 시골에서 올라온 다궁메이의 신분이었던 천명전이 절삭기 옆에 선 도시 노동자로 전환되는 과정을 본다. 그 도시 노동자는 바로 대규모 실직이라는 운명을 이어가고 있다. 많은 공장들이 끊임없이 파산하고 철거되고 이전한다. 노동자계급의 주체성은 이 도시에서 상실의 과정에 처해 있다. 그녀는 공교롭게도 바로 그 시점에 그 역사에 참여한다. 자오원룽과 그녀 자신의 잇단 면직은 10년 동안 10여 곳이나 직장을 옮겨 다니게 했다. 그녀는 비록 합법적으로 도시인이 되었고 스스로 '상하이인'이 되려고 노력도 했지만 그로 인해 이 도시에서 평등한 대우를 받을 수는 없었다.

> "우리는 지금 학벌도 없고 나이만 많이 먹었어요. 관리직과 생산
> 직 노동자는 달라요. 생산직 노동자는 4대보험(四金)[5]도 없고 월
> 급도 적습니다. 대우도 다르죠. 그다지 필요로 하는 사람도 없습
> 니다. 기업은 우리를 감히 쓰려고 하지 않기 때문이죠."

'설령 2~3년쯤 편안한 시간을 보낸다 해도' 그 또한 희망사항일 뿐이다. 그녀는 자신이 출근을 해야 하며 돈을 벌어와 온 가족의 생활을 유지해야 한다는 사실을 반복해서 역설했다. 마오마오를 돌봐줄 사람이 없어서 그녀는 심적 고통이 컸다. 그녀의 새로운 주체 신분은 이 도시와 진정으로 동일시되지 못한다. 오히려 그 때문에 그녀는 이 도시가 부여한 십자가를 짊어지게 되었다. 〈열 살의 마오마오〉에서 천 멍전은 자신의 결혼에 대해 사실 아주 후회하고 있다고 솔직히 말했다. 생활이 너무 힘들어서다. 언제나 조마조마한 마음으로 살고 있다고도 했다. 이전에는 딸을 데리고 떠나면 그뿐, 다시는 이 길로 들어오지 않으면 된다고 생각했지만 이제는 떠날 수도 없게 되었다. 자오원룽은 인터뷰에서 이렇게 말한다.

> "중국에는 많은 가족 결합 형태가 있습니다. 사실 생활이 어려워
> 저 사람이 떠난다고 하면 저로서도 방법이 없죠. 이제는 아무 상

관없습니다. 목숨이 끝나는 것도 상관없습니다. 사람은 언젠가는 목숨이 끊어지는 거니까요. 우리 같은 사람은 지금까지 살아온 것만으로도 거의 다 산 거나 마찬가지죠."

자오원룽은 '상하이인'으로서, '실직 노동자'의 남편으로서 삶에 대한 믿음을 이미 상실했다. 이것이 천멍전이 직면할 수밖에 없는 진실한 가정의 상황이다. 결혼과 더불어 도시로 진입한 그녀는 상하이의 장애인 남편과 어린 '상하이인의 딸'을 짊어져야만 했다. 마오마오가 열 살 생일을 맞던 날, 천멍전은 카메라 앞에서 눈물을 흘리며 자신이 불공평하게 당했던 일들을 쏟아냈다. 그녀의 삶 속에 담긴 슬픔과 고난을. 사실 10년 뒤 천멍전이 다시 대중매체라는 강한 빛으로 들어가려 한 까닭은 그녀 자신이 위기에 처해 있어서였다. 주체의 확립은 결코 관념적 형태로 이루어지는 게 아니다. 그것은 반드시 경제적, 정치적 정체성의 힘을 전제로 삼는다. 그렇지 않으면 주체는 곧 무너진다. 그런 의미에서 다시 한 번 대중매체를 통해 새로운 주체 신분의 정합과 실현을 완성하는 것이야말로 천멍전이 바라는 바였다. 그러나 그것이 과연 실현 가능한 바람이었던가?

〈마오마오 고소사건〉에서 천멍전은 용감무쌍했다. 그녀는 '시골 사람'이라는 자신의 신분에 의지해 '진리'에 대한 신념을 고수했다. 그러나 '시골 사람'으로서의 자아를 희생함으로써 '도시 사람'으로 신분을 전환해야 했을 때, 그녀는 이미 불평등한 전제에 직면해 있었다. 불평등한 전제는 평등한 정체성의 기초가 되는 걸까? 그 점이 바로 천멍전에게 가장 큰 어려움이었다. 그것은 이미 천멍전의 비극적 실패를 예고하고 있었다. 〈열 살의 마오마오〉가 방송된 뒤 많은 사람들이 또 방송국에 전화를 걸어 천멍전에게 일자리를 주고 싶다고 했다.

나는 〈열 살의 마오마오〉 작가에게 천멍전이 인터뷰에 응한 까닭은 방송국이 그녀가 일자리를 찾는 데 도움을 줄 수 있지 않을까 하는 바람이 있었기 때문 아니냐고 물었다. 대답은 이랬다. 그런 동기가 없지는 않다고. 그렇다면 그녀는 지금 일자리를 갖고 있는가? 돌아온 대답은 새 일을 찾기가 어렵다는 것이었다. 천멍전이 고집이 세서 자꾸 일을 고르려 한다는 것이다. 예컨대, 집에서 멀면 안 된다는 것이다. 자신이 집안을 돌봐야 하니까. 천멍전은 한 직장에서 어느 정도 일을 하다가 마음에 들지 않으면 인사도 없이 (방송국과 함께) 떠나버리기도 한다는 것이었다. 어떤 직장에는 아예 가고 싶어하지도 않는다. 그런 곳들은 그녀를 이용하려 하기 때문이다. 이렇게 보면 천멍전이 대중매체의 힘에 대해 전혀 이해가 없는 것은 아니지만 사실 그 위해를 더 잘 깨닫고 있는 셈이다. 다만 그녀에겐 별다른 선택이 없었다. 〈마오마오 고소사건〉은 시작부터 결론이 없는 이야기였다. 그것은 이 도시 속에서 앞으로도 들불처럼 번져갈 이야기다. 그런 이야기들은 사실 날마다 우리 주변을 흘러서 떠다닌다. 단지 그 이야기들은 앞으로의 날들 속에서 또 다른 방식으로 기술될 것이다.

　　천멍전의 이야기가 추쮜의 이야기와 다른 점은, 천멍전은 추쮜처럼 소송에서 근현대성과 엇갈린 자리에 놓인 몽매한 농촌 여성이 아니었다는 사실이다. 그녀의 이야기와 운명 자체는 중국의 근현대성 안에 내재해 있다. 근현대 이래 중국 농촌사회는 결코 근현대화 과정을 겪지 못했다. 농촌사회는 진작부터 전통의 봉건적 보루가 아니었다. 오히려 중국의 근현대성을 가장 깊이 있게 바꾸어내고 또 무너뜨리는 황무지였다. 농촌의 쇠락과 도시의 번영은 사회가 단절의 방식으로 수립한 관계다. 따라서 그것은 결코 외부의 이야기가 아니라 내부의 이야기다. 도시 속에 내재해 있고 우리 영혼 속에 내재해 있는 우

리 자신의 진실한 이야기인 것이다. 도시에서 농촌에 이르기까지 천
명전은 자기 정체성을 추구하는 과정에서 바로 그러한 거대한 사회적
단절을 뛰어넘어야 했다. 이러한 정체성의 위기는 그녀의 것만이 아
니라 이 사회의 것이기도 하다. 이러한 역사적 단절은 치료할 수 없는
상처처럼 보인다. 천명전에게나 이 사회에, 그리고 이 사회에 속해 있
는 우리 모두에게.

4. 맺음말
: 은닉된 주체들

노동자계급이 주체성을 잃어버린 시대, 근현대화의 맥락 속에서
농촌사회가 자신들의 주체적 지위를 찾을 수 없는 상황에서 억압된
주체는 격리된 채 이름과 성(姓/性)을 숨기는 방식으로 존재할 뿐이다.
《귀주 이야기》에서 궁리는 추쥐의 얼굴로 등장한다. 〈마오마오 고소
사건〉에서 천명전은 마오마오의 어머니라는 신분으로 자리매김 한다.
억압된 주체는 여전히 자신의 방식으로 구별되고 귀환할 수 있는가?
토지와 정원을 잃어버린 사람들은 타자의 공간에서 유랑하고 또 쫓겨
난다. 그들은 주체 신분이 없는 객체적 존재가 된다. 주체 신분의 허
무는 그 배후의 정치적, 경제적 힘의 부재를 뜻한다. 신분을 잃어버린
사람은 언어도 잃어버린다. 침묵하는 존재, 그렇지 않으면 다른 이들
의 언어를 빌리는 존재다. '쑨즈강(孫志剛)',[6] 억울하게 죽은 대학생의
신분 기호 배후에는 그만의 무명의 거대한 정신적 외상(trauma)의 체
험이 있다. 체험은 '물'적 형식으로 존재한다. 도시 대중매체에서 사

회분야 뉴스는 광산사고, 폭발, 사망, 범죄, 낭자한 선혈, 부상, 시체…… 등으로 가득하다. 이런 '물'적 형식만이 그들이 대중매체의 시야로 들어오는 이유가 된다. 즉 하층 노동자들이 '신체' 즉 피와 살, 욕망과 눈물이 될 때, 일종의 생물적 존재가 될 때 그들은 비로소 대중매체의 시야에 들어올 가능성을 얻게 된다. 우리가 단지 진실이 유리된 고통스러운 재난, 눈물, 시체, 유해 등과 같은 물적 존재만을 볼 때, 억압된 주체는 영원히 익명으로 존재할 수밖에 없다.

유랑의 종적과 주체의 파편 속에서 구별할 수 있는 유일한 것은 고통이다. 고통은 존재의 증명이 된다. 그 전제는 그들의 육체와 정신의 거대한 정신적 외상이 인간이라는 존엄한 위치에 놓일 수 있는가다. 다시 말해, 인간으로서 고통 체험이 드러나고 동일시될 수 있는가다. 그렇지 않으면 소리 없는 그러한 고통의 호소는 의지할 데 없는 외톨이들로서 우리 도시 안을 가위 눌린 듯 떠돌아다닐 것이다. 근현대 중국의 신다큐멘터리 운동의 의의는 바로 여기에 뿌리내린다. 그것은 영상의 내부와 외부의 구별을 없애며 '우리'와 '그들'의 경계에 도전한다. 하늘에는 희생자의 떠도는 그림자들로 가득하다. '타자'의 말없는 희생과 고통 위에 세워진 근현대문명은 평화로울 수 없다. 주체의 익명은 결코 존재의 허무를 뜻하지 않는다. 오히려 그것은 우리가 알고 있는 세계의 내부 구성이다. 그러한 익명의 존재는 우리의 원죄다. 그것은 피억압자의 권리가 언젠가는 독촉 받을 날이 있을 것임을 의미한다. 중국 근현대사에서 피억압자가 신분을 얻고 해방을 추구한 과정들은 일찍이 이미 저마다 '혁명'이라고 명명되었다. 그것은 광활한 중국의 도시와 농촌 사이에서 끊임없이 펼쳐지는 일이기도 하다. 혁명이 모종의 죗값이라면, 그런 죗값은 사실 중국의 근현대화 과정 속에 내재해 있는 것이며, 우리 각자는 모두 그 죄의 아들이자 죄의 손자들이다. 그 죗값은 우리 이마에 주홍글씨를 새겨놓았다. 중국의 근현대화 과정은 피와 불로 얼룩진 죗값의 역사다. 도시들은 저마다 모두 그렇게 이른바 근현대화라는 원죄를 짊어지고서 그렇게 무거운 숙명 속에서만 속죄의 길을 찾을 수 있을 것이다.

2004년 10월 상하이에서 처음 쓰고,
2005년 5월 홍콩대학 언론과매체연구센터에서 고쳐 쓰다.

■ 상하이텔레비전 다큐멘터리 채널의 왕샤오룽(王小龍) 선생, 위융진(余永錦) 선생, 쑤레이(蘇蕾) 여사, 류샤(柳澱) 여사의 자료 협조와 인터뷰에 감사드린다.

● 뤼신위(呂新雨. Lu, Xin-yu)
1965년생. 푸단대학에서 문예미학 전공으로 박사학위를 받았고 현재 푸단대학 언론대학 교수이자 푸단대학 언론대학 방송텔레비전과 주임, 푸단-골드스미스 다큐멘터리 연구센터(Fudan-Goldsmith Documentary Research Centre) 주임을 맡고 있다. 주요 저서로 《다큐멘터리 중국: 당다이 중국의 신다큐멘터리 운동(紀錄中國: 當代中國的新紀錄運動)》, 《신화·비극·《시학》: 고대 그리스 시학 전통에 대한 새로운 인식(神話·悲劇·《詩學》: 對古代希臘詩學傳統的重新認識)》 등이 있다. 문화연구와, 매체 및 사회, 영상이론, 중국 다큐멘터리의 발전, 연극 미학 등에 주로 관심을 갖고 연구하고 있다.
xininyu@gmail.com

● 임대근(林大根 Lim, Dae-geun)
한국외국어대학교 중국어과를 졸업하고 같은 대학원에서 《초기 중국영화의 문예전통 계승 연구(1896-1931)》로 문학박사학위를 받았다. 현재 한국외국어대학교 조교수. 한국예술종합학교 트랜스아시아영상문화연구소 객원연구원. 중국 영화연구자 집단인 중국영화포럼을 중심으로 대중문화 연구와 강의, 번역 등의 일을 하고 있다. 지은 책으로 《중국영화의 이해》(공저), 《영화로 읽는 중국》(공저) 등이 있으며, 최근 논문으로 〈상하이 베이비: 텍스트의 확장과 맥락의 재구성〉, 〈중국 영화의 국적성 혹은 지역성과 역사·문화정치학〉, 〈포스트 뉴웨이브 시대 중국 영화와 국가 이데올로기〉 등 다수가 있다.
dagenny@hanmail.net

선전 민속문화촌을 통해 본
기호 소비의 문화정치

니웨이 글 | 유세종 옮김

'금수중화(錦繡中華)', '민속문화촌', '세계의 창'으로 대표되는 중국 선전(深圳)의 '화교성(華僑城)' 관광단지는 선전 사람 모두가 자부하는 '빛나는' 장소다. 선전의 문화연구자들은 '화교성' 관광단지가 관광문화 수준을 한 단계 끌어올렸다고 평가했다. 그러나 관련 평론 대다수는 여전히 표면적 현상 설명이나 공허한 개념으로 그 성격을 정리하는 수준에 머물러 있다. 상당한 대표성을 지닌 이 문화현상에 대해, 당대 문화적인 시각에서, 세심하고 심도 있게 분석한 평론은 아직 찾아보기 어렵다. 이는 어떤 의미에서 현재 선전 문화연구의 어려움을 반영하는 현상이기도 하다.

'화교성' 관광기업(華僑城旅遊企業)의 빠른 성장은 세인들에게 비상한 관심을 불러일으킨 바 있다. 외국의 성공 사례를 거울삼아 중국 내에서 처음으로 '테마파크'의 모델을 세운 것인데, 그 프로젝트의 이념과 운영방식을 이미 중국 각지에서 모방하고 있어서, 당대 중국관광학에서 '화교성' 관광기업이 차지하는 중요성은 군더더기 말이 필요치 않다. 그러나 관광학의 각도에서 '화교성' 관광지를 연구한 성과는 여전히 부족한 실정이다. 더욱이 '화교성' 관광지가 지닌 폭넓은 문화 사회적 의의는 제대로 평가할 가치가 있다고 생각한다. '화교성'의 성공에서 우리는 1970년대 말 이후 새로운 단계의 중국 근현대화 운동 속에서 부각된 중요 현상과 특징, 예를 들면 금융자본, 권력자본, 문화자본을 포함한 국가자본의 변신과 변모가 집단화와 사유화의 방식으로 사회 각 부문에 유입되어 신속하게 투자의 형태로 확대되는 것을 볼 수 있다. 또 개혁·개방의 요구 이래, 그동안 경직되었던 정치이데올로기가 연성화하면서, 시장이데올로기와 상호 결합하고 이를 이용하면서 점점 '시장정치의 이데올로기'라는 새로운 주류 이데올로기를 형성해 가고 있음을 볼 수 있다.

나날이 시장화하는 문화는 문화자원의 이탈과 소외를 가속화했고, 정치이데올로기와 시장이데올로기에 의해 이중으로 강제 이용을 당하는 상황에 놓이게 되었다. 그리하여 유기적 기호체계로서의 문화는 원시적 담론에서 이탈되어 본래의 가치와 내용을 점차 상실해 갔다. 동시에 정치적이고 상업적인 새로운 콘텐츠가 다시 문화 속으로 주입되고 있음을 간파할 수 있다. 이러한 현상은 문화연구가 반드시 주목해야 할 주요 연구 영역이다. 물론 이는 당다이 문화연구에서 사유 전환의 필요성을 의미하며, 분석이론의 모델 전환을 요구하는 동시에, 연구자가 자신의 역할 전환을 시도해야 하는, 다시 말해 주류 이데올로기의 고취와 변호로부터 최근 사회현상을 비판적으로 진단하고 분석하는 것으로의 이동을 의미한다.

　필자가 읽은 범주에서, 문화연구의 관점에서 '화교성' 관광기업을 최초로 분석한 것은 닉 스탠리(Nick Stanley)와 샤오징충(蕭競聰)의 공동 논문 〈중국문화 재현: 선전 중국 민속문화촌 해석(再現中國文化: 深圳中國民俗文化村述評)〉[1](이하〈재현〉)이다. 이 글이 내게 준 깊은 인상은, 선전 민속문화촌을 단순히 서양 스타일의 테마파크로 보는 데 반대하면서, 민속문화촌이 내장하고 있는 정치이데올로기적 요소를 부각·강조한 점이다. 그들은 선전 민속문화촌이 중국의 다민족문화를 전시하고 있으며, 그 배후에는 국가주의라는 이념이 숨어 있다고 분석한다. 그들은 이런 문화현상을 아르투르 하셀리우스(Artur Hazelius)가 창안한 '종족 전시 전통'으로 귀납시킬 수 있다고 보았는데, 이 전통은 근현대성의 산물 가운데 하나로서, 국족주의(nationalism) 이데올로기와 나란히 태어난 것이라고 주장한다. 근현대적 박물관과 박람회 같은 문화기구의 설립과 그런 활동의 증가는 근현대(modern) 국민국가(nation-state) 건설이라는 거대한 공정과 맞물린 유기적인 한 부분이 되었다. 그 용도는 한 국족(國族)의 역사와 문화에 대한 동질의식을 국민에게 은연중 제공하고 있는 것 말고도, 더욱 중요하게는 국민으로 하여금 자발적인 참관과 관광을 통해 역사적·문화적 정체성을 인식하게 하며, 그 기초 위에 근현대 국민국가 의식을 형성케 하여 자신이 국민의 일원임을 자기 개인 정체성의 주요한 근원으로 생각하게 하는 데 있다. 이렇게 보자면, 박물관 등의 문화전람 기구와 이에 상응하는 국가조직의 활동은 모두 근현대성 기획의 직접적 구성요소로 보아야 한다. 그러한 국가이데올로기의 배경이 있기 때문에 근현대성 초기에 박물관 등의 문화기구 설립과 운영은 모두 국가가 직접 나서서 투자하고 건설하고 관리했던 것이다. 이러한 관리방식의 모델은 대다수 후발 근현대국가에서 지금까지 그대로 이어지고 있다.

이러한 이론을 바탕으로, 〈재현〉은 처음부터 선전 민속문화촌과 1975년에 세워진 인도네시아의 '인도네시아 축도(印尼縮影: Taman Mini Indonesia Indah)'를 병행시켜 논한다. '인도네시아 축도'는 인도네시아 정부의 출자로 세워진 거대한 박물관이다. 인도네시아 27개 현의 대표 건축물과 이와 상관된 박물관들로 이루어져 있다. '인도네시아 축도'는 '판차실라(Pancasila)'[2]의 철학관을 바탕으로, 전 인도네시아 군도의 서로 다른 생활형태를 전시함으로써 인도네시아의 '다원통일'을 찬양하려 한 것이다. 이 '인도네시아 축도'와 비슷하게, 선전 민속문화촌은 중국의 다원적 민족문화를 '재현'함과 동시에 중국의 여러 소수민족 정책에 '호응하면서 그것을 반영한' 것이기도 하다. 〈재현〉은 또한 선전 민속문화촌의 준비 과정과 기획, 배우 훈련과 관리 시스템, 관광객의 성격 등의 문제도 구체적으로 분석함으로써 문화촌이 제시한 '중국문화 재현'이 중국 국족정책의 취지에 적극적으로 호응하고 그것을 반영하고 있다고 했다.

인정해야 할 것은 위에서 말한 관광 전시 이론이 매우 유효한 해석 도구라는 점이다. 이 이론은 근현대의 산업형 문화기구 시설의 발전과 국가이데올로기 간의 밀월관계를 깊이 있게 파헤쳐 우리의 주의를 환기시킨다. 다시 말해 외형상으론 이데올로기의 통제에서 멀리 벗어나 있는 듯한 그런 문화영역에 이데올로기가 자리를 틀고 들어앉아 떠날 줄 모르는 유령처럼 존재한다는 점이다. 그런데 유감스러운 점은 이 이론이 〈재현〉에서 그 위력을 충분히 발휘할 수 없었다는 점이다. 아마 중국의 구체적인 상황에 대한 인식이 충분치 못했던 까닭일 텐데, 선전 민속문화촌이 은밀하게 숨기고 있는 정치이데올로기적 요소에 대한 〈재현〉의 분석은 결코 심도 있다고 말하기 어렵다. '중국 문화 재현'이라는 논점 자체가 쉽게 오해를 불러일으킨다. 여기서 '재현'은 영어의 represent(재현, 재서술)로 이해되어야만 비로소 사람들이 그것을 신뢰할 터인데, 이 점에 대해서도 이 논문의 해석은 충분치가 않다. 논조가 산만하고 빈약해 충분한 설득력을 잃고 있다. 이른바 선전 민속문화촌이 중국의 소수민족 정책이라는 취지에 '호응하고 그것을 반영한' 것이란 평가가 비록 일리가 없지 않다고 하더라도 격화소양(隔靴搔癢: '신을 신고 발바닥을 긁는다'는 뜻)의 측면 역시 없지 않다. 〈재현〉은 그 중요 지점을 완전히 틀어쥐지 못했기 때문에 선전 민속문화촌에 대한 깊이 있는 인식에 별 도움을 주지 못한다. 나아가 당다이 중국사회 문화에 대한 통찰을 보여주는 데에도 실패하고 있다. 이론적인 가설과 구체적인 해설 사이에 분명한 괴리가 존재하다 보니 〈재현〉은 이론을 생경하게 적용한 것이 아닌가 하는 인상조차 준다. 선전 민속문화촌을 '인도네시아 축도'에 비교한 것은 그 전형적인 예라 하겠다.

인도네시아는 1,000여 개 섬으로 이루어진 다민족, 다종교의 국가다. 그러다 보니 통일된 근현대 국민국가 의식이 국민 사이에 희박했다. 20세기 중엽에 이르기까지 인도네시아에서 국민국가 건설은 여전히 미완성의 과제로 남아 있었다. 이에 비추어볼 때, 인도네시아 정부가 출자해 '인도네시아 축도'를 건설한 것은 다양한 인도네시아 문화전통을 통합하는 데 주력해 "장차 한 지역 안에 통일을 이루어내고, 그로 말미암아 인도네시아 인민들이 점차, 그리고 절실하게 상호 인식을 해나갈 수 있게 하는 것"에 목적이 있었다.[3] 그러므로 '인도네시아 축도'는 분명 국가 정체성을 공급하는 일종의 교육장소다. 그리고 그 국가 정체성을 지탱하는 이데올로기는 국족주의다. 그런데 선전 민속문화촌은 정황이 완전히 다르다. 중국은 100여 년에 걸친 내우외환의 역사적 세례 과정을 거쳤고, 더욱이 중국인 마음속에는 중화인민공화국 성립 후 몇십 년간 진행된 높은 수준의 교육과 홍보 덕분에 근현대 국민국가의 의식이 이미 공고하게 자리 잡고 있었다. 중국이 자신의 문화 전통을 찬양하는 것은 대개는 국족정체성·국가정체성을 제공하기 위해서라기보다는, 한 세기 이상 조금씩 상실해 간 문화적 자신감을 회복하기 위해서라고 말하는 편이 훨씬 옳을 것이다. 1990년대 초에 만들어진 선전 민속문화촌은 국가이데올로기와 매우 밀접한 관계가 있지만, 그 관계의 형태와 방식은 '인도네시아 축도'와 완전히 다르다. 그것은 투자방식이 다른 것만으로도 쉽게 알 수 있다.

'인도네시아 축도'는 인도네시아 정부 투자로 이루어진 정부 주도의 기획이었다. 그러나 선전 민속문화촌은 홍콩중국관광(그룹)주식회사와 선전 '화교성' 경제개발총공사가 공동 출자해 만든 것이다. 기본상 민간형 상업 운영으로 그 주요 목적은 국가이데올로기를 선양하려는 것이 아니라 돈을 벌려는 것이다. 중국문제의 복잡성, 특히 개혁·개방 이후 국가와 민간사회 사이에는 수많은 이동이 있었고, 그 사이에는 진정한 정체를 판별하기 어려운 여러 중간물이 출현했다. '관광 전시 이론'을 단순하게 적용해 설명하려는 것으로는 선전 민속문화촌 같은 근현대적 상업투자와 국가이데올로기가 교묘하게 결합해 만들어낸 문화현상을 제대로 규명 또는 설명해 낼 수가 없다. 그 속에 담긴 이데올로기적 요소를 파헤치고자 한다면 반드시 그것을 충분히 담론화하되, 그 구체적인 사회배경과 시대배경으로 꼼꼼하게 환원시켜 다시 고찰해야 할 것이다. 선전 민속문화촌을 논하고자 한다면 우린 먼저 이러한 질문에 답해야 하지 않을까? 그것은 왜 1990년대 선전에 출현하게 되었는가? 또 무엇 때문에 성공했는가? 그 성공은 무얼 의미하는가?

'화교성' 관광기업의 기적 같은 흥행과 성공 원인은 크게 볼 때 자본(권력자본을 포함해)의 은밀한 이동에 그 공을 돌려야 한다. 정치권력의 배경 유무는 당다이 중국에서 민간기업의 성공 여부에서 가장 중요한 변수다. '화교성'이 선전시 서커우(蛇口) 공업구의 교통요지에 있는 4.8제곱킬로미터 땅을 얻을 수 있었고, 홍콩중국관광(그룹)주식회사가 '화교성'의 경영개발권을 얻을 수 있었던 데는 결코 가볍게 볼 수 없는 내력이 있다고 봐야 한다. '화교성' 발전의 궤적은 어떤 의미에서 선전시 발전의 축소판이라 할 수 있다. 선전은 처음부터 관료자본의 낙원이었다. 여기에 정치권력이 형태를 바꿔가면서 금융자본 및 기타 헤아릴 수 없이 많은 무형의 자본을 만들었다. 오랜 세월 죽은 듯 시체처럼 굳어 있던 중국 사회체제에서 탄력을 받지 못했던 부문별 국가자본도 손오공 재주 넘어 변신하듯, 민간자본으로 변신해 이에 가세했고 특구 정책의 비호 아래 신속하게 증식해 나갔다. 사실상 광증(狂症)에 가까울 정도로 자금원을 찾아나선 국가권력이 없었다면, 선전의 오늘은 불가능했을 것이다. 눈에 불을 켜고 돈줄을 찾았던 국가권력의 남용은 불가피하게 대대적인 부패를 불러왔다. 그럼에도, 이러한 조치는 오랫동안 경직된 중국 사회체제의 폐쇄성을 타파하고 국가자본을 살아나게 하기도 했다. 그래서 객관적으로는 중국 사회경제 발전에 추동적인 역할을 하게 했다. 이런 배경을 이해하면 우린 '화교성' 관광기업이 어떻게 신속하고도 정확하게 당다이 중국정치의 풍향을 틀어쥐고, 상업행위와 주류 정치이데올로기를 하나로 교묘하게 결합할 수 있었는지를 어렵지 않게 이해할 수 있게 된다.

선전 민속문화촌이 선전하는 궁극적인 의미는 "국족문화를 드높이 날리고, 세계가 중국을 더욱더 잘 이해할 수 있게 하며, 중국 관광 사업의 발전을 촉진하고, 중국과 세계 각국 인민 간의 우애를 증진시키는 것이다." 세계를 향한 중국 홍보가 선전 민속문화촌의 가장 중요한 목적이다. 이는 중국 개혁·개방의 관방이데올로기, 특히 1992년 이후의 이른바 제2차 개혁·개방의 관방정책과 딱 맞아떨어진다. 이는 바로 선전 민속문화촌이 관방의 지지와 상찬을 얻어낼 수 있었던 근본 원인이기도 하다. 1992년 남쪽 순방에 나선 덩샤오핑은 문을 연 지 얼마 되지 않은 민속문화촌을 참관했고, 미국제 내빈용 접대차량 쿠시맨(Cushman)을 타고는 매우 상징적인 의미가 있는 사진 한 장을 찍었다. 개혁·개방의 총설계사인 덩샤오핑과 선전 특구, 유구하고도 기기묘묘한 중국 민족문화와 풍속, 미제 차량(이것은 아주 훌륭한 도구

선전 중국민속문화촌의 〈용봉무중화(龍鳳舞中華)〉 공연의 여러 장면 합성 이미지
〈용중무중화〉는 선전 중국민속촌을 대표하는 공연으로, 춤과 의상, 노래로 수천 년 중국의 역사 발전을 묘사하는 대형 서사극이다.

다)은 순간 혼연일체가 되어 의미심장한 역사적 장면을 연출해 냈다. 이는 세계로 향한 개혁·개방과 셴다이화 실현을 위한 중국의 결의를 보여주기에 충분했다. 민속문화촌의 입장에서 말하자면, 이 사진은 가장 큰 상장이면서 가장 분명하고도 확실한 표지가 되었다.

이를 통해 우리는 중국 정부와 민간기업 간의 상호 이용과 암중묵계의 관계를 극명하게 볼 수 있었다. 사실상 민속문화촌을 포함한 전 '화교성' 관광기업의 가장 성공적인 경험 가운데 하나는 바로 주류 정치이데올로기와의 암묵적인 결탁과 안배, 동맹 관계다. '화교성' 관광기업에 이데올로기적 색채가 짙게 드리우게 된 것은 당연한 귀결이다.[4] 선전을 중국 개혁·개방의 창구라고 한다면, '화교성' 관광지구는 바로 그 '창구 속의 창구'다. '화교성' 관광지구가 안고 있는 이데올로기적 역할과 기능은 선전의 여타 기업과 비교할 수 없는 것이다.

'화교성'이 명백한 정치 배경을 가지고 있다고는 하나 어떻든 민간기업의 면모로 시작했고 운영방식 또한 상업이윤의 추구가 그 일차 목적이다. 정치와의 결탁은 어떤 의미에서는 가용자본의 조달 수단에 불과하다. '화교성' 관광기업의 창립 가능성은 우선, 선전시가 관광객 자원이란 면에서 잠재력이 있음을 제대로 보았기 때문인데, 이른바 두 개의 600만 집단, 즉 홍콩 주민 600만과 매년 홍콩을 찾는 내국인·외국인 여행객 600만이 그것이다. 이 두 600만은 '화교성' 관광기업의 가상 고객인 셈이다.(保繼剛 1996 참조) 민속문화촌의 설계와 안배, 공연 프로그램은 모두 어떻게 하면 이 두 600만 여행집단을 유치할 것인가 하는 단 하나의 목표에 맞추어진 것이라 할 수 있다.

민속문화촌은 중국의 56개 민족(ethnic) 가운데 21개 민족만 전시 대상으로 선정했다. 선정 기준은 철저한 상업성이다. 그 민족의 문화, 풍속, 습관이 다른 민족보다 신기하고 기이하며, 또 보다 차원 높은 공연 가치와 감상의 가치가 있으면, 그래서 외국인 여행객의 호기심을 충족시킬 수만 있다면 전시 대상으로 선정될 가능성이 높았다. 모쒀족(摩梭族)이 선정될 수 있었던 것은, 모쒀족이 세계적으로 유명하게 아직도 모계사회의 구조를 유지하고 있으며, 그들의 건축물이 특이해서 관람의 가치가 높았기 때문이다. 인구가 겨우 1,500명인 푸젠성(福建省)의 가오산족(高山族)은 수많은 타이완(臺灣) 관광객이 밀려올 것을 기대해, 그들의 호감을 폭넓게 얻어내려는 목적에서 선정되었다. 인구가 많은 후이족(回族)이 선정에서 제외된 것은 그 민족의 생활습관과 풍속이 이미 세계적으로 잘 알려져 있어 신기하고 자극적인 매력이 떨어졌기 때문이다.

  이런 철저한 상업 원칙은 민속문화촌에서 공연하는 배우 선발에서도 그대로 관철되었다. 배우 채용에서 여성과 남성의 비율을 7 대 3으로 했는데 그 이유는, 민속문화촌의 부사장 견해에 따르면, 예쁜 여성 배우가 관광객, 특히 홍콩에서 온 남성 관광객을 유인하는 데 더 효과적이라 생각했기 때문이다. 선전 민속문화촌은 이런 미세한 것들까지 그 배후에 숨겨진 문화정치를 은밀하게 드러냈다. 즉 민속문화촌(그 설치와 안배, 공연에 이르기까지)은 처음부터 의도적으로 보여지는 객체, 소비되는 객체를 스스로 자임한 것이었는데, 그들이 잘 보이고 싶어 하는 관객과 소비의 주체는 바로 달러

선전 중국민속문화촌의 관광안내 팸플릿 표지

와 홍콩 돈을 가진 외국인 관광객이다. 여자 배우가 남자 관광객의 시선에 자신의 신체를 내보이는 것처럼, 민속문화촌은 중국 소수민족의 문화 정경을 그들 앞에 진열하는 것이다. 이런 담론에서 보자면, 중국의 소수민족 문화는 분명 국족과 국가의 정체성을 위한 대상이 아니다. 전시되는 소수민족은 관람되는 신체와 마찬가지로 철두철미하게 교환을 위한 기호로 침몰하게 된다.

이러한 문화정치는 사실 근 20년간 진행되어 온 중국 사회정치 변동의 축소판이다. 즉 금전으로 표상되는 부강을 추구하는 과정에서 중국은 자주적인 주체의 자세로 세계 자본주의 체계를 벗어나겠다던 애초의 강고한 입장에서 점차 더 실무적이고 더 융통성 있는 실용주의 쪽으로 선회했다. 자본주의 세계를 향한 개방의 결과는 모든 것을 나날이 가속적으로 대상화해 갔다. 이러한 대상화는 국제관계의 영역에서 전개되었을 뿐만 아니라, 더욱 중요하게는 사람과 물(物)의 관계에서도, 상호 간의 영향이 심하게 굴절되는 지점에 드러났다. 자본은 소비라는 이름을 빌려 인간을 전면적으로 통제하게 되었고, 물질(혹은 상품)이 이 모든 것을 주재하는 시대가 도래하고 있는 것이다.

재미있는 사실은 민속문화촌의 주 관광객은 예상했던 홍콩, 마카오, 타이완 그리고 외국인 관광객이 아니라 중국 내국인 관광객이란 점이다. 통계에 따르면, 관광객 중 80% 이상이 내지에서 오고 있고 그 비율은 계속 상승 중이다. 이와 반대로 외국인 관광객은 매년 감소하고 있다는 보고다.[5] 이런 재미있는 현상 속에는 사실 쉽게 포착되지 않는 주체의 환치(replacement) 문제가 암암리에 자리하고 있다. 내국인 관광객에게 민속문화촌의 흡인력은 아마도 소수민족의 문화 풍경 때문이 아니라 허구적으로 설계된 주체성의 위치에서 오는 듯하다. 민속문화촌을 찾는 관광객이 그를 위해 잘 배치해 놓은 시선을 따라

가면서, 주체적인 문화 '타자'의 신분으로서 그 모든 것을 관람하고자 할 때, 그는 관념적인 체험과 학습의 과정을 완성할 뿐만 아니라, 상실했던 주체의 위치를 상징적으로 되찾기도 하는 것이다. 이런 상징적 만족은 옷 갈아입기 행위에서 절정에 이른다. 민속문화촌은 일습의 의복을 제공해, 관광객이 돈을 내고 마음대로 골라서 소수민족의 복장을 하루 동안 사용할 수 있게 했다. 소수민족의 의상을 갈아입는 일은 표면상으로는 '타자'의 신분에 대한 체험적 동일시로서 호기심을 만족시키는 것이기도 하지만, 사실상 옷 갈아입기는 잠깐의 자리 환치 방식을 통해 자기 신분의 정체성을 강화하는 것이다. 이는 바로 '타자'의 신분에 대한 유희적 성격의 일시 점유를 통해 자아 주체의 위치를 예전보다 더 강하게 도드라지게 하는 행위다. 다시 말해, 다른 민족의 풍정을 관람하는 것은 중심에 위치한 주체의 위치로 되돌아오는 것, 즉 복위(復位)를 완성·강화시키는 것이다.

이렇게 볼 때, 민속문화촌의 존재는 무엇보다 선전이 자기 자신에 대한 상상을 극대화해 만족시키는 데 있다. 즉 경제특구로서 선전은 힘을 가진 강한 주체이며, 당다이 중국에서 중심의 자리를 이미 점유하고 있다는 상상이 그것이다. 이런 은폐된 문화정치는 마찬가지로 내지 관광객을 이 '성지'에 순배케 함으로써, 주체의 위치를 과분하게 점유하는 가운데 만족을 얻게 한다.[6] 또 하나 주의해야 할 현상은 선전 민속촌에서 한족(漢族)이 한구석에 제대로 자리를 잡고 있긴 하지만 관람객들이 지나쳐버리기 쉬운, 눈에 띄지 않는 곳에 있다는 점이다. 이런 푸대접의 처리방식은 한족이 중시 받기에 충분치 못한 등장인물이어서가 결코 아니다. 그와는 정반대로 한족이 바로 가장 중요한 등장인물이기 때문이다. 사실상 민족문화의 모든 것은 한족의 입장에서 안배되고 배치된 것이다. 달리 말하자면, 한족이 비록 표면상으로는 자신들이 가진 주체의 위치를 자신들이 목적하는 바의 외국인 관광객에게 잠시 양도하고 있을지라도, 자신들이야말로 은밀하게 숨어 있는 진정한 주체라는 것이다.

이렇게 볼 때, 선전 민속문화촌은 문화정치적으로 두 가지 구조를 갖는다. 표층적으로는 중국과 세계의 구조적 관계인데, 이 관계 속에서 중국은 볼거리로 제공되는 객체의 일원으로 강제 받고 있다. 반면 내면의 구조 속에서는 한족과 다른 소수민족 간의 역사적 구조관계를 중첩해 재현하는데, 이러한 구조에서 '중국'은 여전히 최후의 주체로서의 위치를 견지하고 있다는 것이다. 이 두 구조는 완전하게 같은 구조일 뿐만 아니라, 그 이면에는 언제든지 역할을 민활하게 바꿀 수 있는 은밀한 통로가 있다. 필자가 보기에, 그러한 내재적 문화정치의 메커니즘이 바로 선전 민속문화촌이 관방과 민간 양측에서 일치된 찬탄을 받는 근본 원인이다. 즉 선전 민속문화촌은 아주 교묘하게 개방성과 주체성 사이의 균형을 유지·관리하고 있는 셈이다.

마지막으로, 인구에 회자하는 '중화민족 백 가지 예능 성회(中華民族百藝盛會)'를 언급할 필요가 있다. 필자 생각에, 이 프로그램은 선전 민속문화촌의 영리한 운영의 묘를 가장 잘 폭로하고 있다. 엄청난 계획과 투자, 정성스럽고 주밀하게 제작된 이 프로그램은 결코 여타의 일반적인 실내 공연과는 견줄 수가 없다. 드넓은 마당과 거대한 연출의 진용, 화려하기 그지없는 복식과 여러 장치, 오색찬란한 불빛과 조명장치, 도도하게 넘쳐나는 잔치 분위기의 퍼레이드 연출 등은 모두 혼용 일체가 되어 한 막의 아름다운 몽경을 관객에게 선사한다. 그 꿈은 온 세계가 함께 경축하고(普天同慶) 온 민족이 화목하게 공존하는(百族共和) 이데올로기적 선전에 영합할 뿐만 아니라, 더욱 중요하게는 지나치도록 화려하게 과거를 허구적으로 구성해 냄으로써 중국인들이 상실했던 주체성을 회복·갱생해 다시 성장해 나갈 수 있다는, 어떤 전환점을 제공한다는 것이다. 그러면서 동시에 중국인에게, 옛 영광을 재현할 수 있다는 자신감과 그러한 미래를 허락받고 있다는 허구적 상상을 제공한다. 그리고 이 모든 것이 상업화한 조직을 통해 가능할 수 있다는 것이다. 이 '성회(盛會)'에서 문화는 이제 더는 자연스럽게 살아 있는 생생한 문화가 아니다. 숨결을 느낄 수 있는 문화가 아니다. 민속문화촌이 만들어낸 문화는 밤하늘에 떠다니는 기호로 둔갑해 돈에 대한 열망과 환상을 간직한 채, 관객들의 말초신경에 호소하는 풍성한 볼거리일 뿐이며, 동시에 관객들의 나약한 영혼을 순간적으로 강화시켜 중국인으로서 더 많은 자신감을 갖게 해주는 장치인 것이다. 이 기호의 난무가 선사하는 한바탕의 희열이 바로 우리 이 시대 문화소비 정치가 만들어낸 가장 그럴듯한 드라마인 것이다.

● 니웨이(倪偉, Ni, Wei)
1968년 출생. 장쑤(江蘇) 장인(江陰) 사람. 현재 푸단대학 중문학부에 재직하고 있다. 지은 책으로 《'민족' 상상과 국가 통제-1928~1948년 난징정부의 문예정책과 문학운동('民族' 想像與國家統制-1928~1948年南京政府的文藝政策及文學運動)》 등이 있다.
niway@163.com

● 유세종(兪世鐘, Yoo, Sai-jong)
한국외국어대학교 대학원에서 루쉰(魯迅) 시집 《들풀(野草)》의 상징체계에 대한 연구로 문학박사학위를 받고 현재 한신대학교 중국지역학과에 재직하고 있다. 지은 책으로 《루쉰식 혁명과 근대 중국》, 《노신의 문학과 사상》(공저), 《문명 그리고 화두》(공저), 《현대도시 상하이의 발전과 상하이인의 삶》(공저) 등이 있고, 옮긴 책으로 《청년들아 나를 딛고 오르거라-루쉰 서한선》, 《호루라기를 부는 장자-루쉰의 역사소설집》, 《들풀-루쉰 시집》, 《투창과 비수-루쉰 평론집》(공역), 《루쉰전》(공역) 등이 있다. 최근 논문으로 〈'웨이쭝(未莊)'에서 '펀양(汾陽)'까지-지아장커(賈樟柯)의 '고향삼부곡'론〉, 〈현 중국사회를 읽는 하나의 거울-지아장커의《세계》〉, 〈스틸라이프〉론〉, 〈창과 거울로서의 선전(深圳)의 문화정치-차이(差異)의 부정과 제국의 욕망〉 등이 있다.
yusejong@hs.ac.kr

제 2 부

상하이
도시공간과
상하이드림

        상하이에서 태어나고 성장했으며 생활해 온 왕샤오밍은 〈건축에서 광고까지: 최근 15년간 상하이의 공간 변화〉에서 자신의 오랜 경험과 예리한 관찰을 바탕으로 문화적 관점에서 최근 15년간 상하이의 공간적 변화와 이로 인한 사회, 생활, 의식, 문화 등의 변화를 살핌으로써 상하이의 현실을 진단한다. 그는 우선 상하이에서 사라진 공간을 통해 옛 상하이의 모습과 성격을 이야기한다. 노동자와 공업이 중시되던 사회주의 초기 시절의 산업 공간과 문혁 및 1980년대를 거치면서 공공집회 공간의 사회적 여건과 사람들의 열정, 그리고 골목을 중심으로 전개되던 서민들의 정겨운 생활 모습을 다룬다. 이들의 소실은 비정치적이고 개인적 삶이 중시되는 결과로 이어졌다. 사라진 공간을 대신해 새로 생기거나 확대된 공간을 살폈다. 도로와 상업공간의 확대 및 정부와 국유 전매기관 사무공간의 호화로운 변신이 그것이며 가장 신속하고 대규모로 확장된 공간으로 주택공간을 들고 있다. 특히 주택공간은 전철역, 버스정류장, 대형마트, 학교, 음식점, 병원 같은 시설들이 모두 주택의 부속물이 되어 주택을 중심으로 공간이 조합되고 재구성되는 것을 의미한다. 왕샤오밍은 건축공간의 물질적 변화로 인한 의식의 변화를 구체적이고 다양한 주택 광고와 자동차 및 가구 광고를 통해 살핀다. 각종 광고의 구도, 도형, 색채, 사진 형태, 광고 카피, 주택 명칭 등에 관한 실질적인 예를 일일이 제시하고 그것이 부추기는 인간의 욕망과 의식형태를 분석함으로써 현대인들의 지향점과 현대생활 속에서 집의 의미와 역할 등을 설명한다. 복잡다단한 현대인의 생활이 도시의 다양한 공간을 요구하지만 공간의 변화는 인간생활을 다시 정의한다. 1990년대 이후 상하이에서는 개인공간이 중시되면서 인생의 최대 목표는 풍요롭고 편안한 생활이고 그 종착지는 집이며, 집의 가장 중요한 형식은 다른 사람들이 부러워하는 새로운 주택이라는 식으로 인간과 인간의 생활이 새로이 정의되고 있다. 최근 상하이를 비롯한 중국의 대도시에서는 추상적인 가치는 경시되고 개인이 중시되며 주택과 거주를 핵심으로 하는 일상생활 방식이 날로 보편화하는 시대다. 왕샤오밍은 상하이의 공간 재구성으로 인해 갈수록 뚜렷해지는 사회계층의 분화와 생활형태의 변화 및 이에 대한 사람들의 견해와 저항에 관해 살피고 있으며 이상과 같은 상하이의 공간 변화가 초래한 문제와 부작용에 대한 우려를 피력했다. (곽수경 요약)

차이샹은 〈상하이의 호텔과 모더니티〉에서 도시의 건축물 가운데 호텔에 초점을 맞춘다. 도시의 건축물들은 높이에 대한 현대사회의 숭배를 나타낸다. 그중에서도 도시의 대표적 상징물로 존재하는 호텔은 들어가고, 바라보고, 담론하는 행위를 통해 근현대성에 관한 우리의 상상을 구체적인 형식들로 채워준다. 1970년대 말 개혁 · 개방의 시작과 함께 과거의 국영 숙소를 대신해 들어선 상하이의 호텔들은, 중국이 초국적 자본이 작동하는 전 지구화의 과정으로 진입하는 가운데 중국인들이 어떠한 메커니즘을 통해 근현대성에 대한 초국적 상상을 키워왔는지를 설명해 준다. 먼저 호텔 건물이 직관적으로 체현하는 높이의 미학은 차갑고도 단단한 남성적인 힘을 드러내는 동시에 도시의 경관을 내려다보는 주인의 시각을 제공한다. 또한 호텔 내부의 중앙 홀과 객실 등은 고급스럽고 선진적인 설비들을 통해 사람들로 하여금 '풍격'이 있는 새로운 생활방식을 상상하게 한다. 호텔의 '빌려온 공간'이 제시하는 생활방식은 사실 '표준'화된 객실을 '복제'한 것에 불과한데, 이러한 반복된 상상을 통해 중간계층이라는 새로운 계급의식이 형성되기에 이른다. 한편 자본과 계급이 초국적 특징을 띠게 되면서 본토는 때때로 이역의 풍경으로 변모하기도 하는데, 바로 '올드 상하이'의 식민지적 풍경이 그러한 예다. 상하이는 근현대적 도시공간을 만들어내는 데 이러한 자신의 과거를 효과적으로 이용한다. 즉 '노스탤지어'의 방식을 통해 복원된 올드 상하이의 모습은 전 지구화 과정에 편입된 새로운 상하이의 부분적 장식품으로 기능하면서 근현대적 도시에 대한 중국인들의 초국적 상상을 완성시키는 것이다. (박은석 요약)

1990년대 후반 상하이에는 올드 상하이를 상품화한 추억의 '바(bar)'가 유행하는데, 이는 올드 상하이를 소재로 한 출판물과 더불어 올드 상하이 노스탤지어 열풍을 가져왔다. 바오야밍은 〈소비공간 '바'와 노스탤지어의 정치〉에서 올드 상하이 노스탤지어 현상을 근현대성에 관한 해석학적 근거로 삼아 문화정치적 측면에서 다각적으로 분석한다. 그는 소비주의적 서사, 엘리트 서사, 지식인 담론이라는 세 가지 시선이 서로 교직되면서 복잡한 노스탤지어의 정치를 만들어내고 있다고 설명한다. 먼저 올드 상하이 바가 표방하는 것은 사라져가는 기억 혹은 상상 속의 역사적 분위기며, 이러한 분위기는 기물(器物)의 배치를 통해 상징적으로 역사 연상을 조직해 내고 있다. 따라서 노스탤지어를 유발하는 기물의 배치는 구체적 역사와의 내적 연관성을 단절시키며, 우리는 이에 대해 소비자가 지니는 묵인과 허용의 뒤에 숨겨진 욕망을 주목하게 된다. 그 공간이 전유하는 형형색색의 욕망은 자본과 국가권력이 작동하는 공간일 뿐만 아니라, 중산계급과 '신부유층'의 취향과 그들의 권력 양식을 성공적으로 연역하기 때문이다. 여기에서 '역사와 연관시켜 노스탤지어를 어떻게 바라봐야 하는가'라는 문제가 제기되는데, 왕안이의 《장한가》로 대변되는 엘리트 서사는 근현대성의 도시문화 체험을 역사적으로 상상함으로써 노스탤지어 풍조와 거리를 둠으로써 현실의 문화소비주의를 거부하는 역사적 자원이 되려고 한다. 이러한 입장은 지식인 담론에서도 공유되는데 그들은 올드 상하이 노스탤지어 서사방식이 상하이에 대한 인식과 감성의 단절을 조장함으로써 역사인식의 단절을 초래하는 것을 비판한다. 다만 이들 간의 차이는 소비주의와 전 지구화에 대한 비판의 거리나 개입의 정도이며, 양자 모두 비판 담론을 통해 지역성 담론 재건의 가능성을 탐색한다. 문제는, 지식인 담론이든 엘리트 서사든 그들의 지역성 재건 담론이 올드 상하이 노스탤지어 정치의 함정에 빠질 수 있다는 점이다. 그들의 논의는 전 지구화와 지역성 문제에 내재된 긴장, 즉 지역성 담론이 종종 일상생활을 강조하는 권리를 통해 자본과 국민국가 등의 추상적 요구에 대항하고 있다는 현실을 분명하게 인식하지 못하고 있기 때문이다. 결론적으로 혁명 담론이 더 이상 일상생활의 상하이를 주도할 수 없다고 할 때, 과연 어떠한 타자로서 당대 상하이의 문화현실에 대응해야 하는가는 올드 상하이 노스탤지어 정치의 핵심 문제가 된다. (노정은 요약)

니원젠은 〈'장아이링 붐'에서 '상하이드림'까지〉에서 장아이링 붐의 문제점부터 그를 통한 상하이 붐, 나아가 상하이드림의 허구성을 고찰한다. 1980년대 중기부터 형성된 '장아이링 붐'은 작가의 문학적 특성을 보여주는 〈경성지련〉보다 '반봉건'이나 '계몽' 등의 주제가 두드러진 〈황금 족쇄〉가 더욱 많은 관심을 받았고, 독자들도 장아이링의 작품보다는 장아이링의 가족사와 개인사에 더 큰 관심을 보임으로써, 작가의 작품을 전면적으로 고찰하지 못하거나 오해를 하기도 하고, 작품과 작가 사이에서 모순을 일으키기도 한 현상을 지적한다. 장아이링 붐은 사회적, 역사적, 문화적 배경을 지닌 상징적 기호다. 그것은 세속성과 과거 회상적 성격을 지니고 장아이링을 통해 상하이 꿈을 꾸고자 했던 사람들에 의해 만들어졌다. 근현대인들의 '상하이 붐'은 장아이링 붐과 같은 맥락에서 읽을 수 있다. 이어서 니원젠은 '상하이 붐'의 '정치적' 특성을 보여준다. 상하이를 통해 중국인들의 꿈을 실현하고자 '상하이 붐'을 정치적으로 만들고 있다는 말이다. 올드 상하이 유풍과 이국적 정취를 강조하며 만든 커피숍과 술집이 등장하고 하늘을 찌르는 휘황찬란한 새 건축물들이 들어선 상하이는 과거에 대한 '노스탤지어'와 미래에 대한 '동경'이 결합된 상상의 공간이다. 이어서 필자는 '상하이드림'의 허구성을 비판적으로 고찰한다. 상하이 붐의 이유는 상하이가 '과거 노스탤지어'의 특성을 지니고 있으며 근현대 중국인의 집단적 욕망을 해결할 수 있는 상상의 공간이 되었기 때문이다. 그러나 근현대 중국인의 집단적 욕망은 근현대화와 연관되어 있는데, 상하이의 근현대화는 내륙 중국의 고난을 배경으로 형성되었기에 중국 전체가 상하이가 된다는 것은 불가능하다고 본다. 상하이를 통해 전 중국의 근현대화라는 것이 아름답고 환상적이기는 하지만 결국은 '드림'에 불과함을 보여준다. (김순진 요약)

건축에서 광고까지

: 최근 15년간 상하이의 공간 변화

왕샤오밍 글 | 곽수경 옮김

나는 중국 상하이에서 태어났는데 젊었을 때 교외에서 1년여 간 잠깐씩 노동을 했던 것과 중년 이후로 2, 3년간 외국을 드나들며 생활했던 것을 제외하면, 여태까지 장기간 상하이를 벗어나 본 적이 한 번도 없다. 나는 상하이에서 가장 번화한 쇼핑지역인 화이하이중루(淮海中路) 인근의 한 병원에서 태어났고, 그 근처에 있는 옛 프랑스 조계로 인해 형성된 가장 조용한 주택가에서 성장했다. 고등학교를 졸업한 후 나는 베이징시루(北京西路)에 있는 한 공장에 들어갔다. 그 공장에서는 나를 5년 동안 거의 매달 양수푸

(楊樹浦)의 합작(協作)공장에 파견을 보내 반나절씩 일을 하도록 했는데, 그 주변에는 오래된 감옥과 크고 작은 공장들이 밀집해 있었다. 나중에 대학에 들어가 공부를 하고 또 학생들을 가르치면서 쑤저우허(蘇州河) 근처로 거처를 옮긴 후로는 지금까지도 이곳에서 생활하고 있다. 이곳은 일찍부터 옛 상하이의 또 다른 공장 밀집 지역이었다.

딸아이를 푸둥(浦東)의 장장(張江)에 있는 고등학교로 보냈기 때문에 3년 동안 나는 거의 매주 한 번은 룽양루(龍陽路)를 따라 질서 정연하게 늘어선 신식 아파트단지를 오가곤 했다. 나중에 딸애가 대학에 들어갔는데, 학교가 1950년대에 새로 지은 것이라 남쪽 교외의 공업지역인 민싱(閔行)에 있었다. 그 덕분에 나는 또 그 일대의 먼지가 폴폴 나는 도로와 양쪽 가의 높고 낮은 건물들에 대해 잘 알게 되었다. 5년 전에 나는 모교 이외의 다른 대학에서도 교직을 얻었는데 그 대학은 시내 중심가 북쪽의 다창진(大場鎭)에 있어서, 나는 그 근처의 다닥다닥 붙어 있는 물류창고의 정문과 그곳을 드나들 때 엄청난 소음을 내는 트럭에 대해서도 빨리 익숙해졌다. 3년 전에는 충밍(崇明)에서 자그마한 낡은 아파트를 구해 틈만 나면 그곳으로 가서 책도 보고 멍하니 있기도 했다. 그리하여 나는 결국 상하이에 유일하게 남아 있는 농업현(農業縣)과 최신식의 넓은 도로와 드넓은 논 사이에 방치된 옛 농장의 허물어진 벽돌집 같은 것들까지도 손바닥 보듯 훤히 알게 되었다.

두서없이 이런저런 말들을 늘어놓았다. 내가 하고 싶은 말은, 나는 상하이의 크고 작은 거리와 골목, 중심지역과 외곽지역에 대한 기억을 잔뜩 가지고 있다는 것이다. 그래서 "와, 상하이에 고층빌딩이 이렇게 많다니!"라며 놀라는 타 지역 사람들과 달리, 나는 상하이 곳곳의 변모된 모습을 선명하게 느끼는 한편 이들 지역의 예전 모습을

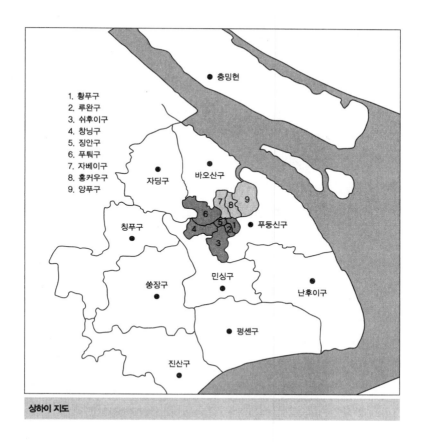

상하이 지도

1. 황푸구
2. 루완구
3. 쉬후이구
4. 창닝구
5. 징안구
6. 푸퉈구
7. 자베이구
8. 훙커우구
9. 양푸구

충밍현

자딩구

바오산구

칭푸구

푸둥신구

쑹장구

민싱구

난후이구

펑셴구

진산구

떠올리곤 하는 것이다. 바로 이런 선명한 기억이 나로 하여금 최근 15
년간 상하이에서 어떤 공간이 축소되고 개조되었으며 심지어는 완전
히 사라져버렸는지, 그 대신 어떤 공간이 새로 생겨났는지를 끊임없
이 생각하게 한다.

1. 축소되거나 사라진 공간

상하이에서 가장 많이 축소된 공간은 공업지역이다. 20년 전 상하이로 들어오는 기차의 방송원이라면 안내방송을 할 때 하나같이 상하이를 "중국 최대의 공업도시……"라고 소개했었다. 1959년 미국의 흑인작가 듀 보이스(Du Bois)가 상하이를 방문했을 때, 쑤저우허 입구에 있는 당시 상하이 최고(最高)의 건물 중 하나였던 상하이빌딩 발코니에서 굴뚝이 빼빼이 늘어선 사회주의 신도시의 풍경을 내려다보도록 하는 특별 일정이 잡혀 있었다.[1] 확실히 1950년대 이후 30여 년 동안 원래 상하이에 있던 공업건물 이외에 대량의 공장, 창고와 부두가 이 '신도시'의 가장 주요한 공간으로 새로 조성되었다. 그 시설들은 민싱 같은 교외지역은 물론이고 시 중심지역에 더욱 많이 분포해 있었으며, 심지어는 골목(弄堂) 안에도 몰려 있었다. 당시 내가 일을 했던 공장은 기다란 골목의 끝자락에 있었는데 그 주위가 바로 지금의 베이징시루 장닝루(江寧路) 일대로, 몇 발자국 떨어지지 않은 곳에 공장, 창고, 혹은 기계공구점이 있었으며 사방으로 기름과 쇠 냄새가 진동했다.

1980년대 중반에 나는 푸퉈구(普陀區)의 쑤저우허 부근으로 이사를 했는데 곧 크게 후회를 했다. 왜냐하면, 이웃 사람들이 이곳에는 사방 천지에 큰 공장들이 있는 데다가 특히 대규모 화학공장이 둘이

쑤저우허의 모습
그리 멀지 않은 곳에 화려한 동방명주탑이 보이고 왼쪽으로는 새로 지은 건물이 보인다. 이들은 오른쪽에 있는 낡은 건물과 대조적인 모습을 이루고 있다.

나 있어 이 일대를 '폐암 발병률이 가장 높은 곳'으로 만들어버렸다고 했기 때문이었다. 여기에서 말하는 공업건물이란, 작업장은 물론이고 공장 밀집 지역에 건설되기 시작한 노동자신촌(新村)도 포함한 것이다.[2] 이 공업건물들은 특별히 공업 종사자들, 처음에는 그중에서도 우수한 사람들만을 위해 지어진 주거지였는데 그 속에서의 생활은 종종 공장생활의 연장과도 같았다.[3] 같은 건물에 사는 이웃은 대개 공장 동료였다. 방대하고 새것과 낡은 것이 한데 섞여 있는 이 공업건물들이 그 속에서 아침부터 저녁 늦게까지 규칙적으로 전개되는 생활과 함께 상하이의 사회주의 공업공간을 조성했다. 1949년 이후 40년 동안 이 도시에서 가장 빠르게 확대된 공간은 두말할 필요도 없이 바로 이곳이다.

그러나 그 후 15년 동안 '도시개혁'을 거치면서 공업건물 공간은 대부분 자취를 감춰버렸다.[4] 내순환선고가로(內環高架路) 안쪽에 있던 창고류는 물론이고 공장들도 거의 다 폐쇄되거나 이전되었다. 내가 일했던 공장은 1997년에 마지막으로 간판을 내렸다. 차오양신촌(曹楊新村)의 주민들은 그보다 더 일찍 그 작은 나무간판들을 버리는 바람에 그곳이 원래 '노동자'신촌이라고 불렸는지조차도 기억하지 못했다. 시 중심지 바깥에 있던 꽤 큰 공장들도 대부분 문을 닫아걸어, 그 일대는 마치 무덤처럼 조용했다. 내가 살던 곳 부근의 크고 작은 굴뚝들은 곧 모두 불이 꺼지고 그 일대의 하늘은 다시 맑아졌다. 하나 있던 버스 노선은 원래 근처 공장의 직공들을 위한 것으로, 버스는 내가 살던 곳 뒤쪽 거리까지 한 바퀴를 돌았는데 지금은 당연히 운행을 멈추었다. 나는 텅 빈 거리를 걷다가 일찌감치 정류장 표지판이 없어진 공장의 옛터가 서둘러 주차장으로 개조되었다는 사실을 발견했다. 내막을 잘 아는 사람이, 이곳은 원래 '상하이 갑부'라 불리던 저우정이(周

正毅)가 가로챈 부지였는데[5] 그의 악행이 밝혀져서 이렇게 바뀌었다
고 말해 주었다. 충밍섬에 있는 내 아파트 왼쪽으로 걸어서 5분 정도
거리 안에 원래는 큰 공장이 셋 있었는데, 지금은 모두 텅 비어 마른
넝쿨이 작업장 벽을 온통 감고 있고 깨진 창문 유리에는 거미줄만 가
득하다. 상하이의 푸둥을 비롯한 북쪽의 쿤산(昆山), 쑤저우(蘇州) 등
지에 다양한 규모의 미국식 공업단지가 빠른 속도로 확산된 것과 동
시에 상하이시와 그 외곽에 자리 잡았던 '사회주의' 공업공간은 신속
하게 축소되었다.

다음으로 눈에 띄게 축소된 것은 공공정치 공간이다. '사회주의'
는 도시에서 대규모 정치집회와 시위대를 조직하는 데 편리한 공간이
필요하다.[6] 그리하여 1950~60년대 상하이에 공업건물 이외에 인민
광장, 중소(中蘇)우호빌딩, 문화광장과 대규모 회의장들이 새로 조성
되었다는 점이 가장 주목된다.[7] 그뿐만 아니라 극장 개조 및 강당 신
축 같은 다양한 방식으로 각급 정부기관과 공장 내부에 수많은 정치
집회 장소를 만들어냈다. 당시에는 10만 명에 이르는 군중 행렬이 인
민광장을 통과해 사열대 위의 최고 지도자를 향해 경의를 표하는 장
면을 흔히 볼 수 있었다. 강당
과 회의장 안에서는 더욱 빈
번하게 군중이 모였는데, 주
석이 선 자리에서 쏟아지는
지시에 따라 군중은 분노의
구호를 높이 외치며 넘치는
희열을 표시했다. 그러나 때
로 혼란스럽거나 심지어는 집
정자의 의도와 상반되는 분위

1950년대 문화광장
1952년에 지어진 문화광장은 1만 2,500개 좌석이 있었는데 당
시 상하이 최대의 실내회의장이었다. 광장 안을 가득 채우고 있
는 사람들의 모습이 정치집회가 끊이지 않았던 1950~60년대의
시대 분위기를 반영하고 있다.

기가 조성될 때에도 군중은 이런 공간에서 집결했다. '문혁' 초기 베이징을 성지로 받들던 '조반파(造反派)'가 문화광장에서 상하이 시장과 시 당위원회 서기를 '적발 비판'했고 '문혁' 말기에는 상하이의 '혁명위원회(문혁 시기 시정부의 정식 명칭)'가 무장 민병대열을 지휘해 인민광장을 통과하도록 함으로써 새로운 중앙정부를 향해 시위를 했다. 1980년대 후반에는, 격분한 대학생들이 인민광장으로 모여들어 그 넓디넓은 벽돌 바닥을 환희로 넘치는 진정한 공공정치의 장으로 만들었던 적이 한두 번이 아니었다.

상하이전람관
1950년대의 중소우호빌딩이 지금은 상하이전람관으로 모습을 바꿨으며 각종 전시회와 더불어 부동산 전시판매회가 수시로 열린다.

오늘날에는 이 모든 것이 대중의 기억 속에서 연기처럼 희미해져 갈 뿐만 아니라 도시의 건축공간에서도 깡그리 사라졌다. 중소우호빌딩은 일찌감치 '상하이전람관'으로 이름을 바꾸었는데, 이곳에서는 부동산 전시판매회가 수시로 열린다. 인민광장은 여러 번 분할되었는데 땅의 대부분은 기세등등한 대극장, 박물관에서부터 지하에 형성된 상가와 주차장에 이르는 새 건물들이 차지해 차량이 통행할 수 있을 만큼의 좁고 기다란 땅만을 남긴 채 유명무실해졌다. 문화광장은 처음에는 초대형의 화훼시장으로 바뀌었다가[8] 한쪽 구석에 새로운 '음악광장'을 만들 장소만을 남겨 두고 철거되었다. 군중집회가 갈수록 상하이 시민의 생활에서 철저히 밀려나면서, 강당과 회의장들은 대부분 적절한 용도로 전용되었다. 물론 콘서트나 연기 경연대회 같은 대형 집회가 열리고 군중은 흥분과 열정의 도가니에 빠져들지만, 이는 공공정치와는 전혀 무관하다. 어쩌면 콘서트

상하이에 남은 마지막 '더운물 파는 가게'

가 열리고 있는 체육관 안에서 울리는 팬들의 환호성이 바로 건물의 외관에서 그 안의 집회 내용에 이르기까지 공공정치 공간이 대부분 축소되었다는 것을 증명하는 것이기도 할 것이다.

그리고 또 하나 확연하게 축소된 공간은 바로 골목 입구, 더운물 가게(老虎灶)[9]나 구멍가게와 좁은 길을 중심으로 한담을 나누던 장소들이다. 상하이 사람들은 다른 사람들과 천천히 걸으며 귓속말을 소곤대고 떠도는 이야기를 나누는 것을 좋아하는데, 이런 것들이 바로 이 도시를 이루는 특성 중 하나다. 상하이 사람들은 또 시간이 있으면 귓속말을 소근거리는 사람들로, 일상이 아무리 힘들고 바쁘더라도 결국은 두 손을 소매 속에 넣고 여유롭게 여기저기 기웃거리는 사람들이 있게 마련이다. 일찍 나갔다가 늦게 돌아오는 노동자 계급도 작업을 마치고 집으로 돌아오면 마찬가지로 이웃들과 한담을 주고받곤 한다.

공교롭게도 1950년대 이후 상하이인들의 주거공간이 매우 협소해졌다.[10] 경제적으로 나소 여유가 있는 사람들은 영화관 같은 곳에서 여가를 즐겼지만, 그렇지 못한 사람들은 집 근처의 무료 '휴식'공간에 나와 여가를 즐기곤 했다. 이들이 제일 먼저 가는 곳은 골목 입구였다. 골목 입구는 골목 안의 요충지로서 주민들이 들고나는 것을 충분히 볼 수 있는 데다가 건널목에 바짝 붙어 있어서 큰길을 오가는 사람과 차도 다 볼 수 있었다. 좀 큰 골목 입구에는 보통 더운물 가게가 있어서 화로 옆 의자에 앉아 차를 마시면서 물을 사러 온 이웃과 여유롭게 시정에 떠도는 소문을 주고받는다. 그것도 아니면 구멍가게에서 주인아낙과 좁은 계산대를 사이에 두고 희희낙락 온갖 잡담을 주고받는다. 작은 길가의 초라한 천막집 사람들은 눈이나 비가 오지 않는 날이면 어김없이 식탁, 대나무 부채, 작은 의자를 길가로 내다 놓고 수다를 떨고, 밥을 먹으며 신문을 보거나, 장기를 두고, 부들부채를 흔들어 모기를 쫓거나, 웃통을 벗고 한숨 늘어지게 잠을 잔다. 이들 좁은 골목에 있는 열풍만이 날이 밝기 전의 혹서 속에서 그들을 몇 시간 편히 잠들 수 있게 하는 것이다. 태평하게 아무 일도 없을 때에는 대부분 여자들이 골목 입구에 모여 사소한 이야기들을 주고받는데, 그러다 보면 작은 사건도 부풀려지게 마련이어서 엄청나게 큰일도 알고 보면 모두 이곳에서 퍼지면서 변형된 것이다. 방송과 신문이 천편일률적이 될수록 골목 입구와 작은 길가에 떠도는 소문들은 사람들을 솔깃하게 한다. 아무런 힘도 없는 소시민들이 이런 곳 말고 어디에서 믿을 만한 정보를 얻을 수 있겠는가? 이런 의미에서 구(區), 거리와 골목 안(里弄)을 담당하는 3급 정부(기층(基層)정부. 1급정부는 중앙정부, 2급정부는 성(省)정부 즉 지방정부다—옮긴이)는 다양한 행정계획과 조직활동으로 상하이인들의 여가생활을 채우고 통제해 나갔지만,[11] 동시에 사람들이 모여들고 떠도는 이야기들이 만들어지는 골목 입구나 더운물 가게, 구멍가게 같은 장소들은 자발적인 사회 공공교류의 공간으로 자연스럽게 형성된 것이라고 말하고 싶다.

지금은 달라졌다. 더운물 가게는 이미 없어졌다. 구멍가게는 급속하게 각종 편의점으로 대체되고 있다. 비록 새로 형성된 도시와 시골이 교차하는 일부 지역에는 비슷비슷하거나 심지어는 더욱 작은 규모로 부부나 아내가 가게를 꾸리는 식의 일용품 가게가 생겨났지만,

가게 주인들은 절대다수의 소비자와 마찬가지로 모두 '외래인구(外來人口)'[12]로, 현지 주민의 생활에 융합되지 못할 뿐만 아니라 언제든지 사라질 수 있어 안정된 교류의 장을 형성하지 못했다.[13] 골목은 올드 상하이인들의 주거 특징 중 하나이기는 하지만 점차 철거되어 지금은 거의 자취를 감추어버렸다. 좁고 구불구불한 작은 길들이 도로나 곧고 넓은 길로 바뀌면서 길 양쪽에 있던 낡은 집들도 사라져버렸다. 꼬리에 꼬리를 물고 이어지는 자동차 행렬, 배기가스와 소음만이 있을 뿐 예전의 번잡함과 조용함, '공'과 '사'가 교차하고 항간에 떠돌던 소문들도 이제는 거의 자취를 감추어버렸다. 이 도시의 건축공간이 질서 정연하게 정비되었을 때, 유동인구가 늘면서 주민들이 대문을 굳게 걸어 잠근 채 위아래 좌우 옆집에 누가 사는지조차 모르고 지내는 것에 익숙해졌을 때, 매체가 소란스레 보편화하면서 젊은이들이 점점 인터넷과 게임에 빠져들게 되었을 때, 사람들이 서로 마주하고 이야기를 주고받으며 교류하는 이런 공간은 축소되게 마련이다.[14]

2. 확장되거나 생겨난 공간

이 15년 동안 또 어떤 공간이 새로 생겨났거나 빠른 속도로 확장되었을까?

제일 먼저 떠오르는 것은 지상과 지하, 심지어는 공중에까지 얽히고설켜 있는 각종의 고속 간선도로다. 고속 간선도로들은 상하가 교차하고 서로 얽혀 있어 마치 도시가 거대한 이무기 무리 속에 빠져

있는 것은 아닌가 하는 착각을 불러
일으킬 정도다.

고급 오피스텔

그 다음은 상업공간이다.[15] 지하
철역은 말할 것도 없고 대학 담장의
안팎, 기차 대기실, 공항 대기실과 여
객선 대기실, 심지어는 주거지역 안
과 같이 원래는 상점이 없던 곳조차
도 지금은 형형색색의 가판대를 펼쳐
놓은 크고 작은 상점이 널려 있다. 시
중심지역에는 쇼핑센터가 빼빼이 들어서 있고[16] 약간 외곽지역에는
'창고식 슈퍼마켓인 대형매장'이 떼를 지어 둥지를 틀고 있다.[17] 20세
기 초 유행했던 '오피스텔'이 다시 유행하면서 다양한 가격대의 오피
스텔이 대량으로 생겨났다. '오성(五星)' 혹은 '플래티늄 오성'급과 같
은 특급호텔, 모텔이나 일반호텔과 같은 '다소 저렴한' 숙박시설, 다
양한 등급의 여관이 끊임없이 문을 열었고, 매체에서는 '입주율(入住
率)'을 도시경제를 논하는 상용지표로 받게 되었다. 면적이 어마어마
하게 확장되는 한편[18] 양식은 더욱더 정제되어서, 쇼핑센터는 통상적
으로 자칭 모모 '광장'이라는 이름을 붙이고 층별로 체인점이 수십 곳
들어섰으며 슈퍼마켓이 일률적으로 들어가 있어 상품 진열대가 다양
한 크기의 미로를 만들었다. 또한 사무실 건물 안은 동일한 색의 유리
문과 플라스틱 파티션으로 벌집처럼 다닥다닥 공간을 분리하고 있어,
그 안에 웅크리고 있는 사람들에게 갈수록 자신이 일벌과 같다고 느
끼게 한다. 호텔과 레스토랑 역시 체인점 형태가 유행하다 보니 시설
이 동일해 투숙객이 종종 "내가 지난번에 묵었던 곳이 어디였는지?"
를 잊어버리게 할 정도다. 이처럼 갈수록 표준화한 상업공간의 급격한 팽창은 예전의 특징들을 최대한 신속하게 없애고 상상 속 '국제적 대도시'의 표준에 맞추려고 하는 오늘날 상하이 공간 변화의 추세를 확실하게 보여준다.

세 번째가 바로 정부와 국유독점 기구의 사무공간으로, 그 확장은 아주 특이하다. 이러한 공간은 면적상으로도 상당히 확대되었지만[19] 그보다는 주로 건물양식이 화려해지고 고급화하는 것으로 표현되었다. 1990년대에 들어오면서 은행을 비롯해 각급 세무서, 전신국, 신문사, 텔레비전 방송국, 법원, 경찰청을 지었고 마지막으로 시청과 구청에서부터 더욱 낮은 등급에 이르기까지 잇달아 화려한 청사를 짓기 시작했다.[20] 대리석으로 된 로비, 중앙 에어컨 체계, 반짝반짝 윤이 나는 원목바닥, 단독 목욕시설이 딸린 '회장실 등급'의 사무실 등. '사무를 본다'는 의미는 부단히 변화해 식당, 커피숍, 지정 접객용 호텔, 교육센터와 리조트 등 사무실 외부의 기타 공적인 공간도 함께 팽창했다. 일부는 사무실 건물 안에도 있지만 먼 교외지역과 타 지역에 훨씬 많이 있다. 충밍섬처럼 외진 곳에도 이런 호텔이 하나 있는데 인적이 드물고 온갖 꽃과 새들이 남아 있는 곳이라 평소에는 소극적이나마 여행객을 받지만, '지도자 동지'가 오면 즉시 문을 닫고 여행객을 내보내는 것을 보면, 화려한 상업공간과 사무공간의 경계가 갈수록 모호해진다는 것을 알 수 있다.

그러나 확장 속도와 규모 면에서 변화가 가장 큰 것은 역시 주거 공간이라 할 수 있다. 비행기에서 상하이를 내려다보면 벽돌을 빽빽하게 세워놓은 것 같은 주택들의 모습이 마치 끝없이 넓은 벽돌 건조장을 연상시킬 것이다.[21] 지난 15년간 이 '벽돌 건조장'의 면적은 2배가 넘게 확장되었다. 1970년대 말 내가 대학에 다닐 때까지만 해도 진사장루(金沙江路)는 좁디좁은 외곽도로였고 길 양편 가로수 아래쪽 끝에 발라놓은 하얀 석회가 햇빛에 눈이 부실 정도였으며, 그 뒤쪽으로 멀지 않은 곳이 모두 채소밭이었다. 그러나 지금 이 길은 여러 번 확장되고 길이도 여러 차례 늘어났으며 도시의 소음과 배기가스로 가득 차게 되었다. 길 양편으로는 고층빌딩이 밀집해 있어 빌딩을 따라 서쪽으로 차를 몰고 한 시간을 가도[22] 여전히 주택의 포위를 뚫지 못한다. 상하이에서 주택이 이런 식으로 폭발적으로 '증가'한 곳이 어디 한둘이겠는가?[23]

그러나 주거공간의 확장은 비행기에서 본 대로 주택의 양적 증가와 도시면적의 확장뿐만 아니라 주거지를 중심으로 형성된 공간이라는 새로운 공간형식을 만들어냈다. 15년 동안 이 새로운 공간형식은 원래 있던 다른 공간을 부단히 잠식하고 개조해, 크게는 전체 상하이, 적어도 그 대부분 지역을 뒤덮을 형세다.

그렇다면 주거지를 중심으로 형성된 공간이란 무엇인가? 상하이 중심부에서 서남, 북, 푸둥 방향으로 신흥 대형 주거단지에 가보면 바로 다음과 같은 사실들을 알 수 있을 것이다. 즉 전체 지역의 설계가 전적으로 주거지를 중심으로 이루어져 있으며 전철역, 버스 정류장, 대형 마트, 학교, 음식점, 병원 같은 시설은 모두 주택의 부속품이 되어 스스로 선택할 권리가 없어서 주거지역이 어느 한쪽 구석이라도 비워주면 얌전하게 그곳에 쪼그리고 있어야 한다는 것이다.[24] 또한 그 지역은 다른 지역과는 관계가 없기 때문에 버스 정류장을 만들려고 하면 전체 도시의 교통설계도가 아니라 해당 주거지역의 설계도만 보면 되며, 그 안에 계획이 있으면 만들면 되고 아니면 만들지 않으면 그만인 것이다![25]

당연히 새로 형성된 이런 공간은 시 외곽뿐 아니라 시 중심부에서도 계속 확장되고 있다. 아예 푸둥신구처럼 낡은 주택을 모두 철거

푸동신구
상하이시를 가로지르는 황무강 동쪽을 새로 건설
해 푸동신구를 개발했다.

**화이하이중루 남쪽의 타이핑차오 지역에 건설된
상하이신톈디**
각종 상점, 석고문주택을 개조한 노천카페, 커피전
문점 등이 즐비하다. 사진에서도 낯익은 외국계
커피전문점을 볼 수 있다.

하고 과감하게 새로 건설하거나[26] 아니면 작은 땅이라도 생기면 우선
비싼 아파트부터 두 동 지어놓고 나서 그 다음에 공장을 이전시키고
창고를 폐쇄하고 서점을 옮기게 하며 상점을 다시 만드는 등 주변 환
경을 하나씩 개조한다. 술집과 음식점은 많을수록 좋고 '여가'와 무관
한 것들은 깡그리 없애 버린다. 버스가 너무 시끄럽다 싶으면 아예 정
류장을 다른 곳으로 옮겨버린다.[27]…… 15년 동안 시 중심지역 거리들
이[28] 점점 정비되고 '여가공간'으로 변해서 도처에서 독특한 커피 전
문점과 액세서리 가게를 볼 수 있으며 심지어는 꽃집의 꽃마저도 다
른 곳보다 훨씬 싱싱하고 다양해 보인다. 이곳을 지나다니는 사람들
도 예전과는 많이 달라져서, 가난한 사람들은 점점 사라지고 부자들
이 많아졌으며 중국인보다는 외국인이 눈에 띄게 늘어났다.[29] 중심지
역에 들어서는 아파트는 갈수록 근사하고 가격 또한 놀랄 만큼 높은
동시에 거리도 변모해 더는 분주하고 번잡스러운 곳이 아니라 고급
주택단지 내의 조용하고 '안락하며' 모든 것이 완비된 여유로움의 장
으로 변하고 있다.[30]

마치 올챙이가 개구리로 변한 것처럼 주택공간이 이 정도로 '발

전'하고 보니, '주택공간'의 의미도 명확하게 바뀌었다. 바로, '주택'으로서 공간적 의미뿐만 아니라 동시에 여러 다른 공간을 규합하는 의미가 되었으며, '거주지'로서 공간만이 아니라 동시에 외식, 교통, 의료, 교육 등 거의 모든 도시생활과 관련한 공간을 의미하게 된 것이다. 그래서 이러한 주택공간은 상하이인들의 거주 상황뿐 아니라 동시에 전체 도시생활 공간에 영향을 미친다. 이런 영향은 종종 공중으로 다니는 이 경궤도선(輕軌線)이 왜 여기에서 가야 하고 이 '대형매장'은 왜 이곳에 들어섰는지, 이 사무실 건물은 왜 이렇게 높으며 어떤 대학들은 왜 먼 교외로 옮겨가야 하는지와 같이 직접적이다. 중요한 공간 개조 대부분의 이면을 보면, 주택을 중심으로 형성된 공간형식이 얼마나 깊이 영향을 미쳤는지를 알 수 있다.[31]

물론 상하이 전체가 새로 형성된 이 공간으로 이루어질 수는 없다. 이 공간은 아직 10여 년밖에 되지 않았으며 설령 그 위력이 엄청나다 하더라도 아직은 역부족이다. 하지만, 이 도시가 주택단지로 변해 가는 경향은 상당히 뚜렷하며 주택을 중심으로 형성된 공간은 날로 새로운 상하이를 만들어가는 주요한 공간형식이 되고 있다. 그리고 이 공간을 직접 창조한 사람, 즉 부동산 개발업자들은 당연히 전체 도시공간의 첫 번째 설계자의 역할을 담당하고 싶어 안달을 한다는 것은 말할 필요도 없다.[32]

3. 공간 변화와
광고의 의미작용

여기에서 말하는 것은 건축공간의 변화에 관한 것이지만 '공간'은 결코 물질적인 것만이 아니라 관념적이고 상상된 것이기도 한데, 이 두 공간의 상호 견인과 침투가 바로 '공간'이라는 단어의 기본 의미를 구성한다. 실제로 상하이의 주택공간이 대규모로 확장된 것과 거의 동시에 이를 묘사하고 해석하며 인도하는 광고들이 맹렬한 기세로 퍼져나갔다. 그림과 문자를 활용한 이 광고들은 물질적 공간의 변화에 대한 상하이인들의 다양한 느낌을 직접적으로 호소하며 새로운 관념과 상상의 공간을 만들어내려는 강렬한 의도를 숨김없이 표현하고 있다.

그림과 문자를 활용한 이런 광고가 가장 활발하게 이용된 데는 당연히 주택과 부동산 분야다.[33] 광고는 거리, 고속도로 주변, 신문과 잡지, 텔레비전, 택시 좌석 등받이, 관광지도, 심지어 비행기 탑승권에 이르기까지 상하이에서[34] 가장 눈에 띄는 광고로, 모두 갑작스럽게 출현했다.

이 광고들은 도형과 색채의 선명도와 평형감에 주의를 기울여 그림의 각 부분이 서로 균형을 이루며 그림과 문자가 대단히 안정된 비율로 이루어져 있어 특별히 튀거나 기울어진 요소가 거의 없다.[35] 안정된 구도 위에 올려다보는 각도를 즐겨 사용함으로써,[36] 광고들은 호화주택 거주자들의 물리적 공간과 이것으로 암시되는 사회계층적 지위를 분명하게 표현했다. 또한 강렬하고 동적인 요소를 최대한 절제하는 대신 주택단지에 맑고 고요한 얕은 수면, 집 바깥에 편안하게 늘어져 있는 나뭇가지, 겨울날 오후 창밖에서 비쳐 들어오는 햇살, 잘 정돈된 아이보리색 테이블보나 커튼과 같이 강렬하거나 동적인 것과는 상반된 의미를 강조했다. 이런 것들이 의도하는 방향은 오직 하나, 바로 "부동산"으로서 주택의 특징에 어울리는 선명한 시각 효과를 만들어냄으로써 무의식중에 자신이 보는 이 모든 것, 즉 새로운 주택과 그것이 대표하는 모든 것이 안정되고 믿을 만하며 잘못되지 않을 것이므로 충분히 안심하고 구입해 영구적으로 소유할 수 있다는 느낌을 보는 이들에게 갖게 하는 데 있다.

더욱 재미있는 것은 일반 주택중개회사가 뿌리는 전단처럼 광고 그림 속에 주택의 양식, 면적과 크기를 강조하는 것이 아니고, 광고의 상당 부분이 주택은 종종 화면의 한쪽 귀퉁이에 있거나 심지어는 아예 등장조차 하지 않는다는 점이다. 이는 무엇을 강조하려는 것인가? 첫째, 이국의 정취다. '북아메리카의 운치', '진정한 오스트레일리아' 느낌의 해변, 코알라와 종려나무, '런던의 작은 마을'이 가지고 있는 빅토리아 시대의 우아함, '오리지널 스페인 풍격의 재현'[37], '포스트모던한 프랑스식 아파트'[38]와 '클래식한 유럽의 아름다운 시절 향유'[39] 등이 바로 그것이다. 다음은 '그윽한 오동나무'나 '귀족식의 낭만과 우아함'[40]과 같은 1930년대 상하이 부유층의 생활이다. 그 다음은 행복하고 풍요로운 가정생활인데, 이는 일반적으로 3인 가족[41]이 아파트 단지 내의 잔잔한 호숫가에서 정겨운 한때를 보낸다든지, 가로수 길을 천천히 산책한다든지 하는 모습으로 표현된다. 이런 행복한 가정의 배경이 되는 그림은 소위 '고품격'을 갖춘 지역의 환경으로, 광고에서 최대한 내세우는 대상이기도 하다. 그것은 주로 뒤쪽 테라스에서 먹는 바비큐, 아파트 베란다의 차양 아래에서 마시는 차와 같은 것들이다. 다음으로 높은 곳에서 화려한 도시의 네온사인을 내려다보거나 주택지역 내에 밀집한 상가들을 통과하거나 심지어는 단지 내에

멈춰 있는 고속전차를 통해 교통의 편리함과 다른 사람보다 먼저 성공했다는 것을 상징함으로써 현대 도시에서 만끽할 수 있는 것들을 표현하기도 한다.[42] 더 나아가면 각종 부가가치까지 포함되는데, 형이상학적으로는 '독립시대'[43], '자유와 모던', '포스트 상하이주의적 생활'[44]에서 하이데거식의 '사람, 시적 정취가 있는 생활'[45]에 이르고, 형이하학적으로는 주택 주변의 넓은 공간에서부터 저소득층의 진심 어린 부러움의 눈길[46]에까지 이른다. 그런 면에서 광고를 만드는 사람들의 아이디어에 감탄을 금하지 않을 수 없다. 그들은 철근과 콘크리트 같은 주택의 물질적 기능을 과장하지 않으면서 오히려 주택과 각종 추상적 가치, 그리고 보다 신성하고 위대한 것들 사이의 연관성, 더 나아가 동일시를 빚어내도록 하는 데 큰 정력을 쏟아 붓는데, 모든 시각적 배치가 집을 사기만 하면 이 모든 것을 가질 수 있다고 하는 강렬한 연상작용을 불러일으키게 한다.[47]

이들 광고에는 중요한 특징이 하나 있는데, 어쩌면 중국광고의 특징이라고 할 수 있을지도 모르겠지만, 화면에서 눈에 띄는 곳에 광고문구를 배치한다는 것이다. 여기에서 말하는 것은 집의 면적을 소개하는 것과 같은 소형 문자가 아니라 굵고 진하게 표시된 표어나 구호식의 문자다. 가령 2005년 우닝난루(武寧南路) 창서우루(長壽路) 길목에 족히 반년은 세워져 있던 가로세로 5×10미터의 대형 컬러 광고판에는 주택단지 내에 하천이 흐르고 양쪽으로 아파트가 있으며 나무가 우거져 있는 그림이 그려져 있었다. 그런데 오히려 가장 눈에 띄는 것은 아래쪽에 가로로 '자유롭고 모던한'이라는 광고카피였는데, 이 카피는 노골적으로 1980년대 이래로 중국인의 마음을 사로잡은 자유와 모던이라는 두 가지 가치목표와 '이곳에 사는 것'을 등호로 매기고 있다. 이런 광고카피들은 많은 등호를 매기고 있는데, 가령 '태양도시

2003~04년에 시 중심지역인 후난루 싱궈루 입구에 위치한 고급주택 공사 기간 동안 공사현장의 담장에 붙여 놓은 광고
상단에 '포스트모던한 프랑스식 호화아파트'라고 씌어 있다.

아파트와 제1세대를 이룩하는 존귀함'[48] 사이에는 주택 구입은 곧 부자라는 등호가 매겨져 있으며, '자연, 인간과 건축은 서로를 돋보이게 한다'[49]는 주택 구입과 건강, 자연 사이에 등호를 그은 것이다. '젠더난자오별장(建德南郊別墅)과 국제적 생활의 승낙'[50]은 주택 구입이 곧 성공한 외국인의 생활을 하는 것과 같음을 의미한다. 그리고 '고상한 여인의 주택 구경'[51]에 이르게 되면 더욱 재미있는데, 여기에서는 집을 사는 것이 곧 고상한 여인이 되는 것과 같다!는 것을 말하고 있다.

　다양한 이들 등호는 어떤 의미에서 모두 동일한 등호의 변형이라고 볼 수 있는데, 그것은 곧 집을 사기만 하면 격변하는 사회에서 상승할 수 있는 기회[52]를 재빨리 선점할 수 있다는 것이다. 재산, 지위, 명예, 서양 미인의 얼굴을 한 아내, 여유로운 생활, 고귀한 격조 등 현실에서는 꿈같은 일들이 광고 속에서는 손쉽게 얻을 수 있는 것으로 변한다. 2004년부터는 '줘융(坐擁) 어쩌구……'하는 것이 주택광고에서 유행어가 되었다. '줘융'이란 마음먹은 것을 손쉽게 소유한다는 것을 의미한다. 처음 2년간은 '……하기만 하면 ……할 수 있다'라는 식의 지나치게 노골적이고 신뢰가 가지 않는 표현법을 많이 사용했지만, 지금은 형상적이면서도 함축적인 표현법을 만들어냈다. 그리하여 문자와 화면의 배합은 보다 묵계적이 되었고, 보는 사람이 '줘융'이라는 느낌을 상상만 해도 그는 이미 '그래, 모든 것이 아주 쉬울 거야'라는 낙관적인 심경으로 빠져들게 된다. 이것이 바로 광고에서 지향하는 것이다.

이러한 축약형 문구는 비단 광고에서만 사용된 것이 아니라 상당 부분 고스란히 새 아파트의 이름이 되기도 했다. 재미있는 것은 1990년대 초의 '부호원(富豪園)', '총통아파트(總統公寓)', '태자광장(太子廣場)'을 비롯해 1990년대 중엽의 '로마화원', '비엔나'와 '미려원(美麗苑)'에 이르기까지, 그리고 2000년 전후의 '케임브리지', '런던의 작은 마을', '상화아파트(祥和: 상서롭고 화목하다)', 더 나아가 2005년 이후의 '이원(怡園: 즐거운 곳)', '수운간(水云間: 물과 구름 사이)', '대당인가(大唐人家)' 등과 같이, 명칭의 변화만 보더라도 광고가 주력하는 부분을 알 수 있으며 아파트 명칭이

아파트 광고
위쪽에는 이 아파트가 구매자에게 세기의 봄을 선사할 것이라고 적어놓고, 아래쪽에는 '세기의 봄'을 맞이하는 것은 바로 '화이트칼라'라는 개념을 노골적으로 표시하고 있다.

어떻게 유행을 따라 수시로 방향을 바꾸었는지를 알 수 있다는 점이다.[53] 만약에 멋진 광고그림과 그 원형이 되는 상당히 조잡한 새 주택의 외형과 색채는 모호한 시각적 효과를 만들어낼 뿐이라고 한다면, 이들 광고그림과 아파트 입구에 쓰여 있는 커다란 문구는 소비자의 귀를 잡아당겨 결론을 직접 소비자의 뇌 속으로 쏟아 부으려 한다는 점을 깨달아야 한다.

새 주택은 튼튼하고 안정감이 있으며 물질적 가치를 가지고 있다. 그것은 아파트고 별장[54]이기도 하지만 일종의 생활, 일종의 여유롭고 고상하며 거주자의 신분을 말해 주고 남들이 부러워하는 생활이기도 하다.[55] '성공'은 결코 멀리 있는 것이 아니고, 집을 사는 것이 곧 성공으로 가는 지름길이다. 바로 여기에서 지난 15년간 상하이 주택의 공간 변화에 대해 광고가 어떻게 해석하는지를 볼 수 있다. 이는 일종의 그림 형식으로 된 해석으로, 귀를 잡아당겨 얼굴을 맞대고 간곡하게 타이르는 커다란 문구는 그림 속에 새겨져 일종의 축약된 그림 요소로 작용한다. 그래서 그 광고그림은 새로운 구도방식으로 표현되고 있다. 즉 주택을 중심으로 집의 범위에서 멀리 벗어난 보다 큰 세계의 총체적인 그림을 그려낸 것이다. 그 광고그림은 단지 새로운 주택이나 생활의 일부가 아니라 최소한 새로운 생활의 전체 효과를 표현하고 있다. 이런 그림이 끊임없이 반복되고 확산되면서 주택을 기본으로 하는 시각적 관념과 인지양식도 점점 확대되었다. 즉 주택의 관점에서 생활을 바라보도록 유도하고 더 나아가 주택을 세계의 중심으로 간주하도록 종용하는 것이다. 바로 이런 구도방식이 사람들에게 점점 익숙해지고 나아가 그들이 새로운 도시공간을 파악하는 일상적 시각이 내면화했을 때 이러한 관념과 인지모델이 사람들에게 받아들여지고, 그들이 새로운 생활세계의 기본적인 습관을 진정으로 이해하

영국 런던마을이라는 개념을 내세운 아파트광고.
집을 소유하는 것은 온세상을 소유하는 것이라고
선전하고 있다.

게 되었을 때 새로운 주택공간에 대
한 광고의 해석은 진정으로 사람들의
마음속을 깊이 파고들게 된다.[56]

　최근 15년간 상하이의 주택공간
과 문화적 해석이 함께 발전하고 공
생 공존하는 과정에서 주택광고는 결
코 고군분투했던 것이 아니다. 물질
적 공간의 변화를 그림형식으로 해석
한 주택광고는 자동차, 건물 인테리
어, 가전제품, 가구, 화장품 광고 같
은 그 밖의 상업광고에서도 갈수록
보편적인 호응을 얻었다.

　상하이에서 가장 인기 있는 이케아(IKEA) — '이자(宜家: '화목한
가정')'라고 교묘하게 번역되었다— 매장의 가구 광고에는 반쯤 채워
진 와인 잔, 펼쳐놓은 책, 아무렇게나 내던져진 하이힐이 붉은색 소파
주위에 흩어져 있다. 《신민석간》을 펼치면 볼 수 있는 스위스 티토니
(TITONI) 손목시계 광고는 잘생긴 백인 남녀가 양복과 이브닝드레스
를 입고 손을 잡은 채 응접실로 통하는 계단을 걸어 내려오는 그림이
다. 상하이둥팡(東方) 방송국의 LG텔레비전 액정스크린 광고에서는
선명한 화면이 눈에 띄며 젊은 가정의 세 식구가 소파에서 뒹굴고 있
다. 인테리어회사의 대형 모델하우스 사진 속에서는 벽난로와 두꺼운
커튼이 있고 양탄자 위에서 파필리온(papillon: 나비 모양의 큰 귀를 가
진 작은 스패니얼(spaniel)의 일종인 강아지—옮긴이)이 장난을 치고 있
다. 지하철 안의 광고 화면에서는 '미적 요소와 인위적인 요소와 닭살
돋는 요소가 한데 어우러진 광고'가 방영되는데, 은은한 침대스탠드

불빛 아래에서 아내가 남편에게 "기침이 나와요?"라며 다정하게 묻고 나서, 화면은 곧바로 청명한 아침으로 바뀌어 부부는 다정하게 넓은 침대에 기대어 마주 보고 있다. 수이싱가정방직(水星家紡)의 MTV에서는 하얀 스프링침대 위에서 홍콩 여배우가 흡족하게 베개를 꼭 끌어안고 있고 화면에 '침대 사랑, 가정 사랑'이라는 글자가 튀어나온다. 이들 광고에 등장하는 소품과 내용은 제각각이지만 공통으로 발견되는 점은 바로 주택 혹은 주거공간 안에서 사용되는 물건을 중심으로 이상적인 실내경관을 만들어내고 확대하고 있다는 것이다.

마찬가지로 다양한 종류의 자가용 광고[57]가 마치 약속이나 한 것처럼 컴퓨터 그래픽을 이용해 눈 덮인 산, 철교, 사람들이 붐비는 광장과 같은 장면을 자동차가 달리는 차 창 밖이나 심지어는 사이드미러를 통해 보이는 풍경으로 바뀌게 할 때, 그것들은 더욱 극단적으로 '실외'보다 '실내'를 우선적으로 강조하게 된다. 과거에 소설, 영화, 화보나 동화 속에서 아름답고 신비로운 느낌을 부여받았던 수많은 거리, 공장, 시골, 들판 같은 광활한 공간은 지금은 하층민이 사는 배경으로 전락해 버린 것 같다. 그 광활한 공간의 소유권은 전부 선정된 실내공간—자가용은 그중에서 가장 작은 것이다—에서 정리되는데, 선정된 실내공간을 소유하는 것이 동시에 광활한 공간을 소유하는 것이 된다. 새로운 공간 등급제가 은연중에 형성된 것이다.

상품 생산이 '풍요'의 단계[58]에 접어들수록 상품의 부가가치를 만들고 과장하는 것이 필요하다. 따라서 기타 상업광고들이 계속 주택광고와 호응해 더욱 큰 규모로 구체적인 판매품과 '아름다운 인생'을 동일시하는 그림을 그리는 것은 필연적인 현상이다. 오늘날 상하이는 크게는 황야를 질주하는 지프차에서 작게는 손가락 절반 크기의 립스틱에 이르기까지 팔 수 있는 물건은 죄다 광고에 등장시켜 그 속에서 광고 효과를 내는 도구로 이용한다.[59] 주택 광고가 '주택'을 '성공'한 인생의 지름길로 통하는 것이라는 의미로 선전할 때 이 '주택'은 여전히 썰렁하지만, 집 안팎에 갖가지 물건이 채워지게 되면 이 지름길은 훨씬 선명하고 분명해진다.

등호도 좋고, 성공의 지름길도 좋다. 일단 확실하게 깨달았다면 계속 그 가상적인 광고화면에 머물지는 않을 것이며 더 나아가 물질적 구현에 힘쓸 것이다. 건축공간에 대한 해석이 일정한 수준에 도달한 후에는 입장이 역전되어 공간이 그 해석을 적절히 활용한다. 오늘날 상하이에서는 대형 백화점들의 쇼윈도[60], 풍격에 공을 들인 커피 전문점, 호텔, 호텔 로비, 심지어는 문화교육기관[61]의 로비와 같은 곳의 건축 외형과 내부 인테리어조차도 '등호'식의 분위기를 만드느라 애를 쓰고 있다. 등호는 '우아함', '존귀함', '풍성함', 그리고 '독특한 풍경' 혹은 '온화함', '편안함', '개성'을 나타내기도 하고, 아예 '가정적 분위기'를 나타내기도 하는 등 '주택'이라는 공간 안에 편입되어 대부분 그것의 유기적인 속성이 되고 있다. 물질화한 이들 형식으로 둘러싸인 가운데 주택, 자동차 광고 등 각종 광고가 모여서 만들어낸 화면과 공간감각, 그리고 이들 감각 속에 깃들어 있는 시각과 인지 패턴은 더욱 대규모로 확산될 수 있는 절호의 기회를 얻고 있다.

상하이에서는 상업광고가 가상적인 그림세계에 미치는 영향력이 나날이 커지고 있다.[62] 그래서 주택과 자동차 등의 광고화면 연출만으로도 주택공간과 모든 물질공간의 변화에 집중하는 식—그래서 축소하는 식이기도 하다—의 시각적 '재현' 패턴이 대규모로 형성되고 확산되고 있음을 알 수 있다. 상업광고는 다른 공간의 변화에 상관없이 주택공간에 모든 초점을 맞추지만 주택 자체보다는 주택이 대표하는 각종 추상적 가치를 지향한다고 하겠다. 오늘날 상업광고는 정치, 경제, 문화와 같은 그 밖의 요소와 더불어[63] 상하이인들이 매일 보게 되는 그림을 새롭게 만들어내고 있다. 주택을 중심으로 형성된 공간이 대대적으로 신상하이를 개조하고 확대할 때, 도처에 생겨나는 시각적 기호가 이 공간의 변화를 대단히 설득력 있게 설명해 줄 뿐만 아니라 새로운 공간형식을 만드는 데 더욱 깊이 참여함으로써 이 구조의 핵심 요소 중 하나가 되었다. 모든 것이 순식간에 진행되는 패스트푸드식 문화풍조 탓에 이 새로운 그림과 공간환경은 상하이 시민, 특히 젊은이들이 실내의 시각적 환경에 익숙해지고 의존하는 것을 지속적으로 촉진함으로써 그들이 '주택'과 '집'에 애착을 가지고 숭배하도록 했다.[64] 친근감, 의지, 애착과 숭배의 감정이 지속적으로 증가하는 기초 위에서 열망과 새로운 물질공간이 결합한 심리적 공간과 상상의 공간이 생겨났고, 이것이 수많은 젊은이들의 머릿속을 가득 채우게 되었다. 실내의 시각적 환경에 있어야 안정감을 느낀다면, 자기 집의 창문을 통해 세상을 바라보는 데 익숙해져 있다면 사람들은 '당연히' 인테리어를 근사하게 잘 꾸민 집을 인생에서 가장 중요한 것으로 생각하지 않을까?

4. 공간과 새 주류이데올로기의 생산

자발적이었던지 부득이했던지 간에, 오늘날 생활에 대한 도시민의 요구는 확실히 갈수록 복잡해지고 있다. 의식주를 해결하고 가정을 이루고 사업을 일으키는 것 말고도 최대한 폭넓게 사교활동을 해야 하고, 최대한 풍부한 정보를 얻어내야 하며, 문화를 즐기고 소비해야 하며, 공적이고 정치적인 일에 참여해야 한다. 적어도 세상일에 대해 아무것도 모르고 있어서는 안 된다. 일찌감치 대학을 졸업했다 하더라도 '평생학습'을 해야 한다. 따라서 사람들은 도시에 백화점, 식품매장, 아파트와 지하철을 요구하며 각종 공적인 교류와 정치 참여에 편리한 장소를 요구할 뿐만 아니라 '오피스텔 건물', 액세서리 가게와 탁아소는 물론이고 각종 문화, 오락공간과 교육공간 등을 요구한다. 바로 이런 생활 현실은 도시공간에 대해 '인간생활'의 다양한 요구를 만족시키기 위해 다양한 구성요소를 갖추고 있어야 하며 그 요소들이 대체적인 평형을 이룰 것을 강력하게 요구한다.

그러나 현실의 도시공간은 오히려 언제나 현실의 요구를 무시한다. 상하이를 예로 들면 140년 전 유럽 상인과 군대가 황푸강변(黃浦江邊)에 조계를 세우고 근현대도시로서 상하이의 역사를 시작했을 때, 이 도시의 공간은 확실하게 일그러졌고 거의 전적으로 유럽과 아메리카의 자본과 제국주의 팽창의 강력한 논리에 복종했으며 그 밖의 다른 것들은 모두 뒤로 밀려났다.[65] 20세기 전반기에 오래된 서양 자본과 제국주의, 새로 일어난 동양 군국주의, 국민당정부, 장쑤성(江蘇省)과 저장성(江浙省)의 자본을 필두로 하는 중국의 신흥 부르주아계급과 같은 각종 역량은 모두 상하이의 도시공간 속에 자신들의 논리를 심어놓고 다른—간혹 아주 잠시 같을 수도 있는— 방향에서 이 공간을 끌어당기고 변형시켰다. 1949년 봄 인민해방군이 상하이로 진격하면서 도시공간은 새로이 개조되기 시작했다. 사람들이 생활하는 장소의 공간형식 하나하나가 모두 생활에 대한 일종의 정의를 포함하고 있다고 한다면, 앞에서 간략하게 소개한 것에서 알 수 있듯이, 1950년대부터 1970년대까지 상하이 건축공간의 변화는 부지불식간에 일어났고 '사람들의 노동'으로 '사람들의 생활'을 정의하게 되었다. 모든 것이 완비된 넓은 공장과 마오 주석의 동상과 당의 깃발을 높이 매달아 놓은 강당은 날마다 '인생의 의의는 다른 곳이 아닌 바로 작업, 생산노동, 정치와 사상의 혁명에 있다'라고 말했다.[66]

20세기 초 와이탄의 모습

지금 우리는 상하이의 공간이 다시 한 번 변화했으며 이러한 변화가 인간생활을 다시 정의하는 것을 보았다.[67] 만약 사회주의 시기에 질서 정연하고 획일적인 '공공'공간이 신속하게 팽창해 개인공간을 난폭하게 점거했다고 한다면, 1990년대 이후의 상황은 오히려 반대다. 1990년대 이후로는 의미는 다르지만 마찬가지로 '개인'공간이 신속하게 팽창해 다른 공간들을 빼앗아 버렸다. 주택을 중심으로 형성된 공간이 신속하게 확장되면서, 그리고 이러한 확장과 손을 잡고 이루어진 그림식 재현과 공간적 상상이 날로 발전하면서 상하이는 과거에는 없던 새로운 모습을 드러내고 있다. 즉 활동시간이 늘어나 많은 사람들이 결코 집에만 머물지 않음에도, 도시는 오히려 점점 주택단지로 변해 가고, 주택과 그것에 필요한 건물의 조합 계획에 관한 논리는 갈수록 전체 도시의 공간 구성에 깊이 영향을 미친다. 예전의 '사람들의 노동'은 '사람들의 거주'로 대체되고, 새로운 주류 이데올로기[68]가 상업광고, 오락 프로그램, 통속 간행물, 대중음악, 심지어는 학술활동과 이론활동 같은 각종 형식의 문화생산을 힘껏 추동시키고, 새로운 사회풍조를 조성하고 있다. 또한 풍요롭고 편안한 생활은 인생 최대

목표이고, 그 종착지는 "집"이며 "집"의 가장 중요한 형식은 남들이 부러워하는 새 주택이라는 식으로 사람과 사람들의 생활을 새롭게 정의한다.[69] 오늘날 상하이에서 이런 것들과 상관없다고 말할 수 있는 사람이 몇이나 있을까?

이런 생각은 현실에 대한 사람들의 이해와 아주 정확하게 들어맞는 것 같다. 즉 지금은 당 위원회서기나 회사 사장을 막론하고 더는 대중집회를 조직하는 사람도 없고 열정적으로 시위대에 참가하는 사람도 없는 시대다. 임금이 장기간 체납되어 살아갈 길이 막막한 농민공(가난한 시골 고향마을을 떠나 도시로 돈을 벌기 위해 흘러든 막노동꾼—옮긴이)들조차도 혼자서 높은 탑에 올라가 투신할지언정 서로 단결하고 조직하며 집단 투쟁하는 어리석은 일은 하지 않는다. 지금은 서로 소곤거리고 말을 퍼트리며 공공의 일을 토론하도록 선동하는 시대가 아니다. 일체의 어려움과 불만은 최대한 공무원, 전국인민대표, 텔레비전 방송국과 라디오 방송국의 '시청자 참여' 프로그램, 자선기금회 같은 곳에 직접 말해서 그들이 적절하게 해결하도록 해야 한다. 지금은 모든 노동자들이 '사장'과 독대할 수 있으며 시시각각 다른 사람에게 내 자리를 빼앗기지는 않을까 전전긍긍하는 시대다. 추가수당 없이 연장근무를 하는 데 불만을 품고 사장에게 '따진다면' 어떻게 그의 책상 위에 쌓여 있는 이력서들을 무시할 수 있을 것인가? 취업을 하지 못하고 있는 대학 졸업자들도 부지기수인데 당신이 사무실이나 작업장에서 존중받기를 기대할 수 있겠는가!

지금은 끊임없이 현실은 거대하고 사

상하이의 농민공들이 40도가 넘는 기온 속에 지친 심신을 달래고 있다.

람들에게 자신은 미미한 존재라는 것을 상기시키는 시대로, 사람들은 초등학교 때부터 좋아하는 것을 포기하고 부모님과 교사의 요구에 부응하도록 길들어 있었는데 성인이 된 지금 자아 독립, 사회 개조와 같은 소아병에는 더더욱 물들 수 없는 일이다. 지금은 구체적인 물질을 향유하고 추상적인 가치는 경시하게 하는 시대로, 평등이니 시적 정취니 사회주의니 하는 것들에는 사람들의 관심이 없고 문란한 남녀에 관련된 것만이 크게 반향을 얻을 뿐이다. 잡지의 컬러판을 보면 목걸이가 얼마나 예쁜지 숨이 멎을 정도다. 지금은 오직 사람들이 최대한 자신의 이익을 챙기는 것 외에 다른 일에는 점점 흥미를 잃도록 자극하는 시대다. 산시(山西)에 있는 광산에서 사고가 일어났다고? 이런 일은 비일비재해서 끔찍하지만 생각하지 말자. 팔레스타인이 전쟁을 한다고? 나와 무슨 상관이 있담! 지금은 낯선 사람, 특히 웃는 얼굴로 다가오는 낯선 사람은 더욱 믿지 못하게 만드는 시대로, 집 안에서 문을 잠그고 있어야지만 안전한 것 같고 거실 안에 구두를 벗어놓고서야 진정으로 편안함을 느낄 수 있다. 그래서 지금은 또 개인의 물질생활 속에서 인생의 가치를 체득하도록 부추기는 시대가 되었으며, 여가와 생명의 열정을 모두 쇼핑과 커피를 마시고 여행하는 데 써야 하는 시대가 되어 상점에서 시원스레 카드를 긁고, 증권 시세를 훤히 꿰뚫고 있으며, 여행지에서 물건을 살 때는 반값에서부터 흥정할 줄 알아야지만 자유롭고 즐거운 상하이인이다!

만약 15년 동안 총명하고 대단한, 혹은 어리석고 근시안적인 어떤 강력한 힘[70]이 도시공간을 지금의 방향으로 부단히 변화시켜 왔다고 한다면, 위에서 언급한 것들과 유사한 현실적 느낌이 사람들에게 말없이 이 공간의 변화를 받아들이게 했으며, 그중 상당수는 심지어 적극적으로 그 변화에 참여하거나 그 변화를 향유하기도 한다. 적어도 지금까지는 이 도시에서 새로운 공간의 확대가 거센 저항에 부딪힌 적이 거의 없었다.[71] 우리는 소득과 관심 대부분을 주택에 투자하는 데 금방 익숙해졌고 보금자리를 꾸미는 데서 마음의 평안을 얻었으며, 야심이 큰 사람은 주택 투기에서 돈으로 돈을 버는 즐거움을 얻으려 했다. 각각의 새로운 가정, 특히 젊은 사람들은 집에서 한 발자국만 나가면 먼지가 쌓여 있고 오수(汚水)가 흐를지라도 자기 집은 모두 예쁘고 화려하고 깨끗하게 꾸미는 데 온갖 정성을 쏟아 붓는다. 이 "집"이 "모던"한 생활을 할 수 있게 해준다. 모던한 생활이란 문을 들어서면 슬리퍼로 갈아 신고, 온수기를 켜서 샤워를 하며, 직사각형의 식탁에 앉아서 식사를 하고, 말굽 모양으로 놓인 소파에서 DVD 보기에 몰두하며, 잠옷을 걸치고 침실로 천천히 들어가며, 흰색 알루미늄 새시창이 쳐진 발코니에서 20~30미터 떨어진 건너편 아파트를 마주하고서 아무렇게나 찢어질 듯 하품을 하는 것을 말한다. 또 이 "집"은 "사회"를 새로 소유하게 하는데, 이웃은 대부분 자신과 대동소이해 모두 돈을 얼마간 들여 집을 샀으며 모두 똑같은 건축 풍격을 마음에 들어 한다. 집마다 주택증명서의 내용이 비슷해 이익 면에서 저절로 공감을 하게 되며 관리사무소의 업무 처리가 신통치 않아서 '공동으로 적개심'을 가지게 될 때 진정으로 '집체'와 '공중'의 힘을 느낄 수 있다![72]

이런 '집'이기 때문에 우리는 생활의 무거운 부담과 수고로움과 억울함을 기꺼이 감수하며, 또한 이런 '집'이기 때문에 우리는 더욱 조심스레 직장 상사의 얼굴빛을 살피며 직장에서 '필사적으로 일을 한다'……. 주변 환경이 갈수록 주택단지처럼 변해 가고, 인간관계 또한 갈수록 퇴근 후의 모습처럼 변해서 귀갓길 발걸음을 재촉하느라 지나가는 사람을 쳐다보지도 않거나 이웃에 살면서도 서로 이름조차 물어보지 않으려 한다. 물론 상사나 직접적인 이익관계가 있는 사람에게는 적절히 대처하고 아부하는 또 다른 대응방식을 가지고 있기는 하다. 우리의 생활태도는 갈수록 '주거'화해서 집 안에서만 자아를 느낄 수 있고 집과 같은 곳에서만 친밀감이나 안정감을 느낄 수 있게 되었다. 우리는 갈수록 거주의 기준에 따라 인생의 이상을 정하는 데 익숙해지고 있다. 아내와 자녀, 냉장고, 컬러텔레비전은 물론이고 집은 더욱 경쾌하고 즐겁고 편안한 의지처가 되어 창밖에 폭풍우나 위험한 현상이 꼬리를 물고 일어나더라도 혼자 이불을 뒤집어쓰고 단잠을 자는 것처럼, 주택과 거주를 핵심으로 하는 일상생활 방식은 날로 보편화하는 것이다.

주택을 중심으로 형성된 건축공간, '집'을 인생의 중심에 두는 심리구조, 주택과 거주를 핵심으로 하는 일상생활 방식, 이러한 삼위일체를 창조해 낼 수 있다면 상하이 도시공간의 재구성, 즉 새로운 주류 이데올로기의 공간적 생산은 매우 성공적일 것이다.

5. 새 주류 이데올로기와 대립적 요소

하지만 그것이 계속 성공할 수 있을까? 지금까지는 이 삼위일체의 새로운 공간은 그 속의 새로운 주류 이데올로기에 침투되어 확실히 많은 상하이 시민의 생활 경험을 효과적으로 반영하고 증명하며 해석하고 흡수할 수 있었지만 점차 증가하는 그 밖의 상하이인의 일상생활 경험 면에서는 오히려 명확하게 약화되었다.

오늘날 상하이의 공간 재구성은 계층 분화가 날로 선명해지고 각 부분의 혼잡성이 크게 감소하는 추세에 있다. 앞서 말했던 대로, 나는 소년과 청년시대를 대부분 쉬후이구의 조용한 주택지역에서 보냈는데, 그 주변에는 영국식, 독일식, 스페인식과 그밖에 정확하게 어떤 양식이라고 하기 어려운 각종 서양식 가옥과 아파트가 널려 있었다. 주민들도 대부분 '신', '구' 두 사회의 중상계층에 속해[73] 지금 유행하는 광고카피로 말하면 상당히 '고상한' '고급' 지역이었다.

그러나 이들 서양식 주택의 주변과 아파트 뒤쪽에는 단층집이 우글우글 혼잡하게 널려 있어 많은 빈민촌을 형성하고 있었다. 내 친구의 아버지는 개인 전기기술자였는데, 친구네는 우리 집 옆에 있는 골목 입구 벽 쪽에 겨우 두 사람이 나란히 통과할 수 있을 정도의 좁디좁은 2층 판잣집을 지어 다섯 식구가 살았다. 그 예쁘장한 서양식 가옥들도 정부가 몇 가구씩 묶어 저소득 가정에 적잖이 나누어주었는데, 이때 종종 이웃 간에 분규가 일어났지만 이로써 가정환경이 서로 다른 아이들이 함께 학교를 다닐 기회가 생겼다. 초등학교 때 우리 반 학생 40, 50명 중에서 대략 절반은 부모가 노동자, 식료품시장 점원, 자전거 수리점 주인 등이었는데, 그 아이들은 담이 크고 움직이기를 좋

상하이에 지어진 프랑스식 건축

상하이에 지어진 독일 르네상스식 건축

아하며 잘 싸우고 활기에 넘쳐 선생님과 일부 온순하고 나약한 부잣집 자제들을 무척 골치 아프게 했다. 그러나 1990년대 중반부터 이들 거주지는 차례로 철거되었는데 그 2층짜리 판잣집도 건장한 남자들의 포위 속에서 한나절이 못 가서 사라져버렸다. 양옥집에 섞여 살던 빈민들은 대부분 이사를 갔고, 길가 쪽 집들은 이로써 모습을 일신할 수 있었으며 문가에 모모회사라는 스테인리스 간판을 걸었다. 단층집이 있던 곳에는 근사한 아파트가 여러 동 들어섰으며 모두 달러로 집값을 표시했고, 금발에 푸른 눈의 젊은 엄마들이 유모차를 밀면서 기품 있는 대문에서 천천히 걸어 나왔다.[74]

상하이의 여러 곳에서 이와 유사한 변화가 발생했거나 혹은 발생하고 있다. 주거지는 계층에 따라 점점 서로 분리되었을 뿐 아니라 이들 주거지 간의 도로 역시 갈수록 선명하게 나누어졌다. 새로 조성된 주택단지는 하나같이 높은 담장으로 둘러싸이게 되었고 어떤 것들은 도랑—결국은 그럴듯한 강 이름이 붙여질 것이지만—을 만들어놓기도 했다. 집값이 비싼 지역일수록 공공연히 주변과 격리되었으며, 높은 담장에 감시카메라가 달린 것은 물론이고 비스듬히 베레모를 쓴 젊은 경비원이 입구에서 낯선 사람들을 조사한다. 오늘날 상하이에서는 낡고 오래된 주거지역 말고는 젊은이들이 더는 다른 골목과 주택 지역 사이를 쥐새끼처럼 마음대로 드나드는 즐거움을 누릴 수 없을 것이다.

대도시의 매력은 생활의 많은 면에서 다양하고 양질의 것을 충분히 선택할 기회를 시민들에게 제공한다는 점이다. 이런 각도에서 보면, 지난 15년간 상하이 도시공간의 재구성은 일부 상하이인과 '신상하이인'[75]들이 더욱 유쾌하게 대도시 생활을 즐길 수 있게 하며 일부 상하이인을 대도시로 보내기도 했다. 금전적 여유가 충분하다면,[76] 시

상하이에는 아직도 새로 지은 고층아파트와 개발이 되지 않은 낡은 집들이 앞뒤로 있어 부조화를 이루는 곳이 적지 않다.

중심지역에 아파트 한 채 혹은 더욱 비싼 오래된 양옥집을 사거나 빌릴 수 있을 것이다. 그것은 확실히 모든 것이 다 좋아서 100~200 미터 내에는 오로지 치즈케이크 가게이고 커피 전문점과 빵집이 수두룩해 마음대로 고를 수 있다. 걸어서 갈 수 있는 거리에 영화관, 극장, 서점, 콘서트홀, 정품 혹은 해적판 DVD 가게 등 모든 것이 갖추어져 있다. 조금 과장한다면, 전체 도시를 새 집 혹은 새 집이 있는 주택단지의 일부로 바꿀 수 있다.

그러나 만약 시내 중심부에서 중순환선(中環線) 양쪽지역으로 나간다면 상황은 달라진다. 주택면적은 넓어지고 새 집인 데다가 많은 돈을 들여 인테리어를 꾸며 옛날 집보다 깨끗하고 밝아진 것은 확실하지만 집 외의 다른 것은? 통근 거리가 길어진 것은 놔두고라도 시장을 보고 병원을 가며 자녀들을 공부시키는 것을 비롯한 모든 것이 훨씬 귀찮아진다. 예전에는 저녁을 먹고 나면 부채를 부치며 난징루(南京路)에 가서 거리 풍경을 볼 수 있었는데 지금은 어디로 가나? 예전에는 두 블록 떨어진 골목의 유명한 만두가게에 가서 만두를 들고 느릿느릿 와도 여전히 뜨끈뜨끈한 만두가 입을 델 정도였다. 하지만, 지금은 기계로 대량 생산한 슈퍼마켓의 냉동만두는 맛도 없을 뿐더러 싸지도 않다. 예전에는 문을 나서 몇 발자국 가지 않아 친근한 이웃과 가게 사람들을 볼 수 있어 길을 가는 내내 고개를 끄덕이며 인사를 나누고 한담을 주고받는 등 서로 친근하기 그지없었다.

하지만, 지금은 낯선 곳으로 이사를 가고 보니 사방이 담장으로 둘러싸여 있고 열 동이 넘는 건물이 낮에는 텅 비어 있다가 저녁이면 불빛이 드문드문 켜지는데 모두 문을 굳게 닫아걸고 있어 몇 년을 살아도 여전히 낯설게 느껴질 것이다. 문화 소비? 그것은 더욱 어려워서 시내에 영화를 보러 가려면 택시를 타도 한두 시간은 걸리니! 차비도 비싸니 그냥 집에서 DVD나 보자. 하지만, 여기에서는 해적판 DVD도 몇 종류 되지 않고 질도 형편없다. 대형매장의 물건은 그게 그것이고 그 주변 길에는 먼지가 날린다. 이것이 작은 시골생활과 다를 바가 뭐 있겠는가? 15년 동안 약 200만 명이 시 중심지역에서 외곽지역으로 옮겼다.[77] 이 '외곽지역'의 위치 또한 부단히 바깥으로 이동하고 있어 10년 전에는 내순환선에서 5킬로미터만 벗어나도 상당한 외곽이었지만 지금은 거기에서 5킬로미터, 심지어는 10킬로미터를 더 벗어나려 한다.[78] 만약 외곽에 있는 이들 신흥주택 지역의 생활시설이 빠른 시간 내에 확실하게 개선되지 못한다면[79] 더욱 많은 상하이인들이 대도시 생활이 이미 자신들과 무관하다는 사실을 알게 될 것이다.[80]

물론 오늘날 많은 시민들에게 대도시 생활의 편리함을 충분히 누릴 수 있느냐 없느냐 하는 것은 지나치게 사치스러운 화제다. 그들에게는 칠흑같이 어둡고 주위에 만두가게 하나 없는 곳이라고 하더라도 자기 소유의 아파트를 한 채 갖는 것이 더 절박한 문제다. 15년 동안 집값은 점점 올라 저소득층이 아무리 허리띠를 졸라매고 절약을 해도 미친 듯이 오르는 집값을 따라잡을 수가 없게 되었다. 2002년 상하이 '세계박람회' 유치가 결정된 다음 날이었던 것으

1950년대 난징루의 모습

2010년 개최가 확정된 상하이세계박람회장의 조
감도

로 기억이 되는데, 대학 입구에서 택시를 타고 가면서 기사에게 "어제저녁 뉴스 들었어요?"라고 묻자 그는 한숨을 쉬며 "집값이 또 오를 테니 내 집 사기가 더 힘들어지겠지요"라고 했다. 가게 수입과 집값의 비례에 따라 계산을 하든, 집값과 기타 생활필수품의 평균가격의 비례에 따라 계산을 하든지 간에 지금 상하이의 집값은 시민들이 감당할 수 있는 능력에서 멀찌감치 벗어나 있다.[81] 그러나 각종 관념, 제도와 이익상의 원인으로 말미암아[82] 단시간 내에 집값 상승을 적절한 수준으로 억제하기란 지극히 어려워 보인다. 정부가 주도하는 '국민주택(經濟适用房)'과 '임대주택(廉租房)'이 국가와 상하이시 정부의 계획에 포함되어 구체적인 수치까지도 공개되었다.[83] 그러나 이 계획은 너무 늦게 제정되었고 계란으로 바위 치기와 같아서 금방 효력을 발생하기가 어려운 데다가 관계자들의 적극성도 부족해,[84] 이것으로 저소득층의 주택문제를 해결하는 것은 단기간 내에는 불가능할 것이다. 다시 말해, 당분간 주택문제를 해결하지 못한 일부 상하이 시민들이 집값이 지나치게 비싸서 자신이 감당할 수 있는 범위를 완전히 벗어났다고 생각할 것이다. 현재 상황에 비추어볼 때, 이런 사람들은 해가 갈수록 늘고 있다.[85] 상하이 시민들 대부분이 집값에 대해 불만이 있지만,[86] 이들의 불만은 특히 강할 것이다.

주류 이데올로기에 대한 최고의 반항아는 생활현실이며 현실 속 사람들의 생활경험이다. 최근 15년간 상하이의 공간 변화는 갈수록 명확해지는 이데올로기적 특징을 드러내고 있는데, 바로 그렇기 때문에 주류이데올로기는 시민들이 일상생활에서 갖는 느낌에 의해 강력하게 저지당하게 된다. 주류이데올로기는 지금은 다소 모호한 정서, 그때그때 부딪히는 골칫거리, 인터넷에서 격렬하게 할 수 있는 비난, 혹은 텔레비전 속의 애매한 암시로 표현될 뿐이다. 그러나 주류이데올로기는 소수인의 '합동 건설'과 '주택 구매 거부'[87]부터 불안감으로 말미암은 대규모 투매와 '도시' 탈출에 이르기까지 완전히 다른 형식으로 발전할 가능성이 있다. 따라서 이런 저지는 지금의 주택시장에서 배제되고 분노로 마음이 불편한 사람들뿐만 아니라 암암리에 슬그머니 기뻐하고 이득을 봤다고 생각하는 사람들에게서도 비롯할 것이다. 고삐가 풀려 날뛰는 망아지처럼 상하이의 공간 재구성은 한달음에 치고나와 이미 진퇴양난의 지경에 이른 것 같다. 그 속에서 이득을 얻는 세력들은 채찍을 휘두르며 계속 앞으로 나아가려 하지만, 계속 이렇게 달린다면 온갖 짓밟힌 퇴적물과 저지세력은 그것을 넘어뜨리고 발굽을 끊어뜨리기 쉽다. 도시경제의 고속성장이 좌절되고 그동안 공간 재구성이 경제에 미친 잠복된 고질병[88]이 드러나면, 냉혹한 현실이 사람들에게 삶의 공간의 중심은 '주거'가 아니라 생활은 처음부터

국민주택

임대주택
두 가지 주택정책 모두 실효성이
적다는 우려와 비판을 반영하고
있는 카툰.

주택 이외의 곳에서 결정되어야 한다는 것을 깨닫게 한다면, 이런 '폭로'와 '깨달음'과 함께 존재하는 기타 경제와 사회의 동요가 격화된다면 그때에도 이 도시가 여전히 지금처럼 이렇게 순순히 따라올까?

2006년 12월 충밍에서

● 왕샤오밍(王曉明 Wang, Xiao-ming)
1955년 상하이 출생. 상하이대학 문화연구학과와 화둥사범대학 중문학부 교수를 겸직하고 있다. 최근 중국 셴당다이(現當代)문학에서 문화연구로 연구 영역을 확장하여 상하이 및 중국 문화연구의 흐름을 주도하고 있다. 그가 주관하는 '당다이(當代)문화연구센터'(http://www.cul-studies.com/)는 중국 문화연구의 주요 진지 중 하나다. 주요 저서로 《사팅과 아이우의 소설세계(沙汀艾蕪的小說世界)》, 《잠류와 소용돌이(潛流與旋渦)》, 《직면할 수 없는 인생―루쉰전(無法直面的人生 ―魯迅傳)》, 《인문정신 심사록(人文情神審思錄)》, 《반쪽 얼굴의 신화(半張臉的神話)》 등이 있으며 편저서로 《20세기 중국문학사론(二十世紀中國文學史論)》(3권), 《당다이 동아시아 도시(當代東亞城市)》 등이 있다.
wangxiaomingcc@hotmail.com

● 곽수경(郭樹競, Kwak, Su-kyoung)
동아대학교 중어중문학과를 졸업하고 성균관대학교와 베이징사범대학교에서 각각 문학석사학위와 문학박사학위를 받았다. 지금은 동아대학교 중국학부와 국제관광학 전공에서 강의를 하고 있다. 지은 책으로 《현대중국의 이해》(공저), 《중국영화의 이해》(공저) 등이 있으며 《魯迅소설의 각색과 중국영화사》, 《코미디영화로서의〈有話好說〉 분석하기―원작《晚報新聞》과의 비교를 통해》, 《상하이영화의 수집을 통해 살펴 본 상하이영화의 특징과 변화》, 《중국의 한국드라마와 한류스타 현상》, 《중국에서의《대장금》 현상의 배경과 시사점》 등 중국영화와 문화 분야에 관한 다수의 논문이 있다.
525ksk@hanmail.net

상하이의 호텔과 모더니티

차이샹 글 | 박은석 옮김

　　　　　　　　　　보들레르, 지멜 혹은 베냐민, 이들
은 모두 길을 따라 유럽의 도시 속으로 들어왔다. 길은 도시를 인식하
는 주요한 방식이 되었다. 여기에서 보행자와 유랑자가 생겨났으며,
염탐자 혹은 여행자들이 생겨났다. 이러한 보행자, 유랑자, 염탐자 혹
은 여행자는 도시를 연구하는 주요한 시각을 계속해서 제공했으며,
낯설게하기 혹은 익명성이라는 도시에 관한 학설을 만들어내기도 했
다. 그러나 이 세상의 수많은 지역에 사는 사람들에게는 도시로 들어
오는 각기 다른 경로가 있게 마련이며 도시를 인식하는 방식 또한 제

각각이다.

작가 가오샤오성(高曉聲)은 일찍이 근현대 중국의 한 농민이 1970년대 말이라는 시기에 어떻게 우연한 계기를 통해 도시에 들어오게 되었는지— '당다이(當代)' 문학사에서 그 주인공의 이름을 천환성(陳煥生)이라 한다—를 천재적으로 그려냈다. 그러나 천환성은 결코 보들레르, 지멜, 베냐민 등이 확정해 놓은 노선도를 따라 걷고 유랑하고 염탐하지는 않았다. 도시에 대한 천환성의 인식은 단지 시내 초대소(招待所: 일종의 관영 숙소—옮긴이)의 푹신한 침대 하나에 기댄 것이었으며, 이 침대를 통해 그는 도시의 심장부, 굳이 개념어를 사용하자면 중국 근현대성(modernity)의 내용 속으로 진입했다. 천환성은 이 침대를 통해 어떤 이질적인 힘의 존재, 일종의 미래적인 생활방식을 감지할 수 있었다. 또한 1970년대 말 중국이 지녔던 모든 변화 가능성을 이 푹신한 침대 하나를 통해 모두 확인할 수 있었다. 여기서 침대는 알튀세적 의미에서의 '호명(interpellation)의 구조'로 기능했다. 우리는 여기서 1970년대 말의 중국 근현대성이 지닌 강력한 호명의 힘을 느낄 수 있다.

어쩌면 가오샤오성이 그려낸 '도시'의 모습은 지금 우리가 흔히 생각하고 경험하는 도시의 정의와는 부합하지 않을 수도 있다. 그 도시는 중국 내륙 곳곳에서 무수히 만날 수 있는 조그만 '소읍'에 불과할지도 모른다. 30여 년 전, 나는 종종 시골의 작은 길을 따라 이러한 소읍에 들어가곤 했다. 소읍이란 실로 아주 작은 곳이어서 동서로 난 큰 길 하나로도 읍 전체를 다 꿸 수 있을 정도다. 그러나 내게는 그 소읍이 바로 도시다. 딱딱한 아스팔트길을 밟는 느낌은 확실히 도시에 관한 매우 익숙한 기억 중의 하나다. 바로 이런 작은 소읍 안에 형형색색의 여관이 있었고, 일찍이 천환성이 마주쳤던 것처럼 그 당시 많은 여관들은 이미 '초대소'로 간판을 바꾸어 달고 있었다. 나는 이따금 이런 '초대소'에서 하룻밤 묵어가는 상상을 하곤 했다. 초대소는 직업, 신분, 지위를 의미했으며, 더욱 간단히 말하자면 일종의 도시 주거권과 특정한 생활방식을 의미했다.

많은 경우, 사물은 그 의미를 초월해서 이러저러한 상징적 기능을 가지게 되며 심지어는 이데올로기적 함의를 지니기도 한다. 30여 년 전 우리에게 '호텔'이라는 개념은 거의 없다시피 했고 '빈관(賓館)'이나 '여관(旅館)' 같은 이름도 거의 쓰이지 않았으며, 흔히 '초대소'란 말로 그 이름을 대신했다. 초대소라는 말 속에는 사회주의가 지닌 모종의 실질적인 특성이 함축되어 있는 듯하다. '초대소'라는 말은 한편으로 명명(命名)의 평등성을 보여주지만, 또 다른 한편에서는 실제적인 언어환경 곳곳에서 드러나는 차이―즉, 신분, 지위, 직업, 심지어 등급―를 보여주기도 한다. 당시 우리가 살던 이 도시에도 마찬가지로 형형색색의 각종 초대소가 있었다. 그러나 초대소 사이에는 엄격한 등급 규정이 있었고, 이는 사람들의 실제 생활 속의 사회적 지위에 정확히 대응했다.

어떤 의미에서 30여 년 전의 초대소가 떠맡았던 것은 바로 이러한 상징적 기능과 이질적인 생활에 대한 상상이었을 것이다. 그러나 1970년대 말이라는 시간은, 사물과 이름 혹은 기표와 기의 사이의 결합이 균열 위험에 봉착한 시기였다. 이질적인 생활에 대한 그와 같은 상상은 더 많은 사람에게 호소력을 지니게 되었고, 그에 따라 모종의 새로운 차별성들, 예컨대 경제적 차별성이 기존 권력의 차별성을 대체해 나가고자 했다. 당연히 이러한 차별성은 1970년대 말에 보다 큰 보편성의 얼굴을 띠고 출현했다. 이러한 대체 과정 속에서 일련의 기억들도 조용히 환기되기 시작했다.

사실 우리들은 아직 진정한 의미에서 과거와 단절하지 못했으며, 이는 명명(命名)의 문제에서도 마찬가지다. 한편에서는 초대소가 널리 생겨났지만, 다른 한편에서는 '국제반점'의 '반점(飯店)' 같은 일련의 명칭이 고집스럽게 계속 쓰이고 있을 뿐만 아니라 심지어는 도시를 상징하는 그 무엇으로 기능하기조차 했다. 수많은 외지 사람이 상하이를 이야기할 때면, 설사 그들이 외딴 시골에 사는 농민이라 하더라도 '국제반점', '24층 건물'과 같은 화제를 자연스레 입에 올린다. 이것은 과연 무엇을 의미하는가? 그것은 바로 높이에 대한 숭배다. 높이는 근현대사회가 지닌 이질적인 힘을 대표하며, 또한 이러한 힘을 통해 환기된 이질적인 생활에 대한 상상을 의미한다. 변함없이 자리를 지키고 있는 건축물의 존재는 이러한 상상, 즉 근현대성에 관한 상상을 이데올로기의 공백 사이에 고집스럽게 유지시켜 준다.

　　우리가 건축물이 가진 거대한 힘을 감지할 수 있는 장소는 바로 도시다. 도시는 직관적 방식을 통해 은폐된 '호명의 구조'를 만들어낸다. 천환성이 고향 근처 소읍에 있는 초대소의 푹신한 침대에서 이질적인 생활에 대한 상상에 호명되었던 것과 마찬가지로, 그로부터 몇 년이 흐른 후에는 건축이 가진 이러한 강력한 상징적 기능이 도시 속에서 감지되기 시작했다. 우리는 이제 '호텔'의 시대에 들어서게 되었다. '초대소'라는 단어로는 건축물이 지닌 보다 복잡한 이데올로기적 함의를 담아낼 수 없게 된 것이다.

1. 높이 혹은 '이탈의 미학'

오늘날 호텔은 어떤 의미에서 이미 도시의 상징물이 되었다. 택시를 잡아타고서 기사에게 포트만이나 쉐라톤 혹은 4성급 이상의 호텔 이름을 말하기만 하면, 기사는 정확하게 우리를 목적지에 데려다 줄 것이다. 호텔은 이제 혹은 이미 우리의 일상생활 속으로 들어와 있는 것이다. 호텔은 또한 도시의 유행을 선도하고 있으며 나아가 건축미학을 선도하고 있다. 하늘 높이 솟은 빌딩은 바로 이러한 미학을 구현한 건축물인 셈이다.

상하이, 특히 루자쭈이(陸家嘴) 지역의 건축에 대한 분석을 통해 상하이의 건축양식에 대해 날카롭게 비평한 바 있는 아리프 딜릭(Arif Dirlik)은 논문에서 '이탈(離地, off-ground)의 미학'이라는 개념을 제시한다.[1] 그는 이 개념을 통해 포스트식민주의에 입각한 비판의 논리를 전개한다. 그에 따르면, 건축을 통해 표현된 '이탈'의 미학은 전 지구화(globalization) 과정 속 식민성의 문제와 관련된다. 고층건물의 그 돌출적인 표지성은 확장된 권력의 식민성을 가리키며, 이에 뒤따르는 것은 바로 장소에 대한 망각과 말살이다. 이러한 '이탈'의 미학에서 그 돌출의 미학적 표지가 되는 것이 바로 '높이'다.(德里克 2005)

그리하여 루자쭈이의 건축에 대한 딜릭의 비판은 다음과 같이 격렬하다.

> 루자쭈이에 들어선 마천루들은 '동서양의 교차'를 상징하던 본래의 건축물들을 대체해 버리기로 이미 작정한 듯하다. 이러한 마천루들은 상하이가 새로운 국제도시 후보지가 되는 것을 합법화했

다. 이 '용의 머리'에 해당하는 지역은 양쯔강 일대뿐만이 아니라 중국 전체를 이끌며 전 지구화의 장정에 나서고 있다. 사실 이미 상하이 와이탄(外灘)의 건축군 ─상하이의 역사와 정체성을 상징하고 있기에 문화재보호법에 따라 보호 받는─ 또한 점차 상업과 유흥의 중심지로 그 성격이 변질되고 있다. 그것은 전 지구화가 그리는 풍경과도 일치하며, 또한 '고도의 발전'을 이룬 상하이에 마치 하늘에서 떨어져 내린 듯 갑작스레 나타난 외국 기업가들의 저 만족을 모르는 거대한 탐욕에 부합하는 것이기도 하다.

전 지구화의 이러한 전개과정은 그 연원을 1980년대로까지 거슬러 올라갈 수 있다. 근현대성에 대한 상상은 바로 이 시기에 이르러 급격히 팽창했다. 그러나 우리가 여전히 토론해 보아야 할 문제는, 왜 하필이면 이 시기에 이르러 '높이'가 미학적 상징 혹은 미학적 과시의 수단으로 나타나게 되었는가 하는 점이다. 또 다른 문제는 이 시기에 그와는 다른 미학적 선택의 가능성이 혹시 없었는가 하는 점이다.

누렇게 빛이 바랜 이 시기의 신문 더미 속에서 우리는 간혹 역사의 흔적과 맞닥뜨리기도 한다. 역사는 어지럽게 얽힌 거미줄과 어수선한 발자국의 틈바구니에서 조용히 되살아나 역사에 대한 우리의 상상 속으로 걸어 들어온다.

1983년 1월 1일자 《문회보(文匯報)》는 당시 막 완공한 상하이호텔(上海賓館)에 대해 다음과 같이 보도하고 있다.

현재 상하이에서 제일 높은 건물인 상하이호텔이 어제 막 완공되었다. …… 화산로와 우루무치로 부근에 있는 이 호텔은 총 건축면적이 4만 4,500제곱미터에 이른다. 본관은 지하 1층 지상 29층

으로 건물 전체 높이는 91미터다. 4층
에서 22층은 객실 층으로 총 600개 객
실이 있으며 모든 객실에는 10가지 중
국 전통가구 및 냉난방 설비, 호출장치
가 갖추어져 있다. 23층은 연회장으로
중국식, 유럽식, 일본식의 레스토랑이
있어 시가지의 경관을 내려다보면서
식사를 할 수 있다. …… 상하이호텔은
실내외 장식 모두에 세심한 주의를 기
울였다. 본관의 외벽은 모두 양질의 재

1982년에 완공된 상하이호텔

료로 장식했으며, 건물 내부의 천장은 라텍스 칠로 마감했다. 커
튼, 벽지, 코팅 목재를 사용한 출입문, 컬러 수마석으로 장식한 바
닥재, 고강도 목재를 사용한 마루 외에, 연회장 및 레스토랑 내부
에는 중국 전통양식의 목조 장식과 금박을 입힌 그림, 그리고 각
종 정교한 조명이 설치되었다.

계속해서 이 신문은 4월 22일에 한층 심화된 기사를 싣고 있다.
호텔 높이가 '91.5미터'로 보다 정확해졌으며, 특히 '상하이궈지호텔
(上海國際飯店)보다 5.5미터 더 높다'는 사실이 부각되었다. 따라서 이
어지는 관련 기사는 자연스럽게 '황푸강 변의 최고층 건물'이란 제목
을 달고 나왔다. 한편 '모든 객실에는 10가지 중국 전통가구가 갖추어
졌다'는 중국적 요소 또한 더욱 자세히 기술되었다.

본관 로비는 350제곱미터에 이르는 넓은 홀이다. 고개를 들면 우
선 눈에 들어오는 것은 거마행려도(車馬行旅圖)라는 표제가 붙은,

마차를 타고 사냥을 나가는 장면을 전통 칠기로 묘사한 대형 부조물이다. 로비의 벽면에는 고대 청동기 문양을 복제해 만든 봉황무늬 6개가 상감 방식으로 새겨져 있다. 로비 동쪽 편은 회랑식 정원이다. 정원에 가득한 향기로운 꽃과 푸른 식물, 난 화분과 새장, 분수와 비단잉어 등은 특별한 정취를 자아낸다.

그러나 보다 더 상세한 묘사는 근현대화한 설비에 할애된다.

본관에는 총 10대의 엘리베이터가 설치되어 있다. …… 1층에서 최고층까지 30초면 도달할 수 있다. 호텔 본관은 이중의 배관을 통해 용수가 공급되며, 이중 전원방식으로 전기가 공급된다. 각 층 벽면에는 정전 시 작동하는 비상조명이 설치되어 있으며 자동경보장치도 완비되어 있다. 본관 옥상에는 연녹색 타일이 장식되어 있어 소박하고 단아한 분위기를 자아내는데, 비상시에는 헬기 착륙도 가능한 구조로 되어 있다. …… 출입문에는 전자식 도어벨이 설치되어 전통적인 노크 방식이 더는 필요 없게 되었다. …… 호텔 본관 건물에는 중앙집중식 에어컨이 설치되었으며 객실 내 환기장치는 대류식으로 되어 있다. 공기가 환기장치 속에서 미리 데워지거나 냉각된 다음 객실 안으로 투입되는 구조여서 실내가 항상 봄처럼 적절한 습도와 신선한 공기를 유지한다.

내려다보는 전망에 대해서도 재차 강조한다.

23층에 있는 중식당 왕하이러우(望海樓)와 서양식 레스토랑 관윈거(觀雲閣) 및 일식당 잉화팅(櫻花廳)에서 바깥으로 돌출된 창문을 통해 내려다보면 상하이 전체에 비늘처럼 늘어선 건물과 가로세로로 교차하는 거리가 모두 한눈에 들어온다. 맑은 날씨에 '왕하이러우'에서 식사를 한다면 저 멀리 동쪽 바다까지 내다볼 수 있다.

재미있는 것은 기사의 말미에서 상하이호텔에 심오한 이데올로기적 함의를 부여하고 있다는 사실이다.

왕하이러우 식당에는 명대(明代) 서문장(徐文長)이 쓴 대련(對聯)이 걸려 있다. "팔백 리 산하를 언제 그렸는지 아는가, 십만 호의 등불이 모두 이 누대 아래에 모이는구나.(八百里山河知是何年圖畵, 十萬家燈火盡歸此處樓臺)" 이 대련을 읽다보면 상하이가 7세기 무렵의 어촌과 염전에서 오늘날의 근현대화한 대도시로 발전하면서 거쳐온 커다란 변화를 떠올리게 된다. 이 호텔의 건립이야말로 조국의 부흥과 우리 중국인의 지혜와 역량을 드러내는 것이 아닌가.

상하이호텔의 건립이 이 도시에서 일어난 매우 중요한 사건이라도 되는 것처럼, 신문들은 1월에서 8월까지 수차례에 걸쳐 이를 보도했다. 아마도 이 호텔은 한 시대의 정치적 무의식을 함축한 것이었으며, 혹은 그 자체가 근현대성에 대한 핵심적인 은유였을지 모른다.

이 은유는 1980년대 중국이 서둘러 자신을 변화시키려는 절박한 소망을 나타낸다. 그리하여 미학적인 측면에서 '웅대한 장관'에 대한 추구가 자연스럽게 '조그만 다리 아래로 흐르는 물'에 대한 감상을 압도하게 된다. 사실 그 몇 년 동안 상하이에는 여러 호텔이 새롭게 건립되기 시작한다. 그중에는 복고풍의 건축물도 적지 않았는데, 예컨대 1984년 4월 30일자 《문회보》의 보도에 따르면 상하이현에 짓게 될

4개 호텔 모두 '장난(江南) 정원풍의 건축양식'을 채택할 예정이었다. 그러나 그 호텔들은 결코 상하이의 건축미학을 주도할 수 없었다. 도시 전체는 모두 높은 곳을 향해 올라가고 있었으니, 연달아 착공된 화팅호텔(華亭賓館)은 90미터, 홍차오호텔(虹橋賓館)은 103미터에 달했다. 하지만, 이것으로는 여전히 부족했다. 1984년 11월 2일자 《문회보》는 사진을 곁들여 다음과 같이 보도했다. "얼마 전 막 영업을 시작한 광저우의 화위안호텔(花園酒店) 본관 건물은 190미터에 달한다." 그것은 상하이가 뒤처졌으니 서둘러 따라잡아야 한다는 결심을 암시하는 것이었다. 오늘날에 진마오(金茂) 빌딩은 그 높이가 420.5미터에 이르며, 상하이 전체의 자랑거리가 되었다. 1980년대에 일어난 근현대화에 대한 급박한 추구는 중국이 세계 속으로 진입하려는 소망을 강렬하게 나타내는 것이었다. 따라서 이런 커다란 배경하에서 중국의 전통—예컨대 강남 정원풍의 건축양식—은 결코 전면적으로 부활할 수 없었으며, 미학의 전체 조류를 주도할 수도 없었다. 1983년의 상하이호텔이 호화로운 근현대 설비에 보태어 방마다 '10가지 중국 전통가구'를 갖춘 것과 마찬가지로 '중국'은 다만 한 가지 요소로서 전 지구화라는 그림의 일부를 채울 수 있을 뿐이었다.

그런데 1980년대의 호텔이 나타내는 높이가 과연 우리에게 무엇을 의미하는가? 그것은 바로 직관적인 속도에 대한 숭배와 추구라 할 수 있다. 속도야말로 근현대성의 핵심 특질 가운데 하나로서, 그것은 과학, 기술, 제도, 관리, 신념, 사상, 열정, 나아가 이데올로기 등을 의미한다. 하지만, 이 속도라는 것이 이데올로기적 '호명'구조를 구성하기 위해서는 구체적인 형상을 갖추어 나타날 필요가 있다. 그리하여 1980년대의 이른바 '선전(深圳)의 속도'는 바로 '건축'의 형식을 통해 설명되었던 것이다. 마찬가지로 상하이에서도 "새로운 건축기술을 도입하고 새로운 건축방식을 채택"했기에, "90일에 6층짜리 건물 하나"를 짓는 "진장호텔(錦江飯店)이 또다시 외국회사 사옥을 건립"했다는 내용이 《해방일보(解放日報)》 1984년 5월 21일자의 1면 기사가 될 수 있었다. 한편 화팅호텔 같은 경우는 비판을 받기도 했다. 까닭인즉슨, "이 호텔은 1979년 국무원으로부터 건축허가를 받은 이후, 현재까지 이미 5년이 지났지만 아직 전혀 우뚝 솟은 모습을 드러내지 못하고 이제 막 지하실을 짓기 시작했다. 하지만 같은 시기에 허가를 받은 비슷한 규모의 난징(南京) 진링호텔(金陵飯店), 광저우 바이톈어호텔(白天鵝賓館)은 완공 후 영업을 시작한 지 이미 1, 2년이 지났다. 게다가 베이징의 창청호텔(長城飯店) 역시 최근에 완공되었다."[2] 마치 광고음악 속에서 노래하듯이, "나와 이 도시는 함께 키가 큰다." 키가 큰 도시는 '속도'의 승리를 의미하며, 보다 분명하고 직관적인 방식—예컨대, "상하이궈지호텔보다 5.5미터 높다"는 식—으로 '신시기(新時期)'의 시작을 선포하고 있다. 그 때문에 동시에 그것은 일종의 국가정치적 시각을 의미하는 것이기도 하다.

이러한 국가정치적 시각은 바로 '내려다보는' 형식을 통해 생생하게 드러난다. 상하이에 있는 거의 모든 호텔의 최고층에는 이러한 스카이라운지, 카페, 바 등이 설치되어 있다. 이처럼 높은 곳에 올라가면 도시 전체가 우리의 시야 속에 들어오며, 이때 우리는 정복감 혹은 "조국을 바라보며 글로써 끓어오르는 충정을 표현(指點江山, 激揚文字, 마오쩌둥이 지은 시에서 인용함—옮긴이)"하고 싶은 느낌이 든다. 우리는 이때 한 개인의 입장 혹은 한 개인이 구체적으로 존재하는 상황에서 벗어날 수 있다. 우리가 이때 목격하는 도시는 우리가 구체적으로 존재하는 도시가 아니라, 하나의 도시 '경관(scape)'이라 할 수 있다. '경관'이라는 도시건설의 개념은 바로 '내려다보는' 시각이 있

루자쭈이의 경관(scape)

고 나서야 비로소 출현할 수 있었다. 어떤 의미에서 경관은 인공적 합
성물이라 할 수 있다. 그 배후에는 우리가 어떻게 보고 무엇을 보는가
를 누군가 미리 결정한다는 시각문화가 토론하려는 문제가 존재한다.
이처럼 어떤 높이에서, 우리는 바라보는 시각과 내용이 누군가에 의
해 규정당하고 있다. 이 도시에서 매일같이 벌어지는 생명의 희비극
은 이러한 시각 속에 가려져 보이지 않게 되고, 그것을 대체하는 것은
다만 도시의 '풍경'일 뿐이다. 또한 이렇게 바라보는 과정 속에서 우
리의 신분에 매우 희극적인 변화가 생겨난다. 곧 우리는 이 도시의
'주인'이 되는 것이다. '경관'은 '주인'과 관련한 일체의 신화─허구
적인 생활모델─를 현란하게 비춰준다. 그리고 우리는 이 순간 자연
스럽게 국가정치의 지식계보 속으로 끌려들어 간다.

하지만 우리는 여전히 높이의 미학, 우리의 일상생활과는 다른

건축경관을 필요로 한다. 혹은 종교와 유사한 미학적 기탁이 필요한 것일지도 모르겠다. 어떤 의미에서 근현대성은 이미 지금 이 시대의 가장 두드러진 정치적 특질이 되었다고 할 수 있다. 하지만 근현대성이 한 시대 전체를 통틀어 결집시키고자 한다면, 그것은 반드시 종교적인 기능—특히 신성화할 수 있는 기능 포함—을 갖추어야 한다. 이런 기능을 발휘하기에 가장 적합한 것은 바로 직관적으로 체현된 것, 즉 높이의 미학이 구성해 내는 건축물이다. 그것은 사람 바깥에 존재하는 일종의 기호세계다. 종교의 특수성에 대한 피터 버거(Peter Berger)의 해석을 빌리면, 이른바 그 특수성이라는 것은 어떤 신성한 사물이 세속에 사는 보통 사람의 생명과는 전혀 다른 존재로 표현되는 것을 말한다.(貝格爾 1991, 104) 종교는 우리에게 신성한 사물에 대해 체험케 해주며, 이때 신성한 사물은 일생생활의 소란스러움과 세속의 번잡스러움 속에서 출현해 사람들의 손에 닿을 수 없는 경외의 존재가 된다. 그리하여 그것은 궁극의 의미와 최후의 용기를 산출하는 원천으로 기능을 하는 것이다.(蒂里希 1988)

오늘날 우리가 살고 있는 이 도시와 우리 사이에는 분명한 간극이 존재한다. 중국 남쪽지역의 아름답고 평온한 느낌, 혹은 북쪽지역의 온화하고 순박한 느낌과는 전혀 다른 특별한 무언가가 도시 속에 존재한다. 그것은 바로 지상에서 벗어난, '이탈의 미학'이라 할 수 있다. 수많은 건축물이 끊임없이 위로 향하고 있다. 그 건축물들은 도시를 차갑게 만들지만, 동시에 더욱 단단하게 만든다. 단단한 도시는 남성적 힘을 드러내며, 사람들로 하여금 존경과 두려움이라는 상이한 두 감정을 느끼게 한다. 왕안이(王安憶)의 소설 〈슬픔의 땅(悲慟之地)〉은 도시에 대한 이러한 느낌을 생생하게 표현하고 있다. '루자쭈이'에 대한 딜릭의 비평이 얼마나 날카로운지의 문제와는 별도로, '루자쭈이'는 이미 이 도시, 이 시대의 새로운 종교가 되었다. 그것은 지상에서 벗어나는 이탈의 성질, 그리고 종교적 의미에서의 특수성을 통해 의미의 탐색과 호명을 진행하고 있다.

2. 내부, 개방과 상상을 누리는 방식

그러나 근현대성은 결코 종교가 아니다. 위를 향하는 것은 단지 그것이 취하는 자세일 뿐이다. 근현대성의 최종 목적은 우리를 이 세속적인 세계 속으로 끌어들여 육체의 욕망과 물질에 대한 소유욕, 혹은 어떤 생활방식을 불러일으키는 것이다. 이처럼 근현대성이 구성해내는 공동체적 상상은 반드시 물질과 밀접한 관련이 있다. 호텔은 의심할 나위 없이 이러한 상상적 구성의 역할을 효과적으로 담당할 수 있다. 호텔 외관의 웅장함, 내부의 아름답고 호화로운 장식은 우리에게 새로운 생활방식의 이상적인 경관을 제공하는데, 이 경관이야말로 '근현대적'인 것이다.

하지만 문제는 여전히 남아 있다. 1980년대 초 상하이에 있는 호텔 대부분은 시민들에게 문을 굳게 걸어 잠그고 있었다. 당시 상하이 시민들에게 호텔은 현실과 동떨어진 신비한 생활이었으며, 혹은 사람들이 도저히 상상할 수 없는 세계라고도 할 수 있었다. 이러한 제한성은 분명히 초대소의 전통—사회주의 시기의 특정한 등급 질서의 상징—에서 이어져 내려온 것이다. 실제로 당시에는 오늘날의 동후로(東湖路), 루이진로(瑞金路), 혹은 그 밖의 한적한 큰길가 나무숲 사이로 신비스러운 건물들이 들어서 있었는데, 그 건물 모두가 상당한 등급을 갖춘 '내부 초대소'였다. 하지만 1980년대에 이르렀을 때 이러한 규정은 너무 낙후된 것이었다. 이 시기에 사람들이 보편적으로 요구했던 것은 근현대화에 대한 상상을 함께 누릴 수 있는 방식이었다. 이러한 요구 속에서, 전통적인 권력의 등급 질서는 지식계로부터 강렬한 비판을 받게 되었다. 1980년대의 근현대화 혹은 근현대성은 보편·평등한 방식을 통해 그 공동체적 상상을 구성해 나갔다고 볼 수 있다.

1984년 8월 15일자 《문회보》에서 '린란(林蘭)'이라는 상하이 사람이 쓴 〈호텔의 문을 조금 더 열어도 좋다(賓館之門不妨開大一點)〉라는 글은 이 문제에 대해 다음과 같이 공개적으로 비판하고 있다.

> 광저우에 출장을 가서 깊게 남은 인상 중 하나는, 둥팡호텔(東方賓館)이든 바이톈어호텔이든, 아니면 류화호텔(流花賓館)이든 중국그랜드호텔(中國大飯店)이든 상관없이 모두 대문을 활짝 열어놓았다는 사실이다. 당신이 화교이든 외국 손님이든 아니면 보통 시민이든 간에, 그리고 당신이 외국인용 화폐를 쓰든 인민폐를 쓰든 상관없이, 그곳에서는 모든 손님을 환영한다.
> 내가 이 고급스러운 호텔에 들어섰을 때, 외국인이 특별히 고귀하다는 느낌도 없었으며, 내 수중에 외국인이 쓰는 화폐가 없어서 난감함을 느끼는 일도 없었다. 나는 개방 이후의 조국에 대해 자부심을 느꼈다. 세계 일류 수준의 이러한 호텔들이 있기에 이처럼 많은 국내외의 사람들을 불러들이는 것이리라.
> 상하이에 돌아와 직장 동료랑 이야기를 하는데, 모두 상하이의 호텔에 대해 얼마간 원망하는 마음을 품고 있었다. 모두 알겠지만,

상하이 난징로(南京路)의 허핑호텔(和平飯店), 궈지호텔에서 마오밍로(茂名路)의 진장호텔까지, 쑤저우 강변의 상하이빌딩에서 상하이동물원 옆의 룽바이호텔(龍柏飯店)에 이르기까지 도대체 몇 군데나 모든 손님들에게 문을 개방하는가?

호텔 대문을 조금 더 크게 열 수는 없는가?

문을 조금 더 크게 열어서 보통 손님이 보다 많이 호텔에 들어가게 된다면, 적어도 일부 사람이 지니고 있는 외국인을 선망하는 그 기묘한 심리상태를 없앨 수 있을 것이다.

문을 조금 더 크게 열어 모든 사람이 돌아볼 수 있게 한다면, 경쟁하는 분위기를 조성하여 관영기업의 습성을 없애고, 서비스의 품질과 경제적 효율을 높일 수 있을 것이다.

난징루에 위치한 궈지호텔

물론 이것은 호텔 여기저기에 아무나 드나들어도 된다는 말이 아니다. 하지만 대외적으로 개방할 수 있는 부분을 모든 손님에게 열어놓는다면, 전체적으로 이로움이 많고 폐단은 적을 것이다.

이 짧은 글 속에서 우리가 한 가지 더 언급할 만한 부분은 상하의 구별에 대한 비판과는 별도로 중국과 외국의 구별을 비판하고 있다는 점이다. 이는 바로 근현대성이 토착화를 시도하는 과정에서 필연적으로 취하게 되는 전환방식이며, 또한 그 과정에서 생겨나는 국족주의(nationalism) 정서라고도 할 수 있다. 위의 글에서 말하는 평등이란 상하의 평등만이 아니라 중국과 외국의 평등이기도 하다. 이는 바로 1980년대에 중국이 세계로 진입하고자 하는 모종의 정서를 반영한 것으로서, 근현대화와 관련해 모두가 함께 누릴 수 있는 방식을 요구하는 것이다.

오늘날, 바라보는 행위는 우리의 생활 속에서 가장 중요한 일부분이 되었다. 바라보는 과정에서 우리의 몸이 실제로 위치하게 되는 곳은 바로 '빌려온 공간'—스크린, 백화점, 상점 쇼윈도, 거리 풍경 등—이다.(張英進 2004) 이런 허구적인 '빌려온 공간' 속에서 우리는 무언가를 소유하려는 충동을 느끼게 되는데, 그것은 대체로 내적인 모방 혹은 상상 속에서 이루어진다. 그리하여 우리가 원래 갖고 있던 상상의 방식은 종종 무심코 바라보는 과정 속에서 은밀하게 뒤바뀐다. 호텔이 이 도시의 시민들에게 대문을 개방했을 때, 호텔이 실제로 시민들에게 빌려준 것은 바로 이러한 '빌려온 공간'인 것이다. 그것은 동시에 일종의 생활방식이기도 했다.

우리가 호텔의 내부공간으로 들어서는 과정에서 가장 먼저 마주치는 것은 바로 호텔의 중앙홀이다. 우리는 그 거대한 넓이와 더불어, 그 높이 그리고 화려하고 사치스럽기까지 한 장식을 마주하게 된다. 걸음걸이는 모두 조용하고, 시끄럽게 떠드는 소리도 없는 가운데, 무언의 응시만이 있을 뿐이다. 우리의 시선은 홀 구석구석을 천천히 훑는다. 홀을 장식한 목재, 바닥에 깔린 대리석, 원형 기둥, 벽화, 그리고 모양이 통일된 소품에 이르기까지. 1980년대에 처음으로 호텔에 들어선 시민들은 대부분 이와 유사한 경험을 했을 것이다. 그들 모두가 실은 앞에서 말한 '천환성'이라고 할 수 있다. 이런 바라봄 속에서 개념 하나가 슬며시 출현했는데, 바로 이른바 '풍격(氣派)'이라는 것이다.

허핑호텔의 중앙홀

이 단어의 출현은 단지 '시야'의 개방— '빌려온 공간'은 이러한 '시야'의 개방을 가능하게 했다—만을 의미하지 않는다. 그것은 모종의 차별성이 부활하는 것과 관련이 있으며, 이러한 차별성이 획득한 시각의 합법성과도 관련이 있다. '풍격'은 다시금 계급의 차이를 포함한 생활의 차이를 벌려놓았다. 물론 1980년대에 '풍격'은 사람의 무의식 깊은 곳에 웅크리고 숨어 있었다. 1990년대에 이르러 '풍격'은 비로소 명확한 계급의식으로 변모했다. 이러한 차별성은 '지축을 흔드는 듯한' 심리체험의 방식을 통해 완성되었으며, 이러한 과정 속에서 우리가 목도할 수 있는 것은 아마도 중간계층의 성격이 완정하게 조합되는 모습일 것이다. 중간계층은 한편으로는 '풍격'이라는 것에 소스라치게 놀라 스스로가 얼마나 보잘것없는가—심지어 잠재의식 속에서 자괴감에 빠지기도 한다—를 느끼게 되지만, 다른 한편에서는 모방 충동, 소유욕, 나아가 자신이 지녔던 구식 생활방식을 과감히 뜯어고치려는 용기를 갖추게 된다. 이는 바라봄의 복잡한 과정으로서, 그것은 단순한 감상에 불과한 것이 아니라 보다 중요하게는 부러운 시선, 그리고 사치에 대한 암묵적 승인을 의미한다.

우리가 계속해서 다루어야 할 문제는, 이 사치라는 것이 공간에 의해 체현되는 경우가 더욱 많다는 점, 그리고 1980년대 상하이에서 공간은 바로 사치의 개념과 맞닿아 있다는 점일 것이다. 당시 집을 나와 대중교통을 타고 이동하는 곳이면 어디나 할 것 없이 사람들로 몹시 붐볐다. 만약 근현대화의 논리가 모종의 확장성이라는 기초 위에 세워진 것이라면, 바라보는 행위를 통해 사람들에게 환기된 것은 바로 공간의 확장에 대한 요구라 할 수 있다. 이러한 확장의 요구는 당시에는 다만 개인의 생활방식을 바꾸고 싶다는 소망에서 머물렀지만, 그 논리를 연장해 나간다면 일체의 모든 소망—재산, 지위, 신분 등등—으로 이어질 수 있을 것이다. 더 나아가 그 요구는 계급적인 염원으로까지 변화해 나갈 수 있다. 1990년대의 사회적 충돌은 분명 이러한 확장성의 논리를 기초로 발생했다. 하지만, 이러한 확장성의 논리가 성립하려면 먼저 보편적인 전제가 확립되어 있어야 한다. 혹자는 근현대 국민국가(nation-state)의 확장이 세계자유무역체제 혹은 전지구화의 확립에 달렸다고 말할 수도 있겠지만, 개인적으로 봤을 때 보다 관건이 되는 사항은 아마도 계층 간의 이동 가능성일 것이다. 1980년대에 이루어진 호텔의 개방은 어떤 의미에서 바로 이러한 이동 가능성을 암시한다고 할 수 있다. 그리하여 '빌려온 공간'이 제시한 것은 바로 여러 계층이 함께 누릴 수 있는 이상적인 모델이었다.

현재 우리는 이 '빌려온 공간' 속에서 모종의 바라보는 자유를 획득했다. 그것은 본래의 우리 자신과는 전혀 다른 이질적인 생활방식이지만, 바로 그러한 이질성으로 말미암아 생활에 대한 우리의 상상 또한 현격하게 변화하고 있다.

1980년대에 물질은 우리의 시선 속에서 특히나 중요하게 비춰졌다. 이는 아마도 당시 개인용품이 부족했던 것과 관련이 있을 것이다. 중국사회에서 개인성이 자리 잡게 된 것도 일정 정도는 개인용품의 부족에서 비롯했다. 많은 사람의 경우 처음으로 에어컨을 접한 느낌은 모두 호텔 방문 경험과 유관한데, 에어컨 바람은 당시 극장에서 나오는 매서운 찬바람과는 전혀 다른 것이었다. 1980년대에 전기는 유달리 중요한 개념이었다. 텔레비전—수많은 노스텔지어의 글들은 전기가 일상생활에 얼마나 커다란 변화를 몰고 왔는지 이야기하고 있다—에서 시작해 전화, 에어컨, 비디오, 전축, 나아가 휴대전화에 이르기까지 전기를 이용한 수많은 제품이 우리의 개인생활 속으로 들어왔다. 우리의 개인생활 역시 이로 말미암아 변화하기 시작했으니, 우리는 점차 이 도시에 의존하고 매체들의 소식에 의존하고 남들과의 관계에 의존하기 시작했으며, 심지어는 전력회사의 지원에 의존하기도 했다. 우리는 이미 이러한 지원이 없다면 장차 어떻게 살아갈지 상상하기조차 어려운 지경에 이르렀다. 바로 이러한 물건들의 도입을 통해 우리는 비로소 근현대화의 시스템 속으로 들어서게 되었으며, 소위 자유라는 것 역시 근현대에서는 극히 제한된 범주 속에서 규정될 수밖에 없다. 하지만, 우리의 신체는 오히려 쾌적함을 느낀다. 역설적이게도 신체의 쾌적함과 정신의 위축이 기괴한 모습으로 뒤섞여 있는 것이다. 하지만, 1980년대에 근현대화의 합법성이 최초로 구축된 곳은 우리의 신체감각이었다.

이러한 신체감각은 동시에 미학적 관념의 변화를 수반했는데, 예컨대 1980년대에 어떤 기회로 우리가 호텔에 들어가 식사를 하게 되었다면, 이는 마치 의식을 치르는 일이라 할 수 있었다. 우리는 사실상 식탁의 냅킨을 어떻게 사용하고 심지어는 이쑤시개를 정확히 어떻게 사용해야 하는지를 배우는 학습의 장에 들어섰던 것이다. 우리는 또한 반드시 세련된 식기를 사용해야 했으며, 바로 이러한 물품—붉은 나무 혹은 은으로 된 젓가락, 금박 테두리를 두른 접시 등등—을 사용하는 중에 우리의 행동거지는 점점 우아해지기 시작했다. 세련됨과 우아함이 이 시기의 미학적 관념이 되면서, 고기를 크게 베어 먹고 큰 사발에 술을 마시는 것 같은 거칠고 소탈한 식습관은 마치 다른 시대 혹은 다른 계층에나 있을 법한 요원한 기억이 되어버렸다. 이때 우리가 마주친 것은 아마도 신분의 분열, 그리고 새로운 신분을 구성하고 싶은 충동이었을 것이다. 신분의 분열과 새로운 계층질서의 성립은 1980년대에 문화 및 일상생활의 미학과 관련해 어느 정도 호응을 얻었다. 이는 분명히 어떤 힘의 개입에 의한 것이었다. 1980년대에는 새로운 계급(예컨대 당시의 자영업자)에 대한 미학적인 질문이 종종 제기되었는데, 사실은 이러한 질문 행위 역시 매우 은밀한 방식으로 여러 가지 힘—국내외 자본, 권력, 새로운 계급들과 함께 향수하기를 원하는 지식 엘리트들의 요구 등—을 드러낸 것이라 볼 수 있다. 아울러 1990년대에 이르러 새로운 계급은 미학적 측면에서 합법적인 전환—근현대적 생활방식에 대한 모방과 사치품의 소비—을 최종적으로 마무리 지었다고 할 수 있다.

그렇다면 방은 어떠한가? 호텔의 객실은 우리가 바라보는 과정에서 어떠한 위치를 차지했는가? 우리의 모방을 실천으로 바꾸고, 나아가 이 도시에서 유행하는 집 안 장식의 흐름을 이끌었던 것은 의심할 나위 없이 호텔의 객실이라는 사적이고 은밀한 공간이었다.

가장 먼저 시선을 끄는 것은 이른바 화장실이었다. 과거에 우리는 화장실을 '측간' 혹은 '변소'라고 불렀다. 명칭의 변화는 이 공간의 기능이 확대되었음을 의미하는데, 곧 변소는 그 기능 중 하나일 뿐이다. 오늘날 화장실은 욕실도 되고, 화장하는 공간도 되며, 그 밖의 다

권지호텔 객실 내부

른 기능을 갖추기도 한다. 더욱이 정성스러운 장식—대리석 세면대, 벽과 바닥에 깔린 타일, 욕조, 샤워기 등—은 우리에게 우아한 상상의 공간을 제공한다. 이 공간의 변화는 '위생혁명'이라고 부를 수 있을 터인데, 이 혁명의 진정한 의미는 바로 이 공간에서 우리의 신체가 느끼게 되는 쾌적함이라 할 수 있다.

오늘날 신체의 요구는 침실로 한 걸음 더 나아갔다. 시멘트 바닥 대신에 카펫이 깔렸고(가정에서는 나무 바닥으로 대체), 나무 침상 대신에 시몬스 매트리스가 놓였다. 벽면 또한 석회칠에 그치지 않고 벽지를 바르거나 라텍스 칠을 했다. 햇볕이 이 공간에서 퇴출당한 대신에 천장이나 머리맡에는 전등이 놓였다. 그 어두운 불빛은 우리의 시선 요구를 만족시켜 준다. 즉 우리에게 더 중요한 것은 밤의 평온함이지 대낮의 열광이 아니다. 사실 1980년대에 이러한 낮과 밤의 새로운 구분이 함축하는 것은 바로 국가(혁명)와 개인(생활)을 새롭게 분리시킨 집단무의식이다. 낮(국가적이고, 공공적이며, 정치적인)은 이러한 구분으로 말미암아 밤(개인적인 일상생활과 관련된)으로까지 연장될 수 없었다. 텔레비전 장식장은 객실에서 중요한 위치를 차지했다. 이는 곧 텔레비전이 가정에서 중요한 지위를 차지한다는 사실에 대응된다. 우리는 이제 현실생활 속에서 진정한 개인성을 관찰하고 사고하는 대신에 매체가 주는 정보에 의존하게 된 것이다. 전화는 침대 머리맡의 테이블에 놓여 있는데, 후에 수많은 가정이 이런 배치를 모방하게 된다. 이는 패러독스라 할 수 있는데, 한편으로 사람들은 개인의 은밀한 공간으로 숨어들어 가려 하지만, 다른 한편에서는 이러한 숨어들어 감이 아무런 효과를 갖지 못한다. 사회에 대한 사람들의 의존은 전화로 말미암아 한층 더 강조되며, 이때 사람들이 무의식중에 소망하는 것은 아마도 일종의 '호명'일 것이다.

하지만, 1980년대에 이 사적인 공간이 제시한 것은 어쩌면 자족적인 가정형태일 수 있다. 그리하여 그것은 강력한 '호명' 기능을 가질 수 있었다. 확실히 1980년대에는 '탈정치화'가 집단무의식으로 자리 잡았으며, 나아가 정치적인 공공 공간의 퇴출을 요구하는 상황으로까지 이어졌다. 이러한 요구 속에서 '집'은 새롭게 사람들이 주목하는 초점이 되었다. 집의 개념은 광고 속에서 되살아났는데, 예컨대 "우연히 이 집에 와서, 나의 핏줄이 영원토록 이곳에서 유지되고, 나의 애정도 이곳에 깊게 매여 있네. 나는 일생 동안 그 꿈속의 집을 찾아왔네"라는 구절이 있으며, 어느 부동산개발상은 한 걸음 더 나아가 "나는 ○○와 함께 나의 집을 짓겠다"고까지 광고했을 정도다. 그뿐만 아니라 집의 개념은 모종의 지식인적 서사로 변모하기도 했는데, 예를 들어 위광위안(于光遠)은 다음과 같이 회고한다.

> 문화대혁명 이전에 나는 당 조직에 얘기하지 못할 일은 없지만, 당의 기밀은 가족에게 결코 말해선 안 된다고 생각했다. 문혁 기간 중에 '조직'이 나를 나쁜 사람으로 간주했다. …… 나는 그들이 대표하는 조직 관념을 어떻게 '강화'시켜야 할지 정말 몰랐다. 그때 나는 모든 근심과 고통을 가족에게만 말했고, 힘든 일이 있으면 오직 가족과 함께 극복했으며, 기쁜 일이 있어도 오직 가족과 함께 누렸다. 솔직해 말해서 …… 문혁을 6년간 겪으면서 가정에 대한 내 생각은 크게 바뀌었다.(于光遠 1995, 88)

여기서 역사는 이러한 '탈정치화'를 합법화할 수 있는 모종의 근거를 제공하고 있다.

하지만 호텔의 정식 명칭과 마찬가지로, 이 사적인 공간은 사실

'표준 객실'에 불과하다. 그것은 일정한 표준에 따라 '복제'한 것이며, 따라서 호텔이 제공하는 것은 바로 '표준'적인 생활방식이다. 이 '표준'은 지금 이 순간에도 우리의 생활방식을 '복제'하고 있다. 어떤 인테리어 업체의 광고를 펼쳐보아도, 우리가 보게 되는 것은 바로 이런 '표준'화한 공사방식이다.

　　이 '표준'은 동시에 '계층'적이기도 하다. 즉, 그것은 '표준'화한 중산계층의 생활방식을 구성한다. 집 안 장식에서조차 개인성은 진정으로 표현되지 못하며, 단지 계층성만이 표현될 뿐이다. 그리고 우리는 이러한 계층성 속에서 자기 정체성을 획득하게 된다. 아울러 소위 '탈정치화'가 역사의 합법성을 획득한 이후 우리는 어처구니없게도 또 다른 종류의 정치적 통제 속으로 들어가는데, 이러한 정치를 어쩌면 '생활정치'라 부를 수도 있을 것이다. 이 생활정치는 우리의 생활방식을 새롭게 조직하고 분류하며 심지어 통제하기까지 한다. 이러한 통제 속에서 우리가 추구하는 것은 아마도 계층성일 터인데, 그것은 우선적으로 상상의 층면 속에서 전개된다.

3. 초국적 계급과 초국적 상상

　　　　　　　　'바라봄─상상'은 물론 우리 생활 속에서 매우 중요한 일부분을 구성하며, 특정한 신분을 형성하려는 충동을 불러일으킨다. 하지만 그것은 결코 실존적인 생활형태, 나아가 보다 본질적인 계층 차이를 대체할 수 없다. 이러한 계층 차이는 이미 1980년대에 얼마간 그 조짐을 보였는데, 당시에는 모종의 보편적 정치담론 속에서 그 차별성이 효과적으로 은폐될 수 있었다. 그러나 그중 일부분은 여전히 기억 깊숙한 곳에 남아 있었다.

예를 들어, 1980년대에 상하이에 사는 보통 사람에게 에어컨은 여전히 어떤 의미에서 사치품이었다. 이 때문에 우리는 무더운 여름이 되면 다음과 같은 도시 풍경을 종종 목격할 수 있었다. 즉 호텔이나 백화점 입구는 언제나 더위를 피하려는 사람들로 가득했는데, 그들은 손에는 부채를 들고 자기가 가져온 작은 의자에 앉아서 그 궁전과도 같은 건물에서 새어 나오는 가느다란 찬바람을 쐬고 있었던 것이다. 이런 모습은 우리로 하여금 1960년대의 상하이를 떠올리게 한다. 한 작가는 그 모습을 이렇게 묘사했다. "1960년대 상하이의 빌딩들은 문을 굳게 걸어 닫고 있었는데, 그 모습이 무척 신비스러웠다. 빌딩 아래는 널찍하니 아무도 다니지 않았으며 문틈으로는 바람이 끊임없이 새어 나왔다. 그곳은 여름밤 더위를 피하기에 더없이 좋은 명당자리였다."(殷惠芬 2002, 57)

1960년대의 상하이에 정치권력의 등급 질서가 존재했다면, 1980년대의 상하이에는 새로운 경제적 등급 질서가 배태되었다. 따라서 호텔과 관련한 서사에는 반드시 그곳에 묵었던 사람들을 포함시켜야 한다. 어떤 의미에서건 이 사람들은 이미 이 시대의 새로운 계급이 되었다. 관광객을 제외하면, 1980년대 초 호텔에 머물렀던 사람들은 대부분 공무원, 지식인 엘리트, 국내외 자본가, 초국적기업의 관리직원들이었다. 이들이 바로 새로운 계급을 만들어냈던 장본인이다. 이들은 비록 '신흥부자'에서 이제 막 일어나기 시작한 새로운 '중산계층'에 이르기까지 복잡한 내부 구성을 이루고 있지만, 이들 모두가 이미 근현대 중국의 계급 지도 속에서 상층부를 차지하고 있었으며 사실상

이 시대의 통치계층이라 할 수 있었다. 따라서 어떤 의미에서, 예컨대 새로운 이데올로기(왕샤오밍(王曉明)의 말)의 산출과 관련해서, 우리는 더욱더 그들을 '신흥계급'이라 통칭하려는 것이다.

중국이 점차 세계의 이상적 모델 속으로 빠져들면서, 특히 초국적 자본이 들어오고 국제교류가 빈번해지면서, 이 새로운 계급은 초국적 계급의 특징을 보다 많이 지니게 되었다. 특히 이데올로기 측면에서 초국적 신분의 정체성에 대한 상상이 증가하기 시작했다. 그리고 이러한 상상의 배경에는 우리가 통상적으로 말하는 '전 지구화'가 있었다.

'전 지구화'의 과정 속에서 공간의 재정비는 매우 중요한 역할을 맡는다. 그것은 새로운 이데올로기를 빚어낼 뿐만 아니라 근현대 건축의 중요한 힘을 만들어내기도 한다. 이러한 상황에서 폴리나 보젝(Paulina Bozek)의 관찰은 더욱 중요하게 다가온다.

> 초국적기업은 거대한 건물을 통해 자신의 존재를 드러낼 필요가 있다. …… 대부분의 건축과 개발은 모두 이 외국자본에 의한 것으로 초국적기업에는 문화유산에 대한 관심과 주의가 결핍되어 있다. …… 이런 거대한 건축물들이 마닐라와 상하이와 같은 도시의 중심을 점거하며 이역만리 먼 곳에 있는 '초국적기업의' 성공을 대신 기리고 있다. 이러한 점들이 식민성 비판의 맥락에서 널리 문제화하기도 했지만, 글로벌마켓과 투자거래소에서는 철저히 무시당하는 주제일 뿐이다. …… 이러한 거래소들은 서로를 비춰주는 근현대도시의 중심을 형성해 냈다. …… (이와 동시에) 건축물 사이에 간신히 기대어 있는 문화유산은 희소가치가 높은 상품으로 전락하고 말았다.(德里克 2005)

이른바 '문화유산'은 이 글에서 다루려는 주제가 아니다. 필자가 주목하는 부분은 단지 이러한 공간의 재정비 속에서 생겨나는 이데올로기 및 문화적 함의, 그리고 새롭게 빚어진 생활방식과 상상방식이다. 사실 1990년대 이래로 초국적 자본은 이미 중국의 호텔업에 진출하기 시작했으며, 오늘날 '힐튼', '포트만', '샹그릴라', '쉐라톤' 등의 초국적기업 이름은 우리 귀에 매우 익숙하다. 이러한 초국적기업 계열의 호텔들은 상하이만이 아니라 동시에 중국 내륙으로 널리 퍼져 있으며, 보다 중요한 것은 이미 수많은 중국 기업에서 초국적기업의 관리방식과 건축물 외관 및 그 밖의 중요한 요소를 모방하고 있다는 사실이다. 따라서 중요한 것은 더 이상 국내외 자본의 차이가 아니라, 두 자본이 공통적으로 만들어내는 통일된 생활모델인 것이다. 이러한 이상적 모델은 일반 사람들의 생활 바깥에 존재하지만, 모종의 상상방식을 통해 각각의 영역에서 생겨나는 이데올로기 속으로 침투하고 있다.

이러한 통일된 생활모델은 사실상 오늘날 우리의 생활 노선도를 구성하는데, 모 호텔의 광고문구를 빌리자면 '서로 다른 도시 속의 똑같은 집'인 것이다. 이러한 노선도 속에서 '본토(本土) 공간'은 '이동공간'(똑같은 집)으로 바뀌기 시작한다. 아르준 아파두라이(Arjun Appadurai)가 "아무런 위치감각이 없다"고 묘사한 바 있는 이 공간은 "우리가 살고 있는 이 세계는 그 어떤 제한선도 없어 보이며 심지어 정신분열적이기까지 한" 결과를 만들어냈다. 이러한 결과는 "전 세계의 맥도널드화에서 기인한 측면도 있지만, 다른 한편으로는 본토의 주민들이 사람과 비즈니스의 전 지구적 흐름에 두려움을 느끼는 동시에 그것을 통해 욕망을 채우는 매우 미묘한 작용에서 비롯한 것"이기도 하다. 이데올로기 및 문화적 측면에서 이러한 이상적 모델이 만들어낸 결과 중 하나는 바로 '미국인을 모방하는 민족을 만들어냈다'는 것이다. 아파두라이의 논의 속에서 보다 중요한 것은 바로 그의 '탈영토화 정치'에 관한 이론이며, 이 '탈영토화 정치'는 전 지구화의 다섯 가지 경관을 그려내고 있다.[3]

분명히 이 '위치감각 없는' 이동공간은 공간에 대한 우리의 상상을 재정비했으며, 이러한 상상과정 속에서 중국 본토는 때때로 '이역의 풍경'으로 변모하기도 한다. 예컨대, '스쿠먼(石庫門: 근대 시기 상하이에서 유행한 석조건축 양식―옮긴이)'의 건축이 그러하다. '스쿠먼'은 상하이와 상하이 역사의 상징으로 기능하고 있는데, 이는 어느 정도는 바로 전 지구적 상상에서 비롯한 것이라 할 수 있다. 특히 스쿠먼 건축물은 '신톈디(新天地)' 지역과 같은 건축양식 속에 특정한 '요소'로서 삽입되어 상하이의 '풍경'을 이루고 있다. 중요한 것은 외국인 관광객의 시각이 아니라, '신톈디'나 그 밖의 '스쿠먼' 건축물 자체가 이미 본토에 거주하는 사람들이 감상하는 '풍경'이 되었다는 사실이다. 이러한 감상의 배후에는, 우리가 이미 무의식적 차원에서 본토 바깥으로 유리되었으며 혹은 우리가 지닌 시각의 보다 많은 부분이 도시의 근현대 건축에서 왔다는 사실이 자리하고 있다. 근현대 건축에서 비롯한 시각은 우리의 상상 자체를 이미 '전 지구화'하게 만들었으며, 혹은 '전 지구화'한 이상적 모델 속으로 빠져들게 했다.

중국 본토가 '이역의 풍경'으로 변모할 때 그것은 다만 감상에 대한 요구를 만족시킬 뿐이며, 이것만으로는 결코 충분하다고 할 수 없다. 그 풍경이 우리 자신의 '생활'이 되려면, 그것은 다시 우리의 의식 속에서 새롭게 '본토화'해야 한다. 이때 필요한 것이 바로 새로운 역사서술에 의한 뒷받침인데, 이러한 역사서술은 우리에게 감상의 배경을 제공해 준다. 이런 의미에서 1990년대에 허핑호텔의 '올드 재즈 밴

스쿠먼 양식을 사용한 신톈디의 한 카페

드'가 새롭게 부활한 것은 사건이라 할 수 있다. 이 사건은 매체와 자본, 문화산업가 및 지식인들에 의해 부풀려졌으며, 이러한 과정을 통해 한 토막의 역사가 새롭게 쓰이게 되었다. 이것이 바로 '노스탤지어'라는 것이다.

1990년대의 상하이에서는 이와 비슷한 '노스탤지어' 사건이 끊임없이 벌어졌다. 이른바 '올드 상하이'라는 것도 옛날 사진 느낌의 '십리 조계지'—유럽식 고전건축, 무도회장, 바, 혹은 상하이 전통의 스쿠먼이나 뒷골목—를 통해 만들어진 것이다. 소설이나 영화 속에서는 이 모든 것이 수많은 글과 그림 사이에서 뒤섞인다. '올드 상하이'는 우리에게 식민시대의 역사적인 장면을 제공한다. 이 장면은 우아하고, 온화하며, 더 나아가서는 아름답기까지 하다. 그러나 또 다른 모습의 상하이, 예컨대 '모험가 낙원'의 상하이, '혁명'의 상하이, 샤옌

1920년대의 와이탄

현재의 와이탄

(夏衍)의 〈포신공(包身工)〉에 나오는 상하이 등은 이러한 역사서술 속에서 은폐되고 심지어는 철저히 전복되기도 한다.

　이로 인해 상하이는 1990년대에 들어와 새롭게 빚어지기 시작했다. 이렇게 새로 빚어진 근현대의 특징에 대해 딜릭은 다음과 같이 말한다.

당다이(當代)와 19세기 말에서 20세기 초의 세계를 구별하는 가장 중요한 특징은, 아마도 문화 및 이데올로기 영역에서 식민자가 장악하고 있는 보다 높은 문명을 통해 식민주의가 합법화했다는 사실일 것이다. 여러 복잡한 관계망 속에서, '보다 높은 문명'은 피식민자를 변호하는 사람들의 승인을 얻게 된다.(德里克 2005)

　'보다 높은 문명'은 전 지구화한 세계의 이상적 모델을 통해 보편적으로 승인될 수 있었으며 심지어 그 합법성의 근거도 획득할 수 있었다. 아파두라이는 필리핀의 노스탤지어에 대해 다음과 같이 묘사한 바 있다.

필리핀 사람들은 미국에서 유행하는 음악을 이해할 수 없을 정도로 즐겨 듣는다. 이는 '초현실적'인 글로벌 문화에 관한 살아있는 사진이라 할 수 있다. …… 그러나 미국화라는 말로는 이러한 정경을 충분히 설명하지 못한다. 물론 필리핀 사람들은 미국 노래(대부분 오래된 노래다)를 많이 부르고 또 잘 부르기도 한다. 하지만, 이는 한쪽 측면만을 말한 것이다. 다른 한편으로 필리핀 사람들이 살아가는 세계는 이 노래들을 만들어낸 저 너머의 세계와 결코 동일한 상태에 놓여 있지 않다. 날이 갈수록 보다 왜곡되고 있는 전 지구화의 과정 속에서, 필리핀 사람들은 사실상 자신들이 결코 잃어버린 적이 없는 세계를 그리워하고 있다. 최근에 프레드릭 제임슨(Fredric Jameson)은 이러한 상황을 일컬어 '현재를 향한 노스탤지어'라고 말했다. 이는 글로벌 문화의 유동적인 정치 속에서 나타나는 주요한 아이러니 중의 하나다. 이러한 현상은 특히 오락과 레저 영역에서 두드러진다. …… 미국식 노스탤지어가 필리핀 사람들의 욕망에 자양분을 공급하고 있다. 이러한 욕망은 사실상 초능력의 재생산이라 할 수 있으며, …… 기억 없는 노스탤지어라 할 수 있다.(阿帕杜萊 1998)

비록 상하이와 필리핀의 노스탤지어 사이에는 수많은 차이점이 있지만, 둘 다 특정한 '욕망' 혹은 '초능력의 재생산'을 포함하고 있다.

이러한 '욕망' 혹은 '초능력의 재생산'은 어떤 의미에서 초국적 정체성에 대한 상상이라 할 수 있다. 따라서 '올드 상하이'가 공들여 만든 것은 사실상 '새로운 상하이'이며, 이 '새로운 상하이'는 전 지구화한 세계의 이상적 모델에 끼워 넣어진 것이다. 이런 의미에서 '신톈디'는 우리에게 매우 핵심적인 사례를 제공한다. 내부(근현대적 오락방식)와 외부(전통적인 스쿠먼 건축양식)의 차이는 바로 '올드 상하이'와 '새로운 상하이'의 내적·외적 연관성을 암시하고 있다.

허핑호텔의 '올드 재즈 밴드'가 호텔의 '풍경'이 되기는 했지만, 그렇다고 그것이 상하이의 여러 호텔로 널리 보급된 것은 아니다. 실제 생활의 측면에서 사람들에게 더 필요한 것은 '새로운 상하이'이며 근현대적인 생활방식이다. 따라서 '노스탤지어'는 단지 문화적 혹은 이데올로기적 장치일 뿐이다. 그것은 무언가를 만들어내지만, 그 자체는 결코 현재의 새로운 생활방식으로 보편화하지 못하는 것이다.

1984년 7월 12일자 《해방일보》의 한 기사는 내게 어떤 상상을 불러일으켰다. 그 기사는 다음과 같았다. "상하이호텔의 '팡위안' 레스토랑은 7월 12일부터 음악을 틀어주는 찻집 영업을 시작한다. 개방시간은 매일 오후 2시 30부터 4시 30분이며, 입장료는 개인당 2.5위안이다. 여기에는 음료와 과자 값이 포함되어 있다. 아울러 저녁에는 컬러 프로젝션 TV를 틀어준다." 솔직히 말해서, 이 기사를 읽을 때 나는 격세지감을 느꼈다. 하지만 이 기사 깊숙한 곳에는 어떤 역사가, 어떤 역사의 은밀한 자취가 숨겨져 있을지도 모른다. 내가 여기서 진정으로 말하고 싶은 바는, 이 도시의 오락산업이 우리의 생활방식 일부분을 크게 바꿔놓았으며, 그 사실이 바로 이 신문보도에 숨겨져 있다는 것이다. 물론 호텔이 상하이 오락산업의 발전을 직접적으로 이끌었음을 증명할 어떠한 근거도 없다. 하지만, 적어도 호텔이 이러한 생활방식을 만드는 과정에 어

올드재즈밴드의 공연모습

느 정도 참여했다고 말할 수는 있을 것이다.

　상하이의 오락산업과 관련한 관리와 정비는 1949년 이후 이 도시가 줄곧 개조하고자 했던 중요한 테마 중 하나였다. 기생집의 금지에서 댄스홀의 최종적인 소멸에 이르기까지, 생활방식은 당시 국가정치와 국가이데올로기가 항상 주목하는 중요한 영역 중 하나였다. 바로 이 영역 속에서 이데올로기의 심각한 충돌이 발생했다. 이 충돌은 개인에 대한 국가의 통제, 나아가 최종적으로 개인을 국가이데올로기 속으로 편입시키려는 상상 속에서 비롯했다. 이러한 충돌, 그리고 이후의 성공적인 조정을 예술적으로 가장 잘 표현한 작품으로 일찍이 한 시대를 풍미했던 연극 《네온사인 아래의 보초병(霓虹燈下的哨兵)》을 들 수 있다. 이런 경전화(經典化)한 역사해석의 언어 속에서, 예컨대 일찍이 낭만, 여유, 품위 등의 다양한 상상이 덧붙여졌던 커피숍이란 공간은 1949년 이후 거의 남아 있지 않았으며, 보다 오랜 시간 동안 커피숍은 부르주아 계급의 기호로서 비판 대상의 언어 체계에 포함되었다.

　이러한 현상은 1980년대 이후 근본적으로 뒤바뀌었다. '탈정치화'의 잠재적인 지원하에서 수많은 영역이 과거의 억압에서 해방될 수 있는 가능성을 획득했으며, 생활방식 또한 그중 하나였다. 이 시기의 집단무의식 속에는 한 가지 잠재적인 서술이 보편적으로 존재했는데, 곧 사람들은 개인생활이 자족적인 영역이 될 것을 요구했으며 국가정치가 개입하는 것을 강하게 거부했다는 것이 그것이다. 동시에 이러한 요구는 사람의 본능적인 욕망으로 해석되었으며, 나아가 그 합법성을 입증하려고 정신분석학의 해설이 동원되기도 했다. 이 역시 1980년대에 유행했던 지식서사다. 실제로 국가정치는 개인의 시간에 대한 통제를 완화했으며 이에 따라 사람들은 더 많은 자유시간을 얻게 되었다. 이 시간을 어떤 방식으로 개인의 생활 속에 들여오느냐의 문제는 비단 개인만이 아니라 전체 사회경제 및 각종 이데올로기가 관심을 갖는 중요한 의제였다.(蔡翔 2000, 168)

시간 혹은 생활방식에 관한 요구는 인간의 본능적 욕망으로 귀결되면서 어쩌면 앤서니 기든스(Anthony Giddens)가 말한 '해방의 정치'(吉登斯 1998)에 도움이 될지도 모른다. 하지만, 그것은 결코 우리의 계속되는 지적인 추구를 만족시켜지 못한다. 바꿔 말해서, 우리가 어떤 본능적인 욕망의 존재를 인정한다면, 이러한 존재의 표현은 필연적으로 형식화의 문제와 맞닥뜨리게 된다. 즉 본능적인 욕망이 일단 실재화하거나 형식화하면 반드시 각종 상상의 이상적 모델 속에 자리 잡게 되는 것이다. 그리고 이른바 상상이라는 것은 종종 여러 이데올로기의 원소(元素) 속으로 침투해 들어간다. 이 때문에 1980년대 및 그 이후의 각종 서사에서 가장 먼저 출현하는 것이 바로 '올드 상하이' 생활형태의 재현인 것이다. 이런 생활형태는 어디까지나 선택된 것으로, '펑후취(棚戶區: 판자촌)' 생활과 같은 생활형태는 결코 이러한 '재현'에 포함될 수 없다. 재현되는 생활은 따로 있는데, 예컨대 '바이러먼(百樂門)' 댄스홀, 암흑가 사회, 호화 아파트 등 예전에 '혁명언어'의 범주 바깥으로 배척되었던 생활이 그것이다. 이런 의미에서 1980년 상하이호텔의 '팡위안' 레스토랑에 음악다방이 열린 것은 사회적 '징조'라 할 수 있으며, 또 다른 종류의 '개조'가 개인의 생활영역 속으로 천천히 들어오기 시작했음을 의미하는 것이기도 하다.

그러나 이미 여러 차례 언급했듯이, '올드 상하이'의 재현은 허핑호텔의 '올드 재즈 밴드'와 마찬가지로 결코 이 시대의 보편적인 생활방식으로 바뀌지는 않는다. 그것들은 다만 하나의 요소로서 우리의 생활방식에 첨가될 뿐이다. 아마도 보다 본질적인 의미는 그 요소가 우리의 상상을 불러일으킨다는 것, 혹은 우리의 상상 속에서 특정한 이데올로기의 범주를 규정한다는 것에 있을 것이다. 우리의 상상 자체를 바로 그 요소가 만들어낸다고 할 수 있다.

상하이의 이면 펑후취

'팡위안' 레스토랑의 음악다방은 더는 존재하지 않으며, 이제 그것은 모든 호텔의 중앙홀에 있는 라운지 형식으로 변했다. 이러한 형식 속에서 우리는 결코 '올드 상하이'의 정취—예컨대 커피숍에서 느껴지는 낭만과 품위의 프티부르주아(小資)적 분위기—를 충분히 음미할 수 없다. 우리가 더욱 강하게 느끼는 것은 아마도 회의를 하는 비즈니스의 분위기일 것이다. 엄밀히 말해서, 이른바 '서양'이라는 것은 오늘날 우리의 상상 속에서 이미 두 개의 '서양'으로 분열되어 있다. 하나는 유럽의 '서방'으로서, 그것은 모종의 지식서사 속에 존재하며 종종 '올드 상하이'의 재현 양식 속에 깃들어 있다. 또 다른 하나는 오늘날 전지구화의 배경 속에서 활약하는 미국화한 '서양'으로, 그 속에는 패권과 부(富)의 관념이 혼재하고 있다. 바로 이 '서양'이야말로 오늘날 우리가 주로 상상하고 모방하려는 대상이며 나아가 상상의 주요한 동력이 되는 것이다.

이른바 '새로운 계급'은 어떤 의미에서 '서방' 혹은 '초국가'에 대한 상상이 빚어낸 문화유산이다. 호텔 중앙홀의 라운지는 바로 이러한 상상을 표현 혹은 재현하는 공간형식을 제공한다. 이런 양식화한 공간형식 속에서 우리가 누리는 것은 바로 전 지구화한 생활에 대한 상상적인 모델이다. 우리의 욕망은 비즈니스 회담 양식으로 형식화하고, 바로 이 형식이 우리의 생활에 대한 상상을 이끌어나간다.

실제로 '초국적 정체성'은 상이한 공간형식 속에서 서서히 구성된다. 호텔 중앙홀의 라운지 양식은 각종 체인점 형식을 통해 사회에 반복적으로 재현되고 있으며, 아울러 오늘날 상하이의 '상다오(上島)', '하리오(哈里歐)' 등의 새로운 커피숍 양식이 무서운 기세로 조용한 전통적 커피숍을 대체해 나가기 시작했다. 어떤 양식화한 힘이 우리의 생활방식을 새롭게 재조직하고 있는데, 이러한 힘은 전 지구화한 초국적 상상에서 비롯한 것이 분명하다. 이러한 상상은 이미 한 나라의 지리공간을 뛰어넘어 국제적인 관념을 만들어내고 있으며, 이 역시 또 다른 '서양'이 진정으로 함의하고 있는 바일 것이다. 현재 그것은 공간적인 의미에서 어떤 양식화한 형태를 만들어내고 있다.

이른바 다양화라는 것이 진정으로 존재한 적은 없었다. 1980년대의 생활에 대한 소망, 개인의 다양한 생활공간과 생활방식에 대한 상상은 빠른 속도로 새롭게 형식화했다. 이러한 형식화 과정은 여러 힘의 경합 속에서 제약을 받다가 최종적으로는 전 지구화의 상상으로 대체되었다. 이러한 상상은 '새로운 상하이'의 주요한 생활방식을 구성했는데, 여기에 한 가지 재미있는 특징이 발견된다. 즉 '상다오' 등의 커피숍이 어떤 비즈니스적 상상을 의미한다면, '신톈디'나 '형산로(衡山路)'는 신체의 휴식이나 이완을 만족시켜주는 것이다. 이런 상이한 의미 기호를 지닌 두 공간 사이를 이동하는 가운데 재미있는 생활양식이 하나 성립하는데, 우리는 그것을 '업무-휴식'의 생활양식이라 불러도 좋을 것이다. 그 양식의 이면에는 아마도 상품자본주의 혹은 소비주의의 이데올로기가 숨겨져 있을 것이며, 바로 이러한 이데올로기가 전 지구화한 초국적 상상을 뒷받침하게 된다. 물론 이러한 생활양식은 완전히 보편화한 것이 아니며, 더욱이 모든 사람이 그 생활양식을 함께 누리는 것도 아니다. 하지만 이런 생활양식은 이미 주류적인 상상이 되었으며, 나아가 공간의 새로운 조성을 이끌어나가고 있다.

4. 서양 상상의 공간형태

오늘날 호텔은 단지 신분만을 나타내는 것이 아니라 부의 과시를 의미하기도 한다. 사실 권력, 부, 신분은 이미 효과적으로 통일되어 있다. 최근 들어 우리는 각종 매체를 통해 다음과 같은 호텔 측의 불만을 접할 수 있다.

현재 상하이에는 5성급 호텔 25개와 4성급 호텔 41개가 있다. 전세계의 17개 국제 호텔관리 회사들이 상하이의 고급 호텔에 투자하거나 혹은 직접 관리하고 있으며, 이에 호텔을 관리할 수 있는 국제화한 인재 수천 명이 필요하다. 그러나 국제관례를 이해하고 외국어 능력과 의사소통 능력을 갖춘 인력은 심각하게 부족한 실정이다.

다음과 같은 기사도 눈에 띈다.

중·고급 관리직원 이외에, 중식·양식 주방장, 일식·한식 요리사, 호텔 설비 보수, 객실 서비스 등의 기능형 인력도 매우 부족하다. 몇 년 전 상하이국제회의센터에서 50만 위안의 최고 연봉을

걸고 양식부 책임 주방장을 초빙했을 때, 지원자가 그토록 적을지
는 아무도 생각하지 못했다. 결국은 우여곡절 끝에 프랑스에서 주
방장 한 명을 데려오는 것으로 마무리되었다. 양식부 책임 주방장
은 뛰어난 요리 솜씨를 갖추어야 할 뿐만 아니라, 세계 각국의 서
양요리가 지닌 다양한 맛과 분위기를 꿰뚫고 있어야 한다.[4]

이러한 서술은 분명히 호텔과 보통 사람들의 거리를 벌려놓는다.
하지만 바로 이러한 거리 속에서 호텔은 상상의 공간형태를 만들어나
간다.

마찬가지로 오늘날 권력, 부, 신분에 대한 상상은 완전히 '본토'
화한 것이 아니며, 보다 많은 경우에 그 상상은 '서양'과 연결되어 있
다. 미학적 기준이 되어버린 '서양'은 권력, 부, 신분을 '상류사회' 속
에서 효과적으로 통일시켰으며, 나아가 이런 계층이 미학적 합법성
을, 심지어 문화적 합법성을 획득할 수 있게 했다. 이런 미학적 혹은
문화적 합법성에 대한 모색은 일정한 서술방식을 구성하게 되었는데,
특히 문학서술의 주요한 정치적 요구가 그러했다. 예를 들어, 어떤 작
가는 상하이를 이렇게 정의한다. 상하이는 "전형적인 프랑스 도시가
아니다. …… 상하이는 또한 전형적인 일본 도시도 아니다. …… 물론
순수한 미국 도시도 아니다. …… 하지만, 상하이는 이미 전형적인 중
국도시도 아니다." 따라서 "상하이는 이제껏 갈망의 도시였다. 그래서
상하이는 이제껏 강남의 평화롭고 안정된 분위기를 가진 적이 없으
며, 중국 고전시가의 경계(境界)와도 거리가 멀었다. 상하이가 갈망하
는 것은 자신을 세계주의의 세계 속으로 던져 넣는 것이다. 상하이는
강요된 세계주의의 세계 속으로 들어갔으며, 마치 혼혈아처럼, 강요
된 세계주의의 환경 속에서 태어났다."(陳丹燕 2005) 이런 의인화한

묘사 속에는 작가의 강렬한 주관적 염원이 흐르고 있다. 그 염원은 다시 작가를 상상의 종점으로 이끈다. "······ 마음속에서, 기나긴 밤에 성장하는 동안 손에 닿았던 유럽의 조각들로 조금씩 정신의 고향을 손질한다. ······ 나는 한 마리 개미처럼 내 정신의 고향을 위해 일을 한다. 아무것도 없는 황량함을 먼저 알았기에, 후에는 무언가를 얻을 수 있는 기회를 얻게 되었다."(陳丹燕 2002) 이 작가의 '서양 상상' 속에는 유럽의 '서양'을 통해 미국의 '서양'에 대항하려는 시도, 혹은 전통적 해석 속의 미적이고 문화적인 '서양'을 통해 부와 패권의 미국적 '서양'에 대항하려는 시도가 들어 있다고 볼 수 있다. 하지만 오늘날 점점 강해지는 전 지구화의 조류 속에서 미국화한 '서양'은 여전히 상상의 주류적 위치를 차지하고 있으며, 보다 많은 경우에 이 두 '서양'의 구분은 그다지 분명하지 않다.

이 도시 속에 끼워 넣어진 호텔, 특히 고급 호텔은 어떤 의미에서 이 '서양'의 공간을 이식한 것이라 할 수 있다. 그리고 그 부활은 엄밀한 의미에서 상하이의 식민지 기억을 재생산 하는 것이다. '조계지'라는 인상이 이 공간 속에서 다시 생겨났으며, 우리의 감각 속에서 이 공간은 마치 어떤 '치외법권'을 가지고 있는 듯하다. 바로 이 '치외법권'의 인상 때문에 호텔, 특히 고급 호텔이 일반 사람의 눈에 애매하게 비치고 심지어 신비하게까지 보이는 것이다. 이 애매함과 신비함은 더욱 강렬하게 서양 상상을 자극한다.

이 때문에 호텔은 종종 문학서사의 공간형식을 이룬다. 즉 문학은 이 공간을 빌려 '서양'에 관한 여러 가지 가능한 상상을 전개한다. 예를 들면 다음과 같다.

상하이 사람들의 마음속에서, 황포강 변에 있는 녹색 청동기와에

황푸장 변에 위치한 허핑호텔

화강암으로 지어진 허핑호텔은 상하이에서 가장 좋은 호텔이다. 과거를 회상하는 상하이 사람들의 마음속에서 허핑호텔은 그들 꿈속의 고향이다. 그것은 설령 볕이 가장 좋은 여름날에도 어스름한 노란 불빛으로 사람들의 마음을 가볍게 가라앉힌다. 오랜 세월에 색이 바랜 대리석은 아무리 무더운 여름에도 상쾌하고 고상한 느낌을 주기에 사람들은 차마 맨발이 보이는 신발을 신으려 하지 않는다. 호텔 중앙홀을 지나갈 때면 갈색의 커다란 벽면과 구리로 된 난간이 보이고, 검은 주철로 된 꽃무늬 장식이 부드럽고 낭만적으로 감아 올려져 있다. 모두가 지나간 과거의 것들이다. 오래된 팔걸이의자에 앉으면 주문한 커피가 나오기도 전에 벌써부터 그 향기가 나는 듯하다. 그것은 오랜 세월 동안 수많은 커피 잔에서 방울방울 묻어난 향기다. 당신은 1분도 안 되어서 과거의 사람들을 떠올리게 될 것이다.(陳丹燕 1998)

천단옌(陳丹燕)의 서양은 이 추억의 공간 상상 속에서 매우 생동감 있게 재생산되고 있다. 왕안이 역시 〈내 사랑 빌(我愛比爾)〉에서 "아싼(阿三)"의 이야기를 서술할 때 호텔의 공간형식을 빌려왔다. 천단옌의 '서양'이 이미 그의 무의식 속에 들어와 '정신의 고향'을 이루었다면, 〈내 사랑 빌〉 및 다른 소설에서 왕안이는 이 '서양'의 꿈을 중국이 발전하고 나아가 점점 파멸하는 과정 속에서 보다 생생하게 재현하고 있다. 이러한 과정은 비단 아싼과 빌의 애정관계를 통해서만 전개되는 것이 아니라, 동시에 아싼과 그 밖의 다른 외국인들과의 관계를 통해서도 효과적으로 전개되고 있다. 아싼은 바로 호텔의 중앙홀에서 형형색색의 외국인들을 사귀었는데, "호텔의 중앙홀은 바로 이처럼 아싼을 향해 신비로운 장막을 열어젖혔다." 비록 아싼도 "홀에서 마주친 아가씨들과 알고 지내는 일에 열중인 외국인들이 대부분 성실치 못하다는 것을 알았다. …… 게다가 이처럼 업무상의 이유로 중국에 장기간 체류하는 외국인들의 생활은 상당히 무미건조했으며, 그들 중 일부는 취향 또한 매우 저급했다. 이는 아싼이 미처 생각하지 못했던 부분이었다. 그녀는 그리스 신과 비슷한 모양의 머릿속에는 이런 비속한 생각들이 결코 들어 있지 않으리라 생각했던 것이다. 그래서 처음에는 가능하면 그들을 이해하려고 노력했지만, 결국 꾐에 빠져 크게 한 번 당하고 나서는 정신을 차리게 되었다. 이런 실망감은 그녀 자신도 받아들이기 어려운 것이었다." 하지만 서양 상상 속에 빠져든 아싼은 이미 자신을 완전히 소외시키고 있었다. "중앙홀에서의 경험이 아싼에게 좌절감을 안겨주었다. 외국인들과 빈번하게 친밀한 관계를 만들었다가 또 빈번하게 그 관계를 깨뜨리면서 그녀는 점점 그들에 대한 신뢰감을 잃어갔다. 그녀는 심지어 어떤 기대도 하지 않게 되었다. 하지만, 한 가지 사실은 분명했다. 그녀는 결코 이 외국인들이 없으면 안 되었다. 그녀는 그들에게 이런저런 결점이 있다는 것을 알았다. 하지만, 그녀는 여전히 그들을 좋아했다. 그들이 있으면 왠지 그럴듯한 모양새를 갖추었기 때문이다. 그들은 그녀의 모양새도 바꾸어놓았다."(王安憶 2002) 작가는 부드럽게 아싼의 생활 속으로 들어가 서양 상상의 소외 과정을 펼쳐 보이는데, 그 뒤에는 상당히 강렬한 비판적 입장이 숨어 있다.

재미있는 것은 이 서양 상상이 1990년대 말에 이르러 소비주의의 강력한 지원 아래 더욱 팽창했으며, 나아가 어떤 의미에서는 천단옌이 그린 '서양'의 형상을 전복시켰다는 사실이다. 웨이후이(衛慧) 같은 일부 젊은 작가들의 서술 속에서 '서양'은 '정욕(情慾)'의 형식으로 출현하기 시작했다. 이 '정욕'의 형식은 웨이후이의 〈상하이 베이비(上海寶貝)〉에서 니코(倪可)와 마크(馬可)의 성애 장면에 집중적으로 표현되어 있다. 여기서 우리는 소설의 서술이 후기자본주의나 상품자본주의의 논리 속에서 제약받고 있음을 분명히 알 수 있다. 후기자본주의나 상품자본주의의 특징은 바로 그 자체가 인간의 욕망을 공들여 생산하고 있다는 사실에 있으며, 이러한 특징으로 말미암아 자본의 전 지구적 확장이 가능해진다. 일부 비평가(倪偉 2003)는 이 가능성을 이유로 소비주의의 각도에서 〈상하이 베이비〉를 비판하기도 했다. 또 다른 재미있는 사실은, 이러한 글쓰기의 무의식 속에서 호텔은 이미 핵심적 공간서술 형식이 될 수 없었다는 것이다. 호텔이 지닌 그 고귀함과 우아함(천단옌의 '정신의 고향'을 구성하는 요소)은 '정욕'의 전개를 제한할 가능성이 있었다. 이 때문에 〈상하이 베이비〉에서 보다 전형적인 공간은 호텔에서 술집으로 옮겨가기 시작한다. 한 가지 흥미로운 사실은 니코와 마크가 서로를 알게 된 것은 "샤페이루(霞飛路)로 다시 한 번"이라는 추억 파티에서였다는 점이다. "파티 장소는 화이하이루(淮海路)와 옌당로(雁蕩路)가 교차하는 곳에 있는 건물의 꼭대기 층이었다. 1930년대의 샤페이로는 오늘날의 화이하이로와 닮았다. 그것은 줄곧 바닷가의 추억을 상징했다. 세기말의 포스트식민적 분위기 속에서 치파오(旗袍), 그림 달력, 인력거, 재즈음악으로 가득한 과거의 시간은 샤페이로와 함께 파티에 참석한 사람들의 시선을 끌 만했다. 그것은 마치 상하이 노스탤지어의 마음속에 나비리본을 묶는 것과도 같았다." 하지만 니코와 마크의 '정욕'이 펼쳐지기 위해서는 또 다른 종류의 공간형식이 필요했다. "인양바(陰陽吧: 술집 이름—옮긴이)는 상하 두 층으로 되어 있었다. 긴 계단을 통해 지하실로 내려오면 신나는 분위기의 댄스홀이 있었다. 알코올, 타액, 향수, 인민폐, 부신 호르몬의 냄새가 이리저리 떠다녔으며, 브로드웨이의 뮤지컬 같은 분위기가 났다. …… 음악은 주로 하우스(House)나 트립-합(Trip-Hop)을 틀었다. 모두 최신의 테크노 댄스음악이었다. 사그라지던 불이 다시 미친 듯 타오르는 것 같기도 하고, 혹은 무딘 칼로 고기를 난도질하는 것 같기도 했다. 몸을 움직이면 움직일수록 흥분되고 또 상쾌해졌다. 몸이 증발할 정도로 춤을 추거나 대뇌와 소뇌가 함께 흔들릴 정도로 춤을 추는 단계에 이르러야 비로소 최고의 경지라 할 수 있었다." 이러한 경지는 바로 "춤을 추자 끊임없이 환각이 이어지고 영감이 샘솟는, 육체가 과도하게 해방된 결과"였다. '정욕'은 바로 이 공간에서 강렬하게 펼쳐진다. 소설 속에서 '인양바'의 화장실에서 벌어지는 니코와 마크의 성행위를 묘사하는 부분이 바로 그것이다.(衛慧 2000) 이처럼 공간형식의 변화는 '올드 상하이'와 '새로운 상하이'의 거리를 벌려놓았으며, 아울러 상하이에 서로 다른 '서양 상상'이 존재한다는 것을 보여주었다. 그러나 이 공간의 변화는 동시에 '올드 상하이'가 어째서 '새로운 상하이'를 만들어내는 장치가 되는지를 핵심적으로 설명해주기도 한다.

황혼 녘의 상하이

맺음말

　　　　　　호텔과 그 건축양식은 들어가고, 바라보고, 담론하는 행위를 통해 우리의 일상생활 속으로 들어오고 있다. 어떤 의미에서 더욱 중요한 방식은 담론을 통해 들어오는 것이라 할 수 있다. 여기에는 각종 언론매체의 보도, 광고, 문학 혹은 비문학에서의 지식서사, 그리고 일반 시민들의 여론 등이 포함된다. 이러한 담론은 사물에 대한 해석체계를 구성하게 된다. 스튜어트 홀(Stuart Hall)의 설명에 따르면, 우리가 사물에 의미를 부여하기 위해서는 먼저 그 사물을 사용해 보아야 한다. 우리는 얼마간 자신이 갖고 있는 해석의 틀에 따라 사람, 사물, 사건에 의미를 부여하게 되는데, 이때의 해석이란 우리가 '사물' 주위로 엮어나간 각종 서술과 (환상을 포함한) 이야기를 말한다. 바로 이런 의미에서 홀은 "문화와 언어를 통해 비로소 의미의 생산과 순환이 일어나며", 또한 이로 말미암아 "문화가 사회 전체로 스며든다"는 사실을 강조했다.(霍爾 2003, 서문 참조)

　　1980년대 이후 '호텔'을 둘러싸고 구성되기 시작한 해석의 틀 혹은 해석 체계 속에서 우리는 분명한 근현대성의 흔적을 발견할 수 있다. 호텔은 우리의 근현대성 상상을 구성하는 동시에 이끌어나갔다. 이러한 상상은 우리의 일상생활 속에 침투하기 시작했으며, 또한 우리의 생활방식을 새롭게 조직하기 시작했다. 그리고 근현대적 도시생활 역시 이 상상 속에서 산출되었다. 상하이에서는 이러한 생산에 '노스탤지어' 방식이 효과적으로 이용되었는데, 즉 '올드 상하이'가 '새로운 상하이'를 생산하는 모종의 장치로 기능하는 것이다. 이 '새로운 상하이'는 '부(富)'에 대한 상상을 내포하고 있으며, 많은 경우 그것은

'정욕'의 방식을 통해 자신의 서술과 이야기 그리고 환상을 구성해 나간다. 모든 사람들은 바로 이러한 환상 속에서 그 환상이 가져다주는 갈증, 동경, 근심, 고통, 위로, 자기위안을 느끼며 살아가고 있다.

● 차이샹(蔡翔 Cai, Xiang)
1953년 상하이 출생. 상하이대학교 중문학부 교수, 당다이(當代) 문학과 문화연구 전공. 지은 책으로 《어느 이상주의자의 정신적 만유(一個理想主義者的精神漫遊)》, 《일상 속에서 시적 정취의 해소(日常生活的詩情消解)》, 《문학 그 자체란 무엇인가?(何謂文學本身)》 등 10여 권이 있다.
caixiang@vip.163.com

● 박은석(朴殷錫 Park, Eun-seok)
서울대학교 중어중문학과를 졸업하고 같은 대학원에서 〈魯迅 《고사신편》의 해석과 실천〉으로 문학 석사학위를 받았다. 현재 같은 대학원 박사과정에 재학 중이다. 한국과 중국의 비교문화연구에 관심을 갖고 있으며, 학문적 해석과 사회적 실천의 연결고리에 대해 고민하고 있다.
nonself77@paran.com

소비공간 '바'와 노스탤지어의 정치

바오야밍 글 | 노정은 옮김

1990년대 중엽 '올드 상하이(老上海)' 노스탤지어 풍조는 열풍이 되면서 점차 시장점유율을 넓혀 나갔다. 올드 상하이를 소재로 한 출판물이 상업적인 성공을 거두자, 이러한 효과는 올드 상하이 노스탤지어 열풍을 촉진하는 작용을 했다. 1996년 12월 상하이 위안둥(遠東)출판사에서 나온 쑤쑤(素素)의 《환생(前世今身)》은 상징적인 출판 사건이다. 올드 상하이의 기녀, 여학생, 여성 스타, 여성 문화인, 귀부인이 유행 풍조를 선도하는 모습과 이에 대한 사진이 곁들어진 이 책은 1년이라는 짧은 시간에 6만 8,700부라

1930, 40년대의 인기 여배우 브로마이드와 포스터는 올드상하이 대표 추억 상품

는 발행 부수를 기록한다. 그러나 1998년 6월 베이징작가출판사에서 천단옌(陳丹燕)의 《상하이 애정사(上海的風花雪月)》가 나올 무렵까지도 올드 상하이 노스텔지어 시장은 여전히 불확실했기에, 이 책의 초판 발행은 1만 부에 그쳤다. 1년 후 그의 《상하이 금지옥엽(上海的金枝玉葉)》은 초판 부수를 5만 부로 늘렸고, 2000년 9월 세 번째 관련작 《상하이 미인(上海的紅顏遺事)》 역시 비슷한 판매 수준을 유지했다.

흥미로운 점은 비슷한 시기인 1998년에서 1999년 사이 상하이에 '바(bar)'가 급증했다는 사실이다. 전에 없던 이 같은 호황 속에서 올드 상하이를 상품화한 추억의 바들은 입지를 마련했다. 물론 상하이에 바가 생긴 시점은 '바 1931'이 문을 연 때보다 훨씬 이전이겠지만, '세월을 거슬러(時光倒流)'와 같은 올드 상하이 바는 오래된 일상용품이나 당시 세태를 알려주는 그림들을 조그만 공간에 모아 형식적으로 배열해 놓았다. 그 둘의 상관성은 전혀 고려되지 않은 채. 이는 사라져가는 일상에 대한 감상적인 만가(挽歌)이며 멋쩍은 교태와도 같았다. 올드 상하이를 소재로 한 바가 추억하는 것은 기실 신기루 같은 상하이일 뿐이며, 류나어우(劉吶鷗), 무스잉(穆時英) 혹은 장아이링(張愛玲), 쑤칭(蘇青)의 글에 담긴 상하이일 뿐이다.

원앙호접파(鴛鴦蝴蝶派)[1] 전통이 어느 정도 올드 상하이 노스텔지어의 대명사가 된 것은 분명하다. 그러나 부인할 수 없는 것은, 원앙호접파 전통은 좌익 전통과 더불어 근현대 상하이의 문화 전통을 구성했으며, 양자의 길항관계 속에서 1930년대 문화구도의 다원성이 형성되었다는 점이다. 흥미롭게도, 혁명의 시대에 좌익 전통이 확대되면서 모든 자본주의 정서의 생활방식을 일소했는데 포스트혁명 시대에 원앙호접파 전통이 노스탤지어의 방식을 통해 복원되었다. 올드 상하이 바나 올드 상하이를 소재로 한 출판물은 물질문화의 분위기를 만들어냄으로써 리어우판(李歐梵)이 분석했던 상하이 '감성(sensibility)'을 재현하고자 시도한다. 이는 "장아이링의 소설에 자연스럽게 녹아 있고 생기발랄하게 드러났던 문화적·미적 감성이다. 앞에서도 언급했듯이, 이런 감성은 처음에는 각종 물질생활에 대한 감지에서 촉발하는데, 즉 무도회장 무대의 예술적으로 꾸며진 아치형 문, 커피 향이나 문예부흥 카페의 사탕, 좁다란 골목 가게에서 사람들이 먹고 떠드는 소리, 전차의 소음 같은 것들과 구체적인 에피소드가 장아이링을 상하이에 그토록 친근하게 만든 것이다"(李歐梵 2000, 313)

리어우판이 도시 물질생활에 에피소드와 '상하이 감성'을 연결시키는 대목은 매우 흥미로우며, 이로부터 올드 상하이 노스탤지어 풍조와 소비주의의 밀접한 연관성을 제기할 수 있다. 올드 상하이를 소재로 하는 출판물이나 올드 상하이 바는 모두 이미 상하이 일상으로 깊이 개입한 소비주의의 생동하는 장면이 되었다.

1. 노스탤지어의 조건과 갈망

       레이먼드 윌리엄스(Raymond Williams)는 《도시와 농촌(The Country and the City)》에서 노스탤지어는 구체적 장소와 시간이 있어야만 비로소 생겨날 수 있으며, 그것은 도시 체험에 대한 신비한 반응이라고 지적한다.(Williams 1973) 그는 노스탤지어의 근현대적 상상에 대한 중요성을 강조하는 동시에, 노스탤지어의 배후에 감추어진 두 관계 위도(緯度)를 제시하는데, 하나는 도시와 향촌을 구별 짓는 공간 위도며 다른 하나는 현재와 과거를 거리 짓는 시간 위도다.

    맬컴 체이스(Malcolm Chase)와 크리스토퍼 쇼(Christopher Shaw)는 〈노스탤지어의 서로 다른 측면(The Dimensions of Nostalgia)〉에서 다음과 같이 논했다.

    노스탤지어를 구성하는 세 가지 선결조건이 있다. 첫째, 노스탤지어는 선형의 시간개념(즉 역사개념)을 지닌 문화환경 속에서만 생겨날 수 있다. 노스탤지어는 현재에 과거의 산물로 여겨지지만, 이는 곧 획득할 미래다. 둘째, 노스탤지어는 '현실에 대한 어떤 불충분한 느낌'을 요구한다. 셋째, 노스탤지어는 과거로부터 남겨진 인위적인 물적 존재를 요구한다. 만약 이 세 선결조건을 함께 놓는다면, 우리는 정의된 어느 곳에서 앞으로 정의되어야 하는 어느 곳으로 이동하는 사회환경 속에서 노스탤지어가 생겨난다는 것을 분명하게 알 수 있다. 바꾸어 말하자면, 노스탤지어는 근현대성의 한 특징이다. 동시에 노스탤지어는 확정성과 해체를 위해

상하이의 오래된 노스탤지어 공간인 허핑호텔(和平飯店) 올드 재즈 바

비옥한 토양을 제공하며, 그것은 근현대성 가운데의 문화충돌에
대한 일종의 반응이다.(Chase and Shaw 1989, 3~4)

리어우판의 분석과 마찬가지로, 체이스와 쇼 역시 노스탤지어와
인위적 물질존재 기반의 연관성을 언급했다. 올드 상하이 노스탤지어
는 과거로부터 남겨진 물적 존재를 과장하는 측면에서는 분명 전력을
기울이고 있으며, 어느 올드 상하이 바에서도 그러한 오래된 물건들
이 지나치게 과장되어 있음을 발견할 수 있다. 또한 올드 상하이 노스
탤지어는 이러한 물적 존재가 만들어낸 올드 상하이의 이미지에도 마
찬가지로 주목하는데, 바로 이러한 이미지가 사람의 마음을 편하게
만드는 과거라고 공통적으로 가정한다. 그러나 올드 상하이 노스탤지
어 열기 속에서 우리는 노스탤지어가 종종 근현대성에 대해 명확하고
유력한 비판적 색채를 띤다는 사실을 발견하지 못하는데, 이는 올드

상하이 노스탤지어가 도시공간의 부적합 혹은 불만에서 촉발된 향촌 생활을 추억하는 향수가 아니라, 반대로 도시공간의 발육 부진에 대한 불만이자 도시공간의 완전성 혹은 적합성에 대한 기대다. 따라서 올드 상하이 노스탤지어는 근현대성에 관한 일종의 해석학적 증명으로 볼 수 있다.

키스 테스터(Keith Tester)는 《포스트모더니티의 생활과 시대(The Life and Times of Post-modernity)》에서 1개 장을 할애해 노스탤지어에 대해 논의했다.

> 노스탤지어 감정은 부재하는 사물(상황)에 대한 이중적 욕망을 함축한다. 첫째, 노스탤지어는 일종의 향수를 의미한다. 향수는 욕망의 주체가 일정 부분 돌아갈 집이 없거나 국외에 있다는 것을 미리 가정한다. 즉 이동이나 변화가 없다면 노스탤지어는 존재할 수 없거나 존재하지 않는다. 둘째, 노스탤지어는 먼 곳 혹은 이전의 사물에 대한 욕망을 지닌다. 여기에는 현재와 과거 사이에 질적 차이가 존재한다. 즉 구체화한 과거와 비교해 현재는 반응된 성취다.(Tester 1993, 65~66)

분명 노스탤지어는 운동과정과 연결된 문화적 자리매김과 관련된 문제다. 그러나 올드 상하이 노스탤지어는 익숙한 과거로 돌아가려 하기보다 일정 부분 과거의 이미지와 연관된 미래에 속한다고 할 수 있다. 다시 말해서, 지금 복원된 상하이는 옛 상하이를 타자로 삼아 지금의 번영과 경계선을 긋는다. 혹은 새로이 코즈모폴리터니즘(cosmopolitanism)을 시도하는 상하이가 반(半)식민지 시기 코즈모폴리터니즘의 역사적 상황을 자신의 미래 속으로 투사시킨다고 할 수 있다. 이는 동시에 지역성 담론을 재건하려는 일종의 실험이며, 우리는 아직도 이러한 지역성 지식의 획득이 전통적인 국가/지역이라는 이원관계에 어떠한 영향을 미치는지 잘 모른다. 다만 분명한 것은, 올드 상하이를 소재로 한 출판문화와 추억의 바로 대표되는 올드 상하이 노스탤지어 풍조는 근현대성과 지역성 담론 재건과 연관된 문화상상이며 1990년대 중국의 극단적인 소비주의적 문화현실이기도 하다. 다이진화(戴錦華)는 〈상상된 노스탤지어(想象的懷舊)〉에서 이렇게 적고 있다.

> 1990년대 중국도시에는 농후한 노스탤지어 정서가 소리 없이 번졌으며, 이는 지금 중국의 중요한 문화현실의 하나가 되었다. 우리는 그것을 하나의 사조나 흐름, 혹은 급변하는 근현대화, 상업화 과정에 대한 항거라고 하기보다, 일종의 유행이라고 하는 편이 더 낫다. 또한 그것이 엘리트의 글쓰기에서 나왔다고 하기보다는, 일종의 우아해 보이는 도시의 소음이라고 하는 편이 더 낫다. 노스탤지어의 표상은 '분명' 매혹적인 상품 포장이며 유행문화다. 만약, 엘리트 지식인의 노스탤지어 글쓰기가 의혹이 가득한 우울한 눈빛을 전달하는 데 목적을 둔다면, 풍조로서의 노스탤지어는 마치 1980년대 중후반 광기 어린 우환의식(憂患意識)처럼 자못 득의양양하게 기분 좋은 희열감을 동반한다.(戴錦華 1999, 107)

다이진화는 지금 중국의 노스탤지어가 일정한 태도를 지니는 것은 아니라고 지적한다. 올드 상하이 노스탤지어는 일치된 정체성을 지니지 않으며, 나아가 그것은 최소한 세 가지 서로 다른 측면의 요소, 즉 노스탤지어 풍조, 엘리트 서사, 지식인 담론이 서로 교직되어 복잡한 노스탤지어의 정치를 만들어낸다고 하겠다.

2. 소비자와 노스탤지어 풍조

쑤쑤의 《환생》, 천단옌의 《상하이 애정사》, 《상하이 금지옥엽》, 《상하이 미인》 등의 올드 상하이 노스탤지어풍 작품에서 상하이의 카페, 바, 서양식 아파트, 서유럽식 주택, 그리고 부자들과 그의 딸들은 동경의 대상인 동시에 채울 수 없는 욕망의 대리물이다. 이들 작품에서 화려하고 번화한 올드 상하이는 시간에 제약을 받지 않는 이상화한 이미지를 갖고 있으며, 정치이데올로기적 이미지는 탈락하고 사람들의 직접적 욕망의 대상으로 변화한다. 소비공간으로서 올드 상하이 바의 출현 역시 직관적인 방식과 이미지로 문화산업에서 호소력을 확산시킨다. 올드 상하이 노스탤지어풍 바 중에서 '바 1931', '세월을 거슬러' 등은 비교적 성공적인 편이다. 그 바가 표방하는 것은 사라져가는 기억 혹은 상상 속의 역사적 분위기며, 이러한 분위기는 기물(器物)들과 연관된 역사 연상을 통해 상징적으로 조직된다. 기

올드 상하이 번영의 표상공간, 융안(永安)백화점

물의 안배에는 종종 구체적 역사담론과의 내적 연관성이 단절되어 있지만, 우리는 기물이 제대로 이식되지 못한 방식이나 필연성에 주목할 것이 아니라, 이에 대해 소비자가 지니는 묵인과 허용에 주의할 필요가 있다. 이것은 최소한 역사가 읽히고 반성되는 대상인 동시에 소비되고 상상되는 대상이 될 수 있음을 표명하는 것이기 때문이다. 여기에서 '역사와 연관시켜 노스탤지어를 어떻게 바라봐야 하는가'라는 문제가 제기된다.

'올드 상하이' 바는 자본과 국가권력의 힘이 동시에 작동하는 공간을 전시할 뿐만 아니라, '올드 상하이' 소재의 출판문화와 더불어 소비주의 풍조로 새롭게 도시의 역사를 해석한다. 동시에 중산계급과 '신부유층'의 취향 표준과 그들의 권력 형식을 성공적으로 연역한다.

육체와 욕망에 대해 말하자면, 1930년대의 상하이 조계는 쉽게 얻기 어려운 보호구역이었다. 비록 정치압력이 갈수록 심해졌다고 하더라도 정치세력은 모든 것을 압도하거나 통제할 수 없었으며, '페이디(飛地)'로서 상하이의 조계는 육체와 욕망의 상당한 생존공간을 보장했고 근현대도시 특유의 소음, 복잡, 속도, 색깔, 향락, 탐욕과 육욕 등의 분위기를 배양했다. 그렇다면 지금의 상하이 바 역시 육체와 욕망의 후견인을 담당할 것인가?

선정적 필치, 도취된 목소리, 흔들리는 눈빛, 멀리에서도 한눈에 알아볼 수 있다. "재즈 음악, 하얀 연근처럼 투명하고 고운 발등, 풍만하고 육감적인 어깨와 등선, 활짝 핀 꽃보다 더 농염한 가슴 위

1930년대 상하이 조계 거리 풍경

에 한 쌍의 벌, 그녀들의 모든 것은 축복인 양, 철갑처럼 강하고 힘 있는 남성의 육체를 반긴다." 이 묘사는 1930년 《신문예(新文藝)》에 발표된 미윈(迷云)의 〈현대인의 유희태도(現代人底娛樂姿態)〉의 일부다. 여기에 조금의 수사만 더해진다면, 완전히 바에서 시작된 신인류 텍스트로 치환될 수 있다. 시간의 흐름에 따라 과거의 화려한 풍경은 상상력의 절차탁마로 더욱 새로워지고 서사의 마력으로 더욱 매혹적이 된다. 더 중요한 것은 셴다이 소설 〈상하이 폭스트롯(上海的狐步舞)〉, 〈나이트클럽의 다섯 사람(夜總會裏的五個人)〉, 〈Craven 'A'〉(이상 무스잉), 〈시간에 대한 두 불감증자(兩個時間的不感症者)〉(류나어우) 등이 쏟아내는 도시 정서가 참신한 소비계층을 양육했듯이, 신인류 스스로가 자신들을 '제3종인'이라 부르지 않더라도 70년 전 그들의 동족과 마찬가지로 좌도 우도 아닌 모호한 입장과 불분명한 방향을 지녔으며, 〈상하이 폭스트롯〉과 〈상하이 베이비(上海寶貝)〉(웨이후이)의 공통점은 분명 상하이라는 제목에 그치지 않는다는 점이다.

올드 상하이를 소재로 하는 바가 제공하는 것이 신감각파의 도시 감각인가의 여부는 어쩌면 그다지 중요하지 않을 수도 있다. 중요한 것은 우리들이 그 가운데에서 올드 상하이 바들이 공유하는 형형색색의 욕망을 발견할 수 있다는 것이다. 바로 욕망으로의 인도는 1930년대 올드 상하이와 지금의 올드 상하이 바가 하나로 연결된 그리움을 갖게 하고, 신감각파 소설[2]과 지금의 신인류 소설[3]이 공동의 흥분점을 갖게 한다. 바는 바로 신인류가 재연하고 싶은 경전적인 장면이다.

2000년 6월 2일자 《남방주보(南方周報)》 '신문화' 칼럼은 1개 면을 할애해 '1970년대의 사랑과 책임(70年代的愛與責任)'이란 머리글을 실어 1970년대 출생 작가들의 작품과 그 사회적 영향을 논의했다. 내 흥미를 끈 것은 이 머리글에 함께 실린 눈에 띄는 컬러 사진이었는

데, 사진에는 젊은 여성 서넛이 흐릿하고 어두운 바에서 모호한 웃음
과 표정을 짓고 있었다. 그리고 사진 밑에 "'파오바(泡吧: 바에서 시간
보내기)'는 1970년대생 젊은이들의 여가방식 가운데 하나"라고 적혀
있었다.

　　분명 바는 1970년대 출생한 신인류의 생활방식을 구성하는 한 부
분이며 동시에 신인류 작가의 주요한 묘사대상이다. 심지어 웨이후이
(衛慧)는 자신의 작품에 형산루(衡山路) 바의 이름과 장소를 그대로 사
용한다. 신인류에게 형산루 바는 상하이, 이 사치스럽고 퇴폐적인 도
시의 축소판이다. 웨이후이는 〈염정부락(艶情部落)〉에서, "나는 상하
이에 살며 이곳은 상이한 아름다움이 있는 도시다. 마치 거대하고 비
밀스러운 화원처럼 형이상학적인 매혹적 광채가 있다. 이 도시에는
조계로부터 남겨진 서유럽식 주택과 길게 늘어서서 그늘을 드리운 플
라타너스, UFO같이 모던한 근현대식 건축, 성실하고 총명한 도시생
활에 뿌리내린 우월감, 그리고 이 도시와 상생상극하는 요염하게 꾸

2000년 이후 중국 신세대의 여가 방식, '파오바'

민 사람들이 있다."(衛慧, 2000, 204)

 '비밀 화원(秘密花園)'은 헝산루 바를 지칭하는 용어로 사용되는 데, 실제로 오말리스(O'Malley's) 바에도 아름다운 화원이 있고, 사샤스(Sasha's) 바 역시 정원이 있다. 바의 매력은 그곳이 발산해 내는 차가운 물질적 분위기에서 비롯하는 것이 아니라, 그 공간이 표출하는 이데올로기와 이러한 이데올로기를 통해 비로소 공유되는 지식계보에서 비롯한다. '비밀의 화원'은 절묘한 단어다. 여기에는 일반인에게 개방하는 것을 거부하려는 공간적 의미와 커뮤니티와 같은 친밀감이 동시에 담겨 있다. 미셸 푸코(Michel Foucault)가 말하는 계보학에 따르면, 지금 '파오바'를 즐기는 이들은 신감각파 작품의 인물과 공동의 혈연관계를 찾을 수 있으며 심지어는 동일한 텍스트를 읽을지도 모른다. 물질주의에 대한 미련과 거침없는 욕망, 상하이라는 '비밀 화원'은 그들이 들고 있는 가장 중요한 카드다.

 푸코의 계보학은 올드 상하이의 역사와 그 문화적 상상을 해석하는 적합한 무기임에 틀림없다. 우리는 푸코의 이 같은 경고를 새겨들어야 한다. "반드시 신중하고 조심해야 한다. 단일한 합목적성을 초월

헝산루 바

헝산루에 있는 사샤스

해 사건의 독특성을 발견하고, 사건들이 발생하리라고 예상하지 못한 곳, 즉 감정, 애욕, 의식, 천부(天賦) 등과 같은 역사적으로 설명될 수 없다고 여겨지는 것들 속에서 사건을 추적하고 관찰해야 한다. 또 사건의 재현을 장악해 그 사건들이 다르게 작용하는 상황을 발견해야 한다. 단 완만하게 진행되는 연역적 발전 과정에서 절대 찾지 말아야 하며, 심지어 그것들의 결점과 아직 발생하지 않는 시각을 확인해야 한다."(福柯 1998, 146) 더욱 중요한 것은 푸코의 계보학이 우리에게 역사와 육체의 변증법을 제시하고 있다는 것이다. "육체 및 육체에 깊이 들어온 모든 것, 음식물, 기후, 토지…… 육체가 욕망과 쇠약, 과오를 생산하듯, 우리들은 이것들에서 과거 사건의 낙인을 발견할 수 있다. 이러한 사건들은 육체 속에서 서로 연결되고 간혹 배척하고 서로 해산시키고 서로 투쟁하고 서로 해체시키면서 극복할 수 없는 충돌을 추적할 수도 있다. 육체, 그것은 사건을 새긴 평면(이에 반해 언어, 기호, 관념은 늘 사건을 제거시킨다)이고, '나'의 해체 장소(설령 육체가 사건을 통일적 실체로 대체하려는 환상을 주더라도)이며, 처음도 끝도 없이 교화가 떨어져 나가는 체적이다. 기원을 분석하는 계보학은 육체와 역사의 연결고리에 위치한다. 계보학은 육체를 전시하는데 육체에는 언제나 역사 기억의 흔적이 아로 새겨져 있다. 또 그것은 역사를 전시하는데 역사는 육체를 파괴한다."(福柯 1998, 152~153)

3. 조망자와 엘리트 서사

1995년 순문학 잡지인 《중산(鍾山)》에 연재 발표된 왕안이(王安憶)의 《장한가(長恨歌)》는 2쇄본이 출판되었을 때도 부수[4]가 그리 많지 않았으며, 마니아들만이 이 가볍지 않은 소설을 읽을 시간을 낼 수 있었다. 2000년대 말 《장한가》는 제5회 마오둔(茅盾) 문학상을 받았고 여기에 노스탤지어 풍조가 유행하면서 나온 지 5년 만에 베스트셀러 반열에 들었으며 평단과 시장 모두에서 인정을 받았다. 2000년 상하이작가협회 주관으로 전국 100인 문학평론가가 선정한 1990년대 가장 영향력 있는 10대 작가와 10대 작품에서, 왕안이와 《장한가》는 모두 1위에 오른다.

왕안이의 《장한가》로 대표되는 엘리트 서사는 올드 상하이 노스탤지어 출판물이나 올드 상하이 추억의 바 등의 소비공간과 다르게 또 다른 역사적 관점으로 노스탤지어의 영역에 들어가려 한다. 《장한가》는 1940년대 후반 '미스 상하이'로 뽑힌 왕치야오(王琦瑤)의 운명과 삶의 부침을 묘사하고 있지만, 작가는 그녀를 통해 '한 도시의 이야기'를 담으려 했으며, 왕치야오의 찬란한 젊음과 중년의 쓸쓸함, 다시 찾아온 말년의 행복은 상하이라는 도시가 경험한 20세기 흥망성쇠와 교묘하게 맞물리면서 상하이 도시 운명에 대한 은유로 전달된다. 장쉬둥(張旭東)은 〈근현대성의 우언: 왕안이와 상하이 노스탤지어(現代性的寓言: 王安憶與上海懷舊)〉에서 이렇게 언급한다.

세부 묘사의 매력과 상하이를 역사의식이 반영된 전경으로 묘사하려는 노력은, 왕안이 소설과 상하이 노스탤지어라고 불리는 이

과도기적이고 번잡한 문화상업시장을 구분시킨다. 왕안이에 대해서 말하자면, 이 도시가 추구하는 고귀함은 단지 도시의 우울하고 풍자적이며 퇴폐적인 형식 속에서, 즉 과거에 대한 추억과 미련 중에서 찾을 수밖에 없다. 이러한 추억과 미련 속에서 공허한 현상학적 복원은 신화와 같은 과거에 대한 숭배가 아니라 상하이 시민계층 생활방식을 문학 창작의 풍부한 원천으로 삼는 것이다. 왕안이의 글쓰기는 무시간으로 가득 찬 도시 상하이가 시대와 역사의 구체성과 생명력을 획득하는 것이다.(張旭東 2000, 144)

올드 상하이 풍조와 엘리트 서사의 차이는 확실히 올드 상하이 역사에 대한 인식의 차이에서 발생한다. 그러나 이 역사적 자세는 동시에 지금의 현실 상하이를 지향하는데, 왕안이는 여러 차례 《장한가》와 노스탤지어 풍조의 관계를 부인했다. 그녀는 "《장한가》는 시의적절하게 노스탤지어에 자료를 제공했다. 그러나 《장한가》는 지금에 관한 이야기다. 곧 나약한 부르주아가 프롤레타리아계급의 망망대해에서 소멸하는 이야기다."(王安憶 · 王雪瑛 2000)

《장한가》로 인해 왕안이는 비자발적으로 노스탤지어 풍조에 개입되고 장아이링과 비교되었지만, 왕안이는 이러한 비교가 정당하다고 여기지 않는다. 왕안이는 한 인터뷰에서 이렇게 언급하고 있다.

장아이링이 작고하고 장아이링 열풍이 불면서 많은 이들이 나와 그녀를 한데 묶어 이야기하는데, 그건 아마도 장아리링과 내가 상하이를 이야기했기 때문일 거다. 상하이 노스탤지어 풍조는 객관적으로 상하이를 이야기한 소설에 대한 독자의 관심을 부추겼다. 사실 내 글쓰기에는 어떠한 노스탤지어의 정서도 없다. 왜냐하면

나는 '회고'할 만한 '과거'가 없기 때문이다…….

내가 보기에 장아이링은 양극단을 배회하는 인물이다. 그녀의 세계는 매우 모순되는데 너무나 일상적인 마작판 같은 장면이거나 아니면 허무하고 요원하다. 허무는 필연적으로 그녀가 생활의 자질구레한 에피소드나 일상 속의 사소한 감동을 부여잡게 하지만, 그녀는 현실과 이상을 소홀히 대한다. 장아이링에게는 감각부터 허무까지 현실적인 근거가 없다. 그러나 나와 내 작품은 현실이라는 기반에 단단히 발 딛고 있으며, 나의 정서적 범위가 그녀보다 넓어야 하기 때문에 나는 그녀의 작품에서 만족을 느낄 수가 없다. 사람들은 나와 장아이링을 비교하지만 나는 경력이나 감수성에서 그녀와 공통점이 없다.(王安憶 2000)

장아이링과 자신의 차이를 비교한 왕안이의 언급은 그녀가 이미 장아이링을 초월한 것으로 사람들을 오해하게 한다. 내가 보기에 이 언급은 두 사람의 예술성과에 대한 비교가 아니라 도시를 관찰하는 두 방식의 충돌이며, 이는 바로 미셸 드 세르토(Michel de Certeau)가 뉴욕에 대해 언급한 짧은 비평을 연상시킨다. 세르토에 따르면, 세계무역센터 110층에서 맨해튼을 조망하는 것과 거리를 걸으며 받는 인상은 완전히 다른데, 이것은 조망자와 주행자의 차이이기도 하다. 높은 곳에 위치한 조망자의 눈에 도시는 독해 가능한 텍스트이며 도시의 불확실한 유동성은 투명한 텍스트 속에 고정된다. 그러나 세르토가 경고하듯, 높은 곳에서 조망하는 '도시 전경'은 사실 '이론적(즉 시각적)' 이미지일 뿐이다. 왜냐하면 조망은 실천에 대한 망각과 오해이기 때문이다. 반면에 도시의 주행자는 '아래'에, 겨우 보이는 문틈 사이에 위치하고, 그들의 걷기는 이 도시를 체험하는 기본 형식이며, 그들의 몸은 도시라는 '텍스트'의 틈새를 따라 오르락내리락하게 된다. 따라서 그들이 도시라는 텍스트를 서사하더라도 우리는 그것을 읽고 이해할 수 없다. 세르토는 이를 공간에 대한 두 가지 인식—즉 정처 없이 떠돌아다니는 은유적 도시와 명확하고 규격화된 읽을 수 있는 도시(德塞都 2000)—의 차이라고 여긴다.

　　조망자 왕안이가 강조하는 것은 '현실생활과 이상'이고 도시에 대한 전경(全景)식 독해이기에, 시시각각 주행자의 자질구레함과 허무가 침입하는 것을 방어하려 한다. 따라서 《장한가》는 높은 곳으로부터의 상하이와 상하이 골목 룽탕(弄堂)에 대한 조망이다. "높은 곳에 서서 상하이를 보면 상하이 룽탕은 장관이다. 룽탕은 이 도시의 배경과 같다. 거리와 이층집은 룽탕 위로 드러나는 일련의 점과 선이다."(王安憶 2000, 3) 이것도 《장한가》라는 작품이 왜 욕정의 발산이 아니라 '치밀한 조작'인지를 잘 설명해 준다. "즉 사실적인 풍격, 인물과 줄거리에 대한 치밀한 추론, 세밀한 묘사는 마치 중국화의 '주름(皴)' 기법과 같다. 《장한가》는 나의 창작에서 어떤 정점에 이른 상태를 보여준다." 이러한 왕안이의 냉정한 태도는 최근작 《메이터우(妹頭)》와 《푸핑(富萍)》에서 더욱 분명해진다. 비록 "왕치야오는 낭만 속 현실이고 메이터우는 일상 속 낭만이지만"(王安憶 2000.10.26), 왕치야오와 메이터우, 푸핑의 일상은 모두 조망의 대상이다.

　　엘리트 서사와 올드 상하이 노스탤지어 풍조의 차이가 역사 태도의 차이에서 나온다는 것은 분명하다. 노스탤지어 풍조가 시작도 끝도 없이 시간성 없는 번화한 도시 풍경에 주목한다면, 엘리트 서사가 강조하는 것은 도시공간 변화에 따른 역사적 상전벽해의 느낌이다. 또 다른 차이는 주체 설정과 관련 있는데, 노스탤지어 풍조가 시간의 강을 자유롭게 넘나들 수 있는 소비주체를 가정한다면, 엘리트 서사는 부재하는 혹은 결여된 도시 주체를 가정한다. 그렇다고 할 때, 〈내 사랑 빌(我愛比爾)〉 외에 왕안이는 당대 상하이에 대해 이야기하는 것을 줄곧 피해 왔는데, 설령 그녀 자신이 지난 상하이 경험에 관한 소설이 모두 '지금 이야기'임을 재차 언급하더라도 이러한 '지금 이야기'는 지금 상하이의 부재를 전제로 하며 그녀가 아쉬워하는 것은 역사 속에서 손상된 상하이이고, 여기에서 부재하거나 결여된 주체는 바로 상하이 도시 자체라는 것은 부인할 수 없다.

《장한가》로 대변되는 엘리트 서사는 소비주의 도시 역사를 부인하는 자세로 근현대성의 도시문화 체험을 총체적으로 상상함으로써 소비주의에 동의하는 노스탤지어 풍조와 거리를 두려 시도하고, 이로써 현실의 문화소비주의를 거부하는 역사적 자원이 되려고 한다. 조망자의 거리감은 의심할 것 없이 엘리트 서사에서 엘리트적 특징을 양성하는 동시에 일상생활의 세부묘사에 대한 유실과 무시를 조성한다. 이런 의미에서 자질구레한 일상생활은 엘리트 서사에 전혀 어울리지 않을 뿐만 아니라, 엘리트 서사 역시 이를 표현할 방법이 없다.

4. 비판자와 지식인 담론

자본과 국가권력이 연합해 추진한 상하이 발전과정은 전 지구화로 진입하는 과정이었으며, 올드 상하이 노스탤지어 풍조는 이 과정 속에서 상하이 코즈모폴리터니즘을 재현하는 기쁨을 느꼈지만, 지식인 담론은 엘리트 서사와 마찬가지로 상하이가 획일화하는 우려를 느꼈으며, 이는 지식인이 직접적으로 '올드 상하이' 노스탤지어와 소비주의에 날을 세우게 했다.

　지식인 담론은 먼저 소비주의에 비판적 시선을 던지는데, 여기에는 올드 상하이 노스탤지어 풍조가 지니는 소비주의 경향이 포함된다. 쉬지린(許紀霖 2001)은 바, 카페, 아니면 찻집 등은 모두 상하이 화이트칼라와 문화인의 연애 장소라고 언급하면서, 거기에서 연역된 것은 유럽이나 홍콩의 일상생활이 아니라 문화귀족의 신분증이며 일종의 문화적 자위라고 말한다. 천쓰허(陳思和 2001)는 바 등의 고소비공간이 당대 중국 사회생활의 진정성 결여의 표출이라고 지적하고, 왕샤오밍(王曉明 2000a; 2000b)은 소비주의 문화현실을 '반쪽짜리 신화'라고 잘라 말한다.

　상하이의 도약은 중국의 부단한 개방과 지속적인 국제자본의 유입에 따른 직접적 결과이며 동시에 중국이 가속화하는 전 지구화로 진입하는 과정을 반영한다. '전 지구화'는 현실을 바꾸는 변화 모델로써 당대 중국에서 이미 '근현대화'를 대체하는 담론과 사회적 상상이 되었다. 1980년대 중반부터 정부 선전 자료에 급속하게 등장하는 '세계와의 접맥'이라는 구호는, 바로 중국의 전 지구화 과정에로의 진입에 대한 갈망과 세계와 연결된 '근현대'국가를 향한 강렬한 열망의 생동적 표현이다. 2001년 말 세계무역기구(WTO) 가입과 2008년 베이징올림픽 유치는 중국이 지속적으로 노력해 온 결과에 부합하는 상징적 사건이 되었다.

　다이진화는 이렇게 말한다. "만약 노스탤지어 정서에 동반되는 것이 여전히 '접맥'이라는 외침이라면, 중국 노스탤지어 정서의 밑바닥에는 세계(선진국)적 범주의 노스탤지어 풍조에 호응하려는 문화적 '접맥'의 명백한 증거가 숨어 있다."(戴錦華 1999, 108) 사실, '접맥'이라는 구호에 담긴 문화적 승인에 따른 곤경은 간과될 수 없다. 여기에서 지칭하는 '세계'는 중국에는 타자이고 나와 다른 대상이다. 이 세계는 중국을 포함하지 않으며, 중국 이외의 모든 세계도 아니다. 단지 서유럽 혹은 서유럽화한 선진국을 지칭한다. 더욱 중요한 것은 이렇게 불리는 세계가 중국이 자신을 경계 지우는 표준이고 참조체계라는 점이다. 세계/중국의 관계는 등급상의 위계관계로써 중국은 자신을 개조시켜야만 세계적 요구에 부응할 수 있으며, '세계와 접맥'되어야 하는 목적은 이 위계의 차이를 제거해 중국이 이 불완전한 세계의 구성원이 되는 데 있다. 따라서 '세계와 접맥'은 세계에 대한 정의, 자신에 대한 정의, 세계와 자신의 관계에 대한 정의가 혼재된 모호한 인식이며, 기준을 확립하고 차이를 인정하는 동시에 기준을 제거하고 차이를 제거하는 복잡한 노력이 서로 교직되는 과정이다. '세계와 접맥'은 중국이 서유럽 선진국을 지향해 주변에서 중심으로 향해 가는 노력이며, 중국이 서유럽 렌즈의 굴절방식으로 자아를 인식하려 시도하는 것이다. 심지어 완전히 서유럽의 시각으로 세계 도경을 내면화하는 것이라 하겠다.

석모문을 리모델링한 신텐디(新天地) 카페 풍경

또한 지식인 담론은 올드 상하이 노스탤지어가 역사인식에 단절을 조장하는 것을 비판한다. 프레드릭 제임슨(Fredric Jameson)이 노스탤지어 영화를 분석하면서 언급한 것처럼, 긁어모은 것으로 과거 세월을 재현하려는 노력은 언제나 진정한 문화 경험을 통한 현실의 역사성을 붙잡을 방법이 없다. 과거 유행 속 이미지가 참신한 미적 감각을 생산한다는 것은 바로 역사적 특성이 우리 시대에서 점차 소멸해 간다는 가장 큰 징후다. 아마 우리는 현재와 과거 사이의 역사관계를 다시는 정면으로 관찰할 수도 구체적인 역사로 경험할 수도 없을 것이다.(杰姆遜 1997, 462)

제임슨의 분석은 노스탤지어 언어의 취약성과 노스탤지어가 만들어낸 역사인식의 왜곡성을 지적한 것이다. 주쉐친(朱學勤)은 제임슨의 논의에 기꺼이 동의하면서, 올드 상하이 노스탤지어는 '가상의 상하이'와 '현실 상하이'의 단절을 조장했음을 지적한다.

> 상하이의 단절은 이미 과거 좋은 지역(上只角)과 나쁜 지역(下只角)식의 단절이 아니라 '가상의 상하이'와 '현실 상하이'의 단절이다. 가상의 상하이는 의도적으로 자신을 오래된 것으로 밀어 넣고 마치 역사 속에서 옛 상하이에서 생활하는 듯 보인다. 이러한 올드 상하이는 최근의 상하이 노스탤지어 소설, 노스탤지어 영화, 노스탤지어 유화 등으로 선전되면서 완성되었다. 그러나 내 생각에 만약 올드 상하이가 있다면, 그것은 샤옌(夏衍)의 바오선궁(包身工: 반(半)노예 상태의 노동자)의 상하이도, 장아이링의 화이트칼라의 상하이도 아니다. 현실 상하이는 이미 좌익에 의해 수사되거나 우익에 의해 수식되어 감추어졌거나, 혹은 좌우익의 공모에 의해 좌익문인과 우익문인이 서로 주고받기식으로 말살시켰다. 상하이는 문인을 낳았지만 상하이 기억을 말살한 범인은 바로 끊임없이 양산되어 좌충우돌하는 싸구려 문인들이다.(朱學勤 2001)

주쉐친의 논의는 '바 1931'을 위시로 하는 올드 상하이 풍조에서 시작되었지만, 그가 관심을 갖는 지점은 '바 1931'이 30년 전 물건들을 사용해 70년 전의 분위기를 조성할 수 있는지가 아니라, 이러한 전형적인 노스탤지어 서사방식이 상하이에 대한 인식과 감성의 단절을 조장한다는 점이다. 주쉐친의 논의가 급진적인 비판 논조를 사용하면서 지역성 지식의 획득 문제로까지 나아가는 점은 흥미롭다.

사실 전 지구화와 지역성 간의 논의는 비대칭적이며 지역성은 일반적으로 종속적이라고 폄하되는 데에는 전 지구화가 모종의 더욱 광범위한 보편성과 연결되어 있기 때문이다. 바로 이러한 점에서 지역성 담론에 기초한 세계관과 전 지구화 담론에 기초한 세계관은 마찰을 빚을 수 있고 심지어 충돌할 수 있다. 그러나 전 지구화와 지역성은 상호 보완적으로 이해될 수 있는데, 브루노 라투르(Bruno Latour)가 '글로컬(glocal)'이라는 개념을 제기했던 것은, 그가 이러한 현상을 각각 글로벌리즘의 영역 혹은 로컬리즘의 영역으로 귀납시키기보다는 이를 글로벌하고 동시에 로컬한 것으로 인식하는 데에서 비롯한다. 마찬가지로 사스키아 사센(Saskia Sassen)이 강조한 글로벌 도시(global city)에 대한 분석 역시 글로벌리즘과 로컬리즘의 상호 보완관계를 강조했는데, 그녀는 전 지구적 도시는 오히려 경제, 정치, 문화권력이 중층적으로 섞인 지역이라고 여겼다. 상하이는 글로벌한 도시다. 그러나 이러한 글로벌한 특성과 대조적으로 그곳은 여전히 상하이 개성과 독특한 상하이 문화를 요구한다. 바로 이러한 지역성 담론 재건의 배경 속에서 '올드 상하이' 노스탤지어는 1990년대 중국의 독특한 문화경관이 될 수 있으며, 동시에 글로벌화 과정에서 '올드 상하이' 노스탤지어는 고도의 소비주의 문화현실로 변화될 수 있다.

롤런드 로버트슨(Roland Robertson)이 《전 지구화: 사회이론과 글로벌 문화(Globalization: Social Theory and Global Culture)》에서

논의하고 있듯이, "20세기의 전 지구화는 최근 더욱이 각종 방식으로 노스탤지어 경향을 가속화한다." 따라서 올드 상하이 노스탤지어의 정치는 전 지구화와 소비주의 담론 속에서 그 복잡성을 드러낼 수 있다. 올드 상하이 노스탤지어의 정치는 세 가지 서로 다른 측면 즉 노스탤지어 풍조, 엘리트 서사, 지식인 담론과 연결되어 있으며, 세 가지 서로 다른 문화신분 즉 소비자, 조망자, 비판자와 연관되어 있다. 그렇다면 이 세 측면과 세 신분은 전 지구화와 지역성의 공간관계 속에서, 역사, 현실과 미래의 시간관계 속에서, 과연 어떠한 복잡한 노스탤지어 정치로 교직되어 있는가?

　　이는 물론 노스탤지어를 초월하는 문제이며, 당대 중국사회에 국가, 시장, 지식인 3자의 복잡한 관계 속에 연결된 문제다. 노스탤지어 풍조는 소비주의와 전 지구화에 대한 선전을 통해서 아마 혁명담론을 완전히 억압하는 서사로 변할지도 모른다. 이것은 주류 이데올로기의 입장과 거리가 있으며 심지어 저촉되는 부분도 있지만, 노스탤지어 풍조가 주장하는 소비주의 시장 성향은 오히려 주류 이데올로기의 전 지구화에 문화적 상상을 만족시킨다. 엘리트 서사는 노스탤지어 풍조의 화려한 꿈의 서사를 제약하고 이를 인정하지 않으면서도 소비주의와 전 지구화에 대한 직접적인 비판을 회피하고, 현실 지역성 주체의 결여를 전제로 노스탤지어 풍조와는 다른 방식으로 지역성 담론 재건의 가능성을 탐색한다. 지식인 담론은 노스탤지어 비판과 현실문제에 대한 직접적 개입을 통해 소비주의와 전 지구화의 지역성 공간에 동질화 영향을 막으려고 노력한다. 이러한 노력은 엘리트 서사와 방향을 같이하지만 지식인 담론은 전 지구성과 지역성 문제에 당대 중국의 내재된 긴장, 즉 지역성 담론이 종종 일상생활을 강조하는 권리를 통해서 자본과 민족국가 등의 추상적 요구에 대항하고 있다는 것을 분명하게 인식하지 못한다.

여기에서 지식인 담론이든 엘리트 서사든 올드 상하이 노스탤지어 정치의 함정에 빠질 수 있는 것은, 노스탤지어가 의심할 바 없이 자본, 소비주의, 전 지구화와 국가권력을 제약하면서 지역성 담론을 재건하는 대문을 열었다 하더라도, 그것은 본래 소비주의와 코즈모폴리터니즘에 대한 추억이며 회상이기 때문이다. 결론적으로 혁명담론이 더는 일상생활의 상하이를 주도할 수 없다고 할 때, 과연 어떠한 타자로써 당대 상하이의 문화현실에 대응해야 하는가는 올드 상하이 노스탤지어 정치의 핵심 문제가 된다.

● **바오야밍(包亞明, Bao, Ya-ming)**
1965년생. 상하이 출생으로 1986년 푸단대학 중문학부를 졸업하고 동대학원에서 문학석사학위와 문학박사학위를 취득하였다. 상하이 사회과학원 문학연구소에 재직하면서 《상하이문화》 부주편을 맡고 있다. 연구서로는 《포스트모던 콘텍스트의 미학과 문화이론(後現代語境中的美學與文化理論)》, 《상하이 바: 공간 · 소비 · 상상(上海酒吧: 空間, 消費與想象)》(공저), 《산책자의 권력: 소비사회와 도시문화연구(游蕩者的權力: 消費社會與都市文化研究)》, 《언어와 현실 사이(在語言與現實之間)》, 엮은 책으로는 《후기 대도시와 문화연구(後大都市與文化研究)》, 《모더니티와 공간의 생산(現代性與空間的生産)》, 《포스트모더니티와 지리학의 정치(後現代性與地理學的政治)》, 《포스트모던 경관(後現代景觀)》 등이 있다.
bym@sass.org.cn

● **노정은(魯貞銀, Roh, Jung-eun)**
이화여대 중어중문학과를 졸업하고 푸단대학 중문학부에서 문학석사학위와 문학박사학위를 받았다. 현재 건국대학교 중어중문학과 부교수로 재직 중이다. 지은 책으로 《중국 현대문학과의 만남》(공저) 등이 있고, 옮긴 책으로 《중국당대문학사》(陳思和 지음, 공역)가 있다. 최근 논문으로 《〈상하이 베이비〉와 '신인류'의 문화적 징후〉, 〈'선전'과 '오락'의 변주−1930년대 상하이 좌익계열 영화의 미적 허위성〉 등이 있다.
rjecilvia@hanmail.net

'장아이링 붐'에서 '상하이드림'까지

니원젠 글 | 김순진 옮김

1. '장아이링 붐'의
몇 가지 문제들

　　　　　장아이링(張愛玲: 1920～95)은
1980년대 중반에 '문학사 새로 쓰기'라는 당시 중국 대륙 문단의 요구
에 부응하면서 역사의 수면 위로 떠올랐다. 장아이링이 순식간에 문
단에 알려진 것은 그녀의 걸출한 문학성, 특히 '이미지', '의식의 흐
름' 등 기교 면에서의 독창성과 새로움 때문이다. 그런데 장아이링의

작품 중 작가의 특성을 많이 보여주는 〈경성지련(傾城之戀)〉보다 〈황금 족쇄(金鎖記)〉가 더 큰 환영을 받았다는 사실에는 주의를 기울일 만하다. 이는 처음에 장아이링을 받아들였던 것이 본래의 틀(예를 들면 '반봉건'이나 '계몽' 등)에 '덧셈'을 한 것에 불과했음을 설명한다. 이러한 특성은 심지어 지금까지도 일부 학술계에서 지속되고 있다.

동시에 또 다른 문제점이 있다. 장아이링은 1980년대 후반 들어 대중들의 독서생활에서 큰 부분을 차지했다. 각종 판본의 장아이링 작품이 중복 출판된 후 《장아이링 문집(張愛玲文集)》(총 4권)이 1992년 안후이(安徽)문예출판사에서 출판된 것을 시작으로 '장아이링'은 더욱더 사람들의 눈을 사로잡는 '베스트셀러 작가'가 되어갔다. 1990년대 이후, 서점가에서는 상당히 오랜 시간 동안 '왕쉬(王朔)+쑤퉁(蘇童)=장아이링'이라고 말해도 무방한 현상이 나타났다. 즉 시류를 좇는 왕쉬가 세속의 조류를 대표하고 대중매체가 만들어낸 쑤퉁이 '노스탤지어'의 분위기를 의미한다면, '장아이링'은 혼자서 이 두 가지 시대풍조를 이끌었다고도 말할 수 있다.

이러한 의미에서 '1992년'에 출판된 《장아이링 문집》을 오늘 다시 돌아보면 비록 시간적으로는 아주 우연이었겠지만 의미심장하다. '1992년'이라는 해가 덩샤오핑(鄧小平)이 중국의 '남부를 시찰(南巡)'하고 일련의 중요한 연설을 발표해 중국의 시국과 발전에 예측하기 어려운 영향을 일으킨 때라는 사실을 모두가 잊을 리 없다. 이것 역시 우리 연구의 '배경'을 형성하고 있을 것이다.

물론 당시 우리는 그다지 분명하게 현실을 바라볼 수 없었다. 사실 일종의 '신념'에 의지했었다고 말하는 편이 나을 것이다. 많은 사람이 장아이링을 좋아했지만 그 이유는 결코 문학적인 면에 있지 않았다. 국민 전체의 문학적 소양이 아직 그 수준에 이르지 못했기 때문에 '장아이링'이 관심거리가 된 것은 분명 상징적인 기호였다. 사회적, 역사적, 문화적 원인이 배후에서 매우 중요한 역할을 했음이 틀림없다. '장아이링 붐'이 생기는 과정에서 이러한 특성이 드러났으며 더나아가서는 '장아이링 붐'의 중요한 특성을 형성했다. 그것은 장아이링이라는 한 인간에 대한 관심이 줄곧 그녀 작품보다 우선시되었다는점이다.

그래서 '장아이링 붐'을 탐색하기 위해 거슬러 올라가려면 장아이링 전기부터 손을 대야 한다. 그러한 전기가 만들어놓은 이미지가대중의 마음속에서 기호화한 '장아이링'을 만드는 데 거대한 영향을끼쳤다는 사실은 분석할 만하다. 그 가운데 위빈(余斌)의 책은 볼만하

장아이링의 사진과, 장아이링이 《전기(傳奇)》를 창작할 때 살았던 아파트, 장아이링의 동명소설을 원작으로한 영화 《경성지련》(왼쪽 위부터)

다. 특히 장아이링의 산문과 인생관에 대한 분석은 매우 적절하고 훌륭한 안목을 지녔다고 할 만하다. 쑹밍웨이(宋明煒)의 책도 훌륭하다. 장아이링과 부모의 관계, 장아이링과 남편이었던 후란청(胡蘭成)의 관계에 대한 논의는 필자의 나이답지 않게 철두철미했다. 아촨(阿川)과 위칭(于靑)의 책도 선도자의 길을 간 공이 있다고 할 수 있다. 그러나 그 나머지 전기들, 예를 들어 후신(胡辛), 쿵칭마오(孔慶茂)의 책은 식견이 다소 떨어진다. 그렇지만 '장아이링 붐'이라는 현상을 일으키는 데는 이처럼 대중화하고 시류를 좇는 '별 볼일 없는' 전기들이 특별한 역할을 했다는 점에서는 앞의 책들과 대체로 비슷할 것이다.

예를 들어, 지금까지도 여전히 많은 '장아이링 팬'들은 그러한 전기가 장아이링을 알리는 데 큰 공을 세웠다는 뿌리 깊은 '공감대'를 가지고 있다. 세 가지 예를 들어보도록 하겠다. 첫째는 '천재 기녀(天才奇女)'다. 수많은 전기가 장아이링의 '천재성'을 애써서 추켜세우고 있다. 구닥다리 틀로 장아이링을 받아들이고 '특수함'으로 그녀의 자리를 매기는 학계와 이들 전기 작가는 서로 표리관계를 이루고 서로를

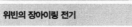
위빈의 장아이링 전기

위칭의 장아이링 전기

이용한다. 그럼으로써 장아이링과 '원앙호접파(鴛鴦蝴蝶派)' 사이의 분명한 문학적 관계를 오랜 시간 못 본 척하고 있었다. 둘째는 과거를 그리워하는 '노스탤지어'다. 많은 전기들은 장아이링이 보수적인 아버지와 사이가 좋지 않았으리라 생각하면서도 한편으로는 장아이링과 '구중국(舊中國)'의 심리적 관계를 과장해 묘사하고 있다. 장아이링이 '한당(漢唐) 풍조'를 동경하고 심미적 의미에서 '퇴폐풍조'에 미련이 있었던 것을 그녀가 문화 가치적 입장에서 '과거를 그리워'한다고 잘못 치환시켜 장아이링을 크게 오해하게 되었다. 셋째는 '배척 정신'이다. 많은 전기에서는 물질생활에 대한 장아이링의 집착만을 단편적으로 강조하고 형이상학적 층위에서 장아이링이 지니고 있던 '비애'를 무시했다. 혹은 이 양자 사이의 깊은 관계를 보지 못하고 따로따로라고 생각해 전자를 장아이링의 생활이라 이해하고, 후자를 장아이링의 사상이라 이해했다. 그럼으로써 이들 전기는 장아이링을 좋아하지 않는 학계 사람들과 똑같이 장아이링을 (물질적 향유에 빠져 정신적 중요성을 모르는) '페티시즘(fetishism)' 환자로 취급해 결국 장아이링을 단순화시키고 말았다.

사실 '장아이링 붐'이 장아이링을 단순화시키지 않았다면, 우리들의 연구가 지속되기 어려웠을지도 모른다. 또한 '장아이링 붐'이 '상하이 붐'의 첫 번째 물결이고 심지어 '상하이 붐'의 가장 중요한 발원지라는 견해가 공명을 얻기도 꽤나 어려웠을 것이다. '장아이링의 배후는 상하이'라는 논점을 서술하기 위해 1996년에 엄청난 노력과 생각을 하여 글을 썼던 것을 회상하니 지금은 조금 두렵기도 하고 우습기도 하다.

2. 상하이 노스탤지어를 둘러싼 욕망의 그물망

'장아이링 붐'이 계속 확산되고 더욱 심화됨에 따라 결국 붐을 형성한 '상하이'가 점점 주목을 끌기 시작했다. 장이머우(張藝謀)의 《상하이 트라이어드(搖啊搖, 搖到外婆橋)》, 천카이거(陳凱歌)의 《풍월(風月)》, 그리고 '제6세대 감독' 펑샤오롄(彭小蓮)의 《상하이 옛일(上海往事)》, 러우예(婁燁)의 《쑤저우하(蘇州河)》 등등의 올드 상하이를 제재로 하는 영화나 드라마가 시대의 요구에 따라 등장했다. 대량의 도서 역시 직접 '상하이'를 판매 전략으로 삼았고 모두 인기를 끌었다. 예를 들어 웨이후이(衛慧)의 《상하이 베이비(上海寶貝)》, 천단옌(陳丹燕)의 《상하이 애정사(上海的風花雪月)》, 《상하이 금지옥엽(上海的金枝玉葉)》, 시와(西娃)의 《천당을 지나면 상하이(過了天堂是上海)》 같은 소설책들이 있다. 화첩도 쉴 새 없이 나와 '올드 상하이'라고 이름 붙인 것만도 여러 권이다. 이러한 텍스트들은 당연히 '문화연구(cultural studies)'의 내용이 되어야 한다.

점점 '붐'을 일으킨 '상하이'는 더 이상 보고 말하는 화제가 되는 데 만족하지 못했다. 특히 1993년 이후 '상하이 붐'은 상하이를 풍미했던 '한 해에 하나씩, 삼 년에 큰 변화(一年一个樣, 三年大変樣)'라는 구호와 보조를 함께하면서 '지면 문장'에서 뛰쳐나와 상품시장으로 신속하게 번져나가 엄청난 상업적 가치를 드러냈다.

'어느 밤 봄바람처럼 홀연히' 상하이의 커피숍과 바가 도처에 문을 열었다. 그런데 풍격과 기능이 결코 동일하지 않은 '커피숍'과 '바'라는 두 공간이 상하이에서 오랫동안 차이가 없었다는 점, 심지어는 일부러 두 성격을 모두 지니거나 융합된 형태로 이 휴식공간을 설계했다는 사실은 음미해 볼 만하다. 또한 지금까지도 커피숍 대부분의 커피 맛은 좋지 못할 뿐 아니라 일부는 인스턴트커피 맛보다도 못하다. 이러한 사실은, 커피숍이나 바와 같은 공간이 상하이에 나타난 것은 결코 실용적인 필요에 의해서나 혹은 상하이 사람들이 갑자기 커피나 양주에 강한 흥미를 느꼈기 때문만이 아님을 의미한다. 은어로 '술을 마시다', '커피를 마시다'라고 하지 않고 '바에서 개기다(泡吧)'라고 하는 것처럼 커피숍이나 바(酒吧)에서 중요한 것은 '커피'나 '술'이 아니라 '숍'과 '바'다. 이러한 공간은 실재적이 아니라 상징적인 의미에서의 문화 소비를 의미한다. 그러므로 커피숍이나 바가 상하이에 대대적으로 나타난 것은 연구할 만하다.

그중 가장 연구할 가치가 있는 것은 커피숍이나 바 공간의 구성과 배치다. 첫 번째로 '올드 상하이의 유풍'을 들 수 있다. 이러한 공간들은 상하이의 과거를 살펴볼 수 있는 자질구레한 것들을 많이 늘어놓고 있다. 예를 들어 낡은 달력, 수동식 전화기, 구식 사이다, 1930~40년대 유행가 등이다. 심지어는 물건들을 진짜처럼 위조하거나 만들기도 하고 '올드 상하이(老上海)', '1930년대', '1931', '세월을 거슬러'(時光倒流) 등의 이름을 짓는 데 더욱 많은 시간을 들였다. 두 번째는 아일랜드, 프랑스, 영국, 미국 등의 수많은 '이국적 정취'를 만들어낸다는 점이다. 이것은 커피숍들이 약속이나 한 듯이 선택한 최상의 방법이 '상하이' 특히 '상하이'의 '문화가 있는' 과거, '국제사회와 연계'되어 있고 더 나아가서는 '국제사회와 보조를 함께한' '과거'였

올드 상하이(老上海) 화보

음을 의미한다.

'올드 상하이 유풍'과 '이국적 정취'가 함께 녹아든 커피숍과 술집이 상하이 여기저기에 등장했는데, 그중 이름난 지역으로는 정부가 '무대'를 지어 만든 '헝산루(衡山路) 거리'와 나중에 만들어진 '신톈디(新天地)'가 있다. 전체가 잘 보존되어 있거나 혹은 상하이의 '스쿠먼(石庫門: 상하이의 근대화 과정에서 독특하게 나타난 도시 집단 주거 형태—옮긴이)'만 남아 있는 '신톈디'가 '중국공산당 제1차 대회' 유적지 부근에 만들어지자 순식간에 화이트칼라들이 모여들어 참배하게 된 것과 마찬가지로, 푸둥(浦東)의 '루자쭈이(陸家嘴)' 지역은 1990년대에 불가사의한 속도로 우뚝 솟아올라 아시아와 세계 수준의 금융무역 센터가 되었다. 푸둥에 있는 아파트 '빈장화원(濱江花園)'에서 강을 건너 푸시(浦西) 지역의 오래된 와이탄(外灘) 구역을 바라보면 '지금이 몇 년도인가'라는 탄식이 절로 나오고, '중앙 녹지(中央綠地)' 지역에서 '동방명주(東方明珠: '아시아의 진주'라는 뜻)'와 '진마오빌딩(金茂大厦)' 등의 고층 건물이 만든 공중 포위망을 올려다보면 정말 '내 몸이 어디에 있나'라는 느낌이 들지 않을 수 없다. 만일 최근 10~20년 사

헝산루 거리

이에 세계 건축 공사의 절반이 중국에서 이루어졌다고 한다면, 그중 상당수는 상하이에서 이루어졌을 것이다. 그렇게 구름을 뚫을 듯 높이 휘황찬란하게 서 있는 새로운 건축물 하나하나는 상하이의 새로운 지표가 되었을 뿐만 아니라, 전체 건축물들은 상

하이의 스카이라인을 바꾸어놓았다. 만일 금세기의 전환기에 상하이가 크게 변화했다고 한다면, 그 변화는 상하이의 공간에서 가장 두드러진다. 이를 위해서는 정말 많은 글이 필요할 것이다. '상하이 붐'은 과거에 대한 '노스텔지어'와 미래에 대한 동경이 결합해 이루 말할 수 없는 희열로 우리의 눈앞에 나타났다.

비록 광고업의 발달이 이해할 수 없을 만큼 더디기는 하지만, 또한 '상하이 붐'이 광고업계에는 아직 불지 않았지만 붐이 일기만 한다면 상하이의 변화는 더 심해질 것이다. 상하이에 많은 사람의 눈을 사로잡은 성공한 광고가 하나 있는데, 특히 그 광고음악이 유명하다.

> 상하이는 내가 자라 성인이 된 곳, 나의 모든 감정이 함께해.
> ……
> 홍콩과 타이완 동포들을 따르고 외국인에게 빠지기도 했었지.
> 내가 스타가 되는 것도 느낌이 나쁘지 않아.
> 성공한 느낌, 자신이 가장 잘 알아.
> ……
> 도시는 점점 빨리 높아지고.
> ……
> 상하이는 볼수록 더욱 사랑스럽기만 해.
> 좋은 날, 좋은 시대.
> ……."

'상하이를 좋아하는 이유'를 모두 열거한 듯하다. 표면적으로 볼 때, 이 광고음악은 한 개인의 성장사를 통해 몇 년 사이에 일어난 상하이의 커다란 변화를 묘사하고, 상하이의 새로운 세대가 점점 상하이

신톈디의 석굴문

의 정체성을 갖게 되는 느낌을 묘사한 듯하다. 그러나 깊은 의미를 따져보면, "홍콩과 타이완 동포들을 따르고 외국인에게 빠지기도 했었지, 내가 스타가 되는 것도 느낌이 나쁘지 않아"라는 몇 구절에 이중적 함의가 들어 있다. 그것은 '상하이'가 다른 곳보다 앞서 나가는 주체가 되겠다는 표현이다. 더 이상은 홍콩이나 타이완 그리고 외국을 따르거나 그리워하지 않고, 더 이상은 다른 사람의 장단에 춤추지 않을 것이며, 자신(상하이)을 스타로 만들어 세상의 주목을 받겠다는 결심을 표현한 것이다. 후에 '상업적'인 이 노래가 매우 '정치적'이 된 것은 아마도 이 광고음악이 털어놓은 '이유'가 사람들의 마음을 얻었거나, 상하이를 위해 "내가 스타가 되는 것도 느낌이 나쁘지 않아"라고 소리 높여 노래한 모습이 더욱 권력 상층부의 환심을 샀기 때문일 것이다. '사스(SARS)'가 상하이 사람들의 마음을 매우 불안하게 했을 때, 텔레비전 방송에서 각 직종의 다양한 대표가 모여 쉬지 않고 '상하이를 좋아하는 이유'를 소리 높여 외쳤다. 가장 재미있었던 것은 여러 외국인이 익숙하지 않은 중국어와 상하이말로 "나는 상하이를 좋아합니다"라고 말하는 장면이었다.

외국인이 상하이를 좋아하는 것은 조금도 이상하지 않다. '상하이 붐' 안에는 분명 상하이를 '대단하게 만들겠다'는 결심을 표현한 많은 행동이 있다. '상하이 그린카드'를 예로 들 수 있다. 금발벽안의 외국 영재를 포함한 외국 유학생을 끌어들이려고 상하이는 '이카퉁(一卡通: 카드 한 장으로 통용)' 제도를 실시해 외국인들이 합법적으로 거류하거나 1회용 비자, 복수 비자 등을 발급받을 때 편리를 누릴 수 있게 하고 있다. 이렇게 세계무역기구(WTO)에 가입(2001년)한 후 상하이

'아시아의 진주'라는 뜻의 동방명주

는 분명 인재 시장에서 어느 곳보다도 강한 경쟁력을 지니고 많은 이
익을 보았다. 이러한 이유에서 상하이는 다양한 인종으로 국제화를
이룬 뉴욕, 파리, 런던 등의 대도시를 흠모하는 마음을 드러내기도 했
다. 몇 년도엔가는 한 네팔 어린이를 그해 상하이시의 우수 소년으로
뽑기도 했는데, 이것은 시작에 불과했다고도 할 수 있고 들러리였을
뿐이라고도 할 수 있다. 사실상 '상하이를 끝까지 밀고 나가자'는 웅
지는 이미 길 가는 사람들도 거의 모두 알 지경이 되었다. 상하이 국제
자동차경기장에서 해마다 한 번씩 열리는 F1 경기대회에서 차들이 질
주하며 울리는 굉음은 바로 상하이의 광기인 듯하다. 상하이에서 이
미 착수되어 진행 중인 '1성9진(一城九鎭)' 계획(상하이를 중심으로 인
근에 9개의 신도시를 추가 건설한다는 계획—옮긴이)은 중심 도시지역
과 중앙 상업지역을 비약적으로 발전시킨 후 시선을 교외의 도시화에
맞추고 있다. 바로 이렇게 상하이는 한 걸음 한 걸음씩 '대단함'을 만
들어나가고 있다. 그리고 이후로도 계속 스타로 남아 있기 위해 준비

하고 있다고 한다.

　요 몇 년 동안 '상하이'는 줄곧 많은 사람이 주목하는 스타가 되어 기개를 충분히 드러냈고 즐거워했음을 인정해야 한다. 홍콩에서 웡카와이(王家衛) 감독의 영화 《화양연화(華樣年華)》가 유행할 때 옛날식 상하이 언어와 구식 치파오(旗袍) 복장도 동시에 빛을 봤었다. 그렇지만 웡카와이 감독이 그리워한 것은 자신들 세대의 홍콩 청춘 시절이었고 대중들에게 수용되고 전파되는 과정에서 '상하이'까지 소급하지 않아서, '노스탤지어'가 철저하게 구현되지는 않았다. 그리고 많은 매체가 '10년 후의 상하이가 오늘날의 홍콩을 대신할 수 있을까?', '상하이와 홍콩, 어느 도시에 더 미래가 있을까?' 등과 같은 문제를 토론하는 데 더욱 열을 올렸다. 심지어 타이베이의 학자들은 타이베이의 '상하이 붐'이 이미 문화적 상상이나 사회적 유행을 넘어 타이완의 상황에서 출발한 현실적 실천이 되었다고 여긴다. '상하이'의 옛 모습을 그리워하고 상하이를 여행하는 것을 넘어 타이완 자본이 상하이와 그 주변에서 증가하기를 바라고 있다! 외국 화인(華人)사회에서 그리

상하이국제자동차경기장

고 외국의 각국 각지에서 '상하이'는 이미 이익을 가져다줄 인기 단어가 되었다.

아시아태평양경제협력체(APEC) 상하이 연례회의나 '상하이합작조직(上海合作組織/ Sanghai Cooperation Organization)' 연례회의 같은 국제적·국내적 중요 뉴스는 더는 언급할 필요조차도 없다. 여기서 대중 매체에서 유래한 두 가지 예를 들어도 무방할 것이다. 하나는, 중국중앙방송국(CCTV)의 유명 프로그램 《동방시공(東方時空)》을 개편한 《시공연결(時空連線)》이 새롭게 방송된 첫날 베이징, 타이베이, 상하이 세 지역 인사들이 공간을 뛰어넘어 타이베이의 '상하이 붐'에 대해 토론을 벌였다. 물론 우연이라고도 말할 수 있을 것이다. 그러나 이 일은 '상하이'의 매력이 사방으로 퍼지고 '상하이'의 유혹이 날로 강해지는 것과 큰 관계가 있을 것이다. 오늘날 커다란 중국의 '시공'을 가장 잘 '연결'할 수 있는 것이 바로 '상하이'이기 때문이다. 이제 두 번째 예를 들어보자. 1990년대 중후반에 방영된 주선율(主旋律) 드라마인(주선율이란 혁명 전통 고양, 사회주의 정신문명 찬양 등을 주요 내용으로 한 국가의 관변 이데올로기를 표현하는 문화 형식이다.—옮긴이) 대형 역사시대극이 두 편 있다. 《덩샤오핑(鄧小平)》과 《개혁·개방 20주년을 기념하며(紀念改革開放二十周年)》이다. 그런데 두 드라마 모두 약속이나 한 듯이 화려하고 등이 환하게 켜진 상하이 와이탄의 야경을 첫 회의 마지막 장면으로 선택했다. 심지어는 촬영한 위치마저 거의 같았던 것 같다. 이것은 더 이상 단순한 우연이 아니다. 분명 '상하이'가 덩샤오핑 개혁·개방 20년의 최대 성과일 뿐만 아니라 중국 미래의 발전 방향을 대표하고 있다는 모종의 갈망을 드러내고 있는 것이다.

3. '상하이드림' : 영원한 환영(幻影)

상하이가 어떻게 '붐'을 일으킬 수 있었을까? 그 이유는, '붐'이 일고 있는 '상하이'는 이미 단순한 지역이나 지리적 이름이 아니기 때문이다.

첫째, 상하이는 1843년 '개항' 이후 서서히 전국에서 독특한 문화적 풍격을 가지고 "새롭고 날로 성장하는 중산계급이 만들어가는 '해안문명'"을 창조했다. 상하이는 이러한 과정 속에서 따옴표를 한 '상하이'[1]가 되었다. 바꾸어 말하면, 영욕의 시간을 몸으로 겪은 상하이는 '따옴표'의 과정을 겪은 후, 아편전쟁으로 1840년 나라의 문이 열리고 '중영 난징조약(南京條約)'에 사인을 하면서 역사 무대에 서게 되었다. 예를 들어 '오구통상(五口通商)'과 중국 외교 무역 항구의 중심이 광저우(廣州)에서 상하이로 북상한 점, 조계가 형성되고 영국과 미국의 양식에 따라 확립된 제도를 조계 안에서 실시한 점, 태평천국운동 이후의 대규모 난민이 조계로 유입되고 '화양분거(華洋分居)'에서 '화양잡처(華洋雜處)'에 이르는 역사적 연혁, 그로 인해 발생한 문화 형태, '국공내전' 기간에 중국 특히 상하이의 민족자본이 발전한 소위 '황금시대' 그리고 항일전쟁 시기의 상하이가 처해 있었던 특수한 고도(孤島) 상태 등 일련의 관계 등으로 말미암아, 결국 예전에 어촌이었던 상하이가 중국 전체에서 가장 번화하고 가장 화려한 도시로 탈바꿈하게 되었다.

이로 말미암아, '상하이'는 중국 근현대사에서 줄곧 다른 어느 곳도 대신할 수 없었던 역할을 맡았고 중국 근현대화가 추구하는 가장 핵심적인 상상의 공간이 되었다. 올드 상하이는 내지와 홍콩, 타이완을 포함한 전체 중국이 근현대화를 추구하는 과정에서 삼아야 할 모범이 된 것이다. 특히 시간이 유수처럼 흘러 오늘에 이르러, 올드 상하이와 관련되어 각종 기록과 서술 그리고 노스탤지어 등은 점점 더 '상하이'를 이전에는 찾아볼 수 없었던 근현대적인 로맨스 공간으로 만들어가고 있다. 올드 상하이는 처음부터 '세계와 연계된다'는 것을 알고 있었고, 충분히 '국제적 기준' '아시아의 일류'가 될 수 있었다 등의 담론들이 염황(炎黃)의 자손들을 의기양양하게 만든 듯하다.

그러나 이러한 광채와 화려함은 이미 지나가 버려 아쉽게도 다시 오지 않게 되었다. 올드 상하이가 다시 재현될 수 없기에 '상하이'는 슬픔이 커지고 상상이 덧붙여진 공간이 되어갔다. '상하이'는 영원히 이루어질 수 없는 어떤 전형적인 모델이 되어버렸다. 마치 그러한 '상하이'가 '근현대'의 '아름다운 삶'을 꿈꿀 수 있는 또 다른 가능성이 될 수 있는 것처럼, '중산계급', '공공 공간', '시민사회' 등을 관건어로 하여 구성된 '근현대성'은 진실로 조물주가 용의 자손에게 내린 최고의 선물이었다. 이것이 바로 '상하이'가 중국에 준 최고의 공헌이다. '1840년' 이후 여러 세대의 중국인들이 근현대화를 추구하는 과정에서 수많이 패배했음에도 불구하고 쇠 신발이 다 해질 때까지 찾아 헤맨 후, 비로소 '등잔 밑이 어두웠다'는 것을, '상하이'가 바로 근현대화가 선택한 최상의 방법이라는 것을 비로소 깨달은 듯하다. '상하이 붐' 속에서 '상하이'는 미시적인 표본이고 빛나는 과거일 뿐만 아니라, 거시적으로는 전 중국의 근현대화한 미래를 가리키고 있다.

이것은 '상하이 붐'이 일종의 '노스탤지어(懷舊)'라는 것을 의미한다. '과거(舊)'를 '향수(懷)'할 때 상상적인 요소가 들어가지 않을 수 없고, 프레드릭 제임슨(Fredric Jameson)이 조금은 극단적으로 일깨운 것처럼, '노스탤지어'가 언급하는 점은 '진실한 역사'이거나 혹은 대

울드 상하이 풍경

가를 치러야 하는 결여다. 이렇게 볼 때 '상하이 붐'은 상상의 산물이므로 차라리 '상하이드림'이라고 불러야 더욱 적합할 것이다.

그래서 상하이가 '붐'을 일으킬 수 있는 두 번째 이유는, '상하이'가 개혁 · 개방 이후 중국인들의 집단적 욕망을 상상적으로 해결하기 때문이다. '꿈' 속의 '상하이'는 갈수록 사람들이 기대하면서도 비난하는 장소가 되었고, 근현대화 및 행복과 관련한 새로운 가능성으로 상징되었다. 그러나 그것은 중국이 100년 동안 주도해 왔지만 그다지 성공하지 못했다고 여겨지는 근현대화의 선택과는 다르다. 또한 중요한 것은 '위에서' 추진한 결과라는 점이다. 1990년대 상하이 푸둥(浦東)을 개발 · 개방하기로 선포한 후, 특히 1992년 덩샤오핑의 '남부 시찰 연설' 발표 후 '상하이'는 중국 개혁 · 개방의 상징이자 '선두 주자'로 여겨졌으며 '승패를 가늠하는' '주먹 한 방'이 되었다. '상하이에 의지하여 전국을 끌고 가자(依靠上海, 帶動全国)'는 구호가 이를 말해 준다. 그 내면의 희망은 아마도 '전 중국이 모두 상하이가 되자'라는 것이리라.

'상하이'를 부활시키고 재건하려는 이러한 대규모 운동은 다층적이고 다각적이며 다매체 공동 참여 형태로 지금까지 진행되고 있다. 상하이 도시에 대한 이러한 노스탤지어와 상상은 매우 깊이 상하이와 더 나아가 중국의 문화구조에까지 개입하고 있다. '상하이 붐'은 이처럼 도시에서 시골까지, 동쪽 해안에서 서부까지, 대륙에서 홍콩과 타이완 그리고 전 세계의 화인세계에 이르기까지 널리 퍼진 문화현상이 되었다. 사실 '상하이'는 오늘 중국의 '위'(정부 관방), '아래'(보통 민중), '안'(국내)과 '밖'(타이완과 홍콩 그리고 국외 화인세계)이 꿈꾸고 있는 근현대적 미몽에 의탁하고 있다. 그것은 현재를 잘 조절하고 현재의 모습으로 더욱 빨리 더욱 잘 미래로 들어가기 위해 중국 전체가 상하이라는 길을 통해 근현대화로 들어설 수 있다는 미몽, 중화민족이 '상하이'의 방식으로 굴기(崛起)하고 부흥하겠다는 '미몽'[2]이다.

'상하이 붐'의 배후는 근현대화의 서사다. 그것은 '상하이'의 '근현대성'으로 전체 '중국'의 근현대화를 실현하려는 것이다. 그러나 우리는 이미 '상하이'가 매우 특수한 역사적 상황 속에서 형성되었음을 알고 있다. '상하이에 따옴표를 하는' 그러한 과정은 아마 다시 반복될 수 없을 것이다. 좀 더 철저하게 말하자면, '상하이'의 근현대화는 '중국 내륙'을 돌보지 않고, 심지어 '내지 중국'을 희생시켜 실현한 것이다. 사실 이후의 '상하이'를 거울삼아 근현대화로 가는 타이완과 홍콩 심지어 1980년대 선전(深圳)과 1990년대 상하이까지 모두 비슷한 상황이다. 역사적으로 '상하이/내지 중국'이라는 이원 대립구조를 통해 형성된 것으로 결코 오늘날 다시 직면할 수 없는 현실이다.

식견이 있는 사람이라면 '전 중국의 상하이화'가 '꿈'이 아닐 수 없음을 모르지 않을 것이다.

'상하이 붐' 현상을 몇 가지로 정리할 수 있겠다. 첫째, '상하이'의 발전 역사는 분명하게 상하이가 '용의 머리'라기보다는 '다리(bridge)'라고 말하는 편이 낫다는 점을 보여준다. 상하이의 '생존 기회'와 '승리 기회'는 모두 특별한 조건을 갖춘 중개자의 위치에 있다. 한쪽은 서양의 자본이고, 다른 한쪽은 광대한 중국 내지시장과 염가의 노동력이다. 각박하게 말하자면, 상하이는 그 양쪽의 가죽을 벗겨

이익을 취한 것이다. '상하이'와 '전(全) 중국'은 어떤 관계인가? 요점만 말하자면, '상하이'와 중국은 이쪽이 줄어들면 저쪽이 길어지는 '시소관계'라고 할 수 있다. 중국의 내지가 고생스러울수록 '상하이'는 화려해진다. 가장 극단적이었던 때는 상하이의 '함락' 시기로, 국가 주권이 완전히 상실되었을 때 '상하이' 사회는 취생몽사해 기형적으로 마지막까지 광분했었다. 상하이 역사를 살펴보면 상하이와 중국의 '시소관계'는 '상하이'의 변하지 않은 특징이라 할 수 있다. '상하이'가 현재 '붐'을 일으키는 이유는 중국인들이 상하이에 모든 희망을 의탁하고 자신의 삶의 희망을 '상하이'와 연결시켜 중국 곳곳이 '상하이'가 되기를 희망하기 때문이다. 그러나 '시소관계'는 가혹하게도 상하이와 중국 내륙 혹은 '연해 중국'과 '서부 중국'이 결코 함께 전진하고 함께 영화를 누릴 수 없음을, '이쪽이 줄어들면 저쪽이 길어질' 것임을 보여준다. 전 중국이 '상하이'가 된 역사는 지금껏 존재하지 않았다. 만일 현실에서 지금까지의 불변의 규율을 깨뜨리고 '역사를 창조'하려 한다면 그것이 얼마나 어려울지는 충분히 상상할 수 있을 것이다.

둘째, 현재의 '상하이 붐'에서 무엇이 '붐'을 일으키고 있는가? 이른바 '상하이의 화조풍월(花鳥風月)'이라는 말로 모든 것을 표현할 수 있다. 꿈속의 '상하이'는 늘 낭만적이고, 자극적이고, 활력이 넘치며, 성공과 긴밀하게 연관되어 있다. 마치 상하이에는 단지 외국인 거리, 벼락부자, '화이트칼라'만이 있고, 많은 판자촌, 방직공장의 여공, 부두의 하역노동자 등은 '상하이 붐' 안에서 사라진 듯하다. 사실 상하이는 역사 속에서나 현실 속에서 많은 모습을 지니고 있다. 상하이에는 '강남'도 있고 '강북'도 있다. 이것은 설사 상하이 안에 '연해 중국' / '서부 중국'이라는 양자가 여전히 심지어는 매우 놀랄 정도로 공존하고 있다 할지라도 '상하이'나 '화조풍월'의 예찬이 가능한 이유는, '상하이'가 '거울 속의 꽃이요 물속의 달'과 같은 환영(幻影)이기 때문임을 의미한다.

셋째, '상하이' 문화의 내부적 가치 범주는 선천적으로 발육이 불량하다는 것이다. '아메리칸드림'에 신앙이나 정신 같은 내재적 지지 기반이 있었다면, '상하이드림'은 이러한 측면에서 텅 비어 아무것도 없다. 과거를 계승해 열심히 앞으로 나아가는 고속 발전기에는 잠복해 있는 병을 일일이 돌볼 틈도 없고 또 그것을 까발리려는 사람도 없어 큰 장애가 될 것이 없는 것 같다. 그러나 일단 GDP만 따르는 발전에 문제가 발생하면 '상하이드림'은 내부에서부터 신속히 와해되고 파멸될 것이다.

결론적으로 말해, '근현대'와 전 인류의 관계가 어쩌면 저 너머에 희망이 있지만 건너기에는 너무 약한 '카산드라 대교'(영화 《카산드라 크로싱(THE CASSANDRA CROSSING)》(1976)에 나오는 다리. 감염 환자들의 격리시설로 가기 위해 건너가야만 하는 다리가 안전하지 않아, 그 다리를 건너는 것은 자살 행위와 다름없다.─옮긴이)를 향해 질주하는 열차임을 고려하지 않는다 하더라도, 또 '상하이'가 분명 화인세계 '근현대성'의 광영이자 몽상이고 중국 근현대화의 전범이라 할지라도, 그 '상하이'는 결코 도달할 수 없는 것이다! '중국'이 어떻게 '근현대화'가 될 것인가 라는 점은 여전히 미해결로 남아 있다! 만일 이른바 '미완성의 근현대성'이 있다고 한다면, '상하이 근현대성'은 반성이 필요하고 '중국의 근현대성'은 더욱 미완성일 것이다. '상하이'가 바로 '드림'이 되었던 이유는 '상하이'가 지나치게 많은 중국인과 전 세계 화인의 근현대적 '미몽'에 기탁했기 때문이다. 또 한편으로는 전 중국이 '상하이'가 된다면 '상하이'는 필경 성장할 수 없고 완전할 수 없는 '환몽(幻夢)'이 될 수밖에 없으리라는 것을 여러 현실과 역사가

도처에서 말해 주기 때문이다

'상하이드림'은 너무나 '아름답고' '환상적'이다!

'기원은 목표'이고 종점은 다시 원점으로 돌아온다. '장아이링 붐'의 배후에는, 특히 장아이링 텍스트의 깊은 곳에는 세기 전환기의 '상하이'를 재구성하고 상상하는 기본적인 문제 영역이 입체적으로 함축되어 있다. '장아이링'과 '상하이'의 '붐'이 이미 도를 넘어선 지금, 장아이링의 〈경성지련〉, 〈첫 번째 향로(沈香屑 第一爐香)〉, 특히 〈중국의 날(中國的日夜)〉, 〈내가 본 쑤칭(我看蘇靑)〉 등을 꼼꼼히 읽어보면, 장아이링이 자신의 전성기 때에 이미 자신이 살았던 '상하이'가 본래는 '드림'이었다고 인식했음을 어렵지 않게 발견할 수 있다. 어쩌면 장아이링은 우리들의 연구에 문제의식을 던져주고 있을 뿐만 아니라, 설사 우리들이 아무리 정신을 차리더라도 '꿈속에서 꿈을 말한다'는 점을 일깨워주고 있는지도 모른다.

● 니원젠(倪文尖, Ni, Wen-jian)
1967년 난퉁(南通) 출생. 문학박사. 현재 화동사범대학 중문학부 교수, 중국 현대문화자료 및 연구센터 부주임. 주로 중국 당다이 문학과 문화연구에 종사하고 있다. 《욕망의 변증법》(1998) 등의 저서가 있다.
niwenjiand@sogou.com

● 김순진(金順珍, Kim, Soon-jin)
한국외국어대학교 중국어과를 졸업하고 같은 대학원에서 문학석사학위와 문학박사학위(《張愛玲 硏究-여성주의적 시각으로 본 몸, 권력, 서사를 중심으로》)를 받았다. 현재 한신대학교 중국지역학과 조교수로 있다. 중국 여성문학 및 타이완문학 연구 및 중국 문학 작품을 국내에 번역 소개하는 일에 많은 관심을 갖고 있다. 지은 책으로 《중국 현대문학과의 만남》(공저) 등이 있고 옮긴 책으로 《첫 번째 향로》(張愛玲), 《경성지련》(張愛玲) 등이 있으며, 주요 논문으로 〈李昻 소설을 통해 본 국가와 섹슈얼리티〉, 〈殺夫와 救母 그리고 왜곡된 진실〉, 〈화려한 혁명과 쓸쓸한 개인, 그리고 그녀의 광기〉 등 다수가 있다.
kimsoonjin@hanmail.net

| 주 |

1) 이 글에서 '근현대'는 대개 아편전쟁 전후부터 지금까지의 시간대를 아우르는 개념으로 사용했다. '동아시아 근현대'에 대한 논의는 임춘성(2008a) 참조.

2) 이는 페르낭 브로델(Fernand Braudel)의 시간 개념을 차용한 것이다. 브로델은 '초장기 지속 · 장기 지속 · 중기적 시간대 · 사건사의 시간대'로 나누는데, 그 기준은 장기간 지속되는 시간대를 가리키는 장기 지속이다. 장기 지속보다 더 긴 시간대가 초장기 지속이고 그보다 짧은 중기적 시간대, 단기에 해당하는 사건사의 시간대다. 그는 네 가지 시간대가 병렬되어 있는 것이 아니라 중첩되어 있다고 본다. (브로델 1996).

3) 이 글에서는 중국의 '近代', '現代'가 우리 사회의 '근대', '현대'와 다르다는 사실을 강조하기 위해 '진다이', '셴다이'로 표기했다. '당다이' 또한 같은 맥락이다.

4) 'post'를 중국에서는 후(後)로, 한국에서는 주로 탈(脫)로 번역하는 것은 재미있는 현상이다. 임춘성(2008a), 365~366쪽 참조.

5) 이 부분은 임춘성(1995), 204쪽의 관련 부분을 토대로 수정 · 보완했다.

6) 고유명사는 세계에서 유일한 것이기 때문에 그 표기는 원발음을 존중하는 것이 원칙이다. 그러나 진융의 경우, 한자 발음 '김용'이 워낙 많이 알려져 있어서 '한국 내 소통'을 위해 '김용'을 부정할 필요는 없다. 당분간 '진융'과 '김용'을 혼용하는 것도 방법일 듯싶다.

7) 진융의 작품은 1980년대에 중국 대륙의 캠퍼스를 점령하고 1990년대에 경전화했다. 吳曉黎(2000) 참조.

8) '金學'은 '金庸에 관한 연구'라는 의미다. 2,000년이 넘는 중국문학사에서 작가 또

는 작품에 '學'이라는 말을 붙인 것은 《홍루몽(紅樓夢)》 연구를 '홍학(紅學)'으로 명명한 정도였다.

9) 그 정치적 의미도 들여다볼 필요가 있다. 중국의 최고 학부인 베이징대학에서 진융에게 명예교수직을 수여하고 중국공산당 중앙위원회 선전부 산하의 싼롄서점에서 그의 '작품집'을 출판했다는 것은 그 '선전' 가치가 있음을 반증하는 것이기도 하다.

10) 1988년 《붉은 수수밭》으로 베를린영화제 금곰상, 1990년 《국두(菊豆)》 베네치아 입성, 아카데미 출품, 1991년 《홍등(紅燈)》 베네치아 은사자상, 아카데미 출품, 1992년 《귀주 이야기(秋菊打官司)》 베네치아 금사자상, 궁리(鞏俐) 여우주연상, 1994년 《인생(活着)》 칸 심사위원상, 거유(葛尤) 남우주연상 등.

11) 다이진화(2007), 〈카니발의 꽃종이〉 부분 참조.

12) 오래전부터 중국시장을 주시해 온 할리우드 제작사들이 중국영화에 직접 투자하는 쪽으로 방향을 돌리고 있다. 《영웅》과 《연인》 그리고 펑샤오강의 《거장의 장례식(大腕)》도 컬럼비아사가 투자해 흥행에 성공한 작품이다. 임대근(2008), 313쪽. 앞으로도 이런 흐름은 지속될 것으로 보인다. 최근의 《색, 계(色, 戒)》 또한 그러하다. 이를 '미국의 중국화, 중국의 미국화'라고 요약할 수 있다.

13) '무협적 요소'는 중국적인 단계에서 발전해 전 지구적 차원에서 공인된 듯하다. 《매트릭스》 3부작(워쇼스키, 1999~2003)에 삽입된 격투 장면을 '무협의 세계화'라 한다면, 《와호장룡(臥虎藏龍)》(리안, 2000)의 무협 장면은 '미국의 중국화'라 할 수 있다. 우위썬(吳宇森)의 최근작 《적벽대전(赤壁)》(2008)은 역사를 가장한 무협영화라 평할 수 있다. 재미있는 것은 중국에서는 역사물과 무협물을 모두 '구좡(古裝)영화'라 통칭한다는 점이다.

14) 중국혁명사에서는 이 부분이 결락되어 있지만, 난징(南京)을 수도로 삼은 '국민정부'의 경제성장은 우선적으로 1차 세계대전이라는 외적 요인에 힘입은 바 크다. 그러나 장징쟝(張靜江)을 주축으로 한 국민정부 내부의 경제 건설이 상당한 성과를 거둔 것도 사실이다. 김명호(2008)에 따르면, 장징쟝은 국민정부 수립 후 국민당 내 '건설위원회' 조직, 시후(西湖)박람회 개최, 발전소 건립, 탄광 개발 등에 주력함으로써 1928년부터 '황금 10년'을 연출한 주축이었다.

15) 1984년 장쑤(江蘇)성 저우좡(周庄)의 쌍교(雙橋)를 제재로 삼아 그린 〈고향의 추억(故鄉的回憶)〉과 상하이 여성을 그린 〈해상구몽(海上舊夢)〉 및 〈심양유운(潯陽遺韻)〉 등은 서양세계의 애매한 동방 환상을 환기시킴으로써 상하이 및 인근 지역의 관광붐을 불러일으킨 바 있다.(陳思和 2003)

16) 천이페이의 《인약황혼(人約黃昏)》(1995), 장이머우의 《상하이 트라이어드(搖啊搖,

搖到外婆橋》(1995), 천카이거의 《풍월(風月)》(1996) 등에 의해 상하이 노스탤지어는 대중적으로 확산된다.

17) 상하이 노스탤지어의 주체는 우선 상하이 거주민들(Shanghai residents)이고, 확대하면 전체 중국인들이다. 1980년대 이후 상하이 거주민들은 대략 세 부류로 나눌 수 있다. 우선 1980년대 이전부터 상하이에 거주한 사람과 1980년대 이후 상하이로 이주한 사람으로 나누고, 후자는 다시 상하이 호적을 취득한 사람과 그렇지 않은 사람으로 나눌 수 있다. 첫 번째 부류를 라오(老)상하이인, 두 번째 부류를 신(新)상하이인, 세 번째 부류를 유동인구라 할 수 있다.

18) 이에 대한 예증으로 상하이 홍커우 공원 앞에 놓인 유명한 팻말('중국인과 개는 출입금지')만으로도 충분할 것이다. 영화 《타임 투 리멤버(紅色戀人, A Time to Remember)》의 내레이터 닥터 페인(Payne)도 "very special privileges"와 "It was a terrible time to be Chinese"로 대비시킨 바 있다.

19) 에밀리 호니그(Emily Honig)에 따르면, 쑤베이인(蘇北人)이 상하이에 정착하려는 시도는 이미 자리 잡고 있던 장난(江南)의 중국 엘리트집단과 외국 통제하의 시정부의 견제를 촉발했다. 쑤베이인은 중국 엘리트집단이 추구하는 모던하고 고아한 정체성에 위협이 되었고, 상하이 공부국(工部局)은 그들이 이 통상항구의 모범 거주구라는 지위에 손상을 줄 것으로 생각했다. 중외 엘리트들에게 쑤베이인은 외인 또는 객민(客民)이었다.(Honig 2004) 좀 더 구체적인 조사와 분석이 요구되지만, 상하이인의 정체성은 '닝보(寧波)인이 중심이 된 장난(江南)인이 쑤베이인을 타자화시키면서 형성된 것'이라고 할 수 있겠다.(임춘성 2006, 300)

20) "소설은 종점이 아니라 나의 기점(起點)이다."(李安語) 李歐梵(2008), 58쪽에서 재인용.

21) 《결혼 피로연(喜宴)》에서 한 서양인이 '중국인의 오랜 성적 억압' 운운하는 등, 리안의 영화 대부분이 '억압'에 그 초점을 맞추는 것은 분명하다. 부모의 가부장적 억압, 남성 동성애자가 받는 억압 등등. 억압이라는 주제에서 볼 때 이모청이라는 캐릭터는 탁월한 선택(또는 구성)으로 보인다. 오랫동안 아무도 믿지 않아 외로운 인물, 어두운 곳이 싫어 영화관에도 가지 않고, 손님이 적기 때문에 맛없는 식당을 골라 다니는 인물. 가벼운 화제를 올리기도 어려운 인물. 모든 인간의 눈에서 두려움을 읽어내는 인물, 동창을 처단한 후 애인과 밀애를 즐기는 인물.

22) 특히 외국인의 모습이 두드러진다. 상점(커피숍, 보석점 등) 직원부터 교통정리, 레스토랑의 피아니스트 등에 이르기까지. 심지어 배급으로 연명하는 줄 선 외국인들과 가창(街娼)으로 보이는 거리의 외국 여성도 눈에 띈다.

23) 대표적인 것으로, 李陀 · 崔衛平 · 賈樟柯 · 西川 · 歐陽江河 · 汪暉, 《《三峽好人》:

故里 變遷與賈樟柯的現實主義〉, 《讀書》 2007年 2月號, 三聯書店, 北京.

24) 중국인의 상징인 '황허(黃河)의 죽음'을 선고해 커다란 논란을 불러일으켰던 이 다큐멘터리는 황제(黃帝)의 후손, 황허의 아들을 자처하는 중국인이 왜 좌절하고 비운의 역사를 겪어야 했는가를 중국문명에 대한 비판과 감성적 접근으로 녹여낸 영상물이다. 이 다큐멘터리는 중국 근현대가 지닌 굴욕과 좌절의 역사적 근원을 중국문명의 몰락에서 찾고 있으며 그에 대한 거국적 '반성적 사유'를 토대로 했다는 점에서 대대적인 호응과 영향을 불러일으켰고, 이른바 '하상 현상'을 낳기도 했다. 그 주제의식은 농업을 근간으로 하는 중국의 대륙문명이 상공업을 중심으로 한 해양문명에 침략을 당했다는 점에서 《대국굴기》와 비슷하다. 그러나 사상과 형상을 결합한 《하상》의 진지한 접근은 정치적 비판과 정부의 간섭을 야기시켰고 그로 인해 《하상》의 문제 제기는 미해결로 남게 되었다.

25) CCTV가 2년여의 시간을 들여 제작한 다큐멘터리 《대국굴기》는 2006년 11월 13일부터 24일까지 경제전문 채널 CCTV 2에서 방영해 시청률 60%를 웃돌았다.

26) 해양 세력의 원조인 포르투갈과 스페인, 해상 경제력을 바탕으로 17세기 세계 최초로 증권거래소와 은행을 설립한 네덜란드, 1688년 산업혁명에 성공하고 시장경제를 확립한 잉글랜드, 1789년의 프랑스대혁명과 공화정, 1871년 뒤늦게 민족 통합을 이룬 통일 독일, 개항 후 전면 서화 학습에 나선 일본, 뒤늦게 서유럽을 학습한 러시아, 그리고 독립 후 대학을 적극 설립하고 과학기술의 선두에 선 미국.

27) 2007년 10월 5일 CCTV 1번의 황금시간대에 방영되었는데, 이날은 중국공산당 전국대표대회 개막일이기도 했다.

28) 《대국굴기》와 《부흥의 길》 등은 중국 공산당 중앙위원회 고위 지도자들의 집단학습과 긴밀하게 연계되어 있다. 안치영(2008) 참조.

29) 《한무대제》의 시작 전 설명에서 이 세 가지를 이야기하고 있다. "그[한무대제]는 전에 없던 국가(國家, state)의 존엄을 세웠다. 그는 에스닉(族群, ethnic)에 천추의 자신감을 우뚝 세웠다. 그의 국호(漢)는 네이션(民族, nation)의 영원한 이름이 되었다." 여기서는 혼란을 피하기 위해 에스닉과 네이션으로 적었다.

30) CCTV에서 제작해 2005년에 방영. 총감독 후메이(胡玫), 총제작 한싼핑(韓三平), 각본 장치타오(張奇濤). 천바오궈(陳寶國, 무제), 자오황(焦晃, 경제), 구이야레이(歸亞蕾, 두황후) 등 출연. 64부작. 참고로 후메이는 《옹정왕조(雍正王朝)》(1997)의 감독이기도 하다. 한경제(景帝) 즉위 초(前元 원년, 기원전 156년)부터 한무제 죽음(後元 2년 기원전 87년)까지, 기본적으로 역사서에 기재된 중요한 사건을 대부분 재현했다. 주요한 것으로 7국의 난, 조조(晁錯) 요참(腰斬), 경제의 동생 양왕 유무(梁王劉武)의 야심, 금옥장교(金屋藏嬌), 도가(道家)에서 유가(儒家)로의 전환 과

정, 한무제 시기의 경제 및 인사 정책, 삭번(削藩), 흉노와의 전쟁, 장건(張騫)의 서역(西域) 출사, 소무(蘇武)의 목양(牧羊), 무고(巫蠱)의 난 등이 있다. 이뿐만 아니라 한대의 풍속과 복식, 의전 등도 충실하게 고증한 것으로 평가 받는 등, 한 초의 역사와 문화를 이해하는 데 훌륭한 텍스트다.

31) 무제가 사마천의 책을 읽고 나서 책을 불태우고 그를 죽임으로써 사마천은 천추 만대의 충렬(忠烈)로 남고 무제는 폭군으로 남는다는 식의 추측.

32) 《사기》 130권은 12본기, 10표, 8서(書), 30세가, 70열전으로 구성되어 있다. 본기의 마지막 편인 〈효무본기〉는 한무제에 대한 기록으로, 지금까지 진위 여부가 미해결로 남아 있다.

33) 청 건국 시조인 홍타이지(皇太極)나 만주족의 조상인 누르하치에 대한 영상물은 찾아보기 힘든 반면, 중국화(中國化)된 강희(康熙) · 옹정(雍正) · 건륭(乾隆) 등은 영상화의 주요 대상으로 선택된다.

34) 최근 각국 대학에 개설되는 '孔子學院(Kongzi Academy)'은 중국 정부가 거금을 지원하는 문화중국 선전의 새로운 항목이라 할 수 있다.

| 참고문헌 |

기어츠, 클리퍼드(1998), 문옥표 옮김, 《문화의 해석》, 까치, 서울.

김명호(2008), 〈사진과 함께하는 김명호의 중국 근현대 67: 현대판 몸不韋(하)〉, 《중앙 SUNDAY》 제68호, 2008.6.29.

김월회(2001), 《20세기초 中國의 文化民族主義 研究》, 서울대학교 중어중문학과 박사 학위논문, 서울.

다이진화(2007), 이현복 · 성옥례 옮김, 《무중풍경: 중국영화문화 1978-1998》, 산지니, 부산.

대중문학연구회(2001), 《무협소설이란 무엇인가》, 예림기획, 서울.

딜릭, 아리프(2005), 황동연 옮김, 《포스트모더니티의 역사들: 유산과 프로젝트로서의 과거》, 창비, 서울.

멍판화(2002), 김태만 · 이종민 옮김, 《중국, 축제인가 혼돈인가: 오늘의 중국 대중문화 읽기》, 예담, 서울.

박자영(2004a), 〈1990년대 이후 중국에서의 문화연구〉, 《중국현대문학》 제29호, 한국 중국현대문학학회, 서울.

박자영(2004b), 〈上海 노스텔지어: 중국 대도시문화현상 사례와 관련 담론 분석〉, 《중국현대문학》 제30호, 한국중국현대문학학회, 서울.

백승욱(2006), 《자본주의 역사 강의: 세계체계 분석으로 본 자본주의의 기원과 미래》, 그린비, 서울.

백승욱(2007), 〈동아시아 속의 민족주의: 한국과 중국〉, 《문화과학》 통권 52호(2007년 겨울), 문화과학사, 서울.

백원담(2005), 《동아시아의 문화선택 한류》, 펜타그램, 서울.

브로델, 페르낭(1996), 주경철 옮김, 《물질문명과 자본주의 II-1》, 까치, 서울.

서경석(2008), 〈올림픽과 국가주의의 '잘못된 만남'〉, 《한겨레》 2008. 8. 9.

신현준(2004), 〈중국 대중문화의 세 가지 역사적 형세들에 관한 하나의 시선〉, 《중국현대문학》 제30호, 한국중국현대문학학회, 서울.

신현준(2005), 〈1970-80년대 홍콩 대중문화의 형성과 국제적 전파: '칸토팝 스타'를 중심으로〉, 《중국현대문학》 제36호, 한국중국현대문학학회, 서울.

아스만, 알라이다(2003), 변학수 · 백설자 · 채연숙 옮김, 《기억의 공간》, 경북대학교출판부, 대구.

아파두라이, 아르준(2004), 차원현 · 채호석 · 배개화 옮김, 《고삐 풀린 현대성》, 현실문화연구, 서울.

안치영(2008), 〈중국 고위 의사결정자층의 역사 문화 학습〉, 《개혁 · 개방 30년 중국의 변화와 전망》(현대중국학회/전남대학교 사회과학연구소 2008년 춘계공동학술대회 자료집), 2008. 05. 23, 전남대학교, 광주.

앤더슨, 베네딕트(2002), 윤형숙 옮김, 《상상의 공동체: 민족주의의 기원과 전파에 대한 성찰》, 나남출판, 서울.

왕샤오밍(2003), 〈현대 중국의 민족주의〉, 《황해문화》, 새얼문화재단, 통권 40호(2003년 가을), 인천.

왕샤오밍(2005), 〈'대시대'가 임박한 중국: 문화연구 선언〉, 《고뇌하는 중국: 현대 중국 지식인의 담론과 중국 현실》, 도서출판 길, 서울.

우석훈(2008), 《촌놈들의 제국주의: 한 · 중 · 일을 위한 평화경제학》, 개마고원, 서울.

유경철(2005), 《金庸 武俠小說의 '中國 想像' 硏究》, 서울대학교 중어중문학과 박사학위논문, 서울.

이동연(2002), 《대중문화연구와 문화비평》, 문화과학사, 서울.

이동연(2006), 《아시아 문화연구를 상상하기: 문화민족주의와 문화자본의 논리를 넘어서》, 그린비, 서울.

이와부치 고이치(2004), 히라타 유키에 · 전오경 옮김, 《아시아를 잇는 대중문화: 일본, 그 초국가적 욕망》, 도서출판 또하나의문화, 서울.

임대근(2008)외, 《중국영화의 이해》, 동녘, 파주.

임춘성(1995), 《소설로 보는 현대중국》, 종로서적, 서울.

임춘성(2006), 〈이민과 타자화: 상하이 영화를 통해 본 상하이인의 정체성〉, 《중국현대
　　문학》 제37호, 한국중국현대문학학회, 서울.

임춘성(2007), 〈彭小蓮의 '상하이 삼부곡'을 통해본 노스탤지어와 기억 그리고 '역사
　　들'〉, 《중국연구》 제39호, 한국외국어대학교 외국학종합연구센터 중국연구소,
　　서울.

임춘성(2008a), 〈'서유럽 모던'과 '동아시아 근현대'에 대한 포스트식민적 고찰〉, 《현
　　대중국연구》 제9집 2호, 343-378쪽, (사단법인)현대중국학회, 서울.

임춘성(2008b), 〈중국 대중문화의 한국적 수용에 관한 초국가적 연구 - 영화와 무협소
　　설 텍스트를 중심으로〉, 《중국학보》 제57집, 한국중국학회, 서울.

전형준(2003), 《무협소설의 문화적 의미》, 서울대학교출판부, 서울.

| 중문 |

郭詩詠(2007), 〈眞假的界線: 《色·戒》小說與電影對讀〉, 李歐梵(2008), 《睇色·戒: 文
　　學·電影·歷史》, OXFORD University Press, Hong Kong.

戴錦華(1999), 《隱形書寫: 九十年代中國文化研究》, 江蘇人民出版社, 南京.

戴錦華(2000) 主編, 《書寫文化英雄: 世紀之交的文化研究》, 江蘇人民出版社, 南京.

戴錦華(2006), 《霧中風景: 中國電影文化 1978-1998》, 北京大學出版社, 北京:2版

戴錦華(2008), 〈時尙·政治·國族: 《色 | 戒》的文本内外〉, 《영화 《色 | 戒》현상》, 한국
　　중국현대문학학회 2008년도 정기학술대회 발표자료집, 한국중국현대문학학회,
　　2008년 7월 3일.

孟繁華(2003), 《衆神狂歡: 世紀之交的中國文化現象》, 中央編譯出版社, 北京.

李陀(1999), 〈當代大衆文化批評叢書.序〉, 戴錦華(1999), 《隱形書寫: 九十年代中國文化
　　研究》, 江蘇人民出版社, 南京.

李陀·崔衛平·賈樟柯·西川·歐陽江河·王暉(2007), 〈《三峽好人》: 故里·變遷與賈
　　樟柯的現實主義〉, 《讀書》 2007年2月號, 三聯書店, 北京

宋偉杰(1999), 《從娛樂行爲到烏托邦衝動: 金庸小說再解讀》, 江蘇人民出版社, 南京.

吳曉黎(2000), 〈90年代文化中的金庸: 對金庸小說經典化與流行的考察〉, 戴錦華 主編,

《書寫文化英雄: 世紀之交的文化研究》, 江蘇人民出版社, 南京.

王曉明(2000) 主編, 《在新意識形態的籠之下: 90年代的文化和文化分析》, 江蘇人民出版社, 南京.

王曉明(2003), 《半張臉的神話》, 廣西師範大學出版社, 桂林.

汪暉(2000), 《死火重溫》, 人民文學出版社, 北京.

李歐梵(2008), 《睇色·戒: 文學·電影·歷史》, OXFORD University Press, Hong Kong.

林春城(2005), 〈作爲近現代傳統之復活的金庸武俠小說〉, 《中語中文學》第36輯, 韓國中語中文學會, 首爾.

鄭培凱(2007), 《色戒的世界》, 廣西師範大學出版社, 桂林.

陳思和(2003), 《中國現當代文學名篇十五講》, 北京大學出版社, 北京.

陳平原(1992), 《千古文人俠客夢—武俠小說類型研究》, 人民文學出版社, 北京.

包亞明(2001) 外, 《上海酒吧: 空間, 消費與想像》, 江蘇人民出版社, 南京.

Honig, Emily(2004), 盧明華 譯, 《蘇北人在上海, 1850-1980》(中文, 上海古籍出版社, 上海.)

| 주 |

1) 이는 고집에 가까운 나의 확신이다. 오늘날 중국은 사회에 대해 열정적이고 진지한 관심이 있고, 의식적으로 독립적인 정신과 입장을 지니며, 기본적인 사유 및 이론적인 훈련—이는 일반적으로 대학에서 이루어진다—을 받은 이들이 여전히 '지식인'이라고 이름 붙일 만한 집단을 이루며 사회에 영향력을 지니고 있다고 생각한다. 비록 최근 10년 동안 이러한 영향력이 줄어들고 있지만(그 원인은 다기하다. 그중 가장 중요한 원인은 현실에 대응하는 사상 및 정신적인 능력의 약화에서 기인한다). 그뿐만 아니라 이 지식인 집단은 오늘날 중국사회에서 위와 같은 질문에 가장 적절하게 대답할 수 있는 집단이라고 생각한다. 이 때문에 나는 1990년대 이래 유행한 담론인 지식인은 '퇴장'해야 한다는 의견에 찬성하지 않는다. 그리고 지식인의 자기반성은 사회에 대한 책임을 저버리는 것을 의미하지 않는다고 생각한다. 오히려 이와 반대로, 당대 사회에 대해 더욱 충분하게 사고하고 윤리적인 책임을 지기 위해서 현재 중국의 지식인은 깊이 반성해야 한다.

2) 이 차이는 물론 최근 20년 동안에 생겨난 것은 아니다. 사실상 많은 사람이 지적하고 있듯이, 1950년대 정부가 추진했던 중공업 우위의 경제정책은 기존의 심각했던 도시와 농촌 간의 격차를 줄인 것이 아니라 더 벌려놓았다. 그러나 1960년대 국가의 공업 투자가 화동과 화북지역에서 서남지역으로 이전되고(이른바 '대, 소 삼선(三線)' 건설), 뒤이어 발생한 '문화대혁명'이 조성한 정치문화의 강제적인 대중화와 경제의 총체적인 정체상태로 말미암아 도시와 농촌 격차는 오히려 줄어드는 추세였다. 그러나 1980년대 중반 이후부터 도농 간 격차는 놀라운 방식으로 벌어지기 시작했다.

투스로 그들을 몰입하게 만든다. 부르디외가 적절히 언급하듯이 "그들은 되어야 할 사람이 되기 위해 단지 자기 자신이기만 하면 될 뿐이다"(Bourdieu 1990: 11). 특정 가족과 교육 배경이 어떤 분야의 요구에 미리 적응할 수 있는 성향을 만든다. 그들은 그 분야에 완벽하게 적응하여 '권위자'의 자리를 차지한다. 그들의 "하비투스는 존재론적 공모를 낳는 사회 세계를 즐기고, 이때 그 공모는 의식 없는 인지(cognition without consciousness)라는 자원, 의도가 없는 의도성, 그리고 그처럼 할 필요 없이도 미래를 예측하는 그 세계의 규칙성에 대한 실천적 숙달이다"(Bourdieu 1990: 10~11).

직업 영역의 요구와 관련된 '존재론적 공모' 정도가 게임에 편안히 참여해 운영하는 능력뿐만 아니라 '게임 감각'에 영향을 미친다. '권위자'에 가까운 이들은 게임에 편안하고 우아하게, 또 친숙함과 리듬감, 확신을 가진 채 참여한다. 그들의 하비투스는 그 분야의 흐름에 조율되어 있다. 존재론적 공모의 경험이란 이런 것이다.

> 하비투스가 그것을 생산하는 사회 세계를 조우하는 것은 '물속의 물고기'와 같다. 물의 무게를 느끼지 않고 세계를 있는 그대로 당연시한다. (…) 세계가 나를 둘러싸고(me comprend) 있지만 그것을 이해하는 것은 나다(je le comprends). **왜냐하면** 그것은 내가 적용할 수 있고 또 내게 너무 자명해 보이는 사고의 범주를 생산하기 때문이다(Bourdieu and Wacquant 2002: 127~128).

게임의 요구에 즉각 적응하는 사람들에게는 그들이 활동하는 공간에 대해 원활한 숙련성이 있다. 가장 기본적인 '게임 감각'은 의식적 시장경제에 걸기 시작했으며 여기에 전면적인 변혁의 돌파구를 열 수 있기를 기대하기 시작했다.

10) 최근에 이에 대한 비판이 제기되고 있다. 대표적으로 裴建國(2000) 참고.

11) 1990년대 이후, 액면 가치로 따지면 정부의 교육투자는 줄지 않았으며 때로는 다소 늘어나기도 했다. 그러나 물가 상승과 교육 종사인원의 증가 등의 제반 요소를 고려하면, 실질적인 교육투자는 사실상 해마다 줄고 있다. 특히 1990년대 후반 정부투자가 베이징과 동남 연해지역의 국가 지정 우수학교(重點學校)에 집중적으로 이루어진 다음부터 농촌과 내륙 및 변경의 도시에서 교육경비 부족 문제는 더욱 분명해졌다.

12) 李培林 主編(1995) 참고. 특히 221~292쪽, 334쪽~374쪽에 주목. 그 외에 다음 논문도 참고할 수 있다. 孫立平(1998) 等, 李强(1999).

13) 대표적으로 가난한 농민과 도시의 무직자(그 가운데 일부는 처벌과 감금으로 인해 직장을 잃은 사람들이었다), 빈민의 예를 거론할 수 있다. 이들이 1980년대 초기에 개인 경영에 종사해 치부한 이른바 '가구당 수입 1만 위안(萬元戶)'에서 가장 큰 비율을 차지했다.

14) 주식과 부동산 영역 등의 10년 전 상황과 마찬가지로, '인터넷'이 신속하게 재산을 축적할 수 있다고 판단되자 국가권력이 즉각 이에 개입하기 시작했다. 2000년 이래 중앙과 지방의 다수 부문은 공개적으로 명의를 빌려주거나 암암리에 지원하는 형식으로 각종 인터넷 기업을 편성해 경쟁적으로 인터넷 시장을 점유했다. 이런 상황에서 권력의 배경이 없는 젊은 창업자들의 공간은 명백하게 축소되었다.

15) 통계에 따르면, 1996년까지 사영 기업주가 현급 이상의 인민대표로 피선되거나 추천된 사례는 5,400여 건이며 정협(전국인민정치협상회의) 위원은 8,500여 건, 공청단(중국공산주의청년단) 위원은 1,400여 건에 이른다. 그 가운데 8기 전국인민대표대회 대표 8인과 다수가 전국 단위와 성급, 시(지)급 및 현급의 공상업 연합회의 지도층으로 진입했다. 1996년 이래 이 수치는 증가세에 있다는 점은 말할 필요도 없다. 何淸漣(2000)을 참고하시오.

16) 물론 '신부유층' 가운데서도 인재라는 평가를 받을 만한 사람이 있다. 그러나 전체적인 비율로 봤을 때, 지력이나 학식 그리고 인격적인 면모에서 적어도 지금까지의 '신부유층'은 우수하다고 말하기 어렵다.

17) 논문이 쓰인 2000년 당시에 중국은 WTO 가입 준비를 하고 있을 때였다. 중국은 2001년 12월에 WTO 가입이 결정되었다. —옮긴이

18) 이와 관련한 법안은 2007년 3월 16일 제10기 전국인민대표대회 5차 회의에서 물권법이 통과됨으로써 마련되었다. 물권법은 중화인민공화국 수립 이후 최초로 사

유재산권을 공식 인정하는 법률로서 국공유재산과 사유재산을 동등하게 보호하는 것을 골자로 하고 있으며 2007년 10월 1일부터 시행되었다. ─옮긴이

19) 여기에서 말하는 '미래'란 50년, 100년이나 수백 년 이후가 아니라 지금 이후 5년, 10년 혹은 20년을 가리킨다. 전자와 같이 폭넓은 시간적 간격을 두고 '미래'를 언급한다면, 그 내용이 아무리 좋더라도 사실은 아무런 의미가 없다.

20) '신부유층'의 비관적인 심리에 관해서는 리창(李强)의 글 〈當代中國社會的四個利益群體〉에서의 탁월한 묘사를 참고하시오. 이 글의 전문은 인터넷상에서 돌려 읽혔으며 논문의 형태로는 얼마간 삭제 및 수정을 거쳐서 《學術界》 2000년 제3기에 실렸다.

21) 내가 여기에서 묘사한 것은 1990년대 개혁에 대한 관변의 이해였을 뿐만 아니라 개혁에 대한 사회 기타 계층─꽤 많은 문화인을 포함한─의 인식이기도 했다. 1990년대 중반 경제발전을 우선 추구하면 나머지 모든 것이 일시에 개방될 것이라는 관점은 널리 유포된 상식이나 다름없었다. 리쩌허우(李澤厚)의 이른바 중국의 진보란 다섯 걸음씩 나누어야 한다는 구상은 가장 대표적인 사례 중 하나였다. 물론 문화인들이 이렇게 인식했던 이유는 다른 사회조건이 충분하게 뒷받침되지 못하더라도 경제의 시장화를 실현할 수 있기만 하면 이는 최종적으로 사회에 민주 등등 일련의 기타 방면에서 진보를 가져올 수 있으리라 믿었기 때문이다. 이러한 확신 때문에 심지어 일부 문화인들은 독재세력이 경제의 시장화를 추진할 의사가 있기만 하다면 모종의 정치적 독재를 지지할 의사를 표명하기까지 했다. 1990년대 중반 한때 활발하게 토론되었던 '신권위주의'가 이러한 예다.

22) 1980년대부터 1990년대까지 중국사회의 개혁과정에 관해 汪暉(2001)에서 심도 있게 분석된 바 있다. (이 논문은 다음의 제목으로 국내에 번역 소개되어 있다. 왕후이, 〈1989년 사회운동과 중국 '신자유주의'의 기원: 중국 사상계의 현황과 현대성 문제 재론〉, 《새로운 아시아를 상상한다》, 이욱연 외 옮김, 창비, 2003 ─옮긴이).

23) 1742년 수학자 크리스티안 골드바흐(1690~1764)와 레온하르트 오일러가 나눈 편지에서 세워진 가설로서 '2보다 큰 모든 짝수는 두 개 소수의 합으로 나타낼 수 있다'는 추측을 가리킨다. 그러나 '모든' 짝수에 대해 이런 일이 가능한지는 아직 증명되지 않았다. 1979년 중국의 수학자 천징룬(陳景潤)이 그 추론을 거의 다 증명해 냄으로써 그의 추론은 1980년대 초 중국 센다이화의 상징이 되었다. ─옮긴이

24) 이러한 하락은 1980년대와 비교하면 도드라진다.

25) 이는 1980년대 중반부터 관변의 선전 문건에 자주 나타나기 시작한 유행하는 구호였다. 흥미로운 것은 여기에서 '세계'란 중국을 포함하지 않으며 중국 이외의 전

체 세계를 지칭하는 것도 아니요, 서유럽이나 서유럽과 같이 경제가 발전한 국가만을 가리킨다는 점이다.

26) 경제발전과 환경오염, 사회구조 조정과 새로운 빈부격차, 문화적인 다원과 윤리적인 위기 등의 예를 들 수 있다. 그러나 현대화 과정으로 생겨난 '이익'이 '병폐'를 낳게 마련이라는 것과 본문에서 묘사한 '신부유층'의 급작스러운 등장 및 일부 지역의 전체적인 파산 등의 중대한 현상은 별개 사안이다. 1990년대에 이러한 중대 현상도 센다이화 과정으로 귀결시키곤 했으며, 이것이 센다이화 과정에 필연적으로 생기는 현상이며 사회진보가 치러야 할 대가로 여기기까지 했다. 나는 현재의 지식계는 이들을 한데 뒤섞어서 같은 걸로 여기지 않아야 한다고 생각한다.

27) 본명은 이반 안드레예비치 크릴로프(Ivan Andreevich Krylov)다. 모스크바의 가난한 귀족 집안 출신으로 태어났으며 1782년 페테르부르크로 가서 본격적인 문학 활동을 시작했다. 월간 풍자잡지 《정령통신》의 발행인으로 일하면서 관리들의 부정부패와 귀족계급의 위선을 폭로하는 우화를 계속해서 발표했다. 이 글에서 언급된 우화는 국내에서 번역된 다음의 크릴로프 우화집에서 참고할 수 있다. 크릴로프, 이채윤 옮김, 〈백조, 새우, 꼬치고기〉, 《가난한 부자들: 크릴로프 우화》, 열매출판사, 2003 — 옮긴이

28) 최근 몇 년 동안 중국 도시에서 인터넷 사용자 수는 급속도로 늘어나(한 통계에 따르면, 2000년 중국의 인터넷 사용자 수는 이미 1,000만 명을 상회했다) 각종 웹사이트가 경쟁적으로 개설되었으며 공개적인 출판물보다 검열의 손길이 덜 미치는 정보와 교류의 공간을 형성했다. 최근 이 공간의 발전 전망은 낙관적이지 않지만 전체적으로 보아서 인터넷의 발전은 여전히 현재 중국에서 가장 적극적인 의미를 지니는 변화 가운데 하나다.

29) 중국사회가 유일한 괴물이자 난제인 것은 아니다. 러시아가 또 하나의 사례라 할 수 있다.

30) '성공인'에 대한 논의는 차이샹의 논문(蔡翔 1998)에 최초로 나온다. 1998년 가을부터 상하이의 문학평론가와 인문학자들은 연속된 토론을 펼쳤는데, 그 가운데 일부는 '당대 중국의 시장이데올로기' 라는 제목으로 《上海文學》 1999년 제4기와 5기 두 번에 걸쳐 실렸다.

31) 이런 조건은 다음을 포함한다. 넓은 국토 면적, 협소한 정보 경로, 통계수치의 채택과 계산 및 공고 과정에서 정부의 엄격한 통제, 체계적이지 못한 통계, 정확성이 결여된 수치 등등.

32) 이곳과 본문의 다른 곳에서 쓰인 '이데올로기'라는 말은 대체로 허버트 마르쿠제(Herbert Marcuse)가 서술한 의미에 따라 사용했다. 곧 진실과 완전히 일치하지

는 않지만 역사, 사회적인 현실과 미래, 생활의 의의 및 취향 등을 일정 정도 체계적으로 해석할 수 있으며 또 사회의 다수에 의해 다른 정도지만 받아들여지는 사상 관념을 가리킨다.

33) 중국에서 '문혁'이나 마오쩌둥식의 관방 이데올로기는 '극좌 노선'이라는 이름으로 더 널리 알려져 있다.

34) 이를테면 1990년대 중반에 등장한 '중산계급', '화이트칼라 문화' 등을 숭배하는 신문보도와 시장경제 개혁과 서유럽의 '자본의 원시적 축적'을 한데 묶어 논의하는 경제학자들의 견해의 예가 있다. 후자에 대해서는 루저우라이(盧周來 2000)의 비판적 논문을 참조할 수 있다.

35) 이에 대해 상세한 논의가 있어야 할 것이지만, 글의 분량상 그 가운데 서로 연관된 두 가지 지점만 간단하게 지적하고 넘어가고자 한다. 첫째, 사회체제의 '관료제화'는 중국이 나날이 '세계와 접궤'하고 점차 '센다이화'한다는 표면적인 감각을 강화할 가능성이 크다. 둘째, 더욱 중요한 점은 사회생활의 각 층면이 '전문적인 분업'에 근거해 구획될수록, 그리고 이러한 구획이 더 철저할수록, 이러한 생활에서 성장한 사람은 광활하고 자유로운 정신적인 품격을 갖기 힘들며 간단명료하고 그럴싸한 유행하는 의식에 견인되기 쉬워진다는 점이다.

36) 이는 1980년대와 상대적으로 그러하다는 이야기다. 심층적인 의미에서 보자면, 이러한 정신의 저속화의 근원은 '마오쩌둥 사상'이 천하 통일하던 시기에 이미 형성되었다.

| 참고문헌 |

魯迅(1958), 〈《塵影》題辭〉, 《而已集》, 《魯迅全集》, 人民文學出版社, 北京.
魯迅(1958), 〈小品文的危機〉, 《南腔北調集》, 《魯迅全集》, 人民文學出版社, 北京.
盧周來(2000), 〈關于腐敗的經濟學分析〉, 《天涯》, 2000년 제3기.
李强(1999), 〈市場轉形與中國中間階層的代際更替〉, 《戰略與管理》, 1999년 제3기.
李培林 主編(1995), 《中國新時期階級階層報告》, 遼寧人民出版社, 瀋陽.
孫立平(1998)等, 〈中國社會結構轉形的中近期趨勢與隱患〉, 《戰略與管理》, 1998년 제5기.
汪暉(2001), 〈新自由主義的歷史根源及其批判〉, 《臺灣社會科學研究》, 2001년 6월호.
蔡翔(1998), 〈廣告烏托邦〉, 《神聖回憶》, 東方出版中心, 上海.

裴建國(2000), 〈也談我國消費不足的成因〉, 《海南師範學院學報(人文社會科學版)》 2000
　　년 제1기.
何淸漣(2000), 〈當前中國社會結構演變的總體性分析〉, 《書屋》, 2000년 제2기.

| 주 |

1) 1999년 미국의 《타임(Time)》지는 20세기 가장 영향력을 끼친 100인을 선정하면
서, 이들을 '영웅과 우상'이라고 정의했다. 그중에는 에멀라인 팽크허스트
(Emmeline Pankhurst: 영국 페미니즘 운동의 기수)와 안네 프랑크(독일 유대인
소녀)가 나란히 놓였으며, 미국 군인들(구원자로서의 집단 이미지)과 체 게바라(쿠
바혁명의 영웅)가 함께 소개되었다. 《타임》, 1999년 6월 14일.

2) 《신주간》, 2000년 7월 14호 참조. '우리터우'는 광둥 지역의 속어에서 유래했다.
그 축자(逐字)적 의미는 원래 머리도 없고 꼬리도 없다는 말이었으나 점차 이해하
기 어렵고, 비합리적이거나 모순적이며, 특별한 의미나 목적이 없는 말 또는 행동
을 가리키게 되었다. 이 글에서 등장하는 소위 '우리터우 문화'는 1990년대 홍콩
과 중국 대륙의 대도시에서 유행한 청년 하위문화(subculture)를 의미한다. 이는
대체로 저우싱츠 영화에 등장하는 유머의 방식과 이로 인해 파생한 사회문화 현
상으로 대표된다. ─옮긴이

3) 이른바 "우리터우가 닷컴을 만나다"라는 표현은 매우 중요하고도 정확한 묘사다.
이 문장은 어떤 잠재적인 유행문화가 인터넷이라는 매체를 통해 수면 위로 떠오
르면서 인터넷이 유행문화와 결합하고 있음을 암시하면서, 일반적인 전 지구화의
특징이 담고 있는 새로운 문화 국면을 구성한다.

4) 楊宜勇(2000). 이 글은 10여 개 대형 중국어 웹사이트에서 '중국의 가장 부유한
열 가지 사람들과 가장 가난한 여섯 가지 사람들'이라는 제목으로 게재되었다.

5) 王玉平·信海光·王威(2000) 참조. 이 글에 따르면, "골드칼라 계층은 사회의 엘
리트들이 고도로 집중된 계층이다. 나이는 25세~45세이고, 양질의 교육을 받았

다. 일정 정도의 직장 경험과 경영 기획 능력, 전문 기술과 인적 네트워크를 갖고 있으며 수입은 연간 15만~40만 위안이다. 이 계층 모두가 생산수단의 소유권을 갖는 것은 아니지만, 이들은 회사에서 가장 중요한 기술과 경영권을 갖고 있다." 각종 신문, 웹사이트들은 '중국의 고소득계층의 생활을 해부하기', '사업의 경건한 신도: 골드 칼라 계층'이라는 제목으로 이 글을 전재했다.

6) 저우싱츠 주연의 영화 《서유기: 월광보합(大話西游之月光寶盒)》과 《서유기: 선려기연(西游記大結局之仙履奇緣)》을 부르는 별칭. — 옮긴이

7) 어떤 이(老六 2000)는 저우싱츠 영화 《서유기》의 표현방식이 새로운 문화의 분수령이 될 것이라고 말한다. "분수령이라고 말하는 이쪽의 사람들은 대부분 도시 청년, 유행 문화, 대학 캠퍼스, 인터넷, 화이트칼라, 영화 마니아, 감수성이 풍부한 사람들 등의 것들과 밀접하게 연관되어 있다. 또한 그 수는 결코 적지 않을 것이며 점차 증가하게 될 것이다."

8) 짐 캐리 주연의 《트루먼 쇼(The Truman Show)》(피터 위어, 1998)와 톰 크루즈 주연의 《바닐라 스카이(Vanilla Sky)》(캐머런 크로, 2001) 등에서 주인공은 타인에 의해 구성된 가상세계에서 '진실한 삶'을 살아간다. 이 가상세계를 뚫고 나가는 힘은 진정성(authenticity)에서 나온다. — 엮은이

9) '투항에의 저항 문고 시리즈'(抵抗投降書系, 蕭夏林主編, 華藝出版社)는 "이상주의를 견지하는 항전문학"을 대표하는 장청즈(張承志), 장웨이(張煒), 한사오궁(韓少功), 위추위(余秋雨), 리루이(李銳), 스톄성(史鐵生) 등에 대한 단행본을 기획했으나 1995년 장청즈의 《구원 없는 사상(无援的思想)》, 장웨이의 《울분의 귀로(憂憤的歸途)》를 낸 후, 책은 더 이상 나오지 못했다. 샤오샤린(蕭夏林)은 '서문'에서 그들을 "당다이 문학의 영웅, 민족 양심의 저항적 모습"으로 칭했다.

10) 여기서, 사실상 분리할 수는 없는 논제지만, 즉 1990년대 말 갑자기 뛰어들어 와 주도적인 세력이 되어버린 새로운 매체인 인터넷은 잠시 떼어놓아 보기로 하자. 그것은 분명 대중매체와 문화시장에서 매우 주목할 만한 역할을 하고 있다. 분명히 인터넷의 의미와 기능은 새로운 매체의 역할에만 그치지는 않는다. 필자의 생각에 인터넷은 오히려 새롭고 '자유로운' 매체라는 역할을 통해, 세기말 중국의 문화 국면 사이에서 발생한 심각한 충돌과 사이 공간을 새롭게 고쳐 쓰면서 직접 참여하고 있다.

11) '샤하이(下海)'의 사전적 의미는 아마추어 작가가 본격적으로 프로페셔널 작가로 뛰어드는 것을 가리킨다. 보다 넓은 의미로는 비상업적인 영역의 사람이 현실세계에 뛰어들어 상업적으로 돈을 버는 모든 행위를 의미한다. — 옮긴이

12) 1995년 전후, 전국 대학 출판사는 유럽과 미국의 문화 이론을 번역, 소개하는 대

대적인 작업을 시작했다. 번역의 대상은 주로 20세기, 특히 전후 유럽과 미국의 중요한 포스트 구조주의 사상가와 그 저작물에 집중되었다. 이러한 작업들은 대략 21세기 초에 어느 정도 초보적인 완성을 보았다.

| 참고문헌 |

戴錦華(1998),〈智者戱虐 ─ 閱讀王小波〉,《拼圖游戱》, 泰山出版社.

戴錦華(1999),《隱形書寫 ─ 90年代中國文化硏究》, 江蘇人民出版社, 南京.

丁東 · 孫珉(1996),《世紀之交的沖撞 ─ 王蒙現象爭鳴錄》, 光明出版社.

老六(2000),〈《大話西遊》: 看你遍也不厭〉,《解放日報電子網絡版》, 2000年 8月 8日.

楊宜勇(2000),〈十種人最富有, 六類人最貧困 ─ 收入差距爲何拉大〉,《人民日報》海外 版 2000年 5月 16日.

王曉明(1996),《人文精神尋思錄》, 文匯出版社.

王小波(1997),《沈默的大多數 ─ 王小波雜文隨筆全編》, 中國靑年出版社, 北京.

王玉平 · 信海光 · 王威(2000),〈中國的金領階層 ─ 來自獵頭公司的報告〉,《中國靑年》, 2000年5期.

愚士(1997),《以筆爲旗 ─ 世紀末文化批判》, 湖南文藝出版社, 長沙.

張煒(1995),《憂憤的歸途》, 華藝出版社.

張承志(1995),《无援的思想》, 華藝出版社.

1. 노래방과 MTV

| 주 |

1) 전자는 유영(柳永)의 송사 〈우림령(雨霖鈴)〉의 일부분(寒蟬凄切, 對長亭晚, 驟雨初
歇)이고, 후자는 베이다오의 시 〈회답(回答)〉의 한 부분(卑鄙是卑鄙者的通行證, 高
尙是高尙者的墓志銘). ─ 옮긴이

| 참고문헌 |

南帆(1999), 《隱薇的成規》, 福建敎育出版社, 福州.

勞倫斯 格羅斯伯格(2000. Lawrence Grossberg), 〈MTV: 追逐(後現代)明星(MTV:
　　Swinging on a Postmodern Star)〉, 《文化硏究讀本》, 中國社會科學出版社, 北京.

李皖(2000), 〈整體的碎片和碎片的整體〉, 《讀書》 2000年 第9期, 三聯書店, 北京.

蘇珊 · 朗格(1986. Susanne Langer), 《情感與形式(Feeling and Form)》, 中國社會科
　　學出版社, 北京.

王國維(1995), 《宋元戱曲史》, 華東師範大學出版社, 上海.

朱光潛(1980), 〈詩論─中國詩何以走上 "律" 的路〉, 《朱光潛美學文學論文選集》, 湖南人民
　　出版社, 長沙.

朱自淸(1996), 〈詩言誌〉, 《詩言誌辯》, 華東師範大學出版社, 上海.

胡適, 〈談新詩〉, 《中國新文學大系─建設理論集》, 上海文藝出版社(影印本), 上海.

2. '민간성'에서 '민중성'으로

| 주 |

1) 이 글에서 국가이데올로기, 새로운 이데올로기, 정치이데올로기 등 이데올로기 관련 용어는 1950, 60년대의 시대적 특징으로 보아 모두 동일한 의미로 사용된다. ─옮긴이

2) 비극적인 고대 전설이자 유명한 설화로 중국의 로미오와 줄리엣이라고도 일컬어진다. 이야기의 줄거리는 163쪽 참조. ─옮긴이

3) 월극 《양산백과 축영대》는 일찍이 남반(男班)이 자리 잡았던 창서(唱書: 소설 따위 이야기를 악기에 맞춰 창을 함─옮긴이) 단계 때 이미 〈십팔상송(十八相送)〉, 〈누대회(樓台會)〉 등의 절이 있었다. 여자 월극이 생겨난 후 막표(幕表: '개요형식'으로 극본이 따로 없다. 연기자들은 연기 전에 개요를 보고 자신의 역할을 이해한 뒤, 임시로 대사를 만들어 마음대로 연기한다─옮긴이) 형식으로 연출된다. 1945년 위안쉐펀(袁雪芬), 판루이옌(范瑞娟)은 구술을 정리해 《양축애사(梁祝哀史)》라 명명한다. 1949년 동산월예사(東山越藝社)는 난웨이(南薇)가 각색·연출한 《양축애사》를 공연했고, 이 극은 베이징에서도 공연된다. 1951년 화동월극실험극단의 《양산백과 축영대》 리허설이 있었는데, 리허설 극본은 화동희곡연구원에서 썼으며, 이를 바탕으로 참가한 1952년 제1회 전국희곡경연대회에서 본상과 연출상을 받았다.

4) 쓰촨극 《유음기》는 초기에 〈송행(送行)〉, 〈방우(訪友)〉, 〈사형(思兄)〉, 〈매매(罵媒)〉 등의 절을 자주 상연했다. 1952년 충칭(重慶)시 문화국과 희곡개혁협회(戱改會)의 주최하에, 신천극단(新川劇院)의 각색 연출 소조직에 의해 각색되었으며, 저우무롄(周慕蓮)의 필사본과 예술인의 구술을 기초로 경극과 월극 및 쓰촨 곡예화고사

(曲藝花鼓詞)를 재편집해 완성된다. 연출 후 시(市) 차원의 편집, 감독, 연출을 하게 되면서 수준이 높아졌으며, 류청지(劉成基), 후위화(胡裕華), 천수팡(陣書舫) 등의 예술인에 의해 정리된다. 1952년 전국희곡경연대회 출품 시, 서남대표단(西南代表團)의 집단 각색 연출과 문예계 전문가의 조언으로 수정을 거쳐 대회 본상을 수상한다.

5) 1953년 마옌샹(馬彦祥)은 상술한 쓰촨극의 정리본을 기초로 각색했으며, 이를 중국경극원(中國京劇院)이 초연했다.

6) 上海文藝出版社 編, 《越劇叢刊》 第一集, 1962, 5쪽, 上海文藝出版社, 上海.

7) 쓰촨극 구본인 《영대매매(英台罵媒: 축영대가 매파를 욕하다)》는 상당히 흥미롭다. 축영대는 이를 악물고, 심지어 양산박이 날짜를 어기는 바람에 자신에게 어려움을 안겨줬다고 원망하며 연기하는 부분은 특히나 대담하고 자유분방했다. 지방극 속의 지역 색채가 희곡개혁 과정 중 소실된 대표적인 예라 할 수 있다.

8) 1957년 8월 중앙정치국은 농촌에 인민공사 건립 결의안을 통과시키며, 〈올겨울과 내년 봄에 농촌에서 대대적으로 전개될 사회주의 공산주의 교육운동의 지시에 관하여〉를 발표한다. 1962년 9월 마오쩌둥은 "계급투쟁을 절대로 잊어서는 안 된다", "한 정권을 무너뜨리려면, 먼저 여론을 조성하고 이데올로기 방면에서의 작업이 우선되어야 한다"라고 제시한다. 《六十年文藝大事記》, 200쪽.(제4회 문학예술계연합 대표대회 구상 준비조(第4次文代會籌備組起草組)·문화부 문학예술연구원 이론정책 연구실(文化部文學藝術研究院理論政策研究室), 1979년, 내부자료)

9) 《백사전》에 관한 줄거리는 164쪽 참조. ―옮긴이

10) 백사 전설(白蛇傳說)의 원래 출처는 송대 화본(話本)으로, 예를 들어 명의 《청평산당화본(淸平山堂話本)》을 편집한 《서호삼탑기(西湖三塔記)》, 명의 풍몽룡(馮夢龍)이 편집한 《백낭자영진뇌봉탑(白娘子永鎭雷峰塔)》 전기(이하 '화본'), 만력년 최초의 희곡 극본인 진육룡(陣六龍)의 《뇌봉탑(雷峰塔)》 전기(유실), 청 건륭년 황도필(黃圖珌)의 간산각각본(看山閣刻本)《뇌봉탑》 전기('황본(黃本)', 곤축(昆丑: 중국 장쑤성 쿤산(昆山)과 쑤저우(蘇州) 일대에서 발생한 전통 연극 장르를 '곤극'이라 하며, '축'은 눈과 코 언저리를 하얗게 칠하고 나오는 어릿광대 역으로 우스운 몸짓이나 속된 대사로 관객을 웃기는 역할을 한다―옮긴이) 진가언(陳佳言) 부녀의 이원(梨園) 구(久)사본('이원본(梨園本)') 및 방성배(方成培)의 수죽거본(水竹居本) 《뇌봉탑》 전기('방본(方本)', 및 탄사(彈詞), 보권(寶卷) 등의 희곡과 곡예 창본이다.(傳惜華編 1987)

11) 화본은 백낭자와 허선의 모순을 주요하게 다루었고, 남자의 배신을 비난했으며, 이로 인해 법해를 하찮게 다루었다. 황본은 화본을 따르고 있으므로 여전히 엄격

한 의미에서 대비극(大悲劇)이라 할 수 없다. 이원본(梨園本)은 황본이 홀시한 〈회조(回潮)〉, 〈창보(彰報)〉, 〈참회(懺悔)〉, 〈착사(捉蛇)〉를 삭제했고, 방본과 마찬가지로 〈단양(端陽)〉, 〈구초(求草)〉, 〈수투(水鬪)〉, 〈단교(斷僑)〉, 〈합발(合鉢)〉을 첨가해, 백사와 법해의 충돌을 강조함으로써 《뇌봉탑》 전기의 비극성의 기조를 다진다.

12) 황본은 화본에 비해 백낭자의 여성으로서 부드러움과 섬세함을 강조한다. 예를 들어, 화본중의 사면을 받아 항저우로 돌아간 후 상봉하게 되는 두 사람에 대한 묘사. 화본에서는 백사가 "눈을 부릅뜨고" 위협하기를 "딴마음을 먹었다면 온 성(城)을 핏물로 넘쳐나게 할 것이며, 사람들은 파도를 잡고, 곱게 죽지 못할 것이다.", 황본에서는 "제가 당신에게 시집온 이상, 살아서도 허씨 집안의 사람이요, 죽어서도 허씨 집안의 사람이니 절대로 떠나지 않겠소. 행운으로 당신을 만났으니, 당신이 저를 아무리 괴롭혀도 당신을 떠나보내지 않겠소!"로 된다. 또한, 백사의 인격화는 청아(靑兒)의 맹렬함과 대조를 이룬다. "그(허선)의 시체가 아직 상하지 않았을 때, 오히려 신선하니, 우리가 그의 고기를 먹고, 산에 올라 수련을 합시다." "백낭자는 불쾌한 기색으로 눈을 휘둥그레 뜨고 청아를 가리키며 말하기를 쓸데없는 소리, 야심이 사라지지 않으면 수련하기 힘들다"라고 한다.(八角鼓 〈盜靈芝〉, 《白蛇傳集》, 29～30)

13) 화본과 황본은 법해에 대해 긍정적이다. 법해는 화본에서는 "도가 있는 고승"으로, 황본에서는 불가의 명을 받드는 사자의 역할을 해내는 인물로 표현된다. 그러나 백낭자와 허선의 혼인을 비교적 긍정적으로 다룬 이원본과 방본에서는 법해가 인간의 행복을 파괴하는 반면인물인 동시에 전형적인 '봉건 통치자'로 표현된다. 훗날 지방극은 대중의 분노를 발산시키기 위해 법해의 사악함을 강조한 나머지, 그가 지닌 원래의 복잡성은 소홀히 다루게 된다.

14) "靑兒가 말하기를 仙姑(백낭자)는 인간 세상에 머무르기를 바랍니까? …… 비록 멋스럽기는 하나 인정미가 없거늘…… 하필 허선 같은 사람을 사랑합니까? 이 말을 듣고 백낭자는 긴 한숨을 내쉬며 여전히 전생에 맺어진 인연이라 말한다. …… 인간 세상에 연연하여 대도를 돌아보지 않는 것은 모두 전생의 인연 때문이니라."(八角鼓 〈搭船藉傘〉, 《白蛇傳集》, 25)

15) "세속인들은 요괴를 없애야 한다고들 하는데, 마음속에 있는 요괴를 없애기란 쉽지 않음을 어찌 알랴", "인간사의 확실치 않은 현상을 간파하고, 항후 속세를 초월하여, 어지러운 길로부터 각성의 길을 가는, 고해의 길을 벗어나 영산으로 가기를 당부하노라."(子弟書 〈合鉢〉, 《白蛇傳集》, 101·103頁)

16) 월극 《백낭자(白娘子)》, 리쯔화(李之華)·청룽(成容) 각색, 한이(韓義) 연출, 위안쉐펀(袁雪芬) 주연. 《袁雪芬的藝術道路》, 180쪽.

17) 각각에 대해서는 田漢報告(개요), 1951년 1월 21일 《인민일보》. 周揚報告, 《文藝報》 1952년, 제24호 참조.

18) 톈한은 자신이 각색한 《백사전》을 "10년 동안 갈아 만든 검"이라 했다. 1947년 전설과 구극을 각색한 《금발기(金鉢記)》가 1950년 중화서국에서 출판된다. 1953년 수정 후 《백사전》이라 명명하고, 1953년 8월호 《극본(劇本)》에 실린다. 후에 〈도고〉를 삭제하고, 청아가 탑을 무너뜨리고 백사를 구해내는 등의 줄거리를 첨가한다. 중국희곡학교 실험경극단과 중국경극원(1954)은 전극을 공연했으며, 왕야오칭(王瑤卿)은 창강(唱腔: 곡조) 설계를 맡았다. 극본 《戲曲劇本選集》, 전통극본 《戲考》 第二十三, 《京戲考》 第八, 1958年 寶文堂出版社田漢單行本, 《中國戲曲志 · 北京卷》, 1999, 217~218쪽, 中國 ISBN 中心.

19) 田漢, 〈白蛇傳 序〉, 《田漢戲曲選》(下), 208~209쪽. 湖南人民出版社, 湖南.

20) 진향련과 조오랑은 중국 고대희곡의 여주인공들로, 남편들에게 버림받는 비련의 여성들이다 — 옮긴이

21) 민간전설은 수많은 자유스럽고 산만한 개체 서사로 이루어진 시공을 초월한 군체성 구조다. 전설자, 즉 이야기하는 사람들은 각종 민간 소식을 연결시켜 주는 매개자로, 전해지는 과정에서 원래의 이야기에 가감을 피할 수는 없다. 이탈로 칼비노(Italo Calvino, 卡爾維諾)는 자신이 편집한 《이탈리아 동화집(Fiabe italiane)》의 '서문'에서, 민간 이야기의 가치는 종종 후세가 첨가한 새로운 것에 있으며, "대대로 전해지는 민간고사는 끊이지 않는 긴 사슬과도 같다", "이 긴 사슬은 소극적인 전달 매개가 아니라, 진정한 이야기의 '작가'"라고 쓰고 있다. 卡爾維諾(1985); 베냐민(1999).

22) 지방극에서는 양산백과 축영대의 접촉을 아주 많이 다루고 있다. 예를 들어, 정현앙가(定縣秧歌) 《금전기(金磚記)》에서는 사모(師母)가 몰래 계책을 세워 두 사람을 동침하게 하나 서로 범하지 않았다는 줄거리로 전체 극을 이루고 있다. 錢南揚(1956, 72~80).

23) 축영대의 정절에 관해 많은 전설과 희곡에서는 그녀가 집을 떠나기 전 올케가 그녀를 예법을 모른다며 "남자가 공부하는 것은 공명을 위한 것이고, 여자가 공부하는 것은 사랑하는 사람을 찾기 위해서이네"라고 비웃는다, 축영대는 두 사람이 홍릉매(紅綾埋)를 취해 목단화 아래서 맹세하자고 제의한다. 축영대와 양산백은 비록 동침은 했으나, 그 기간 동안 물 한 대접을 사이에 놓고 상궤(常軌)를 벗어남을 방지했다. 錢南揚(1926)

24) 민간전설과 지방극 중 여자가 변장한다는 내용의 전기는 흔히 볼 수 있다. 예를 들어 《화목란(花木蘭)》, 《맹려군(孟麗君)》, 《여부마(女駙馬)》, 《침향선(沉香扇)》 등.

《李紫貴戲曲表導演藝術論集》(1992), 中國戲劇出版社, 北京.

《越劇叢刊》第一集(1962), 上海文藝出版社, 上海.

《田漢戲曲選》(下)(1980), 湖南人民出版社, 湖南.

《中國戲曲志 · 北京卷》(1999), 中國SBN中心.

《中國戲曲志 · 四川卷》(1995), 中國SBN中心.

《中國戲曲志 · 上海卷》(1996), 中國SBN中心.

郭漢城(1982), 〈關于人民性問題〉, 《戲曲劇目論集》, 上海文藝出版社, 上海.

郭漢城(1982), 《戲曲劇目論集》, 上海文藝出版社, 上海.

路工編(1985), 《梁祝故事說唱集》, 上海古籍出版社, 上海.

베냐민, 발터(1999), 〈陳永國, 馬海良 編〉〈講故事的人〉, 《本雅明文選》(중어본), 中國社
會科學出版社, 北京.

傅惜華 編(1987), 《白蛇傳集》, 上海古籍出版社, 上海.

傅惜華 編(1987), 《白蛇傳集》, 上海古籍出版社, 上海.

席明眞(1959), 〈美麗的故事 反抗的詩〉, 《戲曲選》第一卷, 中國戲劇出版社.

阿英(1981), 《小說四談》, 上海古籍出版社, 上海.

章力揮 高義龍着(1984), 《袁雪芬的藝術道路》, 上海文藝出版社, 上海.

周建渝(2000), 〈"色誘": 重讀〈白娘子永鎭雷峰塔〉〉, 《二十一世紀》, 2000年 12月号, 香港
中文大學, 香港.

周靜書(1999) 主編, 《梁祝文化大觀》(4卷), 中華書局, 北京.

劉秀榮(1992), 〈從《白蛇傳》說起〉, 《李紫貴戲曲導演藝術論集》, 中國戲劇出版社.

吳小如(1995), 《評中國京劇團演出的〈柳蔭記〉》, 《吳小如戲曲文彔》, 北京大學出版社,
北京.

吳兆芬 等 整理(1989), 《范瑞娟表演藝術》, 上海文藝出版社, 上海.

張庚 · 郭漢城 主編(1989), 《中國戲曲通史》, 上海文藝出版社, 上海.

張庚 · 郭漢城 主編(1989), 《中國戲曲通史》, 上海文藝出版社, 上海.

蔣瑞藻編(1984), 《小說考証》, 上海古籍出版社, 上海.

鄧運佳(1993), 《中國?曲通史》, 四川大學出版社, 成都.

鄧運佳(1993), 《中國川劇通史》, 四川大學出版社, 成都.

錢南揚(1926), 〈梁山伯和祝英台的故事〉, 北京大學《國學門周刊》(1926年 12月)

錢南揚(1956), 《梁祝戲劇輯存》, 上海古典文學出版社, 上海.

卡爾維諾(1985), 《이태리 동화》, 上海文藝出版社, 上海.

3. 샤오바오(小報)의 행간과 이면

| 주 |

1) 샤오바오는 다바오(大報)에 대한 상대적 개념이다. 다바오는 사회주의 중국 신문 사업의 골간이었던 각종 당위원회 등의 기관지(예를 들어, 《인민일보(人民日報)》, 《광명일보(光明日報)》 같은)를 지칭한다. 이 신문들은 당과 국가에 의해 주도되어 주로 사회주의 이데올로기의 공고화와 정부 및 당의 노선과 정책 선전 등에 치중 한다. 사회주의 이데올로기가 약화되면서 정치 일변도, 선전과 지도 일변도의 다 바오는 점차 독자의 관심을 잃게 된다. 이에 따라 1980년대 중반부터 변화된 사회 관념, 다양해진 독자의 관심과 요구를 반영한 보도 내용, 말하자면 사회의 사건사 고, 문화 활동과 오락 정보 등으로 채워진 소프트한 경향의 신문들이 나타나기 시 작한다. 샤오바오란 이런 신문을 지칭한다. 중국의 신문 및 방송 매체의 변천에 대 해서는 《현대중국의 이해》(한중사회과학연구회 엮음, 한울아카데미, 2002, 433~463쪽)를 참고할 수 있다. ─옮긴이

2) 2002년 11월 2일에서 4일까지 《명보(明報)》, 《신보(信報)》 등 홍콩 신문과 잡지의 보도, 사설, 관련 토론을 참고할 수 있다.

3) 《남방도시보》, 광저우(廣州), 2001년 5월 10일 1면. 당일 이 신문은 광저우와 선전 에서는 80면, 나머지 지역에서는 56면으로 발행되었다. 신문 가격은 모두 동일하 게 인민폐 1위안(元)이었다.

4) 《남방도시보》, 광저우, 2001년 5월 10일 2면. 여기서 말하는 두 신문의 발행 관리 부서란 선전시 시위원회 기관지인 《선전특구보(深圳特區報)》와 선전시 시정부 기 관지인 《선전상보(深圳商報)》의 발행 관리 부서를 말한다.

5) 홍콩의 《동방일보(東方日報)》, 《애플데일리(苹果日報)》, 《홍콩우편신문(香港郵報)》,

《문회보(文匯報)》, 《성도일보(星島日報)》, 《사우스차이나 모닝포스트(South China Morning Post)》 등은 2001년 5월 11, 12, 13일 연속으로 이 사건을 보도했으며, 《홍콩상보(香港商報)》는 회의 참석차 홍콩을 방문한 위유쥔(于幼軍) 선전시장과 이 사건에 관련해 인터뷰를 했다.

6) 《남방도시보》, 광저우, 2001년 5월 10일 2〜6면.

7) '농가생산청부제(農家生産請負制)' 또는 '각호생산청부제(各戶生産請負制)' 등으로 해석될 수 있다. 뒤에 나오는 '농촌연산승포책임제(農村聯産承包責任制)'의 구체적 한 형식이다. 토지 및 생산자재의 소유권을 인민공사에 두는 전제하에 개별 농가가 이를 이용해 인민공사 내 생산대로부터 청부 받은 생산량을 초과 달성한 경우, 그 초과분을 생산대와 정해진 비율에 따라 나누어갖는 것을 말한다. 비슷한 것으로 포간도호(包幹到戶: 농가경영청부제)가 있는데, 이것은 발생한 초과분을 생산대와 나누지 않고 개별 농가가 모두 소유하는 것이다. '포산도호'는 1978년 12월 중국공산당 11기 3중전회 이후 안후이성(安徽省)에서부터 시작되었다. 《중국농촌경제체제의 변천과 농업교육》(한국농촌경제연구원, 1993)과 《현대중국의 이해》(한중사회과학연구회 엮음, 한울아카데미, 2002, 332〜334)를 참고할 수 있다. ─옮긴이

8) '생산량책임제'로 해석될 수 있다. 계약으로 정한 책임 생산량을 초과 달성한 경우, 그 초과분을 개별 농가 혹은 작업단위로 사영화함으로써 인민공사하 생산대를 중심으로 한 집단 농업생산체제의 비효율, 무기력 등을 극복하려는 제도다. '포산도호', '포간도호', '연산도로(聯産到勞)' 등이 그 구체적 방안이다. 주 7의 책 등을 참고할 수 있다. ─옮긴이

9) 중국공산당은 선진적 사회생산력의 발전과 선진문화의 발전 방향, 최다 인민의 전체 이익을 대표한다, 라고 하는 장쩌민(江澤民)의 '3개대표론(三個代表論)'의 한 구절이다. 장쩌민은 3개대표론을 통해 인민들의 정신문화뿐만 아니라 물질문화에 대한 수요 역시 만족시켜야 함을 강조한다. '중국적 특색'의 사회주의 건설의 의지를 엿볼 수 있다. ─옮긴이

10) 문화대혁명 동안 중국의 인민들이 당했던 정신적, 육체적 상처와 아픔을 고발하고 토로하는 내용으로 이루어진 소설들을 말한다. 1978년 발표된 루신화(盧新華)의 단편소설 〈상흔(傷痕)〉의 제목에서 명명을 가져왔다.

11) 개혁·개방과 사회주의 현대화의 주장에 부응해 나온 소설로, 경제 개혁 및 생산력 제고를 위해 분투하는 개혁가의 분투 과정을 주된 내용으로 삼고 있다. 1979년에 발표된 장쯔룽(蔣子龍)의 〈차오 공장장 임명기(喬廠長上任記)〉를 첫 작품으로 꼽는다.

12) 개혁·개방의 총설계자라 할 수 있는 덩샤오핑의 명구 중 하나다. 개혁·개방 초기, 사회주의체제에서 자본주의적 요소를 시험적으로 운용·접목시킨다고 하는, '이전에 아무도, 어떤 사회주의 국가도 해보지 않은 실험이자, 마르크스조차 이에 대해 아무런 가르침도 줄 수 없는 이 실험을 신중한 태도와 자세를 가지고 진행해야 한다'는 덩샤오핑의 고뇌와 염려, 당부의 마음이 함께 담긴 말이다. — 옮긴이

13) '바다로 뛰어든다'는 말로, '철밥그릇(鐵飯碗)'이라 표현되는 사회주의 보장체계를 박차고 돈벌이에 뛰어드는 것을 말한다. 궁핍하고 희망 없는 안정보다는 새롭게 열린 돈벌이의 바다, 온갖 위험과 풍파가 도사리고 있는 돈벌이의 바다로 뛰어드는 당시 시대적 조류를 지칭한다. — 옮긴이

14) 1989년 6월에 발생한 천안문사태를 말한다.

15) 1985∼88년의 경기과열과 통화팽창, 1989년의 천안문사태 등으로 말미암은 경제적 혼란을 수습하기 위해 1989년 11월 중국공산당 13기 5중전회에서 〈진일보한 관리와 정돈, 그리고 개혁의 심화에 관한 결정(關于進一步治理整頓和深化改革的決定)〉이 발표된다. 이 문건은 '경제환경 관리(治理經濟環境)', '경제질서 정돈(整頓經濟秩序)', '개혁의 전면적 심화(全面深化改革)', '효율의 제고(提高效益)' 등을 모토로 내세웠다. — 옮긴이

16) 왕후이(汪暉)는 〈當代中國思想狀況與中國現代性問題〉(《天涯》, 1997年 第5期)에서, 중국 근현대화에 대한 마오쩌둥과 덩샤오핑의 서로 다른 사상적 경향과 상상을 정리하고, 중국은 1980년대 이후에야 비로소 중국 근현대화의 방식에 대한 보편적인 논의가 시작되었다고 바로잡았다. 왕후이가 볼 때, 마오쩌둥 시기의 중국도 마찬가지로 근현대화를 추구하기는 했지만, 그가 지향한 것은 동(東, 아시아 혹은 동양)이었던 반면에, 1980년대 시작된 덩샤오핑 시기의 근현대화는 서(西, 서유럽 혹은 서양)를 지향한다.

17) 쉬바오창 등이 편선한 《反市場的資本主義》(中央編譯出版社, 北京, 2001), 쉬바오창 저 《資本主義不是什麼》(牛津出版社, 香港, 2002), 왕후이 저 《死火重溫》(人民文學出版社, 北京, 2000) 등의 관련 글을 참고할 수 있다.

18) 《남방도시보》는 2001년 5월 10일 A06면에서 이 신문의 예속 상황에 대한 부편집장의 설명을 전달하면서, 국가 해당 부처 관료의 2001년도 강화를 다음과 같이 인용해 실었다. "현재 많은 도시보들이 커지기 시작했다. 이전에 그들은 샤오바오라고 불렸는데, 현재의 상황을 본다면 이 신문들을 더는 샤오바오라고 부를 수 없게 되었다. 현재 수많은 당보는 경제적 측면에서 그들이 발행하는 도시보에 의존해서 유지되고 있다." 그러나 일반적으로 말하는 '샤오바오'라는 명칭은 출판 주기, 판수, 발행량 등 이외에 전통 다바오와의 다른 점, 다바오에 예속된 상황, 편집 방향,

취향 등등까지를 고려한 것이다. 이런 이유로 나는 이 글 속에서 《남방도시보》를 샤오바오로 보는 것이다.

19) 《남방도시보》 2001년 5월 10일 보도, 2001년 5월 10일 이전 《남방도시보》의 선전 내 판매량은 선전의 기타 다른 신문 판매량 총합의 1.5배였다.

20) 이상의 예는 2001년 5월 10일 이전에 《남방도시보》에 실린 보도다.

21) '먹고사는 문제(溫飽問題)'가 기본적으로 해결되어 먹고사는 데 문제가 없는 수준의 사회를 말한다. 현재 중국은 일부 대도시를 중심으로 소강 사회에 접어들었다고 볼 수 있다. 따라서 후진타오(胡錦濤) 등 중국의 지도자들은 전 인민의 차원, 전면적 차원의 소강 사회 진입을 목표로 삼고 있다. ―옮긴이

| 참고문헌 |

• 단행본

Williams, Raymond(1962), *Communications*, Harmondsworth, Penguin.

Stevenson, Nick(2001), 王文斌 譯, 《認識媒介文化》, 商務印書館, 北京.

Schrift, Alan D.(2001), 汪民安 譯, 〈激活尼采: 以德勒兹爲例〉, 汪民安·陳永國 編 (2001), 《尼采的幽靈》, 社會科學文獻出版社, 北京.

許寶强(2001) 編選, 《反市場的資本主義》, 中央編譯出版社, 北京.

許寶强(2002), 《資本主義不是什麼》, 牛津出版社, 香港.

汪暉(2000), 《死火重溫》, 人民文學出版社, 北京.

• 논문

Hall, Stuart(1977), "Culture, the Media and the Ideological Effect", in J. Curran, M. Gurevitch and J. Woollacott(eds.), *Mass Communication and Society*, London: Edward Aronla.

Hall, Stuart(1980), "Encoding / Decoding", *Culture, Media, Language: Working Paperin Cultural Studies*, (1972–79), London: Unwin Hyman Ltd.

Hall, Stuart(1988), "Thatcherism Amongst the Theories: Toad in the Garden", C. Nelson, L. Grossberg(eds.), *Marxism and the Interpretation of Culture*, London: Macmillan.

Althusser, Louis(1965), 陳璋津(1995) 譯, 《保衛馬克思》, 遠流出版事業股份有限公司,

　　台北.

汪暉(1997), 〈當代中國思想狀況與中國現代性問題〉, 《天涯》, 1997年 第5期.

汪暉(2001), 〈一九八九社會運動與 "新自由主義" 的歷史根源－再論當代中國大陸的思想
　　狀況與現代性問題〉, 《臺灣社會研究季刊》 第42期.

雷啓立(2002), 〈"酷男 切·格瓦拉" 出場〉, 《天涯》, 2002年 第4期.

• 기타

《南方都市報》, 廣州, 2001年 5月 10日.

《亞洲周刊》, 香港, 第16卷, 第5期, 2001年 1月 28日～2月 3日.

《明報》, 香港, 2002年, 11月, 2～4日.

《信報》, 香港, 2002年, 11月, 2～4日.

| 주 |

1) 이 인용구의 의미는 좀 애매하다. 인터넷에서 찾아본 영어 원문은 다음과 같다.
   "Microsoft was anything but the purveyor of soup-to-nuts software offerings
   we see today." — 옮긴이

2) CNNIC는 1997년부터 중국 인터넷 발전 통계조사를 실시해 1998년부터 반년마
   다 한 차례씩 통계자료를 보고하는데, 2006년까지 이미 18차의 조사를 완성했다.
   2006년 7월 19일, CNNIC는 베이징에서 〈제18차 중국 인터넷 발전 상황 통계보
   고서〉를 발표했다. 이 보고서는 2006년 6월 30일 현재 중국 네티즌 인구수가 1억
   2,300만 명에 달하고, 작년 같은 기간 대비 19.4% 증가했다고 밝혔다. 그중 모뎀
   을 사용하는 네티즌은 7,700만 명까지 늘어났으며, 전체 네티즌 중 2/3에 달했다.
   이 보고서는 중국 홈페이지의 총수가 78만 8,400개며, 그중 2006년 상반기에만 9
   만 개가 증가했다고 밝혔다. 인터넷 국제수출 광대역 총량은 21만 4,175M이며,
   전년 같은 기간 대비 159.2% 증가했다. 이 보고서는 처음으로 청소년을 인터넷
   통계 분석에 포함시켰는데, 2억 명의 초·중·고등학생 중에서 인터넷을 사용하
   는 학생이 3,000만 명으로 중학생의 인터넷 참여율은 15.4%에 이르며, 그중 고등
   학생의 인터넷 참여율은 이미 절반 이상을 차지한다고 밝혔다. 비록 이 논문에서
   사용하는 근거는 2004년도 통계지만, 최신 통계는 중국 네트워크의 발전속도를
   보여줄 뿐이며 근본적으로 이 글이 가리키는 구조적 문제에는 변화가 없음을 보
   여준다.

3) 예를 들어, 인터넷이 최근 유통하는 TCP/IP의 '발전' 과정은 인터넷 기술과 통제
   사이의 관계를 보여주는 좋은 예증이다.

4) 메칼프(Robert Metcalfe)는 3Com사의 창시자며 이더넷(Ethernet)의 공동 창시자이기도 하다. 그는 '인터넷 생산의 효용과 사용자 수의 제곱이 정비례한다'는 인터넷 발전 법칙을 제안했는데, 이를 '메칼프의 법칙'이라고 한다.

5) 2004년 3월 중국 교육부와 공산주의청년단(共靑團)중앙연합은 '17호' 문건을 발표했는데, 여기에서 고등교육기관 웹사이트의 BBS는 교내 네티즌이 정보를 교류하는 장이므로, 인터넷 실명등록제를 엄격히 실행하게 했다. 그 내용은 다음과 같다. "교내 웹사이트 BBS의 규모와 관리를 강화하며, 각종 유해한 정보를 발견하는 즉시 지워야 한다. 고등교육기관의 인터넷 정보 예방과 응급 처리 능력을 높여야 한다."

2004년 9월 13일 주요한 사건 하나가 베이징대학 학생들에게 일어났다. 동시에 중국 내 인터넷상에서 비교적 큰 영향력이 있는 BBS인 '뒤죽박죽(一場糊塗)' 사이트—사이트 이름은 베이징대학 교내에 있는 '탑(보야탑, 博雅塔)과 호수(미명호, 未名湖) 그림'이라는 뜻의 '이타후투(一塔湖圖)'와 중국어 발음이 같음—에도 일어났는데, 사전에 어떠한 통지나 공고도 없는 상황에서 이 사이트가 갑자기 폐쇄되었다. 이는 중국의 인터넷, 특히 언론 발표 위주의 BBS 웹사이트들이 '엄동설한'의 계절로 들어갔으며, 지금까지도 따뜻한 시절로 돌아갈 수 있는 계기가 없음을 보여준다.

6) 〈세기중국〉 웹사이트가 2006년 7월 30일 발표한 〈세기중국과 논단의 폐쇄에 관한 성명 3항〉 참조.

7) 기존의 논자들은 인터넷 사회통치 방식의 변화와, 질 들뢰즈(Gilles Deleuze)가 언급했던 '훈육사회'에서 '통제사회'로 가는 과도기 담론을 합쳐서 사고하고 있다. 포스터(2000) 제5장 〈담론으로서의 데이터와 전자화의 질문〉에 관한 언급 참조. 그러나 '당다이' 중국의 콘텍스트 속에서 인터넷이 어떻게 권력운용 방식의 변화에까지 이르렀는지의 문제에 대한 깊이 있는 토론은 아직 없다.

8) 2003년 "신민권운동"과 "인터넷"의 밀접한 관계에 관해서는 羅崗(2004) 참조.

9) 하버마스의 '토의 민주(협상적 민주라고도 번역됨)'의 논의에 관해서는 하버마스(2002), 279~293쪽 참조.

10) 공공 공간, 인터넷기술과 민주주의의 새로운 형식 사이의 관계에 관한 깊이 있는 토론은 포스터(2004) 참조. 중국인터넷공공논단과 '토의 민주주의'의 일반 관계에 관한 토론은 陣剩勇・杜潔(2006) 참조.

11) 1999년은 중국 인터넷 초기 발전에서 중요한 해로 볼 수 있다. 각종 다른 요구를 가진 소규모 웹사이트가 잇달아 생기고, 앞서 우리가 제시했던 '뒤죽박죽'의 BBS도 1999년 9월 17일 개설되었다. 이는 최초로 베이징대학 물리학과 대학원생

lepton(아이디명)이 만든 것이다.
12) '사상의 경계' 웹사이트의 시작과 종결에 관해서는, 창립자 리융강(李永剛)의 글
(2001) 참고.
13) 청칭, 아이디 veron. 모 민족학원 전자공학과에서 전자기술 전공으로 졸업하고,
졸업 후 후베이성(湖北省) 어떤 시의 통신 자회사의 비용결산센터에서 일했다.
'사상의 파편' 논단을 만들고, 인터넷상에서 일정한 영향력을 가졌다. 현재 상하이
모 고등교육기관 역사과 박사학위 과정에 있으며, 동시에 유명한 사상문화 인터넷
논단 〈세기살롱〉의 시삽을 겸하고 있으며, 여전히 인터넷 사상계에서 활약하고 있
다. 이 글에서 〈사상의 파편〉 논단의 시작과 종결에 대한 서술은 청칭의 자술을 근
거로 정리하고 완성되었다. 청칭에게 특히 감사를 전한다.
14) 필자와 청칭의 인터뷰 참조.
15) 필자와 청칭의 인터뷰 참조.

| 참고문헌 |

Fraser, Nancy(1990), "Rethinking the Public Sphere: A Contribution to the
Critique of Actually Existing Democracy," Social Text 25/26(1990).

Halavais, Alexander(2000), "National Borders on the World Wide Web", in New
Media and society 2 no.1(winter 2000),

Jameson, Fredric(1991), *Postmodernism, or The Culture Logic of Late
Capitalism*, Durham, Duke University Press.

게이츠, 빌(Bill Gates 1996), 辜正坤 譯, 《未來之路(The Road Ahead)》, 北京大學出版
社, 北京.

高泓 · 唐紅梅(2003), 《喪鐘爲誰鳴: 昨夜的專訪 -關于 孫志剛》,
http://mem.netor.com/m/jours/adlist.asp?boardid=26789&joursid=21119
&mname=天堂里不需要暫住證.

羅崗(2004), 〈民間維權〉, 《世紀中國 · 星期文萃》, 2004年 2月 B
期.http://www.cc.org.cn/newcc/channel_wencui.php?itemquery=2004年2
月B期.

루크, 티머시 W.(Timothy W. Luke 2003), 曹榮湘編 〈가상 세계 속 엄준한 물질 현실
(虛擬世界中嚴峻的物質現實)〉, 《디지털 격차의 해독(解讀數字鴻溝)》, 上海三聯書

店, 上海.

李永剛(2001), 〈'사상의 경계'에 글을 쓴 후(寫在 '思想的境界'關站之後)〉, 《二十一世紀》 2001년 제1기, 홍콩 중문대학 중국문화연구소.

李希光(2004), 〈거대 신매체의 출현과 인터넷 민주주의의 종결(新媒本巨頭的出現與網絡民主的終結), 《世紀中國·星期文萃》 2004년 2월 A기, http://www.cc.org.cn/newcc/browwenzhang.php?articleid=133

매클루언, 마셜(Marshall Mcluhan 2000), 何道寬 譯, 《理解媒介—論人的延伸(Understanding Media: The Extensions of Man)》, 商務印書館, 北京.

맥체스니, 로버트 W.(Robert W. McChesne 2004), 謝岳 譯, 《富媒體·窮民主—不確定時代的傳播政治(Rich Media, Poor Democracy: Communication Politics In Dubious Times)》, 新華出版社, 北京.

샤피로, 앤드루 L.(Andrew L. Shapiro 2001), 劉靑怡 譯, 《控制權革命: 新興科技對我們的最大衝擊(The Control Revolution: How the Internet is Putting Individuals in Charge and Changing the World We Know)》, 臉譜出版, 台北.

선스타인, 카스 R.(Cass R. Sunstein 2003), 黃維明 譯, 《網絡共和國—網絡社會中的民主問題(Republic.com)》, 上海人民出版社, 上海.

艾曉明(2003), 《生活在恐懼之中》, http://genders.zsu.edu.cn/board/focus/display.asp?id=8.

오크숏, 마이클(Michael Oakeshott 2003), 張汝倫 譯, 《政治中的理性主義(Rationalism in Politics and Other Essays)》, 上海譯文出版社, 上海.

王磊(2004), 《文匯報》 2004년 7월 26일(第七版).

이보, 보사(Ebo Bosah 2003), 〈새 술병에 오랜 술 담기—인터넷과 아프리카의 기술식민(新瓶裝舊酒—互聯網與非洲的技術殖民), 《디지털 격차의 해독(解讀數字鴻溝)》, 上海三聯書店, 上海.

제임슨, 프레드릭(Fredric Jameson 1997), 《The Cultural Logic of Late Capitalism(晚期資本主義的文化邏輯)》, 北京三聯書店.

朱蘇力(2004), 《도시로 통하는 길—중국 법치의 변화(道路通向城市—轉型中國的法治)》, 法律出版社.

曾國屏 等(2002), 《사이버 공간의 철학적 탐색(賽博空間的哲學探索)》, 淸華大學出版社, 北京.

카스텔스(Manuel Castells 2001), 夏鑄九 等譯, 《網絡社會的崛起(The Rise of the Network Society, The Information Age: Economy, Society and Culture)》, 社會科學文獻出版社, 北京.

吳玫(2004), 〈중국어 인터넷 논단의 정보 유동(中文網路論壇的資訊流動)〉, 《二十一世紀》, 2004년 2월호, 香港中文大學中國文化研究所.

포스터, 마크(Mark Poster 2000), 范靜嘩 譯, 《第二媒介時代(The Second Media Age)》, 南京大學出版社, 南京.

포스터, 마크(Mark Poster 2004), 趙毅 譯, "網絡民主: 互聯網與公共空間(CyberDemocracy: Internet and the Public Sphere)", 《世紀中國·星期文萃》, 2004년 2월 http://www.cc.org.cn/newcc/browwenzhang.php?articleid

하버마스, 위르겐(Jürgen Habermas 2002), 曹衛東 譯, 〈민주의 세 가지 규범 모델(Three Normative Models of Democracy)〉, 《타자의 포용(The Inclusion of the Other)》, 上海人民出版社, 上海.

헨리, 레스터(Henry Leicester 2003), 曹榮湘 編, 〈디지털 불평등, 경제성장 그리고 잠재적 빈곤의 하락(數字不平等, 經濟增長與潛在貧困的降低)〉, 《디지털 격차의 해독(解讀數字鴻溝)》, 上海三聯書店, 上海.

胡孝敏(2004), 《東方早報》2004년 8월 12일(B十五版).

許向陽(2003), 〈對廢地收容遣送制度的換位思考兼評智識分子的人道主義請議〉, [중국 정치학 웹사이트http://www.cp.org.cn/2233/ReadNews.asp?NewsID=1289&BigClassName=&BigClassID=24&SmallClassID=40&SmallClassName=&SpecialID.

趙亞輝(2004), 《人民日報》 2004년 7월 21일(제11판).

陣剩勇·杜潔, (2006), 〈인터넷 공공논단과 협상 민주의 발전(互聯網公共論壇與協商民主的發展)〉, 《협상 민주의 발전(協商民主的發展)》, 中國社會科學出版社, 北京.

鮮江臨(2003), 〈늦은 비평−'경제학 쿠사이'에 대한 보언(遲到的批評: 對 '經濟學庫賽補一槍')〉, http://article.chinalawinfo.com/article/user/article_display.asp?ArticleID=23710 (베이징대학법률정보웹사이트)

5. '죗값'과 대중매체, 외지 아가씨의 상하이 이야기

| 주 |

1) 중국의 산업화 과정에서 대도시로 이주해 육체노동으로 생계를 유지하는 농촌 출신 사람들을 일컫는 말. 남자는 다궁자이(打工仔), 여자는 다궁메이(打工妹)라고도 부른다. — 옮긴이

2) 紀錄片編輯室欄目組(2001) 編, 98~119쪽. 이하 〈마오마오 고소사건〉의 텍스트는 모두 이에 따른다. 본문에서 다루는 〈열 살의 마오마오〉와 《명작 다시 보기》의 텍스트는 필자가 프로그램 녹화테이프에서 초록한 것이다.

3) 紀錄編輯室欄目組編, 〈我的朋友趙文龍〉, 《目擊紀錄片編輯室 —— 告訴你眞實的故事》, 上海: 東方出版中心, 2001, 119~126쪽.

4) '샹린 댁'은 루쉰(魯迅)의 소설 〈축복(祝福)〉에 나오는 주인공. 첫 남편이 죽자 시어머니에 의해 다른 남자에게 팔려가지만, 새 남편도 죽고 자식은 늑대에게 잡혀 먹히는 기구한 운명의 여인. 종으로 전락한 그녀는 남편이 둘이었기 때문에 큰 죄를 지은 것이라는 주위 말에 토지묘(土地廟)에 문지방을 기부한다. 여러 사람이 문지방을 밟고 넘나들면 속죄할 수 있고, 죽은 뒤에도 고통을 당하지 않으리라고 믿었던 것이다. — 옮긴이

5) 개인과 회사(기관)가 분담해 납입하는 양로보험, 의료보험, 실업보험, 공공주택 적금을 가리킨다. — 옮긴이

6) 2004년 5월 8일 후베이 출신의 대학생 쑨즈강이 광저우(廣州)의 한 파출소에 조사를 받다가 구타 당해 사망한 사건. — 옮긴이

《秋菊打官司》

《一個都不能少》

《黃山來的姑娘》

王安憶(1997),《心靈世界: 王安憶小說講稿》, 復旦大學出版社, 上海.

王安憶(2001),〈疲憊的都市人〉,《尋找上海》, 學林出版社, 上海.

衛慧(1999),《上海寶貝》, 春風文藝出版社, 瀋陽.

周勍(2000)〈扒開戶籍制的皮: 中國現行戶籍制與社會穩定問題檢視〉, http://ytht.net.

紀錄片編輯室欄目組 編(2001),《毛毛告狀》, 東方出版中心, 上海.

6. 선전 민속문화촌을 통해 본 기호 소비의 문화정치

| 주 |

1) 이 글은 천칭차오(陳淸僑)가 주편한 《정체성과 공공문화-문화연구논문집(身份認同和公共文化-文化硏究論文集)》(香港牛津大學出版社, 1997년)에 실려 있다.

2) 판차실라는 '5원칙(五原則)'으로, 인도네시아 정부가 수년 동안 대대적으로 추진한 다원(多元)철학을 말한다. 그 목적은 인도네시아의 다양한 민족의 대동단결에 있다. 즉, 인도네시아의 다섯 종파(이슬람교, 기독교, 천주교, 불교, 힌두교)가 화목하게 공존하는 데 있다.

3) 《인도네시아 축도(印尼縮影)》, 1992년 전람회 출판.

4) 보도에 따르면, '금수중화'는 평균 10일에 한 번꼴로 당과 국가 지도자, 중국을 방문한 외국의 정치 인사나 사회 명사를 접대했고, 장쩌민(江澤民) 총서기에 의해 "애국주의 교육을 할 수 있는 좋은 교재"라고 칭찬 받은 바 있다. '화교성' 관광기업은 개혁·개방의 성취를 전시하는 데 이용되고 있으며, 선전을 시찰하러 끝없이 밀려드는 내지 관료들을 교육하는 교재가 되고 있다. '화교성' 관람객 가운데 상당수는 선전을 시찰하러 오는 내지 관원들이고, 국내 여행객 가운데 상당수는 단위 조직 혹은 기타 공공 단위의 재원 지원을 받아 공짜로 관람하는 사람들이다. 이러한 공공비용으로 관람하는 사람들 수는 집계가 어려운데 그 수가 적지 않은 것은 분명하다.

5) 1992년은 선전 민속문화촌 개장 이후 관광객이 최고조에 이른 해이고, 그 후 관광객은 줄기 시작했다. 1993년에 총관광객은 26.03% 감소했는데, 내국인 관광객이 27.60%, 외국인 관광객이 18.61% 감소했다. 1994년에는 총 관광객이 41.11% 감소했고, 그 가운데 중국 내국인 관광객이 35.60%, 외국인 관광객이 거의 3/2를 차

지해 64.29%에 달했다. 保繼剛(1996) 참조.

6) 선전 민속문화촌의 붉은 불은 쿤밍(昆明)에 있는 윈난(雲南) 민속촌의 썰렁함과 극명한 대비를 이룬다. 사실대로 말하자면, 윈난 민속촌이 훨씬 진지하게 소수민족의 풍정을 전시하고 있지만 시장효과는 좋지 않다. 이는 관객 자원시장과 관리수준 등의 객관적 요인 외에도, 서로 다른 정치적 배경과 위치의 차이가 중요 요인으로 작용한 것이다. 선전의 특수한 정치적 역할과 지위는 보다 이상화된 관람 주체의 자리를 제공했으며, 또한 모든 것을 외국인 관광객의 안목에 맞추어 배치했다. 이는 민속문화촌이 중첩된 두 가지 주체 위치를 제공할 수 있다는 의미를 갖는다. 이것이 바로 윈난 민속촌과 비교할 수 없는 점이다.

| 참고문헌 |

Nick Stanley · 蕭競聰(1997), 〈중국문화 재현 – 선전 중국 민속문화촌 해석(再現中國文化–深圳中國民俗文化村述評)〉, 陳淸僑 主編, 《身份認同和公共文化–文化硏究論文集)》, 香港牛津大學出版社.

保繼剛(1996), 〈선전시 테마파크의 발전과 관객 자원시장 및 관광객 행위연구(深圳市主題公園的發展,客源市場及旅遊者行爲硏究)〉, 《건축사(建築師)》 제70기, 1996년 6월.

| 주 |

1) 당시 함께했던 사람 중에 상하이시 문화교육위원회 서기 장춘차오(張春橋)가 있었
   는데, 그는 나중에 〈새로운 승리의 높은 봉우리에 올라(攀登新的勝利高峰)〉라는
   글에서 특별히 이 일을 언급했다. 張旭東(2006) 참고.

2) 이와 유사한 것으로는 1950년대부터 잇달아 건설되었거나 개축되어 각 중심지역
   과 교외현(郊縣)에 분포해 있는 노동자문화궁과 그 밖의 '군중문예' 장소가 있다.

3) 예를 들어 차오양신촌(曹楊新村: 1950년대 초 상하이에 지은 첫 번째 노동자신촌)
   에서 살았던 차이샹(蔡翔) 선생의 기억에 따르면, 그곳에서는 1960년대 말까지 야
   간근무가 있는 직공이 자기 집 문 입구에 '야간근무'라고 쓰인 작은 나무명패를 걸
   어놓으면 아래 위층의 장난꾸러기 아이들이 지나칠 때 소리를 낮추어 직공들이
   편안히 잠을 잔 후 저녁에 정신을 차려서 일을 하러 갈 수 있게 해주는 관습이 있
   었다고 한다.

4) 1994년에 상하이시 정부의 관련 인사가 "정부는 2010년 이전에 시내지역의 106
   제곱킬로미터 안(즉 내순환선 안)에 있는 공장 2/3를 이전하거나 폐쇄할 계획이
   다"라고 밝혔다. Pamela Yatsko(1996), 59쪽 참고. 일부 공장이 적어도 현재까지
   는 갖가지 원인으로 여전히 원래 지역에 있기는 하지만(가장 주요한 원인은 많은
   직공이 적절하고 편히 지낼 곳을 구하지 못했고 여러 가지 남은 문제가 공장건물
   과 공장지역의 토지와 함께 얽혀 이 지역의 '인도(引渡)' 원가가 크게 상승했기 때
   문이다), 대부분은 이미 정상적인 생산을 중단했고 직공들도 대부분 해산했으며
   건물을 따라 형성된 전체 공업생활/공간은 실제로 이들 공장으로부터 유리되었
   다. 현재는 이 생활/공간의 폐허만 남아 있지만 그 아래쪽에 건축부지가 있기 때

문에 사실 이 공간은 가격 상승을 기다리는 상품이 되었다.

5) 《차이징일보(財經日報)》 기자의 조사에 따르면, 저우정이가 주식을 대량 소유하고 회사 경영권을 가지고 있던 눙카이그룹(農凱集團)이 푸퉈구 창펑공원(長風公園) 부근에 '200여 헥타르의 토지'를 소유하고 있었다고 한다. 張立偉(2003) 참고.

6) 중화인민공화국이 건국되던 날(1949년 10월 1일) 마오쩌둥은 톈안먼광장(天安門廣場)을 '규모가 큰 광장'으로 개조하자고 제의했다. 舒可文(2006) 참고. 줄곧 옛 도시(古都)의 풍모를 보존해야 한다며 옛 베이징의 건축공간을 대규모로 개조하는 것을 반대한 량쓰청(梁思成)도 결국 이것이 결코 건축이 아니라 "광장의 척도에 관해 …… 우리는 생물학적 인간의 척도와 그의 생리학에 적합한 건축의 척도 외에 반드시 정치적 인간, 신사회의 인간이 요구하는 위대한 집체적 척도를 고려해야 한다"라고 하는 정치와 관련이 있다는 점을 깨달았다. 梁思成(1959), 12쪽 참고.

7) 인민광장은 1953년에 건립되었다. 원래 경마청(跑馬廳, 1951년 시 군사관제회(市軍管會)가 국유로 귀속시켰다)을 개조해 지었는데, 사방이 숲으로 둘러싸여 있고 중간에 벽돌과 시멘트가 깔려 있다. 상하이 최대의 집회장으로 동시에 100만 명이 모여 집회를 할 수 있다. 중소우호빌딩은 1955년에 지어졌고 건축면적은 8만 제곱미터로, 당시 상하이 해방 이후 지어진 최대의 건물이었으며 지금도 여전히 실내공간이 가장 큰 건물이다. 문화광장은 1952년에 지어졌으며 투견장을 개조한 것으로, 1만 2,500개 좌석이 있으며 당시 상하이 최대의 실내회의장이었다.

8) 2005년 3월에 나는 그중에서 현지 말투를 사용하는 업주에게 "이곳이 원래 문화광장이었다는 사실을 압니까?"라고 물어본 적이 있는데, 그녀는 전혀 모르는 기색이었다.

9) 상하이 특유의 더운물을 파는 작은 상점.

10) 상하이 주거공간의 부족은 1950년대가 아니라 이미 20세기 초에 시작되었다. [아편전쟁 이후 개항한 상하이는 20세기 초에 이미 공업화, 상업화된 근대 대도시로 성장했으며 중국과 극동지역의 경제, 상업, 문화 중심지가 되었다. 그에 따라 상하이로 인구가 대거 몰려들었고, 주택건설 속도가 인구 증가 속도를 따라잡지 못해 주택이 부족하게 되었다. 구체적인 수치를 살펴보면, 공공조계의 중국인은 1880년에 9만 9,193명이었던 것이 1935년에는 112만 860명으로 증가한 데 반해 주택 수는 각각 1만 7,441채와 8만 1,919채였다. 따라서 주택 1채당 평균 거주자 수는 약 5.7명에서 13.7명으로, 그 증가율이 약 2.4배에 달했다 ― 옮긴이] 1949년 상하이시 주택주거 면적은 총 1,610만제곱미터였고 1인당 평균 주거면적은 3.9제곱미터에 불과했다. 1952~86년 32년간 시내지역에 모두 2,172만제곱미터의 주택을

새로 지었고 시내지역 호적 인구 또한 530만에서 698만 명으로 증가했다. 따라서 1985년 시내지역 1인당 평균 주거면적은 겨우 5.4제곱미터로 상하이 주거공간의 부족 문제는 여전히 심각했다. 上海市統計局 편(1986), 《上海統計年鑑 1986》, 上海人民出版社, 上海, 18쪽과 412쪽. 1949년의 통계수치에는 속칭 '군디롱(滾地龍: 삿자리나 띠 등으로 지은 낮고 초라한 가건물 — 옮긴이)'이라고 하는 빈민굴 형태의 집은 포함되지 않았다.

11) 張濟順(2004) 참고.

12) 최근 20년간 상하이에서 갈수록 유행하는 신조어로, 다른 지역(주로는 농촌)에서 와서 상하이에 거주하지만 상하이 호적을 취득하지 못한 사람을 가리킨다. 상하이 시 통계국의 2006년 3월 보고에 따르면, 상하이의 '외래취업인구'는 375만 명으로, 그중 284만 명은 제조업, 건축업, 소매업과 외식업에 집중해 있으며 저임금의 육체노동에 종사하고 있다고 한다. 가사도우미처럼 정식 '취업' 범위에 들지 않은 인원과 그 자녀를 고려한다면 '외래인구'의 총수는 400만 명 이상에 이를 것이다.

13) 최근에 내가 직접 본 예를 들면, 내가 사는 마을 동남쪽 끝에 한 줄로 늘어선 '외래인구'가 개점한 유리집, 식당, 잡화점 같은 작은 가게가 열 곳이 넘는다. 그 가게들은 생긴 지 이미 1년이 지났지만 2006년 7월 하순에 거의 하룻밤 사이에 모두 사라지고 집도 철거되어 굴착기 한 대만이 폐허 위에서 들락날락하는 것만 보였다. 그 원인은 아주 단순한데, 바로 시 정부가 길을 넓히는 대규모 공사를 해야 했는데 이들 가게가 그 길 안에 있었기 때문이었다.

14) 40세 이상의 현지 노동자와 직원이 대다수 '퇴직'하면서 보통 임금 수준의 사람들이 모여 살던 주민지역에서 종종 중노년층이 서너 명씩 무리를 지어 함께 카드놀이나 마작을 하거나 그 옆에 서서 한가로이 구경하는 것을 볼 수 있었다. 어떤 의미에서 이것 역시 새로운 생활조건하에서 위에서 언급한 '비조직적인 지역사회의 공공 교류공간'이 연속된 것의 일종이라고 할 수 있다. 따라서 이 공간이 완전히 상하이인의 생활에서 사라진 것은 아니다.

15) 1990년 상하이에 있던 상점의 총면적은 403만제곱미터였고 여관은 658만제곱미터였지만, 2004년에는 각각 2,857만제곱미터와 2,204만제곱미터로 7배와 3배가 넘게 증가했다. 만약 상업적 사무실건물을 더한다면 상업공간의 팽창은 더욱 놀라울 정도다. 上海市統計局(2005) 편 198쪽 참고.

16) 중산공원(中山公園) 지역을 예로 들면, 비록 상하이에서 가장 일찍 발전한 레저지역 중 한 곳이지만 1980년대 중반까지 이곳에는 자그마한 백화점이 하나 있었을 뿐 기타 소매점의 발전은 아주 더디었다. 그러나 최근 15년 내에 지하철 2호선과 경궤도 3호선의 중산공원역이 완공되면서 이 지역 500미터 내에 다층짜리 쇼핑센

터 5곳이 잇달아 지어졌다. 그중 가장 최근에 낙성된 곳은 전체 건물 높이가 58층이며(지하 4층 포함) 쇼핑센터가 9층을 차지한다.

17) 2005년 말 현재, 상하이시 범위에서 영업면적 5,000제곱미터 이상의 종합적 '대형 매장(hypermarket)'은 97곳이 있으며 또 다른 28곳이 이미 장소를 선정하고 곧 개업을 할 예정이다. 그 수가 너무 많아서 영리의 상당 부분은 소매이윤이 아니라 대형 매장이 차지하는 건축부지의 가격 상승에 있다. 刁雯珺(2006) 참고.

18) 2005년 말 현재, 상하이의 상업토지 총면적은 약 2,900만제곱미터에 이르며, 호당 평균 면적은 1.6제곱미터로 홍콩의 1.2제곱미터를 훨씬 뛰어넘는다. 恒力(2006) 참고.

19) 1990년 상하이에 있는 사무실 건물의 총면적은 600만제곱미터가 되지 않았지만 2004년에는 4,012만제곱미터에 이르렀다. 上海市統計局(2005) 편, 198쪽 참고. 현재 늘어난 면적 중에서 상업적 '오피스텔'이 얼마나 되는지를 설명할 수 있는 통계자료를 찾을 수는 없지만(대량의 국유독점 기구가 대규모의 상업적 "오피스텔"을 빌려 사용하고 있어서 이 수치를 찾는다고 하더라도 정확하지 않을 것이다), 그 중의 1/10만 계산하더라도 정부의 사무공간 확장은 엄청나다.

20) 이는 상하이만의 현상이 아니라 전국이 모두 이렇다고 할 수 있다. 특히 경제수준이 비교적 낮은 일부 도시와 시골마을이 그러한데, 정부, 은행, 세무서와 경찰기관 건물의 번듯하고 호화로운 모습은 종종 주위의 낮고 낡은 건물과 강한 대비를 이룬다.

21) 1978년 상하이시 호적을 가진 인구는 557만 명이었고 1인당 평균 주거면적은 4.5제곱미터였으나, 2004년 인구는 1,097만 명으로 증가했고 1인당 평균 주거면적은 20.4제곱미터였다. 26년 동안 인구 증가는 2배가 되지 않았지만 1인당 평균 주거면적은 4배 이상 증가한 셈이다. 中國人民銀行房地産金融分析小組(2005. 8. 5), 《2004中國房地産金融報告》 참고. 하지만 건설부가 2006년 7월 4일 공개한 《2005년 전국 주택 상황 통계 성명》에 따르면, 2005년 상하이(충밍현 포함)의 1인당 평균 주거면적은 이미 33제곱미터에 이르렀다.

22) 이 길은 이미 도시 내에서 교통체증이 가장 심한 길 중 하나여서, 그 속도는 시속 10~20킬로미터에 불과할 것이다.

23) 1991~2004년 상하이에 새로 지은 주택건축 면적은 약 2.3억제곱미터다. 上海市統計局 편(2005), 위의 책, 31쪽. 통계방식의 차이 때문에, 각종 기구가 제공하는 상하이시 주택면적에 관한 통계수치가 반드시 일치하지는 않을 것이다.

24) 비교적 장기적 안목을 가진 주택개발회사는 모두 이들 항목을 주택의 '부대시설'로 간주하고 설계도에 포함시켰다. 예를 들어 상하이완커부동산유한공사(上海万

科地産有限公司)가 발행한 《완커생활(萬科生活)》 2005년 제5기는 바로 전문적으로 상인을 모으는 코너를 마련하고 있으며 완커가 상하이에서 개발한 건물 세 곳의 각종 부대시설(보건안마소, 애완동물 병원, 서점, 아동촬영소, 커피숍, 레스토랑, 치과 등등)의 위치, 면적, 업종을 상세히 열거하고 매우 구체적으로 규정했다.

25) 공공서비스 시설이 이처럼 '종속화'하는 주된 결과는 1. 공공서비스 시설에 대한 투자와 부동산 투자가 긴밀하게 결합되어 후자가 크게 이루어지는 곳일수록 전자를 끌어오기가 쉬운데, 이는 반드시 공공서비스의 변질을 초래해 공공서비스 시설은 중상계층의 주거지역에 더욱 집중해 있고 기타 지역에는 적다. 2. 부동산 투자의 사유화와 국제화 정도가 부단히 향상되면서(2006년 말 현재, 상하이의 부동산 투자 총액 중 정부 재정수입에서 비롯한 비율은 이미 15% 이하로 내려갔다) 공공서비스에 대한 정부의 장기적이고 총체적인 계획─실행은 말할 필요도 없다─은 반드시 갈수록 어려워지고 공공자원의 낭비, 부적절한 사용과 같은 병폐 또한 더욱 쉽게 악성적으로 팽창한다.

26) 예를 들면 푸싱중루(復興中路) 자산루(嘉善路) 일대의 '구지역 개조'를 들 수 있다. 화이하이중루 남쪽의 타이핑차오(太平橋) 지역에 건설된 '상하이 신톈디(上海新天地)'와 그 주변의 전 지역은 더욱 유명한 예라 할 수 있다.

27) 과거에는 언제나 버스 정류장을 최대한 주거지역의 주요 입구 부근에 두었던 것과 달리, 최근 15년 동안에는 시내 중심부 새로운 건물들의 입구 부근에 정류장을 계속 남겨 두거나 새 정류장을 세우는 일은 매우 드물었다. 그 원인은 우선 이들 건물의 가격이 일반적으로 아주 비싼 데다가 주민이 대부분 중상 혹은 고소득 계층이므로 버스를 탈 필요가 없기 때문이다. 이들 건물과 그 부근의 레저지역에 버스가 다니거나 정류장이 있는 것은 통상적으로 소음이나 배기가스의 근원이라 여겨져 환영을 받지 못할 뿐만 아니라 심지어는 도시의 미관을 해치는 것으로 간주되기도 한다. 그밖에 시 중심지역의 상주인구(특히 버스를 타야 하는 저소득층의 상주인구)는 지속적으로 줄고 자동차 수가 급격히 늘어나 시 중심지역 도로들이 일반적으로 모두 좁아진 것 같은 원인도 버스회사와 교통계획 부서가 시 중심지역 내에 버스 운행과 정류장의 밀도를 축소시키고자 하게 했다. 이와 같은 시 중심지 공공 정류장의 축소는 각종 원인으로 말미암아 반드시 기타 중저가 주택 구역의 공공교통 서비스로 전환되는 것도 아니다. 주 26) 참고.

28) 쉬후이구(徐匯區) 북부(특히 헝산루(衡山路), 화이하이시루(淮海西路) 일대), 루완구(盧灣區) 중부(특히 화이하이중루 양쪽)와 징안구(靜安區) 남부(특히 난징시루 일대)의 일부 거리를 들 수 있다.

29) 홍콩 메이롄우예(美聯物業)의 징안(靜安), 쉬후이 지역 총책임자인 뤼즈셴(黎志賢)

의 소개에 따르면, "상하이 중심지역에서 두 채 이상 집을 가지고 있는 사람 중에
는 홍콩, 마카오, 타이완 사람과 외국국적을 가진 사람들이 확실히 많다. …… 이
곳에서 세 들어 사는 사람은 모두 외국인이고 방세는 방 한 칸이 최저 1,000달러
부터 시작한다." 〈新租房時代〉, 《新華每日》電訊, 2006년 7월 16일 제7판.

30) 2006년 9월 루이안회사(瑞安公司, '상하이 신텐디'의 개발상)는 자사가 참여한 추
동복 전시회를 빌려 '상하이 신텐디'의 새로운 위치에 대해 "상하이에서 국제적
감각을 가진 계층의 여가생활 속에서 '기거하는 곳'"이라고 발표했다. 〈'新天地'
定位上海起居室〉, 《新民周刊》 2006년 제44기, 82쪽 참고.

31) 통상적으로 주택공간과 가장 관계가 멀다고 여겨지는 대학 캠퍼스의 건설을 예로
들면, 쑹장(松江) 등 상하이 원교(遠郊)의 정부가 대학이 새 캠퍼스를 건설할 수 있
도록 넓은 토지를 저가로 팔거나 심지어는 무상으로 증여하는 가장 큰 이유는 바
로 주변 지가를 높이고 부동산 투자를 흡수하는 데 대학 캠퍼스가 거대한 잠재력
이 있기 때문이다. 즉 2001년 개발하기 시작한 쑹장단지(松江新城)의 경우 상하이
외국어대학교(上海外國語大學)와 상하이대외무역대학(上海外貿學院) 등이 이전하
면서, 이 일대가 아주 신속하게 주택 개발의 뜨거운 감자가 되었다. 대량의 주택과
부대시설이 '우후죽순'(이곳의 모 부동산 광고문구)처럼 나타났고 대학은 오히려
'단지'의 조연이 되고 있다. 여기에서 구현된 것은 바로 '주택을 중심으로 형성된
공간이 이룩한' 거대한 영향력이다. 사실 전체 쑹장단지 건설을 책임지는 상하이
쑹장단지건설발전유한공사(上海松江新城建設發展有限公司)에서 만든 38쪽짜리
선전책자 《쑹장단지》에 이 단지 건설의 주된 목표는 "사람이 거주하기에 가장 적
합하게"(3쪽)함으로써 "인구가 신속하게 유입"(17쪽)되게 하는 것이라고 명확하게
밝히고 있다.

32) 이 방면에서 가장 최근의 예는 2005년 11월, 상하이 4대 부동산회사 중 하나인 다
화그룹(大華集團)이 다창진(大場鎭) 및 주변지역에 대한 전체 설계와 건설에 관한
계약을 바오산구청(寶山區政府)과 맺은 것이다. 개발구역은 3제곱킬로미터이고
총건축 면적은 200만제곱미터이며 심지어 '다창'이라는 이름까지도 '다화신계(大
華新界)'로 바꾸려고 하여 옛날 홍콩 식민정부가 커우룽(九龍) 북쪽에 조차해 주었
던 '신계'지구라는 명칭을 연상하게 한다. 〈大場老鎭改造規劃完成 '初稿'〉, 《東方
早報》, 2005. 11. 10 B5판 참고. 부동산업자가 사용하는 광고문구 역시 갈수록 이
런 야심을 드러내는데, 가령 상하이푸디(上海復地)와 네덜란드 ING가 연합으로
개발한 '푸청궈지(復城國際)'의 광고는 "'도시 건설'의 역사적 책임은 부동산상이
마주해야 하는 대단히 중요한 명제가 되었다"라고 명확하게 말하고 있다. 〈上海出
現第一個 '國際BLOCK'〉, 《環球時報》, 2006. 8. 25. C5판.

33) 1980년대 중반 상하이에 부동산시장이 다시 형성되기 시작했고 1990년대 중반에 이르러 중국공산당 상하이시위원회 기관보인 《해방일보》를 포함해 상하이의 주요 신문들은 잇달아 부동산 광고 특집판을 마련했는데, 이는 부동산 광고가 전면적으로 매체에 등장하는 것을 인가받았음을 의미한다. 1990년대 말, 주택광고는 상당한 규모를 형성하기 시작했다. 통계에 따르면, 2002년 텔레비전 방송국, 신문과 잡지에 등장한 부동산 광고는 3만 건에 이르렀고 2003년에는 전반기 동안 3만 건을 뛰어넘었다고 한다. 〈怎樣做好房地産廣告〉, 《中國廣告網》, 2003. 6. 18 참고. 이 글은 2001년 초에서 2006년 가을까지 등장한 광고를 주요 분석대상으로 했는데, 초기에 비해 이 시기의 광고는 상당히 성숙되었기 때문에 그 기본 특성을 보다 잘 구현할 수 있었다.

34) 상하이뿐 아니라 전국의 모든 대, 중도시에서 부동산 광고는 기세가 가장 왕성한 그림광고라고 할 수 있다.

35) 자주 보이는 그림은 다음의 세 가지다. A. 정면에서 투시하는 각도로 주택건물이나 주택 건물군을 드러내며 초점은 통상 중앙에서 약간 왼쪽이나 오른쪽으로 치우친 곳에 위치하고 있다. B. 도형의 면적이 상하 혹은 좌우를 2분 혹은 3분하는 방식으로 주택건물과 하늘, 강(호수), 각종 상징적 도안, 문자 설명 등과 균등하게 나누고 있다. C. 측면으로 투시된 각도로 왼쪽에서 오른쪽으로 건물의 정면과 측면을 절반씩 보여주는 외관과 더불어 화면 오른쪽에 나무 그림자, 푸른 하늘, 수면 등이 문자와 평형을 이루고 있어 반대로 해도 마찬가지다.

그림과 문자의 균형 면에서는 다음의 3가지가 보편적으로 사용된다. A. 그림이 2/3, 문자가 1/3을 차지하며 가로나 세로로 나누어져 있다. B. 그림이 화면을 가득 채우고 있지만 비교적 여백을 많이 남겨두고 문자를 끼워 넣어 중국 산수화에서 여백을 남겨두는 것과 유사하다. C. 그림과 문자가 함께 포함되어 있다.

각기 다른 4종류의 매체에 실린 광고에 관한 무작위 통계수치는 다음과 같다. 여기에서는 주요한 그림만을 통계에 사용했다. 주요한 그림이 상술한 세 유형에 해당하지 않는 경우에는 통계에서 제외했기 때문에 아래에서 제시한 각 유형의 합이 전체 수치와 일치하지 않는 경우도 있다. ① '2004 휴일 부동산시장' 상하이춘계부동산전시회에서 배포한 주택부동산 전단지 167장 중(전단지 대다수가 조합된 그림형식을 사용했는데, 여기에서는 전단지의 주요한 그림만을 통계에 사용했고, 어떤 회사는 여러 종류의 전단지를 배포했기 때문에 통계에서 제외되거나 여러 번 통계에 든 경우도 있다.) 상술한 3종류의 그림은 각각 31편, 25편, 47편이 사용되었으며 33편은 주택이 전혀 등장하지 않았다. 그림과 문자의 균형 면에서 상술한 3종의 방식을 사용한 것은 각각 35편, 29편, 31편이며 그림 안에 문자가

없는 것이 42편이 있다. ② 《상하이 부동산시장(上海樓市)》(상하이 제일의 주택부
동산 정보잡지. 2003년 1월에 창간해 동종의 잡지 중에서 지금까지 줄곧 판매량
이 가장 많다) 83기에 수록된 컬러광고(구입 안내란에 자그맣게 실린 실제 사진을
제외하고) 26편 중 상술한 3종류의 그림은 각각 6편, 1편, 13편이 사용되었으며 4
편에는 주택이 등장하지 않았다. 그림과 문자의 균형 면에서 상술한 3가지 방식을
사용한 것으로는 각각 9편, 6편, 5편이 있으며, 그림 안에 문자가 없는 것이 5편이
다. ③ 《신민석간(新民晚報)》 2005년 9월에 게재된 주택부동산 그림광고(같은 달
이 신문에 실린 주택 이외의 상업부동산 그림광고, 상하이 이외의 주택부동산 그
림광고와 상하이 주택부동산 문자광고 ─ 이들 광고에도 일부에는 작은 그림이 삽
입되어 있다 ─ 는 제외했다. 그밖에 일부 상하이 주택부동산 그림광고들이 조합
된 그림형식으로 사용된 것은 여기에서는 주요한 그림에 근거해 계산했다) 203편
중 상술한 3종의 그림을 사용한 것은 각각 25편, 21편, 86편이며, 주택이 등장하
지 않는 것이 42편이다. 그리고 그림과 문자의 비율 면에서 상술한 3종의 방식을
사용한 것이 각각 46편, 72편과 32편이며 33편이 그림 안에 문자가 절반 이상의
공간을 차지하고 있다. ④ 2006년 12월 상하이 내순환선 주변(중산둥이루(中山東
一路), 우숭루(吳淞路)와 스핑루(四平路)를 포함해)의 건물과 대형 광고판 위쪽에
고가로(高架路)를 향하고 있는 주택부동산 그림광고 25편 중 상술한 3가지 그림
을 사용한 것은 각각 2편, 18편, 3편이며, 2편은 주택이 나타나지 않았다. 그림과
문자의 비율 면에서 상술한 3가지 방식을 사용한 것은 각각 3편, 19편, 3편이다.
고가로를 통행하는 운전자를 대상으로 하고 있기 때문에 이들 그림광고는 대부분
건물명칭과 전화번호를 강조했다. 그밖에 전면문자를 사용한 광고가 9편이지만
여기에서는 계산에 넣지 않았다. 다만 이상 4종의 수치로부터 같은 그림광고라고
해도 수록하는 매체와 잠재적 소비자가 달라서 구도와 초점을 강조하는 것 등이
명확하게 다르다는 것을 확실히 알 수 있는데 이 연구에서 강조하고자 하는 것은
바로 이 '다른' 배경에 선명하게 나타난 어떤 유사함이나 '동일함'이다.

36) 비싼 '호화주택' 광고일수록 이런 각도를 즐겨 사용한다.

37) 상하이 서쪽 교외(西郊)에 있는 '시자오메이린거(西郊美林閣)'가 2002년 5월 주택
전시회에서 사용한 접이식 광고의 중심 개념이다. 이 글이 탈고된 2006년 12월
이 건물의 판매사이트에서 각종 '스페인풍'에 관련된 것들을 강조한 것은 여전히
강력하게 눈길을 끌었다. 2004년 이래로 '스페인풍'을 강조하는 신축 건물이 점점
늘어나고 있다.

38) 2003~04년 사이에 시 중심지역인 후난루(湖南路) 싱궈루(興國路) 입구에 있는
고급주택의 공사 기간에 공사현장의 담장에 붙여 놓은 광고카피다. 이 건물개발상

은 동시에 화이하이시루 푸싱루(復興路) 입구에 대형 조명광고판을 세웠는데, 역시 이 문구가 주요한 광고카피였다. 이 시기에는 '포스트모던한' 풍격을 표방하는 것이 개발상과 광고상 사이에서 일종의 유행이었다. 예를 들어 2003년 봄, 옌안시루(延安西路) 북쪽, 훙차오(虹橋)공항 가까이에 있는 대형 건물의 공사현장에 비계(飛階)를 연결한 빌딩 꼭대기로부터 '포스트모던한 건물'이라는 글자가 쓰인 대형 플래카드가 내걸렸었다.

39) 상하이 서남쪽 교외지역에 있는 '테임즈(Thames)단지'의 광고카피다. 카피는 《동방조간(東方早報)》 2006년 11월 17일 A16판에서 볼 수 있는 것처럼 전면광고의 중간에 가로로 배열되어 있고 그 아래쪽에는 춤을 추는 젊은 백인 남녀 한 쌍이 있으며 그 뒤쪽에는 '현장의 실제 모습'이라는 글자가 적혀 있고 십자가를 세운 교회, 잔디밭, 붉은색 지붕의 다락방을 가진 4층짜리 주택건물 등을 부감으로 촬영했다.

40) 2003년 시 중심지역 신화루(新華路)에 위치한 고층아파트 '신화단지(新華御庭)'의 광고카피다. 인쇄가 정교하고 보기 좋은 대형 광고책자에서 신화루의 "100년의 역사를 가진 인문적 축적", "여러 나라의 고관대작이 여기에서 계속 머무를 것"임을 특별히 강조하고 있으며, 이 신축건물을 통해 "기억 속의 영원한 영광과 찬란함이 이곳에서 다시 소생한다"…… 시 중심지역의 옛날 프랑스, 영국, 미국 조계에 지어진 비교적 비싼 아파트 광고에서 신축 건물과 '올드 상하이' '십리양장(十里洋場)'의 역사적 연계성을 과장하는 것이 상당히 보편적인 방법이었다.

41) 광고 속의 세 식구로 이루어진 가정에 여자아이는 거의 등장하지 않으며 늘 부부가 10세 정도 혹은 더욱 어린 남아를 데리고 있다는 점에 주목할 필요가 있다.

42) 상하이 북쪽 교외(北郊)에 있는 '화신국제아파트(和欣國際花園)'의 2006년 광고 그림으로 "파노라마와 같은 생활이 여기에서부터 시작되고 시공간이 일을 순조롭게 해준다"라는 글이 옆에 적혀 있다. 2005년 무렵 이런 고속열차 그림이 주택광고에 종종 등장했다.

43) 주택 구입과 '독립' 사이에 등호를 긋는 것은 소형 아파트 광고에서 즐겨 사용하는 수법 중 하나다. 어떤 광고들은 더 나아가 '독립'과 그 밖의 보다 물질적인 이익에 등호를 그었다. 예를 들면, 《신민석간》 2003년 1월 16일 34판에 실린 시 중심지에 있는 '독신자 아파트' 광고는 건물에 직접적으로 '독립시대'라는 이름을 붙였을 뿐 아니라 그 아래에는 각각 '2003년', '2005년', '2008년', '2010년'이라고 표기된 금색 그릇 4개가 배열되어 있다. 그릇 안에는 금화가 점점 많이 담겨져 '2010년'이라고 된 그릇에 이르면 넘칠 정도다. 이 광고는 베이징올림픽(2008)과 상하이세계박람회(2010) 개최 연도를 고려해 확실히 많은 등호를 매기고 있다.

44) 2005년 봄 부동산전시회에서 사용한 '2차 오아시스호반아파트' 광고카피인데, 아파트는 상하이 서부지역에 있다. 광고화면 대부분은 단지 중심에 있는 잔디밭에서 올려다보는 고층주택의 외관을 표현하고 있으며, 우측 상단 모퉁이에 '포스트상하이적인 생활'이라는 제목이 있고 그 아래로는 작은 글씨로 '미래', '유행', '경전(經典)', '자연'이라는 네 가지 개념이 한 줄로 배열되어 있다. 이것은 추상적 개념—최대한 혼란스럽게 사용하고 있다—을 사용해 주택의 부가가치를 강조하려는 의도를 두드러지게 표현한 예다.

45) 상하이룽롄부동산유한공사(上海榮聯房地産有限公司)가 1995년 자사가 신축한 건물 '세기의 문 룽롄아파트' 마케팅 방안에서 중점을 둔 광고카피다. 2004년 이래로 '심미' 요소를 강조한 이런 광고는 갈수록 많아졌는데, 예를 들어 '이타이안방(藝泰安邦)' 단지에 세워둔 광고판(《신민석간》 2005년 9월 1일 A20판에 실려 있다)에는 그림에 건물이라고는 전혀 없이 오른쪽에 로댕의 〈생각하는 사람〉의 두상만 인쇄되어 있고, 중간에는 다른 글씨체로 "정신적 토템이 되기 전에 그것은 돌덩이에 불과했다", "예술은 삶을 최적화시켰다. 예술이 없다면 정신을 잃어버릴 것이다"라고 큰 글자가 가로로 여러 줄 적혀 있다.

46) 전형적인 예는 다음과 같다. 1999년 하반기와 2000년 상반기에 탕천그룹(湯臣集團)이 비연속적으로 《신민석간》에 여러 차례 큰 지면을 할애해 푸둥 '탕천골프별장' 광고를 실었다. 당시 이 별장 한 채 가격이 적어도 인민폐 500만 위안을 호가했는데, 《신민석간》의 독자는 상하이의 보통 시민이라서 이 광고의 의도가 별장을 파는 것이 아니라 보통 사람들 사이에서 "와, 이렇게 고급스러운 집이라니!"라는 식으로 인식되어 별장에 대한 인지도를 심어주는 데 있음을 알 수 있다. 이들 보통 시민에게서 비롯한 부러움은 확실히 별장의 부가가치 중 하나가 되었다. 일찍이 연구자가 소비자의 이름으로 이 별장의 영업부에 전보를 보내 《신민석간》의 광고를 보았던 것을 설명했는데, 대단히 냉담한 회답을 받았다. 雷啓立, 《我們在廣告時代的生活》, 王曉明 編(2000), 165쪽. 물론 직접적인 문자로 "문벌을 가진 사람들의 거주지", "명사들의 영지(領地)"와 같은 깃발을 내건 많은 광고들은 호소하는 대상이 다르지만 동일한 전략을 사용하고 있으며 다만 수법이 보다 조잡할 뿐이다.

47) 위에서 말한 주택광고 중에서 차지하는 편폭과 면적이 클수록 집 이외의 기타 물질적 형상이나 비물질적 형상을 두드러지게 하는 구도적 특징은 명확하다. 주 35에서 열거한 4항의 무작위 추출조사에 의하면 주택전시회에서 배부된 광고 167부중 이국(유럽과 아메리카)적 풍미를 강조한 것은 32편이며, 1930년대 올드 상하이의 노스탤지어적인 의미를 과장한 것이 8편, 행복한 가정생활과 고품격의 지역사회 생활을 두드러지게 나타낸 것이 30편, 도시생활의 조건에 대한 완전한 향유를

강조한 것이 23편, '물이 가까이 있는 것', 녹화(綠化) 비율 등의 '자연'적 성질을 강조한 것이 32편이었다. 《상하이 부동산시장(上海樓市)》에 게재된 광고 26편 중에서는 각각 6편, 1편, 10편, 5편, 9편이다. 《신민석간》의 광고 203편 중에서는 각각 49편, 19편, 69편, 42편, 74편이며, 내순환선 주변의 광고 25편 중에서는 각각 3편, 1편, 19편, 2편, 2편이다. 설명이 필요한 것은 동일한 광고화면에서 일반적으로 상술한 여러 의미를 동시에 강조하고 있다는 점인데(여기에서는 다만 그중 가장 두드러진 1~2종의 의미만 계산했다), 이는 다른 것처럼 보이는 상술한 이들 부가적 의미가 총체적으로는 서로 받쳐주고 어우러져 동시에 하나의 큰 가치 방향에 속한다는 것을 말해준다. 간단하게 말해서, 이 방향은 바로 1990년대 중기 이후 신주류 이데올로기가 된 중요한 기호인 '성공적 인사'가 표현하는 가치 방향이기도 하다.

48) 《상하이 부동산시장》 제1기(2003년 1월 25일 출판)에서 편폭이 가장 큰 양면판 광고 상단에 가로로 배열된 문구다. '태양도시아파트(太陽都市花園)'는 시 중심지역 허난난루(河南南路)의 '황금'지대에 있으며 홍콩 진파그룹유한공사(錦發集團有限公司)가 투자해 지었다.

49) 2002~03년에 상하이 서쪽 교외에 있는 '뤼보아파트식별장(綠波花園別墅)'의 영업부에서 만든 컬러광고의 주제어다. 최근 5년 동안 '물 가까이에 있는 것'(주택지역에 숲과 하천을 만들거나 얕은 인공개울을 파는 것을 가리킨다), 녹화, '대자연'에의 접근을 강조하는 것이 주택개발상과 광고상이 즐겨 사용하는 선전전략이 되었다.

50) 2003년 7월 31일 《신민석간》 35판에 실린 가로 2판 크기의 광고 중앙에 있는 문구다. 4,000여 자의 편폭을 할애해 상하이시 동남쪽 교외인 난후이(南匯)에 있는 이 건물의 '국제적 생활에 관한 5대 약속'을 서술한 다음 이미 "세계 각지에서 온 많은 성공한 인사들"이 이곳으로 "걸어 들어와서" "자신의 참신한 인생과 시적인 생활을 시작했음"을 특히 강조했다.

51) 쑤저우 강변에 위치한 타이신아파트(泰欣嘉園)의 시리즈 광고에 사용된 표제어 중 하나로, 2006년 8월 18일 《동방조간》 A13판에 실렸다. 이 광고형식은 아주 특이해 그림이 없이 전부 다 문자였는데 1/3의 편폭을 할애해, 켈리(Kelly)라는 이 "우아한 여인"은 "30여 세로" "미술전시회를 보기 위해 지구의 반대편으로 날아갈 것이고" "고급 레스토랑에서 프랑스 주방장과 와인의 생산연도에 관해 이야기를 나눌 것이며" "테이블 담판에서" "지혜와 도량"으로 상대방을 매료시키며 "주변에는 늘 무수히 많은 엘리트인사들이 맴돌고 있다"는 식으로 상세히 묘사하고 있다. 이 광고 외에 타이신아파트의 개발상은 계속해서 동일한 유형의 다른 광고들을

내놓았는데, 《동방조간》(2006년 10월 6일 6판)에 실린 〈퇴직한 어느 노교수의 주택 구경〉 등이 그러하다.

52) 2003년 3월, 상하이전위안부동산개발공사(上海振元房地産開發公司)가 우닝난루 창서우루 입구에 세운 대형광고에는 그림 중앙에 "한 걸음 앞서 나가다"라는 큰 글자가 시원스레 적혀 있다. 2004년 10월 21일 《원후이바오(文匯報)》 29판에 실린 '3차 오아시스창다오아파트(綠洲長島花園)' 전면광고는 12폭 크기의 사진 상단에 한 줄로 문법적으로 이상한 "먼저 · 삶의 낙원에 오신 것을 환영합니다(歡迎加入先 · 生活樂園)"라는 문구를 큰 글자로 표시해 "집을 사는 것은 기회를 선점하는 것과 같다"라는 의미를 강조했다.

53) 1990년대 중기부터 상하이에 '유럽풍' 건축양식이 유행하기 시작하다가 2000년경에 이르러 유행양식이 분화하기 시작했다. 2004년 '별장의 준소비자'를 대상으로 한 조사에 따르면, 40%가 '북아메리카 스타일'을 좋아하고 21%가 '중국식 스타일'을, 19%가 '스페인 스타일'을 좋아하는 것으로 나타났는데, 그중 '고급별장 소비자'들은 40% 정도가 '스페인풍격'을 좋아했다. 〈客戶的需要就是産品的定位〉, 《東方早報》 2004. 10. 22, B11판. 그러나 2006년의 한 조사에 따르면, '중국 전통 스타일'을 선택한 소비자가 약 45%로 늘어나 '북아메리카 스타일'(20%)과 '유럽식 스타일'(18%)을 훨씬 뛰어넘었음을 확실하게 보여주었다. 〈中式別墅走出低谷受追捧〉, 《東方早報》 2006. 9. 4, B5판.

54) 단독 house를 '별장'이라고 하며 상하이와 전국 부동산시장의 특수한 현상이다. 유럽과 아메리카식의 부르주아계급이나 부유층의 한가로운 생활방식에 대한 부러움과 긍정적 인식을 표현한 것으로 보인다.

55) 2006년 상하이 춘계 부동산전시회에서 상커실업유한공사(上科實業有限公司)는 자사가 상하이 서남쪽 교외 주팅진(九亭鎭)에 새로 지은 '상하이위안아파트(上海源花城)'를 선전하기 위해 백 위안짜리 지폐 크기의 독특한 양면 컬러 광고 전단을 뿌렸는데, 전단 정면에 "최고의 집과 더불어 더욱 소중한 가정과 생활을 구입한다"라는 문구가 선명하게 인쇄되어 있었다.

56) 편폭과 이 글의 취지에 따른 제약으로, 나는 여기에서 더 나아가 광고에 대한 소비자의 반응을 묘사하거나 분석하지는 않았다. 여기에서는 소비자의 반응은 상당히 복잡했으며 광고는 이미 부동산시장과 그 사회역사적 배경에 대한 기타 많은 정보(가령 현대화, 중국과 상하이의 개발 전망에 대한 각종 논술)와 함께 일종의 전체적인 사회와 심리적 분위기를 구성했기 때문에 주택시장에 대한 소비자의 전체적인 반응을 결합할 필요가 있으며, 단지 광고 자체에 대한 그들의 이지적인 평가만(가령 표본추출 설문과 인터뷰 중의 응답)으로 소비자들에 대한 광고의 영향을

자세히 분석하고 파악해서는 안 된다는 점만을 간략히 언급하고자 한다.

57) 자동차광고는 현재 중국 대, 중도시에서 부동산광고를 제외하면 가장 빠르게 발전하고 있는 광고다.

58) 여기에서는 장 보드리야르(Jean Baudrillard)가 《소비사회》 제1장에서 사용한 개념을 차용했다. 현재 중국의 상품생산은 '신속한 이윤 획득'과 '이윤 제일' 원칙의 추동하에서 형성된 일종의 기형적 상태로, 이러한 상태에서 주요한 소비대상은 사회 총인구의 1/3에도 못 미치는 중상층과 중상층 이상의 계층에 한정되며, 기타 계층에서 필요로 하는 상품은 정도의 차이는 있지만 모두 부족한 상태에서 중상층과 중상층 이상에 대한 상품은 오히려 과다생산 현상을 나타내고 있다. 물론 이러한 '풍요' 상태는 보드리야르의 저서에서 언급된 상황과는 명확한 차이가 있다

59) 주택광고에서 승용차는 상용 도구다. 즉 주 31)의 첫 번째 통계자료를 예로 들면 광고 167편 중에서 승용차가 직접 등장한 것은 11편에 불과하다. 예를 들어, 상하이 서남쪽교외에 위치한 '중뤼탄 · 하이징골프별장(棕櫚灘 · 海景高爾夫別墅)' 광고에는 집은 없고 바닷가, 요트, 하늘과 바람에 흔들리는 종려나무 몇 그루를 배경으로 양복에 넥타이를 맨 중년 백인 남성 한 사람이 고급 승용차 옆에 도도하게 서있다. 사진 아래쪽에 "…… 이로부터 당신이 서 있는 자리는 다른 사람이 올려다볼 수 있을 뿐이며, 당신이 체험하는 생활은 다른 사람이 꿈꿀 수 있을 뿐이다"라는 문구가 적혀 있다.

60) 화이하이시루 창수루(常熟路) 입구의 메이메이백화점(美美百貨)과 마오밍루(茂名路) 창러루(長樂路) 일대의 명품가게(錦江迪生을 포함해)의 쇼윈도 설계를 예로 들 수 있다.

61) 웨이하이루(威海路)에 있는 원신그룹(文新集團) 빌딩의 저층 로비를 예로 들 수 있다.

62) 텔레비전 프로그램을 예로 들자면, 중간광고를 내보내는 횟수가 대단히 많을 뿐만 아니라 특히 오락프로그램을 비롯한 많은 프로그램의 무대 디자인과 프로그램 진행자의 이미지 디자인 역시 갈수록 MTV나 광고 속의 영상과 구별하기 힘들게 되었다.

63) 이들 요소는 정치제도와 정치적 기억으로 형성된 공공생활에 대한 대중의 보편적인 소원함과 회피, 신화적인 '현대'와 서양, 축소된 '사람'과 '개인'의 내적 함의, '성공한 인사'를 장려하는 식의 인생관 등을 기본 특징으로 하는 새로운 이데올로기의 유행, 기본적으로는 '발전주의'적 사고의 주도하에 도시계획과 그 실시, 이른바 '중국적 특색'을 지닌 시장경제의 기형적 확산, 주류 매체와 나날이 국제화하는 소비재 생산체계의 결합 등등이다. 4장에서 이들 요소에 대해 일부 언급하겠지만

전체 문장의 취지와 지면 길이의 제한으로 여기에서는 충분히 다루기가 어려우므로 다른 글에서 중점적으로 다룰 것이다

64) 물론 그밖에 다른 요소가 이런 '열애'와 '숭배'와 함께 배양되고 있다. 위의 주 참고.

65) 하나는 1920년대 초에 이미 기본적으로 완성된 와이탄(外灘)과 그 주변(현재의 난징둥루(南京東路) 등) 건축공간의 장관과 광활함이고, 다른 하나는 예를 들어 1940년대 말기까지도 아무런 변화가 없던 쑤저우허 북쪽 해안 빈민촌의 누추함과 더러움으로, 이 양자 사이의 강렬한 대비가 바로 이런 불균형에 대한 대단히 직관적인 예다.

66) 여기에서는 지면이 부족한 관계로 1950년부터 1970년대까지의 인간생활에 대한 새로운 사회제도와 이데올로기(마오쩌둥사상)의 정의에 대해서는 더 이상 논하지 않았다. 개괄하자면, 이 정의는 '생산노동'과 '정치, 사상혁명'이라는 두 가지 내용만이 아니라 인간생활에는 문화오락 등 기타 방면의 내용도 포함된다는 것을 인정했지만, 동시에 이들의 근본적인 가치가 앞에서 언급한 두 가지와의 연계를 통해서만 최종적으로 실현될 수 있다는 점을 견지했다. 1950년 이후 30년 동안 상하이시의 영화관 수는 거의 증가하지 않았지만, 대형 노동자문화궁은 4곳이나 새로 건설하거나 원래의 건물을 개축했으며 많은 영화방영팀을 조직해 공장과 기관의 강당이나 공터에서 영화를 상영했다. 이것이 바로 물질적 공간의 각도로부터 상술한 '생활'의 각 내용을 '생산노동'과 연계시킨 새로운 정의의 특징을 구현했다.

67) 재미있는 것은 상하이의 주택광고가 결코 이 점을 말하기를 꺼리지 않았으며 오히려 종종 건축공간이 다른 사물의 기능을 정의한다는 점을 확실하게 강조했다는 점이다. 예를 들어, 상하이 서북쪽 교외에 위치한 "안팅새마을(安亭新鎭)"의 2004년 광고책자 2페이지에 아테네 신전식의 건축도형 위쪽에 "한 도시의 창조에 대해서 말하자면 사람들은 언제나 끊임없이 정의되는 아테네 여신을 통해 최종적으로 자신을 정의하고 있다"라고 눈에 띄게 인쇄되어 있다. 그리고 상하이 부동산개발상 중에서 선두인 푸디그룹(復地集團)이 건설한 'Park Town' 2005년 광고책자는 1페이지에서 마지막 페이지까지 "비약은 공간에서부터 시작되고" "공간이 생활에 대해 위치를 결정하며"…… 하는 것들을 반복해서 강조하고 있다.

68) 1990년대 중반 이후 동남 연해와 대·중도시(상하이는 그 대표지역)의 신속한 팽창과 이미 실제적인 주류적 위치를 차지한 새 이데올로기에 대해서는 王曉明(2000) 편을 참고할 것.

69) 여기에서는 인간과 그의 생활에 대한 '사회주의' 시기와 '개혁·개방' 이후 도시공

간의 두 가지 정의의 관계에 대해 상세하게 언급할 수는 없어서(다른 글에서 언급할 것이다), 간략하게 전자의 정의의 실패는 후자의 정의의 전개를 위해 중요한 조건을 제공했으며 많은 부동산광고들이 후자가 전자에 대해 제공한 이런 조건들을 상당히 자각적으로 이용했음을 보여주고 있다는 점만 밝히고자 한다.

70) 이들 역량은 자신의 이익을 고려하는 것에서 출발해 주택시장(그것의 중요한 조성부분으로서의 주택광고업을 포함해)을 고속으로 발전시킨 정부 부처, 국영 혹은 비국영 부동산개발회사와 은행이며 '도시화', '현대화', '국제적 대도시'를 단편적으로 이해함으로 인해 부동산 번영이 가져온 토지 가격의 상승과 시멘트 삼림을 자신들의 '정치적 업적'으로 간주하는 도시계획과 관리 부처다.

71) 토지가 징발된 교외지역의 농민이든지 강제 철거된 시내지역 주민이든지 간에, 대다수가 보상에 대해 순종적으로 받아들이고 토지를 넘기거나 새로운 곳에 정착했다. 1990년대 말 이전에는 일부 도시주민이 '이주를 거부해 도시개발 계획의 추진을 가로막는 주민'의 형식으로 이주 협의를 하지 않았지만 정부 부처와 토지개발상이 보상금을 올려주거나 이주를 강행하고 심지어 인명 상해와 살인까지 행하는 수단을 다양하게 또는 동시에 사용함으로써 2000년 이후에는 이런 저항사건이 거의 발생하지 않았다. 이 방면에서 비교적 규모가 컸던 마지막 사건은 2003년 5월 28일 징안구(靜安區) '58호 땅'의 2,159가구 철거 대상자들이 '상하이 최고 갑부'인 저우정이가 지방정부와 결탁하고는 자신의 이익을 위해 다른 사람들을 기만했다고 단체로 고소한 것이다. 사건 당사자 외에게서는 거의 비판의 목소리를 들을 수 없었다. 예를 들어 상하이의 부동산 연구학계에서는 푸단대학교 부동산연구소의 인보청(尹伯成) 교수와 상하이경제관리간부대학의 주린싱(朱林興) 교수와 같은 개별학자 외에는, 이 대규모 공간의 재구성에 대해 비교적 깊이 있게 정면으로 비판한 예는 찾아보기 힘들다.

72) 주택을 중심으로 형성된 공간이 어떻게 다른 사회조건과 어우러지고 새로이 '일상생활', '가정생활', '사회', '집체', '공중', '안전' 등등을 정의하는가 하는 것은 매우 중요하며 깊이 토론할 가치가 있는 문제. 지면의 제한으로 여기에서는 이 문제를 제기할 뿐 상세히 언급하지는 않을 것이며, 이에 대해서는 이어지는 다른 글에서 다룰 것이다.

73) 이 일대에 거주하는 이른바 '신'사회의 중상층 인사란 주로 당정 간부, 해방군 장교, 문예계 인사, 대학교수, 유명 의사이며, '구'사회의 중상층 인사는 주로 원래의 자본가, 원래의 은행 등의 간부 및 그 밖의 고정된 일은 없지만 국외나 다른 곳에서 상당한 수입을 얻는 인사를 말한다.

74) 오늘날 이 일대에는 농촌에서 온 상당수의 가사도우미와 그 가족이 있으며 '주인'

이 제공해 준 여러 형태의 집에 흩어져 산다. 그녀 혹은 그들은 실제로 과거 저소 득층이 맡았던 각종 노동을 담당하지만 관권적인 점에서 그녀 혹은 그들은 저소 득층 주민과는 전적으로 다르다. 후자는 이 일대의 영구적 거주민으로, 그들은 자신이 이 지역에 속해 있으며 이 지역 또한 자신들에게 속해 있다고 생각한다―비록 오늘날에는 이런 의식은 결코 정확하지 않지만. 반면 전자는 오히려 이 일대에서 장기 거주할 권리를 가지고 있지 않으며 그녀 혹은 그들과 이 지역의 관계는 전적으로 '주인'과의 개인적 고용관계에 달려 있다. 따라서 그녀 혹은 그들은 자신이 이 지역에 속해 있다고 전혀 생각하지 않는다. 이 각도에서 볼 때, 대량의 타 지역 농민 출신 노동자들이 상하이로 진입한 것은 중상층 거주지역을 '정화'하는 데 중요한 조건을 제공했다.

75) '신상하이인'이란 최근 20년 동안 계속해서 상하이로 와서 취업을 하고 거주권을 얻은 사람들을 가리킨다. 2001년 초, 중공 상하이시위원회 기관보 소속인 해방신문그룹(解放報業集團)은 '신상하이인'이라는 이름의 간행물을 출판하고 주로 외국 국적이나 타이완, 홍콩에서 온 인사들을 소개했으며 국내 각지의 일부 민간업자와 각계의 화이트칼라 인사들도 소개했다. 주목할 점은 그중에 타 지역 농민 출신 노동자는 한 사람도 없다는 것인데, 상하이에만 농민 출신 노동자는 적어도 총 300만 명 이상이 있다.

76) 혹은 회전하여 돈으로 만들 수 있는 기타 자본, 예를 들어 공무원의 행정등급 같은 것.

77) 외곽지역으로 대규모 주민을 이주시키려는 이 계획은 계속되고 있다. 2003년 12월 선포한 상하이 정부의 〈도시계획을 진일보 강화하여 '상하이시 도시 총체적 계획(1999~2020)'을 관리, 실시하는 것에 관한 강령〉은 '2010년 중심도시 지역의 상주인구를 850만 정도로 조정하는 데 힘쓴다'는 방침을 명확하게 규정하고 있다. 《上海市人民政府公報》2004년 제3기. 2005년 11월에 상하이시개발국(上海市規劃局)의 모 부국장은 도시개발계획에 대해 2020년까지 상하이 중심지역의 주민을 총 900만 명 정도로 조절할 것이라고 소개했지만, 당시 중심지역의 주민은 이미 약 1,100만 명이었다. 〈郊區樓盤將迎來眞實繁榮〉, 《東方早報》 2005. 11. 21 D1판. 이는 곧 이후 15년 동안 중심지역의 인구가 증가하지 않더라도 200만 명이 계속 이주해야 한다는 말이다.

78) 2001년 초, 상하이시 정부는 정식으로 '한 개의 도시와 아홉 개의 진(一城九鎭)' 발전계획을 선포하고 상하이시의 외곽권(外圍圈)을 내순환선에서 약 15~50km 떨어진 곳으로 정했는데, 이 계획에 의하면 여기에서 말하는 '주변지역'은 반드시 계속 바깥으로 이동해야 한다.

79) 이것이 어려운 주된 원인은 주택을 핵심으로 형성된 공간이 시 주변지역의 새로 개발된 땅을 전면적으로 차지함에 따라 각종 부대 상업시설과 공공서비스시설의 개발은 갈수록 부동산개발공사의 계획에서 제약을 받기 때문이다. 영리적 목적에서 이 개발회사들은 본능적으로 각종 방식으로 이들 방면의 투자를 지연시키거나 삭감시킬 것이며 판매광고에서 그럴듯하게 선전하고 있는 많은 부대시설들은 실제로는 실현될 수 없다. 이런 상황은 집이 그다지 좋지 않고 밀집해 있으며 시내에서 이사한 저소득층을 대상으로 한 신축 주택지역 안에서 더욱 심각하다. 도시계획에서 공공서비스를 시장화 논리로 삼는 기본적 사고방향, 정부 관리 부처의 관리감독 능력 부족 및 시민들의 불만 표현 루트와 방식 부족 같은 원인으로 말미암아 부동산개발회사의 상술한 본능적 추세를 신속하고 유력하게 제어하기란 매우 힘들다.

80) 물론 실제상황은 결코 '시 중심지역에 거주할 것인가의 여부'라는 이 각도에서만 개괄할 수는 없고 시 중심지역에 거주하는 저소득층(예를 들어 주 74에서 말한 사람들)과 교외지역의 호화주택에 사는 중상층의 '대도시'와의 관계에는 확실히 차이가 있다. 문제는 어디에 거주하는가가 아니라 어떤 방식으로 그곳에 살고 있는가 하는 데 있다. 지면의 제한으로 이 '방식'이 포함하는 사회구조와 사람들의 생활관계의 방향에 대해서는 이어지는 다른 글에서 보다 심층적으로 다룰 것이다. 앙리 르페브르(Henri Lef vre) 식의 사고로 본다면, 공간의 각종 건축과 심리형식은 직접적이지는 않지만 아주 깊이 있게 인간 사회관계의 기본형식을 표현했다.

81) 처위안기구컨설턴트연구개발센터(策源机構咨詢硏發中心)가 2006년 '5·1절 부동산전시회'에서 1,100여 명을 대상으로 실시한 현장조사에 따르면, 약 70%가 감당할 수 있는 집값을 10,000위안/제곱미터 이하라고 응답했으며, 61%가 총액 50만~100만 위안인 주택을 선택했고(그중 23%가 50~70만 위안을 선택했다), 72%는 방 3개 이하의 구조를 선택했다. 분명히 당시 중순환선 내에 있는 절대다수의 신축주택(그중 대다수가 '고급주택'이 아니라 자칭 일반 매매주택이라고 했다)이 주력한 구조는 이 범위에 있지 않았다. 〈70–100萬二房最受上海市場歡迎〉, 《東方早報》 2006. 6. 2 D3판. 예를 들어 지금 신혼부부는 통상적으로 양가 부모의 도움으로 집을 산다든지, 상하이(전국도 그러하다) 사람들은 주택 구입과 같은 거액을 지출해야 할 경우 보통 '선진적 방법'을 활용한다든지(즉 은행에서 대출을 받아 집을 산 다음 10년 이상 혹은 몇십 년 동안 일상 수입의 거의 절반, 심지어 절반이 넘는 금액을 매월 상환한다) 하는 등의 기타 요소를 고려한다면, 위와 유사한 이런 조사수치는 상하이 사람들이 실제로 감당할 수 있는 집값에 대한 능력을 지나치게 부풀린 것이다.

82) 관념상의 원인에 대해서는 내가 직접 경험했던 것을 예로 들 수 있다. 2004년 봄, 상하이시위원회 선전부의 모처에서 소집했던 문화이론계획회의에서 어떤 지도자가 연구계가 낡은 관념을 타파하기를 요구했을 때 대체로 다음과 같이 예를 들어 말 했다. "어떤 동지들은 아직까지도 양푸구(楊浦區)에 가서 집값에 대한 주민들의 생각을 조사하는데, 이것은 아주 낡은 것이다. 현재 상하이 주택시장의 일부는 현지 주민과 관계가 없으며 전국, 전 세계를 위한 것이라는 점을 알아야 한다……." 제도상의 원인에서 가장 뚜렷한 것은 땅값과 집값 상승에 동반되는 토지 매도액을 포함한 각종 세금이다. 지방정부가 재정수입을 늘리는 데서의 거대한 역할 및 도시경제에 대한 부동산시장의 고속발전을 촉진하는 역할, 이 두 역할은 지방정부가 진정으로 집값을 억제하고 낮추려는 결심을 할 수 있으리라는 것을 기대하기 어렵다는 데서 비롯한다. 그리고 이익에서의 원인은 정부의 이런 면 외에 부동산업이 이미 방대한 이익집단을 형성했을 뿐 아니라 부동산시장에 들어선 많은 소비자들이 자신의 이익의 관점에서 본능적으로 집값이 계속 상승하기를 희망하는데 이로써 지방정부 내지는 중앙정부가 망설일 수 없는 일종의 사회 안정에 관계된 압력을 형성했다. 상술한 이런 원인들이 종합적으로 작용함으로 인해 오늘날 상하이(전국도 그러하다)에서 집값 상승을 지속적으로 부추기는 힘은 상당히 크다.

83) 예를 들어 2005년 3월에 상하이시 정부는 1,000만제곱미터의 도시행정개발 부속 매매주택과 1,000만제곱미터의 저가 매매주택을 지을 것이라는 두 가지 '1,000만' 계획을 작동시킨다고 선포했다. 이 이전에도 여러 차례 '국민주택'이나 '임대주택' 계획을 발표했었다.

84) 이는 주로 다음과 같이 표현된다. 1. 정부가 경제적 이익의 각도에서 고려해 볼 때, 중심지역이나 그 인근에 '국민주택'이나 '임대주택'을 짓는다는 것은 그다지 가능한 일이 아니다. 예를 들어, 현재 상하이가 이런 주택을 짓기 위해 확정한 기지 4곳은 모두 외순환선 양쪽, 심지어 더 먼 교외지역에 있다. 2. 지역이 지나치게 외진데다가 가격도 제한을 받기 때문에 다른 의도가 있지 않으면 부동산개발회사는 일반적으로 참여하려 하지 않는다. 3. 이런 이유로 정부가 부동산개발회사를 끌어들이기 위해서는 판매가격을 지나치게 낮출 수 없는데, 자칫 가격을 지나치게 높게 책정하게 되면 저소득층이 뒷걸음치는 국면을 초래하기 쉽다. 예를 들어 2003년 6월 상하이시 정부는 외순환선 부근 국민주택의 기본가격을 3,500위안/제곱미터로 결정했는데 이는 매우 높은 가격으로, 푸동, 자딩(嘉定)에서 푸퉈구에 이르는 외순환선 전체 구간 양쪽의 많은 건물들이 3,500위안/제곱미터 이하에서 잇달아 4,000위안으로 올리도록 부추김으로써 오히려 이들 주택의 가격을 큰 폭

으로 오르게 했다. 楊俊(2003) 참고.

85) 여기에서는 두 종류의 수치를 제공한다.

1. 2004년 1~2월, 25~65세의 현지 주민 400명을 대상으로 설문조사를 했는데 회수한 유효표본은 351부 중 166명이 집값이 '지나치게 비싸다'고 인식했고 154명이 '다소 비싸다', 22명이 '정상이다', 2명이 '다소 낮다'고 인식했으며, 7명은 응답하지 않았다. 응답자 351명 중에서 남성이 185명, 여성이 165명이었으며, 1명은 성별을 밝히지 않았다. 연령은 25~29세가 115명, 30~39세가 105명, 40~49세가 82명, 50~59세가 44명, 59세 이상이 4명이었으며, 1명은 응답하지 않았다. 개인소득에서는 2만 위안 이하가 60명, 2~4만 위안이 90명, 4~6만 위안이 98명, 6~10만 위안이 65명, 10~15만 위안이 17명, 15~20만 위안이 11명, 20만 위안 이상이 8명이었으며, 2명은 응답하지 않았다. 상하이시에서 20년 이상을 거주한 사람이 243명이었고, 1984~2004년에 전입 혹은 거주한 사람이 106명이었으며, 2명은 응답하지 않았다. 이상 4가지 항목을 종합하면 응답자들이 주택 구매의 욕구를 가진 현지 주민을 충분히 대표할 수 있다고 생각된다. 사실상 《동팡조간》의 '조간경제 첫 번째 조사' 코너에서 2004년 3월, 시민 260명(그중 남성이 56%, 연령에서는 40세 이하가 86%를 차지했다)을 대상으로 한 조사결과도 상당히 비슷한데, 35%가 집값이 '매우 불합리하다', 41%가 '그다지 합리적이지 못하다'고 대답했다. 〈過半市民認爲: 期房限轉將抑止炒樓〉, 《東方早報》 2004년 3월 29일 B4판.

2. 신친비즈니스리서치(상하이)유한공사(新秦商務信息(上海)有限公司)가 2006년 8월 개인소유의 주택을 가지지 못한 시민 143명(그중 남성이 68명이며 82%가 31세 이하의 젊은이였다)을 대상으로 인터넷 조사를 했는데 응답자 70%가 집값이 '대단히 비싸다'고 했고 27%는 '다소 비싸다'고 했으며, 4%가 안 되는 사람만이 집값이 '보통' 혹은 '다소 낮다'라고 응답했다. 〈62%受訪市民靑睞新房〉, 《東方早報》 2006년 8월 21일 B6판.

86) 원래의 퇴직자, 무직자 혹은 기타 저임금업종에 종사하던 사람들을 제외하고 매년 중고등학교와 대다수의 전문기술학교를 졸업한 젊은이들, 심지어 대학을 졸업했지만 저임금의 많은 젊은이들이 모두 여기에 해당된다. 현재 연봉 5만 위안 이상의 젊은이만이 대출과 부모, 친척의 도움과 같은 기타 경제적 도움의 방식으로 주택을 살 수 있다. 물론 그것도 다소 외진 지역, 가령 중순환선 바깥지역의 신축아파트를 살 수 있을 뿐이다.

87) 2003년 4월, 일부 재미 중국 유학생들이 자본을 모아 상하이에서 집을 지으려고 했고 2004년 11월부터 상하이 현지 주민들(대부분은 젊은 '화이트칼라'들이다)이

'개인이 자금을 모아 땅을 구매해서 집을 짓는' 계획을 잇달아 제안했으며 2005년 4월에 상하이자위안투자컨설턴트유한공사(上海家圓投資咨詢有限公司)가 설립되어 이 계획을 실현하려고 했다. 베이징, 난징, 청두(成都), 원저우(溫州) 등지에서도 계속해서 이 계획을 제창한 사람들이 있었다. 비록 성공한 경우는 한 번도 없었지만 지금까지 이런 시도는 줄곧 끊이지 않았다. 2006년 4월 26일, 선전(深圳) 시민인 저우타오(鄒濤)가 인터넷에서 '3년간 주택불매운동'을 제창해 처음 2주 동안 1만 6,000여 명이 호응을 보냈다.

88) 이런 잠복된 고질병에서 가장 문제가 되는 것은 토지 혹은 그 사용권과 매매주택의 매매가 도시경제의 가장 강력한 추동력을 구성한다면 종종 이 도시의 각 경제 요소 간의 비례와 동력 관계의 심각한 균형 상실을 의미하고 있다는 점이다. 최근 몇 년간 경제학자들이 부단히 이 점을 지적했다. 즉 2004년 7월 사이에 행정수단을 사용해(즉 소위 '거시 조정') 집값을 신속하게 내리는 것을 반대한 중국인들은 또한 동시에 '집값의 상승은 당연히 경제 성장의 결과이지 경제성장의 원인이 아니다'라는 것을 강조했다. 〈華民: 房産泡沫宜慢消〉, 《東方早報》 2004년 7월 19일 B1판.

| 참고문헌 |

Pamela Yatsko(1996. 8. 29), 〈Future Shock: Shanghai Remarks Itself as Workers Search for a Role〉, 《遠東經濟評論(Far East Economic Review)》.

刁雯珺(2006), 〈上海大賣場業態的現狀與發展趨勢分析〉, 《上海百貨》 2006년 제3기.

梁思成(1959), 〈天安門廣場〉, 《建築學報》 1959년 제9, 10기 합본.

上海市統計局 편(1986), 《上海統計年鑑 1986》, 上海人民出版社, 上海.

上海市統計局 편(2005), 《上海統計年鑑 2005》, 中國統計出版社, 上海.

舒可文(2006.3. 27), 〈天安門廣場斷代史〉, 《三聯生活周刊》 2006년 11기.

楊俊(2003), 〈警惕, 有人暴炒低價房〉, 《新民晩》 2003년 9월 5일 2판.

王曉明(2000)編, 《"新意識形態"的籠罩下》, 江蘇人民出版社, 南京.

張立偉(2003), 〈周正毅"上海王國"崩塌〉, 《財經日報》 第519期, 2003. 6. 7～13, 6판.

張旭東(2006), 〈上海的意像 : 城市偶像批判, 非主流寫作與現代神話的消解〉, 《文學評論》, 2002年 第5期.

張濟順(2004), 〈上海里弄: 基層政治動員與國家社會一體化走向(1950－1955)〉, 《中國

社會科學》2004년 제2기.

中國人民銀行房地産金融分析小組(2005. 8. 5),《2004中國房地産金融報告》.

恒力(2006),《商業地産 浮華背后》,《新民周刊》2006년 제3기.

《上海市人民政府公報》2004년 제3기.

〈62%受訪市民靑睞新房〉,《東方早報》2006년 8월 21일 B6판.

〈70-100萬二房最受上海市場歡迎〉,《東方早報》2006. 6. 2 D3판.

〈大場老鎭改造規劃完成"初稿"〉,《東方早報》, 2005. 11. 10 B5판.

〈上海出現第一個"國際BLOCK"〉,《環球時報》, 2006. 8. 25. C5판.

〈新租房時代〉,《新華每日》電訊, 2006년 7월 16일 제7판.

〈"新天地"定位上海起居室〉,《新民周刊》2006년 제44기.

〈郊區樓盤將迎來眞實繁榮〉,《東方早報》2005.11.21 D1판.

〈怎樣做好房地産廣告〉,《中國廣告網》, 2003. 6. 18.

〈中式別墅走出低谷受追捧〉,《東方早報》2006. 9. 4, B5판.

〈客戶的需要就是産品的定位〉,《東方早報》2004. 10. 22, B11판.

〈華民: 房産泡沫宜慢消〉,《東方早報》2004년 7월 19일 B1판.

| 주 |

1) 딜릭은, 근거지를 따로 두지 않고 여러 국가와 지역 사이를 유동하는 전 지구화의 특성을 묘사하기 위해 'off-ground'(이탈, 지상에서 벗어남)라는 어휘를 사용했다. 이는 정착성(groundedness)과 대비되는 개념으로서, 'off-ground global architecture', 'off-ground global esthetics' 등의 용례로 쓰이고 있다. ─옮긴이
2) 〈上海華庭賓館爲何至今不見影子〉, 《解放日報》, 1984年 4月 16日.
3) 이 다섯 가지 경관에는 인종, 매체, 과학기술, 금융, 이데올로기가 포함된다. 阿帕杜萊(1998) 참고.
4) 〈高星級酒店高級"洋打共"近千人〉, 《新民晚報》, 2006年 10月 13日.

| 참고문헌 |

霍爾(2003. Hall), 《表徵(Representation)》, 商務印書館, 上海.
吉登斯(1998. Giddens), 《現代性與自我認同(Modernity and Self-identification)》, 三聯書店, 北京.
德里克(2005. Dirlik), 〈建築與全球現代性, 殖民主義以及地方〉, 《中外文學》 第34卷 第1期.
保羅蒂里希(1988. Paul Tillich), 《文化神學(Theology of Culture)》, 工人出版社, 北京.
阿帕杜萊(1998. Appadurai), 〈全球化經濟中的斷裂與差異〉, 《文化與公共性》(汪暉, 陳

燕谷 編), 北京三聯書店, 北京.

倪偉(2003), 〈論"70年代後"的城市另類寫作〉, 《文學評論》 2003年第 2期.

王安憶(2002), 《流逝》, 春風文藝出版社

于光遠(1995), 《文革中的我》, 上海遠東出版社, 上海.

衛慧(2000), 《上海寶貝》, 春風文藝出版社

殷惠芬(2002), 〈虹口軼事〉, 《城市地圖》, 文滙出版社

張英進(2004), 〈動感慕擬凝視: 都市消費與視覺文化〉, 《當代作家評論》 2004年 第5期.

陳丹燕(1998), 《上海的風花雪月》, 作家出版社, 北京.

陳丹燕(2002), 《木已成舟》, 作家出版社, 北京.

陳丹燕(2005), 《上海的渴望》, 上海文藝出版社, 上海.

蔡翔(2000), 〈廣告烏托邦〉, 《回答今天》, 上海人民出版社, 上海.

彼得 · 貝格爾(1991. Peter Berger), 《神聖的帷幕(The Sacred Canopy)》, 上海人民出版社, 上海.

3. 소비공간 '바'와 노스탤지어의 정치

| 주 |

1) 20세기 초 상하이를 중심으로 활동한 문학 유파. 그 명칭은 쉬전야(徐枕亞)의 《옥리혼(玉梨魂)》 등에서 언급된 '원앙', '호접' 등의 용어에서 시작된다. 초기 원앙호접파의 작품은 문언문을 사용하여 재자가인의 슬픈 사랑이야기를 소재로 하였으며 문예의 오락성과 대중성을 중시하는 창작태도는 5 · 4 지식인들에게 줄곧 비판의 대상이 되었다. 핵심 멤버들이 《토요일(禮拜六)》이라는 주간지를 통해 애정 서사 외에 무협이나 추리물로 장르를 확대하고 백화문을 사용하면서 더욱 광범위한 대중적 지지를 받았다. 자칭 '토요일파'로 1949년까지 대중적 호응을 얻었다. ─ 옮긴이

2) 신감각파는 1930년대 상하이를 중심으로 활동했으며, 일본의 신감각파 기법의 영향을 수용해 도시적이고 근대적 삶의 불확실성과 유동성의 공포에 대한 감성적 체험을 모더니즘 미학적 기법으로 그려냈다. ─ 옮긴이

3) '신인류'라는 명칭은 1990년 초반 70년 이후 출생한 세대와 세대적 특징을 일컫는 의미로 저널리즘 맥락에서 사용하기 시작했으며, '70년대 서사' 또는 '만생대(晩生代)'라는 용어와 혼용되고 있다. 그들의 작품은 90년대 후기 자본주의 소비문화와 가치의 변화를 반영하고 있으며, 자유와 일상, 성과 사랑, 가출, 동거, 마약, 동성애, 마성적인 운명 등 작품에 드러나는 다양한 주제는 기본적으로 신세대를 둘러싸고 있는 삶의 제반조건에 관한 것이다. ─ 옮긴이

4) 왕안이의 《장한가》는 1995년 《중산(鍾山)》 제2기에서 4기까지 연재되었고, 1996년 2월 작가출판사(作家出版社)에서 단행본으로 출판되었다.

| 참고문헌 |

• 중국어

杰姆遜(1997), 〈後現代主義, 或晚期資本主義的文化邏輯〉, 《晚期資本主義的文化邏輯》,
    三聯書店, 北京.

戴錦華(1999), 《隱形書寫—90年代中國文化研究》, 江蘇人民出版社, 南京.

德塞都(2000), 〈走在城市里〉, 《文化研究讀本》, 羅剛, 劉象愚 主編, 中國社會科學出版
    社, 北京.

李歐梵(2000), 《上海摩登》, 毛尖 譯, 牛津大學出版社, 香港.

福柯(1998), 〈尼采, 系譜學, 歷史〉, 《福柯集》, 杜小眞 編選, 上海遠東出版社, 上海.

王安憶(1996), 《長恨歌》, 作家出版社, 北京.

王安憶(2000), 〈我眼中的歷史是日常的與王安憶談《長恨歌》〉, 《文學報》 2000. 10. 26.

王安憶(2000), 《妹頭》, 南海出版社, 海口.

王安憶(2000), 《富萍》, 湖南文藝出版社, 長沙.

王安憶 · 王雪瑛(2000), 《《長恨歌》, 不是懷舊〉, 《新民晚報》 2000. 10. 8.

王曉明(2000a), 《半張臉的神話90年代批判》, 南方日報出版社.

王曉明(2000b) 主編, 《在新意識形態的籠罩下90年代的文化和文學分析》, 江蘇人民出
    版社, 南京.

衛慧(2000), 《欲望手槍》, 上海三聯書店, 上海.

張旭東(2000), 〈現代性的寓言: 王安憶與上海懷舊〉, 《中國學術》 第三輯, 商務印書館.

朱學勤(2001), 〈文人發 '嗲'〉, 《上海酒吧: 空間 · 消費與想像》, 江蘇人民出版社, 南京.

陳思和(2001), 〈酒吧與民間〉, 《上海酒吧: 空間 · 消費與想像》, 江蘇人民出版社, 南京.

許紀霖(2001), 〈東張西望看酒吧〉, 《上海酒吧: 空間 · 消費與想像》, 江蘇人民出版社,
    南京.

• 영어

Tester, Keith(1993), *The Life and Times of Post-modernity*, London and New
    York: Routledge.

Chase, Malcolm and Shaw, Christopher(1989), 'The Dimensions of Nostalgia' in
    C. Shaw and M. Chase(eds), *The Imagined Past, History and Nostalgia*,
    Manchester: Manchester University Press.

Williams, Raymond(1973), *The Country and the City*, London, Chatto, and
    Windus.

4. '장아이링 붐'에서 '상하이드림'까지

| 주 |

1) 스튜어트 홀(Stewart Hall)은 〈'포스트식민'은 언제였나?: 그 경계를 생각하며 (When was the 'post-colonial': Thinking at the limit)〉(1996)에서 '포스트식민' 이라는 용어가 무엇을 의미해 왔고 앞으로 무엇을 의미할 것인가의 문제를 탐색 하고 '명확히 하는' 방향을 취한다. 홀 연구자인 제임스 프록터(James Procter)에 따르면, '포스트식민'이라는 말에 달린 인용부호는 두 가지를 의미한다. 곧 학계에 서 광범위한 의미로 사용되는 이 용어의 불확정성을 강조하는 한편, 이 용어를 '삭제 하의(under erasure)'의 개념으로 사용하고 있음을 의미한다.(제임스 프록 터, 손유경 옮김, 2006, 《지금 스튜어트 홀》, 246쪽, 앨피) 이 글에서 '상하이' 등의 인용부호도 같은 맥락에서 사용한 것으로 보인다. ― 엮은이
2) 참고로 CCTV에서 제작한 다큐멘터리의 제목이 《대국굴기(大國崛起)》(2006)와 《부흥의 길(復興之路)》(2007)이다. ― 엮은이

| 제 1 부 |　포스트사회주의 중국의 문화연구

1. 포스트사회주의 중국의 문화 경관
　　현대중국학회(2008), 《개혁개방 30년과 미래를 향한 한중소통》(2008년 추계 국제
　　　학술대회 자료집), 2008. 10. 23~24, 베이징.
2. 새로운 '이데올로기 지형'과 문화연구
　　王曉明: 1990年代與"新意識形態"
　　王曉明(2003), 《半張臉的神話》, 廣西師範大學出版社, 1~26쪽.
3. 문화영웅 서사와 문화연구
　　戴錦華: 書寫文化英雄
　　戴錦華 主編(2000), 《書寫文化英雄─世紀之交的文化研究》, 江蘇人民出版社, 1~17
　　　쪽, 〈緖論〉 부분.

| 제 2 부 |　매체와 기호, 문화정치

1. 노래방과 MTV
　　南帆 : 技術與机械制造的抒情形式
　　《文藝評論》 2001년 제1기, 21~29쪽.
2. '민간성'에서 '민중성'으로
　　張鍊紅: 從"民間性"到"人民性"─《梁祝》, 《白蛇傳》戱曲改編的政治意識形態化

《當代作家評論》2002년 제1기, 38~45쪽.

3. 샤오바오(小報)의 행간과 이면

雷啓立: 在"小報"的字里行間 ― 政治權力, 市場與消費意識形態的建構

王曉明·陳淸僑 主編(2008), 《當代東亞城市-新的文化和意識形態》, 上海書店出版
社, 272~289쪽.

4. 중국의 인터넷 공공 공간

羅崗: 網絡公共空間 ― 可能的與不可能的 ― 中國大陸經驗的檢討

《媒介擬想》第4期, 2006年9月, 台灣遠流出版公司, 44~67쪽.

5. '죗값'과 대중매체, 외지 아가씨의 상하이 이야기

呂新雨: "孽債", 大衆傳媒與外來妹的上海故事 ― 關于電視紀录片《毛毛告狀》

王曉明·陳淸僑 主編(2008), 《當代東亞城市-新的文化和意識形態》, 上海書店出版
社, 156~183쪽.

6. 선전 민속문화촌을 통해 본 기호 소비의 문화정치

倪偉: 符号消費的文化政治 ― 評《再現中國文化》兼論深圳民俗文化村

王曉明 主編(1999), 《在新意識形態的籠罩下-90年代的文化和文學分析》, 江蘇人民
出版社, 191~200쪽.

| 제3부 | 상하이 도시공간과 상하이드림

1. 건축에서 광고까지

王曉明 : 從建筑到廣告 ― 最近15年上海城市空間的變化

한국중국현대문학학회(2007), 《중국현대문학》 제40호, 161~193쪽.

王曉明·蔡翔 主編(2008), 《熱風學術》 第1輯, 廣西師範大學出版社, 3~23쪽.

2. 상하이의 호텔과 모더니티

蔡翔: 酒店, 高度美學或者現代性

王曉明·陳淸僑 主編(2008), 《當代東亞城市-新的文化和意識形態》, 上海書店出版
社, 59~85쪽.

3. 소비공간 '바'와 노스탤지어의 정치

包亞明: 酒巴的消費空間與懷舊的政治

包亞明 等著(2001), 《上海酒巴-空間消費與想像》, 江蘇人民出版社, 134~153쪽, 3
장 2절 《懷舊的政治》 부분.

4. '장아이링 붐'에서 '상하이드림'까지

倪文尖: 從"張愛玲熱"到"上海夢"

王曉明 · 陳淸僑 主編(2008), 《當代東亞城市─新的文化和意識形態》, 上海書店出版社, 3~12쪽.

찾아보기

인명

찾아보기

작품

21세기 중국의 문화지도

포스트사회주의 중국의 문화연구

엮은이	임춘성, 왕샤오밍
글쓴이	임춘성, 왕샤오밍, 다이진화, 난판, 장롄훙, 레이치리, 뤄강, 뤼신위, 니웨이, 차이샹, 바오야밍, 니원젠
옮긴이	중국 '문화연구' 공부모임(박자영, 김정구, 신동순, 변경숙, 유경철, 김수현, 임대근, 유세종, 곽수경, 박은석, 노정은, 김순진)
펴낸곳	현실문화연구
펴낸이	김수기
편집	좌세훈, 강진홍
디자인	김재은
마케팅	오주형
제작	이명혜

첫 번째 찍은 날   2009년 4월 30일
등록번호   제300-1999-194호
등록일자   1999년 4월 23일

주소	서울시 종로구 교북동 12-8번지 2층
전화	02)393-1125
팩스	02)393-1128
전자우편	hyunsilbook@paran.com

값 22,000원

ISBN 978-89-92214-68-1 93910